問いつづける民衆史❷

闘う「不可触民」

周縁から読み直すインド独立運動

SHIGA Miwako
志賀美和子
［著］

有志舎

シリーズ「問いつづける民衆史」刊行の辞

民衆史は、戦後日本の歴史学のなかで重視された分野の一つである。例えば日本史研究では、マルクス主義に立脚し、民衆を変革主体として捉える闘争史が隆盛した。そこでは、民衆が諸権力に抵抗する局面が重要視された。学生運動・市民運動が隆盛した時代にあって、その民衆像はリアリティを持った。しかし、一九八〇年代にはマルクス主義史観が力を失い、代わりに社会史が新しい分野として定着する。その社会史は社会的結合関係・心性など人びとの日常性に焦点を当て、権力に抵抗する民衆像とは異なる視点から歴史を描こうとした。さらには、近代そのものを批判的に問い直し、歴史研究者の立場性を問う視点も現れた。

こうした趨勢にあって、あえて本シリーズは、「問いつづける民衆史」というタイトルを掲げる。そこには次のような意図がある。

民衆史は歴史学が持つ原理的な問題を絶えず突きつける。史料となる記録が書かれ、後世に残されるというプロセスには、同時代の権力関係が反映されている。権力関係の下位や周縁に位置する人びとに着目しなければ、史料を生成する側の視点からなる歴史であふれ、そこにあったはずの暴力や抑圧が不可視化されてしまう。権力関係の下位や周縁に焦点を合わせる研究が民衆史だとすれば、民衆史はこの不可視性を克服するうえで欠かすことができない。

加えて、民衆史の叙述は、優勝劣敗の論理が跋扈し、権力構造が複雑かつ苛烈になった現代社会に対しても力を持つ。消されていった存在やたどり得た途を振り返ることで、自明とされる現在の社会のあり方を相対化し、異なる視点から捉え直すことができる。

もちろん、いま進められる民衆史の叙述には、従来の民衆史と社会史双方の問い直しが不可欠である。抵抗するだけではない民衆像を模索する一方、ともすれば政治や権力関係を置き去りにしがちな歴史叙述をも克服することが求められる。政治／社会、日常／非日常、構造／主体の連関に目を向け、それぞれの関係を問い直さなければならない。権力関係は単一でもなければ、固定的でもなく、一方向的でもない。交差・錯綜する複数の権力関係や民衆内部の亀裂を念頭におき、状況応答的な関係性の概念として民衆を措定する必要がある。

ただし、研究者が対象を「民衆」と名付けて代理表象することの問題は常につきまとう。自らの立場性を自覚し、なぜ・いかにしてその代理性を引き受けるのか。民衆を単純に実体化・本質化するのでもなく、安易に代弁するのでもない民衆史の叙述は、どのようになし得るのか。いま民衆史を叙述することは、これらの問いを正面から引き受けることにほかならない。

本シリーズは一一名の著者の手による一一冊の書籍で構成される。一一名はいずれも、社会史の隆盛とポストモダンの思潮のなかで研究者として歩み始め、新自由主義の時代を生きながら、それぞれの問いを形成してきた。専門とする地域と時代は異なるが、上述の視点や問いを共有する点で一致する。もとより本シリーズは、世界のすべての地域を網羅することを目指すものではない。しかし、各地域の抱える問題は固有の性質を持ち、先行する研究の蓄積が異なりながらも連関する。本シリーズが完結した時、「問いつづける」という各著者の挑戦が互いに呼応しあい、現代社会や歴史学のあり方を「問う」ために不可欠な歴史像が浮かび上がるはずだ。

シリーズ「問いつづける民衆史」著者一同

闘う「不可触民」

―周縁から読み直すインド独立運動―

【目次】

第四章　生きることと誇りをもつことの狭間で　112

第五章　政治の場で訴える
――「不可触民」とサイモン委員会　148

第六章　政治の場で闘う
――「不可触民」とガンディー　181

【凡例】

一、地名について。植民地期の公文書に出てくるローマ字表記の地名を採用し、カタカナで表記した。例えば「トリチノポリ」は、現地のタミル語表記と発音 Tiruccirāppaḷḷi にできるだけ忠実であれば、ティルチラーッパッリと表記すべきであるが、公文書では Trichinopoly と表記されるため、これを音訳しカタカナ表記した。また、現在のチェンナイ Chennai、ムンバイ Mumbai、コルカタ Kolkata は、植民地期にはそれぞれマドラス Madras、ボンベイ Bombay、カルカッタ Calcutta であった。本書がイギリス植民地時代のインドを対象とすることから、煩雑さと混乱を避けるためにあえて植民地政府公文書のローマ字表記名を採用した。

二、人名について。原則として『新訂増補版　南アジアを知る事典』（平凡社、二〇〇二年）の表記に従った。ただし、既に日本において定着している人名（M・C・ガンディーなど）は、慣例に従った。同事典に掲載されていない人名については、史料に出てくるローマ字表記を音訳しカタカナ表記した。

三、引用について。引用中の［　］は、引用者による挿入を表す。（　）は、原文による。史料からの引用文中には、しばしば差別的な呼称や表現が現れるが、本書のテーマ上、その表現自体が分析対象となることから、そのまま引用した。

四、注について。注は、説明注（補注）と番号注（出典注）に分けた。前者は補足説明や用語説明で、本文中の文章・用語の横に※をつけ、その段落が終わったあとに、小文字で内容を記述した。後者は本文の横に「＊1」のように付し、引用・参照文献や史料の情報は本文のあとに「注記」として章ごとにまとめて掲載した。書誌情報は、初出時のみ詳細を挙げ、再掲の場合は簡略化した（筆者名、表題、出版年のみ）。

地図１　英領インド行政区

辛島昇編『南アジア史』山川出版社、2004 年、337 頁、山本達郎編『インド史』山川出版社、1988 年、328 頁をもとに筆者作成。

地図２　マドラス州行政区

スミット・サルカール『新しいインド近代史―下からの歴史の試み』研文出版、1993年、口絵をもとに筆者作成。

地図３　ドラヴィダ語族系言語とインド・アーリヤ語族系言語の分布

辛島昇編『インド世界の歴史像』山川出版社、1985 年、口絵をもとに筆者作成。各地域の主な言語（話者人口が多いもの）を図示したが、各地域に少数派言語が多数ある。また、オーストロ・アジア語族系、チベット・ビルマ語族系の諸言語も山岳部、丘陵部を中心に分布しているが、本地図では省略した。

<table>
<tr><th colspan="2">理念的分類</th><th>非バラモン運動</th><th>「不可触民」運動</th></tr>
<tr><td>バラモン</td><td rowspan="3">再生族</td><td>バラモン</td><td rowspan="4">カーストヒンドゥー
ヴァルナに属する人
「カーストの人々」</td></tr>
<tr><td>クシャトリヤ</td><td rowspan="5">非バラモン</td></tr>
<tr><td>ヴァイシャ</td></tr>
<tr><td>シュードラ</td><td rowspan="2">一生族</td></tr>
<tr><td></td><td>アウトカースト
ヴァルナ外（アヴァルナ）
「不可触民」
「非カーストの人々」</td></tr>
<tr><td></td><td></td><td></td></tr>
</table>

付表1　国勢調査のカースト分類と各種運動における集団概念の包括範囲比較

1901年国勢調査（マドラス州）でのカースト分類・序列			
グループ	ヴァルナ分類・基準	ジャーティ／カースト（タミル語母語のみ）	ヒンドゥー内の人口比率（マドラス州全体）%
I	バラモン	バラモン Brahman	3.4
II	クシャトリヤ	該当なし	0.9
III	ヴァイシャ	該当なし	1.4
IV	サットシュードラ（良きシュードラ）	チェッティ Chetti ヴェッラーラ Vellala 他	31
V	シュードラ、バラモン家庭司祭を呼ぶ、触っても殆ど穢れなし	カイコーラ Kaikolan マラワル Maravan パッリ Palli 他	16.2
VI	シュードラ、バラモン家庭司祭をたまに呼ぶ、**触ると穢れる**	ヴァライヤ Valaiyan ワンナン Vannan 他	11.2
VII	シュードラ、バラモン家庭祭祀を呼ばない、**触ると穢れる**	クラヴァ Kuravan イルーラ Irula 他	5.7
VIII	**触らなくても穢れる**、牛肉を食べない	パッラル Pallan シャーナール Shanan ヴァッルヴァル Valluvan 他	8.3
IX	**触ると穢れる**、牛肉を食べる	該当なし	3.5
X	**触らなくても穢れる**、牛肉を食べる	パライヤル Paraiyan	14.8
XI	バラモンの宗教的優越性を否定する	カムマーラ Kammalan	3.2
XII	判別不能		0.4
XIII	州外カースト		0
XIV	無申告		0

出典：*Census of India 1901*, Vol. XV, Madras, Part I, Report, pp.136-139 取得データをもとに筆者作成.

指定カースト

国勢調査報告書の説明要点（職業・慣習など）	人口	1922 年マドラス州政令で被抑圧階級に指定	1936 年インド政府政令で指定カーストに指定
タミル・バラモンはヴィシュヌ派とシヴァ派に分かれる。ヴィシュヌ派はさらに地域グループ（タンジョール県の Soliya など）、職業グループ（寺院付き僧侶の Nambi など）に分かれ、通婚しない。シヴァ派はシヴァ神しか信仰しないグループとシヴァ・ヴィシュヌ両神を信仰するグループ（Smarta）に分かれる。	415,931		
ヴィシュヌ派とシヴァ派に分かれ、さらに地域グループ、職業グループに分かれる。	436,004		
寺院付き司祭。ゴダヴァリ、キストナ、ネッロール各県ではバラモンとされるが、その他地域ではシュードラと見なされている。	3,739		
階層（Nambudri、Embrantiri、Potri、Pattar など）があり通婚しない。	19,279		
バラモンの下位階層。Nayar その他シュードラ用の司祭。シュードラの家で調理し食べる。	168		
3 階層に分かれる。Uril-Parisha は Elayad より上位とされバラモンと共食できる。Muttad は寺院付き召使で祭列で神像を運ぶ。Kavil は肉や酒を使う下位儀礼に携わる。彼らが調理した食べ物を他の 2 グループは食べない。	479		
Madhwa と Smarta に分かれ通婚しない。	93,683		
寺院付き召使。バラモンを主張しているがバラモンはそれを認めていない。バラモンとして申告する者が増えたため人口が減っている。	1,469		
12 グループに分かれる。全てが魚・肉を食べる。	127,934		
コンカーニー語、トゥル語、マラーティー語話者のバラモン。	105,990		
Kapu、Kamma、Velama から戦士グループが分岐したと推測される。クシャトリヤを主張するが、家禽を食べることなどから、クシャトリヤとは見なされていない。	106,846		
マイソールの王家と関係があると推測される。	325		
ホイサラ朝の子孫と推測される。	325		
耕作、小売り。	6,981		
クシャトリヤ所属を主張するカースト。	810		
耕作。クシャトリヤの家系と推測される。	386		
ヒンディー語とマラーティー語を話す移民カースト。	9,671		
絹織工。Patnulkaran と通婚する。	1,227		
4 カースト［ヴァルナ］の 2 番目、支配・戦士カースト。当管区で本当にクシャトリヤといえるカースト称号を持つ者は少なく、ほとんどは Palli、Vanniya、Maravan である。	80,331		

付表２　1901年国勢調査（マドラス州）でのカースト分類と「不可触民」・被抑圧階級・

グループ	ヴァルナ分類・基準	母語	ジャーティ（カースト）
I	バラモン	Tamil（タミル語）	Brahman
		Telugu（テルグ語）	Brahman
			Tamballa
		Malayalam（マラヤーラム語）	Brahman
			Elayad
			Mussad
		Canarese（カンナダ語）	Brahman
			Stanika
		Oriya（オリヤー語）	Brahman
		Others（その他）	Brahman
II	クシャトリヤ	Tamil	該当なし
		Telugu	Razu
		Malayalam	該当なし
		Canarese	Arasu
			Ballala
			Kotegara
		Oriya	Bhayipuo
			Chuvano
		Others	Bondili
			Khatri
			Kshatriya

織工。グジャラート地方出身。バラモン所属を主張。	87,149		
正しくは北部インドの農業・戦士カーストだが、その資格がない人々が Rajput と申告した。	15,273		
商業。マドラス州内のどこにもいる。タミル地方ではヴァイシャとは認められていない。ドラヴィダ人起源［シュードラ］と推測される理由は、男性が母方叔父の娘と結婚すること（マヌ法典では非難される婚姻）、ヴェーダではなく格下のプラーナの聖句を使用することなど。	428,188		
ドラヴィダ人に真のヴァイシャがいるか疑わしいが、商人カーストの一部（おそらく Komati）がヴァイシャと主張している。しかしバラモンは、再生族に許されたヴェーダの儀礼を彼らには許さず、プラーナの儀礼のみを許している。	12,159		
書記カースト。主にガンジャム県。	35,218		
コンカーニー語話者の商業・耕作カースト。	11,325		
コンカーニー語話者の商業カースト。	783		
商業。多数のグループに分かれ、Beri Chetti、Nagarattar Chetti、Nattukottai Chetti などが有名。Nattukottai は金貸しで商人の中で最も裕福。ビルマ、海峡植民地、セイロンにも進出。	289,457		
羊飼い。寡婦再婚は普通。クリシュナ神がこのカーストによって養育されたという伝承から高い地位を誇る。ほとんどのバラモンが彼らからバターを受け取る。Vellala、Palli、Nattaman の家で食事をとる。	694,829		
会計カースト。	56,991		
陶工。	139,355		
司祭、物乞い。タミルの物乞いの中では最上位。非肉食、禁酒。寡婦再婚禁止。	52,991		
耕作。タミルのシュードラの中では最上位。地域別グループに分かれる。カースト称号は、ムダリヤール、レッディ、ナイナール、ピッライなど。幼児婚・成人婚どちらも見られる。火葬。	2,378,739		
商業。2つのグループ（Desa、Peta）に分かれる。Desa はマドゥライ・タンジョールなどの支配者（ナーヤカ）の子孫でクシャトリヤ出自を主張しているが、周囲は認めず、Kapu あるいは Kamma から分かれたと見なしている。	1,008,036		
Bhat、Magada とも呼ばれる。元は吟遊詩人だったが今は耕作が主。テルグ語文学の素養がある。	20,706		
羊飼いカースト。	855,221		
寺院付き司祭。主にガンジャム県、ヴィシャガパタム県。	126,546		
Kapu あるいは Reddi、Telaga、Velama と外観も慣習も類似。同じ集団から分岐したらしい。元は戦士カーストだが、現在は農業および貿易に従事。	973,723		
農業カースト。Kamma を参照のこと。	2,576,448		

<table>
<tr><td rowspan="2">II
（続き）</td><td rowspan="2">クシャトリヤ
（続き）</td><td rowspan="2">Others
（続き）</td><td>Patnulkaran</td></tr>
<tr><td>Rajput</td></tr>
<tr><td rowspan="9">III</td><td rowspan="9">ヴァイシャ</td><td>Tamil</td><td>該当なし</td></tr>
<tr><td rowspan="2">Telugu</td><td>Komati</td></tr>
<tr><td>Vaisya</td></tr>
<tr><td>Malayalam</td><td>該当なし</td></tr>
<tr><td>Canarese</td><td>該当なし</td></tr>
<tr><td>Oriya</td><td>Karnam</td></tr>
<tr><td rowspan="2">Others</td><td>Rajapuri</td></tr>
<tr><td>Vani</td></tr>
<tr style="display:none"></tr>
<tr><td rowspan="13">IV</td><td rowspan="13">サットシュードラ（良きシュードラ）</td><td rowspan="6">Tamil</td><td>Chetti</td></tr>
<tr><td>Idaiyan</td></tr>
<tr><td>Kanakkan</td></tr>
<tr><td>Kusavan</td></tr>
<tr><td>Pandaram</td></tr>
<tr><td>Vellala</td></tr>
<tr><td rowspan="7">Telugu</td><td>Balija</td></tr>
<tr><td>Bhatrazu</td></tr>
<tr><td>Golla</td></tr>
<tr><td>Kalingi</td></tr>
<tr><td>Kamma</td></tr>
<tr><td>Kapu</td></tr>
</table>

陶工。	120,260		
寺院付き召使。バラモンの慣習を模倣。女子の成人婚と寡婦再婚は厳禁。	39,464		
耕作。	436,327		
マラバール県で、寺院付き召使全般を指す包括的名称。内部に Poduval、Chakkiyar など、寺院内の様々な職務（花輪作り、床掃除、神輿担ぎなど）に応じた区分がある。	17,663		
元は戦士カースト。しかし現在では様々な職業集団が Nayar を名乗り、カースト称号のようになっている。	410,388		
「諸侯」を意味する。クシャトリヤ所属を主張しているが、聖紐をつけずヴェーダの儀礼も行わない。肉食と飲酒は控えている。	4,351		
耕作。	118,528		
伝統的に織工だが一部は農業、大工。どの県にもいるが異なる名前で呼ばれる。南部諸県では聖紐をつけ内部から司祭を雇う。北部（テルグ語圏）では誰も聖紐をつけず、結婚式の司祭にはバラモンを雇う。幼児婚も成人婚も行う。土葬も火葬も行う。	23,008		
家内使用人。独立したカーストだと自称しているが、Bant のサブカーストだという者もいる。	1,495		
寺院付き召使。寺院付き踊り子の子孫とされる。	4,206		
耕作。マイソールから来たとされ、主にマドゥライ、コーインバトゥール両県にいる。バラモン司祭を雇う。火葬。肉を食べる。	68,985		
大工、金属加工。主にガンジャム県にいる。幼児婚を行う。寡婦は亡夫の弟と再婚可。離婚した女性も再婚可。火葬。魚・山羊・羊・鹿などの肉を食べる。	17,954		
床屋。そのほかには白檀粉作り、花輪作り。	19,386		
托鉢、シュードラ用の司祭。	1,995		
耕作。主にガンジャム県。寡婦、離婚した女性は再婚可。肉食。	8,880		
穀物乾燥。	4,093		
耕作。	1,760		
耕作。	17,818		
牧畜。初潮前婚が一般的。寡婦は亡夫の弟の許可なしに再婚できない。場所によっては再婚不可。	102,898		
菓子売り。元は粗糖から砂糖を作っていた。Gaudo から飲み水を受け取るが、食べ物はバラモンからしか受け取らない。	9,440		
下位カースト用の真鍮腕輪・指輪作り。	4,417		
耕作。一部は聖紐をつける。バラモンの家で食事をとる。Gaudo から飲み水を受け取る。	19,703		
陶工。	12,991		
Korono または Karnam に類するカースト。	7,168		
野菜栽培、販売。ベンガル・オリッサの寺院付き召使の Mali もいるが、統計はこの2つを混同している(Ravulo を見よ)。寺院付き召使の Mali はバラモン司祭を雇う。火葬。初潮前婚。寡婦再婚禁止。肉食だが禁酒。	17,716		
村の女神を祀る寺の召使。Ravulo を見よ。	1,326		

IV（続き）	サットシュードラ（続き）	Telugu（続き）	Kummara
			Satani
			Velama
		Malayalam	Ambalavasi
			Nayar
			Samantan
		Canarese	Bant
			Devanga
			Kotari
			Moili
			Vakkaliga
		Oriya	Badhoyi
			Bhondari
			Boishnobo
			Bolasi
			Chuditiya
			Dhakkado
			Doluva
			Gaudo
			Godiya
			Khodura
			Kudumo
			Kumbharo
			Mahanti
			Mali
			Muni

曖昧用語の1つ。様々なカーストに吸収されていった人種を指す。オリヤ語話者のことも指す。	96,318		
占星術師、医師。幼児婚。寡婦再婚禁止。	1,225		
絹織工。	1,761		
Oriya 語母語の寺院召使3種の1つ（ほかは Mali と Nuni）。シヴァ寺院の儀礼とバラモンの結婚式でほら貝を吹く。今では荷車引き、レンガ積み、大工、日雇い労働などに従事。他の2つのカーストより上だと主張している。バラモン司祭を雇う。魚と肉を食べる（牛と家禽は除く）。禁酒。	5,245		
托鉢、不浄なカースト用の司祭。聖紐をつける。	661		
陶工。	107		
金細工師。	5,006		
マラーティー語母語の耕作カースト。カースト名というよりは言語名。	81,563		
マラーティー語母語の絵師、皮革加工。	5,804		
マラーティー語母語の染屋。	13,004		
コンカーニー語母語の金細工師。	1,253		
耕作。近年は Vellala と名乗るようになり Agamudaiyan の人口が減っている。一方、タンジョール県では Maravan や Kallan が Agamudaiyan を名乗っているため人口が2倍になった。	317,877		
物乞い。一部はレンガ積み、耕作、寺院付き召使。肉食、飲酒。寡婦・離婚した女性の再婚可。	87,545		
寺院付き踊り子（デーヴァダーシー）。	6,862		
織工。	346,762		
耕作。	55,640		
耕作、一部は家畜泥棒。極めて巧妙に去勢牛を盗み家畜市で売却する。人口比10%ながら検挙された盗賊の70%を占める。主にマドゥライ県、ティンネヴェリ県。	338,703		
音楽家、デーヴァダーシーの師匠。	10,727		
［伝統的職業、現職業の説明なし］父方姉妹の娘と婚姻する。寡婦再婚禁止。幼児婚も成人婚もある。	151,276		
耕作。ヴェッラーラのサブカースト。	11,985		
寺院付き音楽家、太鼓たたき。	4,105		
農業。一部は漁民と大工。	2,554,316		
仕立屋。	3,517		
耕作。	6,240		
キンマ栽培、販売。	39,336		
耕作。	40,592		
伝統的なカースト［ヴァルナ］区分の4番目。正式なカースト［ジャーティ］名ではない。調査員はこの用語を計上しないよう指示されている。	1,064		
耕作。	5,632		
油絞り。	171,138		
耕作、野菜栽培販売。	1,285		
耕作。Telaga と通婚する。Golla から飲用水を受け取る。	18,260		

IV（続き）	サットシュードラ（続き）	Oriya（続き）	Odiya
			Pandito
			Patra
			Ravulo
			Sanjogi
			Somara
			Sunnari
		Others	Mahrati
			Muc'chi
			Rangari
			Sonagara
V	シュードラ、バラモン家庭司祭を呼ぶ、触っても殆ど穢れなし	Tamil	Agamudaiyan
			Andi
			Dasi
			Kaikolan
			Malaiman
			Maravan
			Melakkaran
			Nattaman
			Nattan
			Oc'chan
			Palli
			Panan
			Puluvan
			Senaikkudaiyan
			Sudarman
			Sudra
			Valuvadi
			Vaniyan
		Telugu	Agaru
			Aiyurakam

耕作。	698		
踊り子、娼婦。	24,217		
狩猟、農業。部族民。	34,560		
耕作、交易。Golla は彼らの家で食事をとる。寡婦再婚可。幼児婚も成人婚もあるが富裕層は幼児婚。土葬。	55,529		
Balija から分離。ヘンプ籠作り。成人婚。寡婦再婚不可。	82,362		
レスラー。	1,484		
織工。幼児婚。寡婦再婚厳禁。	11,279		
耕作、漁民。寡婦再婚可。土葬。	11,215		
薬師、農業。離婚した女性は再婚不可。	15,191		
耕作、娼婦。	24,416		
漁民、女性は米脱穀。寡婦再婚可。飲酒可。	10,793		
ヘンプ籠作り。	22,732		
織工。他の織工カーストとは共食しない。	1,068		
織工。幼児婚。寡婦再婚不可。	325,912		
踊り子。	3,960		
耕作。	382,677		
油絞り。	9,019		
織工。	68,487		
耕作。	150,463		
物乞い（対バラモン限定）。	187		
水牛飼い、水牛車御者。	2,537		
牛飼い、寺院に牛乳とギーを納品する。現在はほとんどが石工。	16,889		
農耕。丘陵部族。	6,507		
家内使用人。	2,614		
大工。	1,108		
耕作、畜産。	46,477		
耕作、労働者。	1,543		
木工。	535		
耕作、畜産。	2,606		
漁民、耕作。	19,774		
耕作。	4,644		
踊り子。	1,202		
絹織工。	469		
漁民。	16,319		
耕作。	20,343		
耕作。	8,159		
工芸。	158		
耕作、元は染屋。	1,752		
踊り子、娼婦。	1,373		
鐘青銅工。	1,728		
耕作。	460		

V（続き）	シュードラ、バラモン家庭司祭を呼ぶ、触っても殆ど穢れなし（続き）	Telugu（続き）	Arakala
			Bogam
			Gandla
			Gavara
			Janappan
			Jetti
			Karnabattu
			Majjulu
			Nagaralu
			Nagavasulu
			Neyyala
			Perike
			Salapu
			Sale
			Sani
			Telaga
			Telikula
			Togata
			Tottiyan
			Vipravinodi
		Malayalam	Eruman
			Kolayan
			Malayan
			Muvvari
		Canarese	Charodi
			Gauda
			Gatti
			Gudigara
			Heggade
			Kabbera
			Malava
			Patramela
			Patvegara
			Toreya
		Oriya	Alia
			Aruva
			Ashtalohi
			Bosantiya
			Guni
			Konsari
			Muriya

野菜栽培、販売。	18,195		
石切工。	329		
丘陵部耕作。	31,495		
染屋、織工。非肉食だが寡婦再婚可。	7,002		
腕輪作り。	407		
油絞り。	48,739		
綿織工。	1,835		
コンカン地方の大工。	1,482		
耕作、村番人。	162,471		
床屋。	199,965		
字義は「泥棒」。Maravan、Agamudaiyan と犯罪件数を三分する。寡婦再婚可。土葬。Maravan とは共食する。	485,619		
漁民。	16,296		
椰子酒造り。	11,560		
耕作、村番人。	65,717		
縄作り、商業、耕作。寡婦再婚不可。肉食し飲酒する。	5,167		
織工、農業、商業。肉食を止めた。	30,406		
シュードラの葬式を告知するなど。	13,729		
字義は「随行員」、地主の召使。	18,873		
漁民。	37,062		
漁民。テルグ語圏に移住した Pattanavan と推測される。寡婦再婚可。豚を食べ飲酒する。	13,499		
染屋。寡婦再婚不可だが、地位は低くヒンドゥー寺院に入れない。洗濯屋も彼らが用意した食べ物を食べない。	3,186		
内陸漁民。	53,695		
カーストと報告されたが、恐らく Kallan のサブカースト。	398		
製塩。現在は製塩が禁じられ日雇い仕事に従事。寡婦・離婚者は再婚可。羊と豚を食べ飲酒する。	43,664		
農業労働。寡婦・離婚者は再婚可。鶏・羊・豚・魚・ネズミなどを食べ飲酒する。	62,797		
狩猟。主にマドゥライ県・タンジョール県に分布。タンジョール県では寡婦再婚を禁止し、火葬を採用した。	360,296		
耕作。タンジョール県・マドゥライ県に分布。	24,241		
洗濯。	298,713		
労働、狩猟。元は兵士、盗賊。寡婦は亡夫の兄弟と再婚可。	25,519		
耕作、狩猟。主にセーラム県、コーインバトゥール県、マドゥライ県。Vedan と同じ出自と推測されるが、Vedan より上位を主張し、一部は Vettuvan Vellala と自称。肉食し飲酒するが、一部が菜食に移行した。	74,889		
漁民。	41,071		
物乞い。	32,035		
織工、一部が耕作、大工、布商人。魚・豚・鶏・羊などを食べ飲酒するが、一部が菜食・禁酒に移行した。	275,597		

V（続き）	シュードラ、バラモン家庭司祭を呼ぶ、触っても殆ど穢れなし（続き）	Oriya（続き）	Pondra
			Pothriya
			Rona
			Ronguni
			Sonkari
			Telli
			Tonti
		Others	Chaptegara
VI	シュードラ、バラモン家庭司祭をたまに呼ぶ、触ると穢れる	Tamil	Ambalakaran
			Ambattan
			Kallan
			Kuraiyan
			Karumpurattan
			Muttiriyan
			Nokkan
			Panikkan
			Panisavan
			Parivaram
			Pattanavan
			Pattapu
			Sayakkaran
			Sembadavan
			Seppiliyan
			Uppiliyan
			Urali
			Valaiyan
			Vallamban
			Vannan
			Vedan
			Vettuvan
		Telugu	Bestha
			Dasari
			Devanga

椰子酒造り。	156,977		
籠作り。寡婦・離婚者再婚可。	4,437		
椰子酒造り。土葬。飲酒厳禁。Balija と共食する。	231,340		
椰子酒造り。	39,049		
漁民。寡婦・離婚者再婚可。魚・羊を食べる。	24,763		
毛織工。現在は綿織、絹織、耕作。肉を食べず飲酒もしない。初潮前婚。離婚可、寡婦再婚可。	15,325		
床屋。	164,425		
マット作り。	20,662		
耕作、狩猟。	176,060		
狩猟、耕作。主にカダパ県・クルノール県。離婚・寡婦再婚禁止。	16,489		
洗濯。	360,215		
製塩。タミル語圏では Uppiliyan。	110,178		
物乞い。	1,677		
陶工。	9,281		
油絞り。	40,898		
商業。一部がヴァイシャ所属を主張。	8,868		
商業。Muttan と通婚する。	6,375		
物乞い、カーリー寺院の司祭。	1,437		
油絞り。	18,403		
タミル語圏の Kurumban と同種と扱われてきた。森林に住む人々。	206,286		
農業労働者、薪売り。寡婦再婚可。火葬。	13,496		
耕作、駕籠持ち。	4,168		
洗濯。初潮前婚。寡婦・離婚者の再婚可。火葬。	26,635		
マラーティー語圏の精肉屋。	1,451		
塩田労働者。マドゥライ県とティンネヴェリ県のみ。ヒンドゥー寺院に入れない。	1,791		
耕作。主にマドゥライ県のザミーンダーリー地域。寡婦再婚可。豚・羊・鶏・魚を食べる。	7,987		
ヒンドゥー社会に半分とりこまれた (Semi-Brahmanized) 丘陵部族。地域によって様々に呼ばれる。村に定住したものは苦力、丘陵部では移動しながら狩猟採取。離婚者・寡婦再婚可。土葬。猿・ワニ・ネズミ・虫を食べる。Kammala、Ambattan、Vannan よりは地位が上と自認している。	86,687		
籠作り。ティンネヴェリ県に分布。寡婦再婚可。土葬。Vettuvan よりは上と自認。Shanan が用意した食べ物を食べると穢れると考えている。しかしヒンドゥー寺院に入れない。	1,811		
耕作。マドゥライ県に分布。丘陵部族。	3,316		
ジプシー部族。籠作り、占い師。タミル語圏のどこにでもいる。放浪し竹製の小屋に住む。元は Yerukala と同集団と推測されるが、通婚せず共食しない。	100,315		
丘陵部族。Paliyan と同じと報告される。	330		

VI （続き）	シュードラ、バラモン家庭司祭をたまに呼ぶ、**触ると穢れる** （続き）	Telugu （続き）	Gamalla
			Gudala
			Idiga
			Indra
			Jalari
			Kurni
			Mangala
			Medara
			Mutracha
			Patra
			Tsakala
			Uppara
			Viramushti
		Malayalam	Anduran
			Chakkan
			Muttan
			Tarakan
			Yogi-Gurukkal
		Canarese	Ganiga
			Kuruba
			Samantiya
		Oriya	Benia
			Dhobi
		Others	Katike
VII	シュードラ、バラモン家庭司祭を呼ばない、**触ると穢れる**	Tamil	Alavan
			Ilamagan
			Irula
			Katasan
			Kunnavan
			Kuravan
			Malai-Arasan

森林部族。丘陵開墾と日雇い労働。主にコーインバトゥール県。虫とコブラ以外は何でも食べる。	4,206		
ジャワーディ丘陵（西ガーツ山脈山麓）の耕作。セーラム県で4万人がVellalaと名乗ったため人口が減少。	45,915		
物乞い。	1,190		
丘陵開墾。コーインバトゥール県、マドゥライ県、マラバール県に分布。	1,754		
石灰製造。ティンネヴェリ県限定。寡婦再婚可。Maravanの家で食べる。ヒンドゥー寺院に入れない。	2,895		
森林部族。コーインバトゥール県、マラバール県に分布。	1,968		
放浪部族。盗み、物乞い、占い、籠作り。	65,513		
淡水魚釣り。離婚者・寡婦の再婚可。富裕層は火葬、貧困層は土葬。鶏・山羊・イノシシ・クジャクを食べる。	31,622		
物乞い。	2,661		
物乞い。	151		
物乞い。	2,120		
狩猟部族。2つの内婚集団があり、1つは狩猟採取を続け、1つは農村に定住し魚釣りと日雇い労働。	7,164		
物乞い、村の女神を祀る寺院の司祭。	1,501		
大道芸。	18,322		
大道芸。	184		
物乞い、養豚。	15,878		
丘陵開墾。主にヴィザガパタム県。Khondの一部と推測される。アニミズムからヒンドゥーに移行しつつある。離婚者・寡婦の再婚可。火葬。飲酒し豚・羊などを食べる。Kapuと共食する。	88,715		
丘陵開墾部族。ゴダヴァリ県に分布。	63,662		
物乞い、養豚。KuravaやJogiに類似。ティンネヴェリ県にしかいない。	483		
穴掘り。一部は定住。移動するグループと慣習が異なる。	498,388		
物乞い。	599		
物乞い。	8,028		
椰子酒造り（液採取）。	53,668		
森林部族。主にネッロール県に分布。	103,906		
椰子酒造り（液採取）。	52,696		
綿織工。専用の床屋を持つ。	28,779		
銅鍛冶。	331		
輿担ぎ。	13,493		
物乞い。	191		
Nayarなど高位カースト専用床屋。女性は産婆。	8,787		
Nayarとそれより上位カースト専用洗濯屋。Nambudri（バラモン）も彼らが洗った衣服に触っても穢れない。	11,629		
洗濯屋。	15,876		

VII（続き）	シュードラ、バラモン家庭司祭を呼ばない、**触ると穢れる**（続き）	Tamil（続き）	Malasar
			Malayari
			Mondi
			Mudugar
			Tondaman
			Yerravala
			Yerukala
		Telugu	Bagata
			Banda
			Bingi
			Budubudukala
			Chenchu
			Dammula
			Dommara
			Ite
			Jogi
			Konda Dora
			Koyi
			Kuluvan
			Odde
			Panasa
			Pic'chigunta
			Segidi
			Yanadi
			Yata
		Malayalam	Chaliyan
			Chemboddi
			Kaduppattan
			Paradesi
			Velakkatalavan
			Veluttedan
		Canarese	Agasa

農民。Kappiliyan と婚姻関係。マイソール地方からマドゥライ県、ティンネヴェリ県に移住。	17,324		
開墾部族。ニルギリ山脈に分布。	34,178		
床屋。Kelasi のように下位カーストの髭は剃らない。	946		
農民。Anappan と婚姻関係。マイソール地方からマドゥライ県、ティンネヴェリ県に移住。	39,608		
床屋。	7,712		
籠作り、物乞い。	33		
物乞い。Jogi、Helava と通婚する。	337		
森林部族。	5,038		
陶工。	35,446		
ニルギリ山麓では未開のまま。平地では文明化している。	154,959		
物乞い。	239		
漁民。	33,627		
籠作り、悪魔踊り。	384		
音楽家、耕作。	2,673		
丘陵開墾。コーインバトゥール県、ニルギリ県に分布。	5,727		
耕作。	18,832		
耕作部族。ガンジャム県に分布。	2,106		
丘陵開墾部族。	1,054		
耕作。主にヴィザガパタム県。	50,082		
耕作。主にガンジャム県、ヴィザガパタム県。	617		
耕作。	906		
丘陵開墾。	1,140		
丘陵部族用の鐘銅細工。	605		
耕作。	105		
大道芸。	138		
漁民。	30,396		
下位の耕作カースト。	952		
恐らく Gaudo のサブカースト。	976		
漁民。主にガンジャム県。離婚者・寡婦の再婚可。肉・魚・鶏を食べ飲酒する。	5,796		
耕作。主にヴィザガパタム県。	12,333		
耕作、漁民。	40		
鉄鍛冶。	4,690		
葉皿作り、狩猟。	388		
丘陵開墾。	6,956		
丘陵開墾。	76		
ガンジャム県では鍛冶、ヴィザガパタム県では石工。	3,426		
丘陵開墾。	160		
織工、漁民。ガンジャム県に分布。	2,660		
耕作。	10,679		

VII（続き）	シュードラ、バラモン家庭司祭を呼ばない、**触ると穢れる**（続き）	Canarese（続き）	Anappan
			Badaga
			Bhandari
			Kappiliyan
			Kelasi
			Kichagara
			Killekyata
			Kudiya
			Kumbara
			Kurumban
			Maleyava
			Mogar
			Panara
			Sappaliga
			Solaga
		Oriya	Bhumia
			Boda
			Bonka
			Bottada
			Chinda
			Dhulia
			Gayinta
			Ghontora
			Kamunchia
			Kela
			Kevuto
			Khoira
			Kolata
			Kondra
			Kottiya
			Kukkundi
			Lohara
			Magura
			Mattia
			Mellikalu
			Muli
			Nodha
			Noliya
			Omaito

耕作。主にヴィザガパタム県。初潮後婚姻。寡婦は亡夫の弟と再婚可。火葬。	2,552		
庭師、労働者。主にガンジャム県、ヴィザガパタム県に分布。離婚者・寡婦の再婚可。牛肉を食べ飲酒する。	17,775		○
椰子酒造り（液採取）。	660		
椰子酒売り（液採取）。	32,707		
部族。耕作。ガンジャム県丘陵部に分布。	4,231		
漁民、蓮の葉皿作り。	1,881		
丘陵開墾、小売り。	958		
籠作り、耕作。ヴィザガパタム県に分布。	76		
［職業説明なし］ Lambudi と通婚。	982		
商業。	286		
マラーティー語圏の部族。鳥刺し、養豚、物乞い。	1,794		
マラーティー語話者の漁民。南カーナラ県に分布。	4,123		
マラーティー語話者の森林部族。	10,350		
商業、畜産業。一部は定住して農業。	44,439		
人身御供から救出された人の子孫。	25		
洗濯、悪魔踊り。南カーナラ県に分布。	600		
遊牧部族。ニルギリ丘陵部限定。	807		
織工。元 Paraiyan の一部だったが共食せず通婚しない。	4,826		
放浪する貧しい森林民。蜂蜜・根菜・雑穀で生きる。	705		
農業労働者。南部諸県全般、特にマドゥライ県、ティンネヴェリ県に集中する。	825,395	○	○
丘陵開墾。主にマドゥライ県、コーインバトール県。	3,484		○
皮革加工。ヒンドゥー寺院に入れない。	2,000	○	○
椰子酒造り。近年クシャトリヤ所属を主張し、ヒンドゥー寺院に入る権利を主張し始め、暴動に発展した。	603,189		
Paraiyan、Pallan 専用の司祭。元は Paraiyan だったが、通婚せず共食もしない。	54,760		○
漁民。	2,937		
丘陵部族。蛇を殺してレプラ［ハンセン病］に効くとされる油を採って平地民に販売。	115		
農奴。	253,347	○	○
椰子酒造り（液採取）。	110,974		
先住の丘陵部族。主にコーインバトール県、マラバール県に分布。	789		
タミル地方の Kammalan と同様に職人。地位は低い。不浄カーストの地位を受容。ヒンドゥー寺院、バラモンの家に入れない。	104,040		
占星術師、薬草採取。	15,263		
未開の森林部族。	531		
狩猟採集森林部族。	3,586		
丘陵部族。	2,486		○

VII（続き）	シュードラ、バラモン家庭司祭を呼ばない、**触ると穢れる**（続き）	Oriya（続き）	Pentiya
			Relli
			Siolo
			Sondi
			Suddho
			Tiyoro
			Tohala
			Vodo
		Others	Bepari
			Kadu-Konkani
			Kattu-Mahrati
			Kharvi
			Kudubi
			Lambadi
			Meria
			Nekkara
			Toda
VIII	**触らなくても穢れる**、牛肉を食べない	Tamil	Koliyan
			Paliyan
			Pallan
			Pulaiyan
			Semman
			Shanan
			Valluvan
		Telugu	該当なし
		Malayalam	Arayan
			Aranadan
			Cheruman
			Illuvan
			Kadan
			Kammalan
			Kanisan
			Kaniyan
			Karimpalan
			Kattunayakkan

Tiyan 専用の床屋、司祭。	5,673		
狩猟。	9,642		
タミル地方の Kurumban（森林民 jungle-men）に同じ。	10,092		
丘陵開墾部族。	6,507		
不浄カースト専用の洗濯屋。高位カーストが穢れた状態にある場合はその洗濯も担う。女性が洗濯を担う。男性は悪魔踊り、医者。	31,644		
部族民。狩猟・薬草採取。	2,148		
漁民。	19,290		
物乞い、森林採取。	535		○
漁民。	96		
悪魔払い、悪魔踊り、体術師、傘作り。女性は助産師。平地に定住した元丘陵部族民。	13,424		
農業労働者。	29,245		
貝採取、石灰製造。	5,242		○
丘陵部族。	183		
部族民。薬草採取。	1,828		
椰子酒造り（液採取）。南マラバールでは Iluvan と呼ばれる。	578,451		
皮革加工、染屋、体術教師。	2,305		
悪魔踊り、魔術師、医者。女性は助産師。	3,120		
農奴、狩人、森林採取。2つの内婚集団に分かれる。1つは不潔で粗末な小屋に住み、何でも食べる。しかし自分たちは Cheruman、Pulaiyan より上と自認し、彼らから穢れを得ないよう注意している。	15,696		○
籠作り、マット作り。	597		○
椰子酒造り（液採取）。	142,895		
椰子酒造り（液採取）。	17,689		
農業労働者。元丘陵部族。	552		○
部族。籠作り、労働者。南カナラ県に分布。	5,109		○
マット作り、悪魔踊り。	1,194		○
悪魔踊り。	631		
皮革加工。	1,700		○
狩猟部族。2つの内婚集団があり、1つは狩猟採取を続け、1つは農村に定住し、魚釣りと日雇い労働。	397,189		
Khondo から文明化した人々が分離し独立したカーストを形成。牛肉を食べる Khondo との差別化のために一部が幼児婚採用。寡婦再婚を許さない方向へ。再婚を許す場合は亡夫の兄弟と。	75,719		
狩猟。	62,273		
籠作り、土掘り。主にガンジャム県に分布。寡婦再婚可。男女ともに離婚可。土葬。	66,753		

VIII（続き）	**触らなくても穢れる**、牛肉を食べない（続き）	Malayalam（続き）	Kavutiyan
			Kuric'chan
			Kuruman
			Malayan
			Mannan
			Mavilan
			Mukkuvan
			Nayadi
			Nulayan
			Panan
			Paniyan
			Paravan
			Puliyan
			Pulluvan
			Tiyan
			Tolkollan
			Velan
			Vettuvan
		Canarese	Bellara
			Billava
			Halepaik
			Hasala
			Koraga
			Nalakeyava
			Pombada
			Samagara
		Oriya	該当なし
		Others	該当なし
IX	**触ると穢れる**、牛肉を食べる	Tamil	該当なし
		Telugu	Boya
			Jatapu
		Malayalam	該当なし
		Canarese	Bedaru
		Oriya	Bavuri

部族。狩猟、農業。主にヴィザガパタム県。	40,395		
部族。主にヴィザガパタム県、ガンジャム県。	20,734		
丘陵部族。主にガンジャム県、ヴィザガパタム県。	316,568		
丘陵部族。開墾。	91,886		
丘陵部族。	183,159		
農業労働者。サブ区分が多数あり慣習も異なる。共通の慣習を説明することはほぼ不可能。Koliyan や Valluvan は殆ど異なるカーストになり共食･通婚しない。	2,152,840	○	○
皮革加工。タミル地方全体に分布。	486,884	○	○
皮革加工。	755,316	○	○
農業労働者、綿織工。キストナ県では Mala Bogam という専用の踊り子、Bainedi という専用の床屋、専用の司祭を有する。Kamsala、Medara、Muc'chan、Madiga が用意した食べ物は食べない。Madiga とは井戸を共有しない。Madiga は死肉を食べると蔑視しているが、Mala 自身も牛肉を食べる。	1,405,027	○	○
鍛冶屋。牛肉を食べるが、Paidi や Mala より社会的地位が高いとされることも。	8,238		
農業労働者。	147,987	○	○
不浄な下位カーストを指す一般名詞。	1,201		○
村番人。主にガンジャム県。上のカーストからの追放者［の子孫？］であると認めている。離婚者・寡婦ともに再婚可。寡婦は亡夫の兄とは結婚しない。寡婦との結婚を望む独身男性はまず木と結婚しなくてはならない。木を切り倒して寡夫になれば寡婦と再婚できる。土葬。牛肉を食べ飲酒する。	39,849		○
丘陵［に住む？］織工（Hill weavers）。	58,100		○
テルグの皮革加工。誤ってオリヤに分類された。	794		○
内婚集団が2つある。耕作・太鼓たたき集団と清掃集団。離婚可。寡婦は亡夫の弟と再婚可。飲酒し、牛・豚・鶏などを食べる。	28,076		○
元は皮革加工だったが、今は農業労働など肉体労働。他のコミュニティを追放された人々［の子孫］と自認。離婚者も寡婦も再婚可。牛･豚を食べ､飲酒する。土葬。	5,254		○
農業労働者、織工。	49,015		○
丘陵［に住む？］織工。結婚式は親族の会食だけ。子どもが生まれたとき祖父祖母の生まれ変わりか否かを占い、是の場合は豚を犠牲に捧げる。	61,200		○
部族。職人、太鼓たたき。ニルギリ丘陵に分布。	1,267		
職人階級。サブ区分がありそれぞれ金・銅・鉄・木・石を扱うが、複数を扱う者が多い。バラモンの優越性を否定し司祭としての能力も認めず、自分たちで司祭を調達する。	496,696		
Kammalan のテルグ語話者グループ。	271,583		
商人。大半は Lingayat。	30,081		
Lingayat の Golla（羊飼い）。	816		

IX （続き）	**触ると穢れる**、牛肉を食べる （続き）	Others	Gadaba
			Gond
			Khondo
			Poroja
			Savara
X	**触らなくても穢れる**、牛肉を食べる	Tamil	Paraiyan
		Telugu	Chakkiliyan
			Madiga
			Mala
			Ojali
		Malayalam	該当なし
		Canarese	Holeya
		Oriya	Chandala
			Dandasi
			Dombo
			Godari
			Haddi
			Jaggali
			Paidi
			Pano
		Others	Kota
XI	バラモンの宗教的優越性を否定する	Tamil	Kammalan
		Telugu	Kamsala
		Canarese	Banajiga
			Gauli

厳密には Lingayat の司祭。広義にはシュードラ用の司祭（Lingayat ではない）や、Lingayat の教えを説いてまわる移動民、物乞い。	102,121		
羊飼い、畜産。恐らく Kurumban の文明化したグループの子孫。Lingayat として Jangam を司祭に雇用する。	20,975		
ヒンドゥー教改革セクト。バラモンの権威、カースト区分を否定。人口は国勢調査によって変動するが、Lingayat と申告した人数をカウントした。	138,518		
Kammalan のカンナダ語話者グループ。	47,506		
耕作。主にベッラーリ県、アーナンタプール県。全員 Lingayat だとされる。	4,328		
ヒンドゥー教徒で「ジャイナ教」というカースト名はありえないが、調査官が 54 件をこのようにカウントした。	54		
Konga Vellala などのカースト称号。	9,051		
コング地方（コーインバトゥール県、セーラム県）のこと。	139		
ロープ作りの職業名。恐らく Dommara、Paraiyan、Kurava のどれか。	3,536		
タンジョール県の Sudarman、Valaiyan、マドゥライ県とティンネヴェリ県の Sale、コーインバトゥール県の Shanan が使うカースト称号。	2,216		
太鼓たたきの職業名。通常 Paraiyan か Sembudavan。	1,209		
寺院付き司祭の職業名。	325		
シヴァ神信仰者。	263		
苦行者。	614		
Nattaman、Malaiman のカースト称号。	12,548		
織工の職業名。いくつか織工カーストがこのように名乗ったが恐らく主に Kurni。	909		
テルグ語。テルグ語を話す人。	6,110		
「テルグの人」の意味。タミル地方にいる Kamma、Kapu、Balija が誤って申告した。	95,924		
「コンカン地方・コンカン地方の人」の意味。	1,822		
「マールワール地方の人」の意味。	1,000		
	11,518		
	2,376		

and Municipality) GO2025, 18 December 1922, The Government of India (Scheduled Caste) Order,

XI（続き）	バラモンの宗教的優越性を否定する（続き）	Canarese（続き）	Jangam
			Kannadiyan
			Lingayat
			Panchala
			Sadar
XII	判別不能（カーストが不明瞭だったケース）	Tamil	Jain
			Kavandan
			Kongan
			Kuttadi
			Muppan
			Pambaikkaran
			Pujari
			Saiva
			Sanyasi
			Udaiyan
		Telugu	Nese
			Telugu
			Vadugan
		Others	Konkani
			Marvari
XIII	州外カースト		
XIV	無申告		

出典：*Census of India 1901*, Vol. XV, Madras, Part I, Report, pp.136-185, Local Seif Government (Local 1936 取得データをもとに筆者作成.

プロローグ　「マダム、私は不可触民ではない」

いよいよインドでの留学生活が始まろうとするある日、新品の冷蔵庫を下宿のキッチンの片隅に設置してもらった私は、電気屋の男性にお礼を言った。すると男性はそのまま帰ろうとした。床には緩衝材や段ボールが散らかったままである。私は慌てて「これ、持って帰ってください」と頼んだ。すると今まで愛想が良かった男性が気色ばみ、言い放った。「マダム、私は不可触民ではない」。私は一瞬、何を言われたのか理解できなかった。日本であれば、電気屋が家電を設置したあと梱包材を持って帰るのは「当たり前」である。それどころか、掃除機持参で工事中に出た埃を吸い取り、掃除をしてくれることすらある。しかしここはインドである。しばらく逡巡して、ようやく私は状況を理解した。インド社会においては、掃除は不浄な職業と見なされ、主に「不可触民」がその役割を担ってきた。電気屋の男性は、床に落ちたものはもはやゴミであり、ゴミを片付ける行為は掃除であり、掃除のような不浄な仕事は自分の領分ではないと主張しているのだ、と。これは私が二年間の留学のために一九九七年末にインドに渡り、チェンナイ市内に居を定めたときの話である。「掃除＝不浄＝不可触民の仕事」というマインドセットが残存しているということを強烈に印象づけられた体験であった。その後インドで生活しインド人と交流する中で、様々な形で「不可触民」の存在を認識し、彼ら彼女らに対する人びとの偏見、蔑視がふとした拍子に浮上するのを何度も経験することになった。

「不可触民」とは、ヒンドゥー教の観点、より正確に言えばカースト制の最上位に位置するバラモンの観点で「不浄」と見なされる清掃、死体処理、皮革加工などの職業に従事し、それゆえに「不浄」視され差別されてきた人びとと一般に理解されている。なお、インドでは公式には「不可触民」は存在しないことになっている。インド独立後に制定された憲法で「不可触民制は廃止する」と明言されているためである。しかし同時に憲法は、「不可触民」が歴史的に受け続けてきた差別に起因する経済上教育上の後進性に鑑みて、「不可触民」を保護対象に指定し、格差是正措置を講じた。留保制度《リザヴェーションシステム》と呼ばれるこの措置は、立法府の議席を「不可触民」の人口に応じて留保した（のちに、大学入学や公職に「不可触民」専用枠を設定してきた）。留保制度は、憲法施行後一〇年間のみの時限措置とされていた。一〇年たてば経済的教育的な後進性が解消され、「不可触民」は名実共に消滅するとの目算だったのである。

しかし現実には、「不可触民」は存在しつづけている。教育を受け経済的な地位向上を果たす「不可触民」も少しずつ増えているが、高学歴であろうと裕福であろうと彼ら彼女らは差別され続け、暴力を受けることも珍しくない。そのような暴力事件は、「不可触民」が地位を改善し、かつ差別に甘んじずに異議を申し立てるようになったことに対する上位カーストの焦燥と表裏一体といえる。

抑圧され周縁に追いやられた人びとが声を上げる過程と、それをさらに抑圧し周縁に追いやろうとする人びとの相互作用は、イギリス植民地支配下で先鋭化した。イギリス対「インド」という二項対立に基づくナショナリズムが興隆するなか「インド国民」内部の多様性、重層性、抑圧構造が隠蔽され、それを「周縁」が暴露したためである。「不可触民」は、差別、抑圧状況に対し様々な形で抵抗してきた長い歴史を有する。

しかし歴史学の世界で「不可触民」に焦点を当てた研究が始まったのは、それほど古い話ではない。権力者の歴史（政治史）や、権力者に対抗する運動を主導したエリートの歴史（民族運動／独立運動史）はおろか、民衆／抑圧された存在に光を当てた「サバルタン研究」グループでさえ、最初は農民運動や労働運動、部族反乱を分析対象としていた。遅れて女性・ジェンダー、ムスリムなどの宗教マイノリティを取り上げるようになったものの、「不可触民」を正面から論じたのは、下位カースト出身で、「不可触民」への共感を開陳するカンチャ・イライヤによる告発に近い一九九六年の論文が初であった。このように歴史学の世界でも長らく「不可触民」が周縁に追いやられてきたのは、イギリス統治下における「不可触民」運動の指導者たちがしばしば「親英的」ととれる姿勢を示したためではないかと推察される。そのために、「不可触民」の指導者を正面から論じた著作は、彼もまたインド独立を志向していた、と評価するのである。一九九〇年代後半以降、「不可触民」を主題とする様々な分野の本が次々と出版されている。とりわけ文化人類学や文学の分野での成果には目を見張るものがある。歴史学においても、特定の「不可触民」コミュニティの社会経済状況の変化や、コミュニティの歴史の創造を通じた肯定的集団意識の形成などに関する事例研究が蓄積されてきた。しかしながら、インド近代史の中に「不可触民」を位置づけるという課題、「インド民族」運動と称されるものが展開する中で「不可触民」が採った行動を分析評価するという課題については、議論が不十分なまま残されている。

本書が追究するのは、イギリス植民地支配下で、「不可触民」がどのようにイギリス統治を評価し、どのように「民族」運動・独立運動を観察・理解したのか、その上でいかに行動し発言したのか、という問題である。より具体的には、まず、イギリスの統治政策とそれへの在地の人々の呼応によりインド社会が再編され、新しい集団範疇が形成され、新しい様々な運動が開始される様を明らかにする。その上で、周縁に置かれた人々がイギリス統治下で自らの声を上げるようになる過程、ナショナリズムが高揚し「国民／民族」が定義されていく中でそれに異議を唱え、「非愛国的」というレッテルを貼られながらも声を上げ続ける人々の行動原理を汲み上げていく。不可視化され周縁に追いやられた人々が新たな集団意識を形成し集団として声を上げる過程はまた、集団内部の差異や異論を抑圧する過程でもあったことも注視したい。

なお、インド近代史、とりわけ「民族」運動史に「不可触民」を位置づけるに当たって避けて通れないのが、ガンディーをいかに評価するかという問題である。というのも、ガンディーは独立運動の一環として不可触民制廃止を掲げたためである。ガンディーの独立運動については膨大な歴史学研究が蓄積されてきた。近年はガンディーの非暴力主義を支える諸理念を、環境論や経済論、国際関係論などの観点から再評価する論考が相次いでいるが、歴史的文脈から切り離し、思想のみを抽出して評価し現代社会に活用しようとする傾向がある。その試みの意義を否定するものではないが、この種の論考は、植民地支配下のインドという現実を生きた人びとにガンディーの思想がどう受け止められたかという視点が欠けた理想論になりがちである。例えば、非暴力主義を支える禁欲、自己抑制、自己犠牲は、ガンディーによって全ての人に平等に要求されたが、権力関係が著しく不均衡な社会では権力を持たない者により大きな犠牲を強いた。差別は、自己犠牲の精神で解決するものではない。基本権、権利の問題であり、加害者側の自己犠牲（慈悲）に依存するべきものではない。さらにガンディーの「禁欲」は、差別される者が差別撤廃を求めることすら「欲望」と見なす姿勢と表裏一体であった。本書は、ガンディーの高邁な理想論が同時代を生きた人々に与えた影響と「不可触民」の反応も明らかにしていきたい。

　本書の舞台は南インドである。植民地時代は首都が北インドに置かれ（カルカッタ、のちデリー）、南インドの人びとは（南インド勤務を命じられたイギリス人官僚も含めて）、政治も文化も北インドを中心にまわっているという疎外感を抱いていた。北と南とでは歩んできた歴史も異なり言語文化も異なるが、南インドではそれを逆手にとった集団範疇が複数生まれ、独自の「我々」意識が育まれた。「非バラモン」や「ドラヴィダ人」「原ドラヴィダ人」などである。これらの集団は、植民地政府および「民族」運動との関係性において、集団間あるいは集団内でせめぎ合い、包摂と排除を繰り広げた。その様を本書は考察していく。植民地時代の南インドには、イギリス直轄領のマドラス州と、間接統治領のハイデラーバード、マイソール、トラヴァンコール、コーチンなどの藩王国が存在したが、本書が取り上げるのは直轄領のマドラス州であり、州都マドラスを擁するタミル地方（タミル語圏）が中心となる。

　なお本書は、シリーズが掲げる民衆史の可能性と意義（「刊行の辞」を参照されたい）を共有しつつも、「民衆」という用語そのものは使っていない。「民衆」に対置されるものとして一般に想起されるのが「エリート」あるいは「権力を有する者」であるとすると、植民地支配下のインドの権力関係の重層性を十分に表現できないためである。なによりもまず支配者イギリス人の前に、インド人は「エリート」であろうが「民衆」であろうが権力構造の下位に位置づけられ抑圧される存在であったという厳然たる事実を指摘しておきたい。インド人の中にも、カーストの上下、経済格差、地域対立（北インドと南インド）、マジョリティ集団とマイノリティ集団などがある。不断に新たな集団意識が形成され、その過程で主流が非主流を周縁化し排除する。「不可触民」の中にもカーストの上下が存在し、男性が女性を公私両域で抑圧する。このような、様々な支配―被支配、中心―周縁、包摂―排除の関係性の交差を描くことが本書の目的である。

本題に入る前に用語の問題を取り上げておこう。「不可触民」が差別用語であることはいうまでもない。いわゆる「不可触民」を指す行政用語は、憲法で規定された「指定カースト」であり、マスメディアでも日々この言葉を目にする。「被抑圧階級」という言葉が使用されることもある。一方「不可触民」の自称としては「ダリト」が一般的になりつつあり、こちらもまたマスメディアで頻繁に使用される。しかし歴史学の著述では、どの用語を使用するかは極めて難しい問題である。まず南インドの「不可触民」の自称として、「ダリト」はごく最近までほとんど使用されてこなかった。代わりに南インドで代表的な自称は「アーディドラヴィダ」や「アーディアーンドラ」である。ほかにも様々な用語があるが、どの用語を採用するかということ自体が、採用する本人の政治的、社会的立場の表明になる場合もある。

本来であれば差別用語は避けるべきだが、本書はあえて「不可触民」を使用する。一九世紀後半から二〇世紀前半の英領インドに生きた彼ら彼女らが、自分たちは不可触民制／不可触性 Untouchability に基づいて差別され抑圧されてきた、という強い意識を持ち、その意識を前面に押し出して闘ってきたためである。その上で、「不可触民」という用語の差別性に自覚的であると示すために、原則として鉤括弧をつけて使用する。なお、史料に現れる様々な「不可触民」を指す用語については、不可触民《アンタッチャブル》という用語も含め、そのまま採用する。先に指摘したように、用語自体がその言葉を発した人物の政治的、社会的立場や思想を表しているためである。アヴァルナ、アウトカースト、パンチャーマ、アチュート、アンタッチャブル、パリヤー（パライヤ）など、史料に現れる用語は枚挙にいとまがない。まずはこれらの用語がどのような文脈で「不可触民」を指すことになったのか、「カースト制」の歴史を紐解いていこう。

第一章　イギリス統治下のカースト制再編と「不可触民」

1　イギリス支配前の「カースト」と「不可触民」

本題に入る前にまず、「カースト」の概略を述べておこう。「カースト」とはポルトガル語のカスタが英語化したもので、カーストに関連するインドの概念は「ヴァルナ」と「ジャーティ」である。ヴァルナとは身分を指し、バラモン（司祭）を筆頭に、クシャトリヤ（王侯・武人）、ヴァイシャ（商人）、シュードラ（職人、農民）の四つの身分からなる。さらにその下に「ヴァルナをもたないもの（アヴァルナ）」として「不可触民」がいる。

ジャーティとは、あえて単純化して表現すると、世襲的職能集団かつ内部で婚姻関係を結ぶ内婚集団である。インド全体で数千種類のジャーティがあるとされ、金細工のジャーティや、真鍮細工のジャーティ、花栽培、大工、織工、皮革加工、洗濯など様々な生業を担い世襲する集団があり、一種の分業体制をとってきた。なお、同じ職業を担うジャーティでも地域によって名称が異なり、個別の集団を形成する。例えば、皮革加工を担うジャーティは北インド中央部ではチャマールと呼ばれるが、南インドではサッキリヤルとなり、互いに婚姻関係を結ぶことはない。ジャーティは原則として内婚集団であるため、郷関を離れても婚姻相手は故地から探すことを繰り返してきた。その結果、移住して数世代を経ても、家庭内では故地で話されていた言語を「母語」として使い続けるという現象が起こる。例えば、留学中に交流を深めたある家族はレッディというジャーティに属していた。レッディはテルグ語が主要言語であるアーンドラ地方の有力農民（地主）ジャーティであるが、この家族は祖先がタミル地方（タミル語圏）に移住して二〇〇年以上たつにもかかわらず、故地に土地を所有し（家族成員の誰も現地の村に行ったことがないという）、家庭ではテルグ語で話し、住み込みの料理人も故地の同じジャーティから雇用していた。一方、通いの運転手、洗濯屋、庭掃除人、トイレ清掃人などはタミル地方でこれらを生業とするジャーティの出身者を雇い、タミル語で指示を出していた。

ジャーティは慣習を共有する集団でもある。ジャーティごとの神があり、独自の祭礼があり、婚姻などの通過儀礼についても独自の儀式がある。衣食住も同様で、ジャーティによって食べてよいもの禁止のものなどが規定されている。一般にヒンドゥー教徒は牛肉食禁止と思われているが、それは上位ジャーティの話であって、最下層のジャーティは死んだ牛の遺体を処理する役得として、その肉を食べてもよいことになっている。このようなジャーティごとの慣習はヒンドゥー教の浄不浄観念と結びつき、ジャーティの序列に影響を及ぼしている。ジャーティにもその地域社会における上下関係があるのである。そして全てのジャーティはそれぞれ、四つのヴァルナあるいは「不可触民」のいずれかに属することになっている。

しかし、イギリスが到来する前の「カースト」の実態は、右に述べたようないわゆる「カースト制」とは異なるものであった。まずジャーティのほとんどが所属ヴァルナを認識していなかった。ヴァルナという身分制度は、バラモンにとっての理想的秩序、概念であり、現実を反映したものではなかったのである。概念としてのヴァルナ制度では、バラモンが最高位にあること、すなわち最も浄性が高いことを際立たせるために、その対局として最も不浄な存在が必要になり「不可触民」という身分が加えられた。小谷汪之は、概念としてのこの身分制度においては「不可触民」の存在が不可欠で、「バラモン」と「不可触民」が序列関係の上下をタガのように締めてきたとしている。[*1] ただしそのことは同時に、両者の間に存在するヴァルナ、ジャーティ全てが浄不浄観に基づき厳格に序列づけられていたわけではなかったことも示唆している。ジャーティ間にも序列はあったが、その序列は地域や時代によっても異なる流動的なもので、序列を決定する要素も浄不浄という宗教的要素（具体的には肉食か菜食かなどの生活慣習や職業）だけではなく、経済力や政治力も重要な決定要因であり続けてきたのである。また、ヒンドゥー教徒以外にもジャーティがあり、クリスチャンやムスリムの「不可触民」もいた。今もなお、ヒンドゥー教徒ではないが「元不可触民」として差別の対象になっている集団が存在する。そもそも「ジャーティ」という言葉自体が曖昧で、語義的には「生まれ」を意味する一般名詞に過ぎなかった。ここでイギリス勢力到来前の「カースト制」と「不可触民」の歴史を山崎元一の研究に従い概観しておこう。

(1) 文献でたどる古代～中世インドの差別

四つのヴァルナが成立したのは、紀元前一五〇〇年頃から断続的にインド亜大陸に進入してきたアーリヤ人が、先住民（ドラヴィダ人とされる）を隷属させつつ定住した後期ヴェーダ時代（前一〇〇〇―前六〇〇年頃）の半ばであったらしい。『リグ・ヴェーダ』（神々の賛歌集）にある万物創造神話「プルシャの歌」（原人プルシャの体の各部分から四ヴァルナが生まれたとする）がこの頃作られて『リグ・ヴェーダ』に挿入されたと考えられるためである。

主に征服民アーリヤ人で構成される上位三ヴァルナと、征服された先住民であり上位三ヴァルナに奉仕するものとされたシュードラの間には、厳格な区分が設けられた。支配層のバラモンとクシャトリヤ、庶民のヴァイシャがアーリヤ社会（ヴェーダの宗教を奉ずる社会）の正式構成員で、バラモンが主導する宗教儀礼（ヴェーダに記された神々の賛歌を唱え供犠を行う）に参加する資格を有した。三ヴァルナの成員は、アーリヤ社会への参加資格として『ヴェーダ』の学修を開始する入門式が人間としての二度目の誕生と見なされ、再生族と呼ばれた。一方シュードラはヴェーダの学修もヴェーダの儀礼も許されず、生物として生まれるだけの一生族として再生族から区別された。ただし、これはあくまでもバラモンが理論化した制度であり、必ずしも現実社会を反映したものではなかった。例えば仏典にも四ヴァルナは現れるが、「貴い家柄」としてクシャトリヤ、バラモン、ガハパティ（ヴァイシャの上層）が、「賤しい家柄」としてチャンダーラやネーサーダ、ヴェーナ、ラタカーラ、プッサカなどの賤民層が挙げられており、この二つの「家柄」の間にヴァイシャの大半とシュードラからなる庶民が存在したと推察される。ここから、日常生活の中ではヴァイシャとシュードラの区別はなかったことがうかがえる。

後期ヴェーダ時代の末期（前六〇〇年頃）になると「不可触」という考えが生まれ、不可触と見なされる集団を表す言葉として「チャンダーラ」という語が文献に現れた。この頃不可触民とされたのは、アーリヤ人を支配層とする農耕社会の周縁に位置する森林地帯で狩猟採集生活を送る部族民であった。後期ヴェーダ時代末期は、元来牧畜を主な生活手段にしていたアーリヤ人がガンジス川上流域に定着し、農耕社会に順応した時代でもあった。ひるがえって、動物屠殺やそれに伴う皮革加工などの仕事を不浄視する思想が生じたらしい。ちょうど理念上の四ヴァルナ制が整いつつあり、バラモンとしては「浄」である自己を際立たせる存在が必要になり、シュードラのさらに下に「最も不浄な存在」を配置したのである。

四ヴァルナ制の理論は『マヌ法典』(前二〇〇―後二〇〇年頃成立)で集大成された。ここではシュードラに対する差別規定が詳細に記されていたが、やはりバラモンが理想とする秩序(四ヴァルナの序列)と現実(バラモンとクシャトリヤが支配層を形成し、残りが庶民を形成する社会)とでは乖離があった。そこで現実と妥協するための規定(シュードラとの接触で穢れた者を浄化する儀礼、シュードラが調理したものを条件付きで食べても良いとする規定、シュードラ女性との結婚を条件付きで認める規定など)も詳細になった。『マヌ法典』もシュードラの下に様々な賤民が存在したことを伝えているが、それらの賤民はヴァルナ間の逆毛混血(上位ヴァルナの女性と下位ヴァルナの男性との混血)から生じたと説明している。

『マヌ法典』以後に成立した諸法典や注釈書では、ヴァイシャとシュードラの区別が一層曖昧化したことをうかがわせる記述がある。例えば、シュードラの義務として再生族への奉仕に加えて「耕作、牧畜、商業」が挙げられるようになり、隷属性が薄れていたことを感じさせる。七世紀に中国、唐から仏典を求めてインドを訪れた玄奘《げんじょう》は、『大唐西域記』の中で「インドには浄行、王種、商売、農人の四種姓《ヴァルナ》がある」としており、ヴァイシャとシュードラが庶民と隷属民ではなく、職業に基づく区別になっていたと推察しうる。一一世紀にインドを旅したムスリムのアル・ビールーニーもヴァイシャとシュードラにはそれほど大きな違いがないと説明している。この頃にはシュードラは、『マハーバーラタ』や『ラーマーヤナ』、古伝承（プラーナ文献）に由来する教えをバラモンから聴き、祭式を開催することが可能になった。ただしバラモンを雇って儀礼を執行してもらうのが大前提で、シュードラ自身は『ヴェーダ』に由来する聖句を唱えることも許されなかった。[*2]

(2) 南インドの「不可触民」

本書の舞台である南インドに「ヒンドゥー教」が伝わったのは五世紀頃である。四ヴァルナ制が導入されたのはさらにその後であった。南インドにおいては「不可触民」はどのような存在であったのか、中世南インドのタミル語刻文を分析した辛島昇の研究に従って見てみよう。

不可触視された人びとの存在が明確に表れるのは、チョーラ朝（九―一三世紀）の刻文である。歴代の王は寺院に財物のみならず村をまるごと寄進してきた。寄進を受けた寺院の壁には寄進内容が刻まれており、寄進された村の詳細も記されている。例えばチョーラ朝の首都タンジャーブールのシヴァ寺院の壁には、ラージャラージャ一世（在位九八五―一〇一六年）が四〇村からの租税を寄進したと刻まれている。この四〇村の説明の中にパライチェーリという語が現れる。「パライ」はタミル地方の「不可触民」カーストの一つパライヤルを、「チェーリ」は居住区を指すため、これはパライヤルの居住区を意味する。一方、同刻文にはティーンダーチェーリという用語も登場する。ティーンダーは「触れてはならない、不可触」と言う意味であるため、こちらは「不可触民の居住区」と解釈できる。南インドの刻文において、個別の「不可触民」カーストではなく「不可触民」全般を指す語が出てくる極めて稀な例である。「不可触民」全般に言及するもう一つのタミル語刻文は、ラージェーンドラ一世統治一六年（一〇二八年）のもので、バラモン村落の取り決めの一つとして、村の貯水池保全のためにティーンダール（不可触性を持つ者、つまり「不可触民」のこと）以外が毎年沈泥除去に従事するよう述べている。このように「不可触民」全般を示す概念としての用語「ティーンダーダール」が使われた事例は二例しかないが、パライヤルなど不可触視／蔑視された個別のコミュニティに言及する例はいくつかある。一三世紀の刻文ではヴェーダル（狩猟民）、パーナル（吟遊詩人）に続いてパライヤルが記され、その後にサッキリヤル（皮革職人）、イルーラル（部族民）が続く。一五世紀の文では、床屋、洗濯人、村番人に続いて「職人パライヤ」が現れ、その後に兵士、椰子酒造りと列記されている。パライヤルの職業は農業労働が主だったが、皮革加工や機織りに従事するものもいたらしい。一二世紀の刻文には「パライヤの織機にかかる税」という語句がある。

「不可触民」は奴隷として売買の対象とされてきた。一四世紀の刻文には、パライヤルの奴隷（アディマイ）が売買されたり贈与されたりしていたことが記されている。このような状況は一八世紀、一九世紀になっても続いていたようである。一九世紀半ばの契約文書に、ある村のパッラル（パライヤルに並ぶタミル地方の主な「不可触民」カースト）が地主のバラモンから土地を借りて耕作し一定の収穫を納めることを約した、とある。このパッラルは小作人に見えるが彼らは農奴（パンナイヤール）であり、地主によって家族ともども購入されたと記載されている。このようにパライヤルやパッラルは売買の対象であり、彼ら彼女らを購入した人物の農地を耕作していた。[*3]

(3) 近代南インドにおけるカーストと「不可触民」

パライヤルやパッラルが奴隷として地主に使役されてきたことに象徴されるように、「不可触民」差別は単なる宗教的な浄不浄観に基づく差別だけではなく、経済的搾取を伴っていた。むしろ、経済的搾取構造を維持するために宗教的理論が活用されてきたと言ってもよい。だからこそ、一九世紀に入っても不可触民制は維持された。

一九世紀から二〇世紀の南インド・タミル地方の農村社会経済構造を研究した柳澤悠によると、肥沃な水稲耕作地域では、バラモンや有力農民カーストであるヴェッラーラが土地を所有し、その所有地を農奴（パンナイヤール、イギリス本国政府が奴隷制を廃止した後は農業労働者という名の常雇の隷属的労働者になった）である「不可触民」が耕作するのが典型的な姿だった。各地主の土地保有面積は広大で家族以外の労働力が必須であったが、その一方で労働力需要の季節変動が大きく、地主としては農業労働者を常時雇用する必要性はなかった。しかし農繁期に確実に十分な労働力を確保する必要はあるため、「不可触民」を負債で縛り付け、反抗的な姿勢を取れば宅地から追い立てると脅し、常に労働力をキープした。そもそも隷属的な「不可触民」の農業労働者に支払う一日当たりの賃金は、通常の日雇い労働者のそれより著しく不当に安かった。その上、農作業以外の雑事にも従事させ、さらにはその妻子をも使役できた。したがって地主としては、「不可触民」労働者を常雇することは大いに利点があった。

「不可触民」自身にとっても、常雇／隷属を選択せざるを得ない事情があった。第一に、村落社会の中では、「不可触民」は「賤業」を強制され、自由に職業を選択することは困難を極めた。これは何か月にもわたる農閑期に農業に代わる雇用が見込めないことを意味し、たとえ隷属的であっても農閑期にも地主から賃金や現物を与えられ宅地を提供され、最低限の生活を保障される方を選択せざるを得なかった。第二に、「不可触民」が狭小でも土地を得て自営農民となる道が現実的にはほぼ閉ざされていた。実は一九世紀半ば頃までは、耕作可能でありながら放置されている土地が存在し、そのような未耕作地を獲得すれば「不可触民」も自営農民になる可能性があったはずである。しかし「不可触民」の多くは農業労働者であり続けた。「不可触民」が土地を所有して自立すると自由に使役できなくなるのを恐れた地主たちが、宗教の名の下に正当化された規制・慣習を利用して「不可触民」の土地所有を妨害したのである。*4

以上、理念上の「カースト制／ヴァルナ制」と文献に現れる「カースト」の実態、「不可触民」の位置づけを概観してきた。このような現実はイギリス植民地支配の下で変化する。次にイギリス東インド会社がインド支配を開始し、統治方法について模索する様を見てみよう。

2 「宗教不干渉」原則の確立——一七七二年司法に関する規則

イギリス東インド会社は在地勢力を巻き込んだフランス東インド会社との勢力争いを勝ち抜き、一七六五年にムガル皇帝からベンガル州・ビハール州のディーワーニーを獲得した。ディーワーニーとはムガル帝国の州財務長官《ディーワーン》の職務とそれに付随する権限を指し、税を徴収しそこから行政費や軍事費を支出することが可能になった。そのため、これをもって実質的に同地域がイギリスの植民地になったといえる。

初代ベンガル管区知事に就任したウォーレン・ヘースティングズは、徴税体制および司法制度の整備に取り組んだ。後者については各地を巡検して意見を聴取したところ、婚姻や相続などいわゆる家族法の分野においては集団ごとに異なる規範があることが明らかになった。一七七二年に整備された一連の司法規則の一つは次のように、家族法に関しては宗教集団ごとにその宗教の法を法源とすると規定した。

相続、婚姻、カースト、その他の宗教的慣習および秩序に関する訴訟においては必ず、マホメダン［ムスリム］に対してはコーランの諸法が、ジェントゥー［ヒンドゥー］に対してはシャーストラの諸法が適用される。それぞれの訴訟では、モウラヴィー［イスラーム法学者］とパンディット［サンスクリット語文献に精通する学識者］が法を解釈するために同席し、法解釈書に署名し、判決を助ける。[*5]

シャーストラとは、『マヌ法典』に代表される古いヒンドゥー教文献群と、それらについて各地の状況に応じて作成された注釈書群の総称である。イギリス人は支配者とはいえインドでは圧倒的にマイノリティであったため、安定的に統治を遂行するためには在地の人々の「協力」が不可欠だった。そのため在地の文化を「尊重」する姿勢を示したのである。実際、ヘースティングズを筆頭とする一八世紀のイギリス人植民地官僚は、インドの文化に一定の敬意を払い、オリエンタリストと呼ばれた。イギリス領では宣教団によるキリスト教布教は禁止され、公用語もムガル帝国の宮廷語であったペルシア語が採用された。

一七七二年規則の帰結・問題点はいくつもあるが、ここでは四点指摘しておこう。第一に、「ヒンドゥー教徒」という範疇が創出された。クリスチャンでなくムスリムでもない、インド独特の神を信仰する人々がヒンドゥー（ペルシア語でインドおよびそこに住む人々を指す）と名付けられた。クリスチャンやムスリムとされた人々にもヒンドゥーの神を信仰する習慣がありその逆もあったが、そのようなシンクレティックな信仰世界は強制的に腑分けされていった。

第二に、理念上のものだったヴァルナが実体化した。訴訟が起きると当事者のヒンドゥー教徒はまずヴァルナ所属を問われるようになった。バラモンが規定した理念上の四ヴァルナ制では再生族と一生族の間に大きな溝があり、相続や婚姻に関する規範も異なるとされていたためである。例えば、各地での各集団の慣習の実態がどうであれ理念上は、寡婦の再婚は一生族の間では許容されるが再生族では禁忌である。その結果、ヒンドゥー教徒に範疇分けされた人びとは、己が所属するカースト（ジャーティ）のヴァルナ帰属を意識するようになっていった。こうして、バラモンを頂点とする、バラモンにとって理想的な社会秩序として『マヌ法典』などに記されていた理念上の区分に過ぎなかったヴァルナが実体化していった。

第三に、不可触民という存在が不可視化された。『ヴェーダ』や『マヌ法典』ではヴァルナは四つとされていたため、「不可触民」をどう位置づけ扱うかが問題になった。結果としてイギリス植民地体制下の司法は、「不可触民」をシュードラのヴァルナに属することにして辻褄を合わせた。こうしてシュードラと「不可触民」は共に「一生族」として司法上は同等に扱われることになった。しかし当然ながら「不可触民」という存在が消滅したわけでも差別が解消されたわけでもなかった。むしろ法的には「不可触民」は存在しないことにされ、差別実態も不可視化された。

第四に、公権力は宗教に干渉するべきではないという原則が支配者と被支配者の双方に浸透していった。一九世紀前半にイギリス人の間で植民地支配を正当化する「文明化の使命」という言説が前面に現れ、サティー（寡婦殉死）禁止法など宗教的慣習を改革する一連の法律が制定されたが、この時期は例外に属する。一八五七―五八年のインド大反乱（イギリス東インド会社軍に雇用されていたインド人傭兵が、新型銃の薬莢に豚と牛の脂が塗られているという噂に反応して反乱を起こした。これに農民や旧王侯貴族も呼応し大反乱となった）の衝撃さめやらぬ五八年に、ヴィクトリア女王が「宗教不干渉」原則を宣言した。イギリス植民地政府はインド人の信仰を害さないよう努め、カースト差別も黙認した。インド人側も「宗教不干渉」原則を盾にカースト差別を抑制するような改革に抵抗した。こうして「不可触民」差別は宗教に基づく慣習として温存された。

3　イギリス人の「カースト」理解とインド人の呼応――カースト制再編

⑴　ヒンドゥー教古典から「カースト」を理解する

イギリス人はこのように、インド人をまず宗教で分類して統治しようと試み、その結果、ヒンドゥー教徒に関してはさらに「カースト」を理解する必要性に迫られた。ちなみに「カースト」とは既述のように、ポルトガル語のカスタ（血統、純血）に由来する語である。生まれで決定される身分秩序がインドに存在することは西欧でも知られていた。しかし植民地支配を開始したイギリス人がインドにおいて観察した現実は、衣食などに関わる慣習を共有し、世襲される伝統的職業を持ち、なんらかの基準による序列があり、ジャーティと称されることが多い無数の集団の存在であった。

イギリス人はまず『マヌ法典』などのヒンドゥー教古典を分析し、ヴァルナという四つの身分の枠組みがあることを発見した。そこで彼らは、この四つのヴァルナが本来の「カースト」であり、時代が下るにつれて各ヴァルナが細分化して「ジャーティ」が生じたと解釈した。またそれゆえに、各ジャーティはいずれかのヴァルナに所属するはずだと考えるに至った。ちなみにこの発想からイギリス人は、ヴァルナを「カースト」、ジャーティを「サブカースト」と称し、また「不可触民」の呼称の一つである「アヴァルナ（ヴァルナの外、ヴァルナをもたない人の意）」を「アウトカースト」と翻訳した。これと対になる集団範疇として、四ヴァルナに属する人々を「カーストヒンドゥー」と呼ぶようになった。※

このような前提／先入観をもって、イギリス人は各地に調査官を派遣して各地域の諸集団の成員に聞き取り調査を行い、ジャーティの名を採取し、そして所属ヴァルナを質問した。ところがどのヴァルナに属するのかわからないというジャーティが続出した。そこで調査官は、各ジャーティの食や婚姻などの生活慣習を聞き取り、インド人助手（バラモンが多かった）の意見も参照しつつ、所属するヴァルナを特定していった。これもまたヴァルナが実体化していく一因となった。

※ほどなくイギリス人は、ヒンドゥー教徒にとってジャーティが生活に密着した重要な集団単位であることに気づき、基本的にジャーティを「カースト」と呼ぶようになった。ただしヴァルナのことを「カースト」と呼ぶことも稀ではなく、史料の文脈に応じて判断する必要がある。現在のインドでは「カースト」と言えば一般にジャーティを指す。

(2) カースト制起源論——言語と人種

イギリス人は、カースト制（ヴァルナ制）が誕生した歴史的経緯についても関心を寄せた。ヒンドゥー教徒にとっては原人プルシャから生まれた聖なる制度が、イギリス人にとっては社会文化的構造・歴史的所産として考察対象になった。

インドの「伝統」を尊重するという基本方針は、ヒンドゥー教聖典やイスラーム法の知識を必要としたため、インド統治の任に当たったイギリス人は聖典言語であるサンスクリット語やペルシア語を主とする現地諸語を習得するよう奨励された。これに並行して比較言語学が発達し、一七八六年、ウィリアム・ジョーンズが、サンスクリット語と古典ギリシア語・ラテン語が共通の起源を持つ可能性があるとの見解を発表した。「語族 family of languages」という新しい概念が提唱され、これら東西の古典言語が「インド・ヨーロッパ語族」という範疇に含まれることになった。この言語共通起源論は、インドの「伝統」を尊重するオリエンタリストに代わって「文明化の使命」を掲げ、公用語として英語の採用を目指すアングリシストがインド統治の主導権を握るようになると、不都合が生じた。言語の起源の共通性は、インドの文明とヨーロッパの文明が共通の起源を有し、ひいてはその文明の担い手が同じであるという可能性を孕み、ヨーロッパ人種が他のいかなる人種よりも優越するという主張と矛盾するためである。そこでこの不都合な矛盾を解消する理論が求められた。

一九世紀中葉、言語概念と人種を関連づけてカースト制誕生の経緯を唱える潮流が現れた。ヴェーダ文献研究・比較文献学者のマックス・ミュラーは、サンスクリット語文献を生み出した人々が自分たちをインドの先住民から区別するために使った「アーリヤ（高貴な人）」という自称を借用し、インド亜大陸への進入者（サンスクリット語使用者）を「アーリヤ」と表現した。ミュラー自身は「アーリヤ」は言語概念であり人種概念ではないとしていたが、彼の真意を超えて瞬く間に人種と結びつけられ、

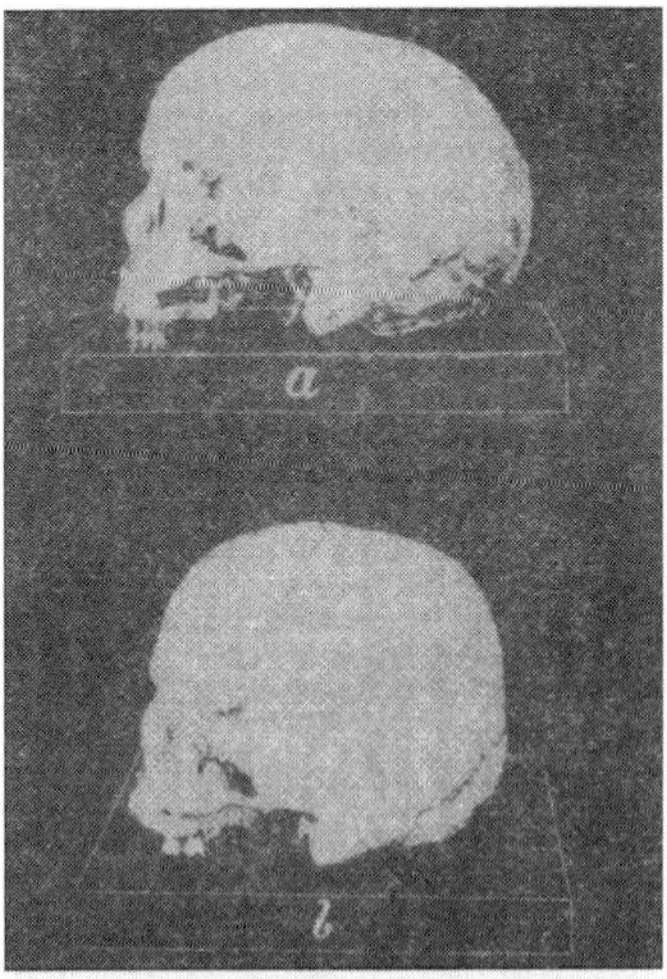

a. **European Skull.**
b. **Hindu Skull.**

写真２　ヨーロッパ人と「ヒンドゥー」の頭蓋骨比較写真（*Ibid.*, p. xlvi）

Class.	Language.	Number of subjects examined.	Cephalic Index.			Number of times index was 80 or above.
			Average.	Maximum, cm.	Minimum, cm.	
Sukun Sâlé	Marâthi ...	30	82·2	90·0	73·9	21
Suka Sâlé	Do. ...	30	81·8	88·2	76·1	22
Vakkaliga	Canarese ...	50	81·7	93·8	72·5	27
Billava	Tulu	50	80·1	91·5	71·0	27
Rangâri	Marâthi ...	30	79·8	92·2	70·7	14
Agasa	Canarese ...	40	78·5	85·7	73·2	13
Bant	Tulu	40	78·0	91·2	70·8	12
Kāpu	Telugu	49	78·0	87·6	71·6	16
Tota Balija	Do.	39	78·0	86·0	73·3	10
Bôya	Do.	50	77·9	89·2	70·5	14
Dāsa Banajiga ...	Canarese ...	40	77·8	86·2	72·0	11
Gāniga	Do. ...	50	77·6	85·9	70·5	11
Golla	Telugu	60	77·5	89·3	70·1	9
Kuruba	Canarese ...	50	77·3	83·9	69·6	10
Bestha	Telugu	60	77·1	85·1	70·5	9
Pallan	Tamil	50	75·9	87·0	70·1	6
Mukkuvan	Malayâlam ...	40	75·1	83·5	68·6	2
Nâyar	Do. ...	40	74·4	81·9	70·0	1
Vellāla	Tamil	40	74·1	81·1	67·9	2
Agamudaiyan ...	Do.	40	74·0	80·9	66·7	1
Paraiyan	Do.	40	73·6	78·3	64·8	...
Palli	Do.	40	73·0	80·0	64·4	1
Tiyan	Malayâlam ...	40	73·0	78·9	68·6	...

写真１　『南インドのカーストと部族』序論に掲載されたカースト（ジャーティ）ごとの頭蓋指数表（Edgar Thurston, *Castes and Tribes of Southern India*, 1909, Vol. I, p. xxxviii）

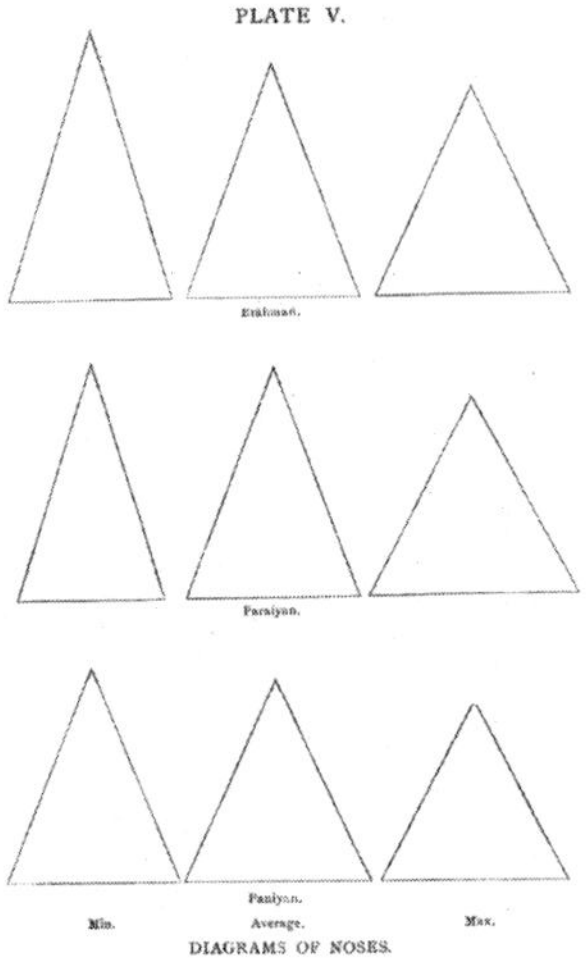

写真３　図式化されたカーストごとの鼻指数（*Ibid.*, p. liii）

「アーリヤ人種」「アーリヤ民族」などの表現が一般化していった。[*6] 言語と人種を結びつける潮流が生まれる中で、アーリヤ人はその故地（現在のイランあたりとされた）から東西に拡散し、西に移動した人びとはヨーロッパ文明を、東へと移動したアーリヤ人は古代インド文明を生み出した、という解釈が生まれた。東のアーリヤ人もかつては偉大な文明を築いたものの後に堕落したとすることにより、ラテン語とサンスクリット語の共通起源論と、ヨーロッパ人（西のアーリヤ人）のインド人（東のアーリヤ人）に対する優越性との矛盾解消が図られたのである。[*7]

同じく一九世紀中葉に、南インドで布教活動に当たっていたキリスト教宣教師のロバート・コールドウェルが、南インドの諸言語は北インドのそれとは文法も語彙も共通項が全くない独立した言語体系に属すると指摘し、これをドラヴィダ語族と命名した。植民地官僚のヘルバート・リズリは、南インドの住民の肌色が北インドの人々に比べて黒いことに着目し、人種分布と言語分布は一致すると主張した。さらに「白色人種アーリヤ人」と「黒色人種ドラヴィダ人」の混血の度合いによってヴァルナ区分が生じたと唱えた。[*8]

リズリはさらに、カースト（ジャーティ）が原則として内婚集団であることを根拠にこれを擬似的人種と見なし、カーストの序列もアーリヤ人とドラヴィダ人の混血度、すなわち人種としての優勢度に対応していると考えた。そこでカーストごとの身体的特徴を数値化し、ヨーロッパ・アーリヤ人種との近似性とカースト序列とを関連付けようと試み、全インド規模の人体測定学的調査を提唱した。南インドの調査を担当したエドガー・サーストンが編集した『南インドのカーストと部族』（一九〇九年）の序論に掲載された数々の図表（写真1〜3参照）に彼らの主張が端的に表れている。[*9]

⑶ 現地調査から「カースト」を理解する

この『カーストと部族』シリーズは、植民地官僚がインド各地に赴いて調査した成果の一つであった。同シリーズ以外にも、植民地政府が実施した各種調査の報告書が一九世紀末から二〇世紀初頭にかけて次々と公刊された。国勢調査や地誌などである。特に国勢調査は、イギリス植民地権力によるインド社会理解・分類の集大成であった。人口・教育・疾病・職業等が宗教別・カースト別に集計され、各カーストのヴァルナ帰属が「確定」された上に序列まで記載された。この序列を決めたのは、浄不浄、すなわち宗教的要素であった。

国勢調査では調査官が各戸を訪問して、カースト名、伝統的職業、その集団が守る衣食住や儀礼にまつわる慣習について聞き取った。特に、カーストのヴァルナ所属が曖昧な場合は、その集団が守る慣習が重要な判断基準となった。例えば、肉食は宗教上「不浄」であるため、菜食でなければ基本的にバラモンとは認定せず、「牛を食べる」などと答えたカーストは問答無用で「ヴァルナ外」、すなわち「不可触民」とした。バラモンは女性の貞節を重視し、幼児婚や寡婦再婚禁止などの慣習を遵守していたため、女性を初潮前に婚姻させると回答したカーストは上位ヴァルナに認定し、逆に成人婚しか行わないカーストは下位にランクづけた。夫に先立たれた女性が再婚することを禁じるカーストは上位に認定した。こうして作成したカースト序列案を「インド人名士たち《インディアンジェントルメン》」に示して、その意見を聞きつつ修正を施すという「丁寧な」仕事ぶりであった（付表1・2参照）。

国勢調査は、イギリス植民地権力と在地インド人の交流による「カースト制」再編の場でもあった。第一に、今日でこそ「ジャーティ」と「カースト」が互換可能な名称になっているが、これは各種調査に加えて一〇年ごとの国勢調査で定着したといえる。調査官は、質問票に従って口頭で質問し自由回答をそのまま聴取するよう指示を受けており、ジャーティ名についても基本的に自称をそのまま採取した。ちなみに「ジャーティ」という語も元来「生まれ」を意味する一般名詞で、具体的に何を指すのかインド人の間で共通理解があるわけではなかった。そのため、調査官が「ジャーティの名」を尋ねても、聞かれた側は質問の意図がわからず、散々迷ったあげくに職業や宗派、使用言語の名称を答えたりすることが多々あった。一八七一年や一八八一年の国勢調査報告書に収録されたカースト（ジャーティ）名一覧からは、質問を受けた人々の困惑と混乱が伝わってくる。言語由来の名称（マラヤーリーやマラーティーなど）や宗教名（ジャイナなど）は次第にカースト名としては淘汰されていったが、いくつかの職業名はそのままカースト（ジャーティ）名として定着した。

第二に、序列を上げるために、カースト単位でより「浄性が高い」とされるカーストの慣習を模倣するという傾向（社会学者のM・N・シュリーニヴァースがサンスクリタイゼーションと名付けた[10]）が顕著になった。飲酒習慣を取り止める、肉食を止めるなどの食習慣の変更のみならず、幼児婚を採用する、寡婦や離婚歴ある女性が自由に再婚していたのを禁止するなど女性に抑圧的に働く変更が、カーストパンチャーヤトと呼ばれる成人男性メンバーの寄り合いで決定されていった。一九〇一年の国勢調査報告書には「幼児婚や寡婦再婚禁止などのバラモン的慣習を採用して、より高い序列を主張するジャーティもいる」、そのため「最上位と最下位の分類は混乱がなかったが、中間のグループを分類するのは困難を極めた」と報告されており[11]、イギリスのカースト解釈を踏まえてインド在地の人々が呼応する相互作用で「カースト制」再編が進行したことがうかがえる。従来のインド社会におけるカースト序列は、宗教的要因（浄不浄観に基づく慣習）のみならず、経済要因、政治要因も複雑に絡み、流動的であったが、こうして宗教的要因のみに基づき確定されていった。

インド人は、民俗調査や国勢調査を通して各自が所属する集団を認識し、社会における自己集団の位置を自覚させられた。地域ごとに名称が異なっていた集団が同じカーストとして認識されることによりカーストの統廃合が起こったり、否定的なイメージを伴うカースト名を変更する動きも生じた。またカーストごとの人口や識字率、公職・専門職の比率や宗教的序列を認識させられた結果、新しい集団形成による新しい運動を喚起することになる。

4 「不可触民」とドラヴィダ人／非バラモン意識

南インドの「不可触民」は、新しい「カースト制」誕生論やカースト再編の動きに反応して新しいアイデンティティを創出し、自分たちの運動に活用しようとした。ほどなくバラモン以外のヴァルナに属する人々の間で「非バラモン」意識が生成し始めた。従来の研究では、「不可触民」の運動と「バラモン以外」の人々の運動（非バラモン運動）は別個に扱われ、「不可触民」のそれは非バラモン運動の影に隠れて言及されずに来た。非バラモン運動については、バラモンに対する嫉妬心をイギリス植民地政府に煽られた非バラモンが開始したとして、イギリス人の分割統治に原因を求める研究（ベーカーやウォッシュブルック）がある。これに対して、非バラモン運動はタミル語古典研究の興隆に刺激されて開始された文化運動、民族運動としての側面があるという解釈（アーシックやアルーラン）が加わった。

しかしギータとラージャドゥライ、アロイシウスの研究はこれらの解釈に異議を唱え、「不可触民」の運動における新しい自意識の顕示こそが、「バラモン以外」の人々の「非バラモン／ドラヴィダ人」としてのアイデンティティ構築を助け、非バラモン運動を準備したという見解をとった。ただしこれから述べるように、「不可触民」の運動も非バラモン運動も、カースト差別への反発が高まる中、新たなカースト論にインスピレーションを受けたことは間違いない。また、「不可触民」の運動が非バラモン運動より若干早く開始された。それぞれの運動開始の背景と経緯を見ていこう。

(1) 社会経済変動と「不可触民」

「不可触民」の一部は、植民地期の経済社会変動を利用して相対的自立性を育みつつあった。一九世紀後半になると、村落内の雇用およびカースト関係に変化が生じ始める。変化の第一は、灌漑地拡大と肥料増加により二期作地・二毛作地が増えたことである。農閑期が短縮し、労働者にとっては雇用機会が増大した。「不可触民」農業労働者も長い農閑期の無収入を懸念しなくてもすむようになった。第二に、大土地所有者でもあったバラモンが、公務員や弁護士など植民地体制下で生まれた新たな知的職業に就いて都市へ移住し始めた。彼らは農業への関心を失い、所有地を小作に出すか売却するようになった。第三に、一九世紀後半から新しい職業機会が生じた。マドラス州各地に少しずつ設立された近代的工場に労働者として雇用される者が現れた。また大勢の「不可触民」がイギリス領のセイロンや東南アジアのプランテーションに出稼ぎに行くようになった。彼らは経済的にも精神的にも自立性を強め、海外で貯めた資金で地主が手放した土地を購入する者も現れた。たとえ大きな利益を上げずに帰国したとしても、出稼ぎや農業期の長期化による労働力不足という新たな状況を背景に、地主に対して待遇改善を要求できる素地が生まれた。

こうして、農奴（パンナイヤール）から小作人に上昇する「不可触民」が増加した。「不可触民」の土地所有面積もわずかながら増え始めた。耕地全体に占める割合は小さいが、それでも自立性の強化と意識の変化という点で重要な意味をもった。小作人になったり土地を所有したりした「不可触民」は統計上は多くはなかったが、パンナイヤールのような常雇労働者は減少し日雇い労働者が増えていった。村外、特に国外での新しい経験は、次第に「不可触民」の精神的・社会的自立を促した。こうして「不可触民」たちはかつての上位カースト成員への従属を相対的に弱めていった。[*12]

なお、イギリス支配下で人権意識や自由・平等の精神といった「西欧近代的」思考や概念がインドに流入したと一般に言われるが、少なくとも植民地政府はこれらの「西欧近代的」精神に則して政策を実施することはなかった。「不可触民」差別についても、基本的に統治体制の安定の観点から、既存の社会秩序に改革のメスを入れて旧来の在地有力者の反感を煽るような行為は極力回避した。例えば、一九世紀後半に一部の植民地官僚が、「不可触民」が地主所有の土地に居住し、理不尽な追い立てを恐れて地主に従順な態度を取らざるを得ないことに鑑みて、「不可触民」に村の荒蕪地の一部を宅地として割り当てる政策を提言した。しかし、地主たちが荒蕪地の管理権も自分たちにあると主張し反対したため、マドラス州政府は提言を却下した。「不可触民」は軍にも多く雇用されてきたが、他のインド人兵士と接触しないよう独立した連隊を形成した。インド大反乱後、より「忠誠心が強い」と見なされたシク教徒などが軍の主力を占めるようになり、「不可触民」の雇用は停止された。一九世紀末にマドラス市内に開業した市電の操業という新しい職種には「不可触民」が多数雇用されたが、人々から「不可触民」が運転する市電など「不浄」で利用できないという苦情が出たため、州政府はより「清浄」なカーストを雇用する方針に切り替えた。[*13] イギリス植民地政府の基本方針はこのように、既存の社会秩序を侵害せず、在地の有力者の心証を害する行為は避ける、というものであり続けた。

(2)「不可触民」の新しい集団アイデンティティ

イギリス支配下でも変わらない差別状況から脱却するために、一九世紀後半、「不可触民」の組織が相次いで設立された。一八九〇年代に創立されたドラヴィダ人民連合《マハージャナサンガム》やアーディドラヴィダ人民協会《マハージャナサバー》などである。アーディドラヴィダとは「原ドラヴィダ人／元祖先住民」という意味を持つ。「不可触民」たちは、西欧のインド学者による言語論と人種論に基づくカースト制生成論を応用し、まずドラヴィダ人をインド先住民族、アーリヤ人を侵略民族と定義した。その上で、インドを征服したアーリヤ人が先住民支配の安定を図ってバラモン（アーリヤ人）を頂点とする身分制を整備し、最後まで抵抗した先住民を最下層、すなわち不可触民に貶めた、と理論づけた。アーディドラヴィダという自称には、侵略民に対し最後まで勇敢に闘った先住民族ドラヴィダ人の子孫である、という誇りが込められていた。同時に、バラモンとシュードラの「雑婚」によって生まれた子の子孫が「不可触民」を形成したというバラモン的説明を真っ向から否定するものでもあった。なお、ドラヴィダ人民連合《マハージャナサンガム》と非常に似た名称のドラヴィダ人民協会《マハージャナサバー》という組織も同時期に創設されており、こちらはタミル地方の「不可触民」カーストの一つパライヤルの組織であるが、[*14] やはり「ドラヴィダ」の名を冠しているところに、

「不可触民＝生粋のインド先住民」という理論が「不可触民」に共有されていたことがうかがえる。

「不可触民こそ生粋のインド先住民である」という主張を前面に押し出したのは、パライヤル出身でタミル地方発祥の伝統医療《シッダ》の薬師C・アヨーディィ・ダーサル（一八四五―一九一四年）である。彼は、一八四五年コーインバトゥール県に生まれ、カーダヴァーラーヤンと名付けられ、ニルギリ県（酷暑期にマドラス州政庁が置かれた）で育った。祖父がイギリス人高官の使用人をしていた関係で、幼い頃から英語能力を培った。伝統医療の医師に弟子入りし、そこで師匠の名前をもらってアヨーディィ・ダーサルと名乗るようになった。彼はタミル語古典文学の素養があり、サンスクリット語やパーリ語の文献も読むことができたという。*15 この多彩な言語能力と知識を背景に、彼はヒンドゥー教古典にあるヴァルナや被差別民の記述、現実のカースト制のあり方、さらには自分たち「不可触民」が置かれた立場について考えるようになった。

　カースト制が民族の混血の所産であるという理論に刺激されたダーサルは、同理論を応用し、「不可触民」はインド先住のドラヴィダ人で仏教徒であったが、アーリヤ人のインド侵略に最後まで抵抗し信仰も捨てなかったために、ヒンドゥー教のヴァルナ秩序の外、すなわち最下層に貶められた、と主張した。西欧の言語学や人類学が生み出した新しいカースト観に付着していたアーリヤ／ヨーロッパ人種優生論は無視し、カーストは歴史的に形成された人造的制度であるという部分を活用したわけである。第二回国勢調査（一八八一年）実施に備えて、彼は「不可触民」に対し、ヒンドゥーではなく「カーストなしドラヴィダ人」と名乗るよう提案した。さらに一八八六年には、「不可触民はヒンドゥーではない」と宣言し、「不可触民」はドラヴィダ人としての誇りを持ち、インド社会がヒンドゥー教化する前のドラヴィダ人の信仰である仏教に回帰しなくてはならないと主張した。自らスリランカで仏教に改宗し、「不可触民」同胞にも改宗を呼びかけた。彼が創設に関わった南インド仏教徒協会では定期的に講演会が開催され、P・ラクシュミ・ナラス※やM・シンガーラヴェール・チェッティ※※など、カースト制度とヒンドゥー教に批判的で、仏教に合理性と反差別の可能性を見いだしていた著名な学者や社会活動家が講演を行った。

※ラクシュミ・ナラス(一八六一―一九三四年)は『仏教の要諦』の著者として有名だが、別の著書『カーストの研究』において、カースト制とは共同体精神を抹殺し平等社会の構築を不可能にするものであり、そのカースト制を基盤とするヒンドゥー教は教義ではなく無数の慣習の集合体に過ぎないと批判した。[*16]

※※シンガーラヴェール・チェッティ(一八六〇―一九四六年)は、マドラス市内で漁師の家に生まれた。マドラス法科大学を卒業し弁護士として活動した。工場労働者の生活改善への関心を強めて労働争議に参加し、南インドに共産主義を紹介する中心的役割を果たした。なお彼は、のちにカースト称号のチェッティを名乗らなくなった。

前出のドラヴィダ人民連合《マハージャナサンガム》を一八九一年に創設したダーサルは、パライヤ※という呼称は侮辱的であるとしてその使用停止を求める演説を行った。彼によると、パライヤとは「不可触民」の一カースト名であると同時に、バラモン的な言説の中で「バラモン以外」を侮蔑的に言及する用語として使われてきたという。「パライヤ」という語はドラヴィダ人やタミル人、シュードラ、非バラモンなどの用語に代替できるので、いかなる場合でも「パライヤ」を使用するべきでないと訴えた。彼は、「不可触民」の主張を発信するために、一八八五年に、同じく「不可触民」出身でカトリックに改宗したジョン・ラディナム(一八四六―一九四二年)とともに雑誌を創刊したが、その誌名も『ドラヴィダ・パーンディアン』であり、「ドラヴィダ」を冠していた。[*17]

※パライヤとはパライヤルと同じ集団名で、パライヤルはパライヤの複数形かつ敬称である。タミル語では集団名に複数形語尾のrを付けると敬意が加わる。パッラ Palla はパッラル Pallar、シャーナーン Shāṇāṇ はシャーナール Shāṇār、テーヴァン Thēvaṇ はテーヴァル Thēvar となる。史料では両表記が入り乱れているがそのまま引用し、それ以外は基本的に複数形を採用する。

このようにダーサルは、インドの先住民で仏教徒のドラヴィダ人の子孫であることを基軸に「不可触民」のアイデンティティを創造した。ただし彼は、固定的かつ排他的な「不可触民」という集団アイデンティティを構築しようとしたわけではない。彼は「真のドラヴィダ人とはカースト差別を否定する人である」として、カーストに拘泥する人を「カースト主義ドラヴィダ人」あるいは「南インドの住民というだけのドラヴィダ人」と表現し、「真のドラヴィダ人」とは区別した。逆に言えば、カーストを否定しヒンドゥー教化する前の平等なドラヴィダ文明社会に回帰しようとする者であれば、全員「真のドラヴィダ人」になりうる。ダーサルの主張は、自分たち「不可触民」と自分たち以外を峻別しようとするものではなく、より大きな集団構築への可能性を残していた。このような彼の思想が「ドラヴィダ」を冠した組織名や発行雑誌名に反映されているといえよう。

(3) タミル・ルネサンスとドラヴィダ人／タミル人

ダーサルが、ヒンドゥー教化する前のドラヴィダ文明が平等を謳歌していたと強調するのには、根拠があった。一九世紀半ばにドラヴィダ語族に属するタミル語で記された古い文学作品群が「発見」された（タイトルだけが知られていた様々な文学作品の写本が見つかりその実在が証明された）。タミル・

ルネサンスの幕開けである。そしてその分析が進むにつれて、一世紀頃に書かれた非常に古い作品もあること、ヒンドゥー教が伝播する前の南インド社会の様相を伝えるものであることなどが明らかになってきた。『パットゥパーットゥ』や『エットゥトハイ』などの詩集、『シラッパディハーラム』に代表される小説では、一般庶民の生き様や豊かな感情、人生の知恵が活写されていた。北インドのサンスクリット古典文学では神々や王侯が主人公であるのと対称的であった。これが南インド、とりわけタミル地方（タミル語が主に話されている地域。現在のタミルナードゥ州に該当）で、ドラヴィダ文明は平等社会を実現していたと理想化する風潮を生んでいたのである。[*18]

ダーサルはしばしば「ドラヴィダ人」の代わりに「タミル人」という用語も使用した。タミル・ルネサンスを契機に、タミル語話者は「ドラヴィダ文明」や「ドラヴィダ人」を「タミル文化」「タミル人」とほぼ同じ意味で使った。タミル語話者であるダーサルの用語法はその典型といえる。彼が一九〇七年に創刊した雑誌の名も『一パイサのタミル人』（翌年『タミル人』に改名）である。同紙の編集長を務めた彼は、「不可触民」専用教育施設の整備、「不可触民」への土地供与を政府に求めるなど多方面にわたる記事を執筆し掲載した。ただしその関心は「不可触民」の問題に限定されず、女性差別などを含む社会的不正義を告発すること、抑圧された人々に仏教を紹介することが主眼となっており、[*19]彼が「不可触民」の枠を超えて平等社会の構築を希求していたことがうかがえる。彼は、ヒンドゥー教化する前の、カースト制も「不可触民」も存在しないドラヴィダ文明／タミル社会の平等性について繰り返し説明することにより、バラモン中心的なサンスクリット文化（バラモンはサンスクリット語でヒンドゥー教古典を記した）の優位性を揺るがそうとしたのである。[*20]

(4) 不可触民であることを自覚する——もう一つの「不可触民」運動

ダーサルとは対称的な自己認識・集団意識を持って活動したのが、やはりパライヤル出身でダーサルの義弟でもあったレッタイマライ・シュリーニヴァーサン（一八六〇—一九四五年、三〇一頁の写真14参照）である。マドラス市近郊のチングルプット県コリヤーラム村生まれだが、父親がイギリス人と商取引があり「不可触民」としては経済的に余裕があったため、故郷から遠く離れたコーインバトゥールの寄宿学校で学ぶことができた。卒業後はニルギリ県ウーティで会計士としてイギリス人に雇用された。ちなみにウーティは西ガーツ山脈の中腹にあり、酷暑期には州政庁がマドラス市から移転してくる政治の街であった。シュリーニヴァーサンは、一九〇〇年から二一年にかけてアフリカ東部や南部に赴き、そこでM・K・ガンディー（一八六九—一九四八年）と出会った。ガンディーがタミル地方から南アフリカに移住しているインド人の待遇改善を求めて法廷で争った際には、シュリーニヴァーサンがタミル語通訳を務めた。

シュリーニヴァーサンは、自分たちがパライヤル／不可触民であるという事実を忌避するべきではなく、むしろ明確に自覚しなければならない、という信念を持っていた。この考えによると、改宗も差別からの逃避ということになる。そのため彼は、仏教に改宗したダーサルにはパライヤルを代弁する資格はないと批判した。彼が一八九一年に設立した組織はパライヤ人民協会《マハージャナサバー》という名称で、パライヤル／「不可触民」の組織であることを前面に押し出した。しかし、パライヤルと自称するべきというシュリーニヴァーサンの主張は、地位向上に燃える他のパライヤルたちには不評であった。その頃「不可触民」知識人の間には、自分たちの祖先はインドの原住民ドラヴィダ人であるから「アーディドラヴィダ」

と名乗るべきだという声が高まっていた。そのため組織は早くも翌年にアーディドラヴィダ人民協会へと改名を余儀なくされた。※ シュリーニヴァーサンが一八九三年に創刊した月刊誌『パライヤ』も、記事内で「パライヤル」と連呼しているということで、アヨーディ・ダーサルから名誉毀損で訴訟を起こされてしまった。結果はシュリーニヴァーサンの敗訴で、一〇〇ルピーの罰金刑を科された。[*21] ただし雑誌自体はその名称を維持し、「不可触民」の要望を発信する手段でありつづけた。

※アーディドラヴィダ人民協会の創立年は史料によって相違がある。シュリーニヴァーサン本人は、インド統治法改革委員会宛ての陳情書で、一八九二年に（アーディドラヴィダ人民協会でなく）パライヤ人民協会を創立したと説明した。[*22] アーディドラヴィダ人民協会自体は一八九二年に創立されたとしている。[*23] M・C・ラージャ（後述）はマドラス州の議会で、「パラヤ Paraya 人民協会という名称を望む人もいたが、我々は一八九二年、アーディドラヴィダ人民協会という名称を採択した」と説明している。[*24]

『パライヤ』はナショナリストの活動に疑義を呈する記事も掲載した。当時のナショナリストの主力は、植民地支配を末端で支える官僚や教員・弁護士などの専門職に就くインド人エリートで、その多くがバラモンであった。彼らは一八八五年に第一回インド国民会議《ナショナルコングレス》を開催したのを皮切りに、年末ごとに集まって「インド国民」の不満を総括し、植民地政府に陳情するようになった（この年一回の会議が次第に政治団体化し、いわゆる会議派になる。一九二〇年大会で政治組織として体裁を整えた）。彼らが「インド国民」代表として、インド高等文官採用試験を本国だけでなくインドでも同時開催するよう要望した折に、シュリーニヴァーサンは『パライヤ』誌上で次のように反対論を展開した。「もし試験がインドで開催されたら、物乞いバラモン［陳情と称して常にイギリス人に官職をねだっていると揶揄した表現」が合格し、徴税官や判事に任命されるようになる。現在官僚の九五パーセントを占める西欧人がインドから退去を余儀なくされたら、パライヤが直面することになる苦境は筆舌に尽くしがたい」[*25]。

「不可触民」は宗教の名の下に差別を正当化するバラモンを非難し、そのバラモンが指導層を占めるマドラス州の会議派を批判した。結果として、イギリス植民地政府への忠誠をアピールすることになった。ただし「不可触民」を差別してきたのはバラモンだけではない。実生活において「不可触民」は、バラモン以外のカーストヒンドゥーに日々接触し、彼ら彼女らの差別的態度に苦しめられてきた。カースト制を支える理念を批判するという点ではバラモン攻撃はある程度意味があったが、「不可触民」を差別し搾取してきたことについてはバラモンとそれ以外のカーストヒンドゥーは共犯関係にあった。「不可触民」の反バラモン戦略は当初から矛盾を孕んでおり、それゆえにバラモン以外のカーストヒンドゥーとの関係性に苦慮することになる。

包摂・普遍性を志向するアヨーディ・ダーサルと、自立・個別性を志向するシュリーニヴァーサンの対立は、「不可触民」の運動戦略のジレンマを体現していた。前者の立場は、大きな集団に包摂されることによって社会構造・権力構造を変化させる可能性がある。しかしその集団全体が抜本的改革を断行する意思を持たなければ、「不可触民」は形式的に「包摂」されるだけで内部の差別構造が再び不可視化される危険性を孕む。一方後者の立場は「不可触民」を動員しやすく、「不可触民」という存在と差別実態の可視化には有効である。しかし「不可触民」以外の抵抗を招きやすく、社会構造改革は難しい。さらには「不可触民」という排他的アイデンティティは、他の「差別され抑圧されている人々」と連携する可能性を奪ってしまう。このジレンマは、二〇世紀初頭にナショナリズムが高揚し、インド統治法改正問題をめぐって議論が活発化する時に表面化していく。

(5) 非バラモン運動の台頭

差別に苦しんでいたのは「不可触民」だけではない。南インドではバラモンによるバラモン以外への差別も顕著だった。※ そのため南インドで開始されたのが非バラモン運動である。非バラモン運動とは、端的に言うと、バラモンに対抗するためにバラモン以外の諸カーストが「バラモンでないこと」への誇りをもって団結することを唱える運動である。なお、非バラモン運動は政治的優勢を誇るグループと政治的後発グループとの派閥争いに過ぎないとする研究がある。[*26] しかしこの解釈は、一貫して運動を支えた理念と、その文化的基盤を等閑視している。なぜなら、「バラモンでないこと」という否定的アイデンティティは、南インド独自のドラヴィダ文化の遺産を引き継ぐ者という肯定的な意味を与えられ、非バラモン諸カーストに自尊心を付与するのに大いに貢献したためである。

※バラモンというヴァルナの中にも様々な区分があり、カースト（ジャーティ）に該当するものもある。南インドでは、まず言語別にテルグバラモン、タミルバラモンなどと区分され、さらに後者は、信仰形態の違いでスマールタ派（カースト称号はアイヤル）、ヴァイシュナヴァ派（カースト称号はアイヤンガール）などに細分される。しかしバラモンは人口が著しく少なく、各村落に数世帯から数十世帯しか存在しないこともあって、単に「バラモン」と一括して言及されることが多い。

非バラモン運動が南インドで開始された原因を考えるに当たっては、まず、南インドが経験した、北インドとは異なる歴史を考慮に入れる必要がある。北インドと異なり、イスラーム政権（デリースルタン五王朝やムガル帝国）の支配が一時的なものに終わった南インドでは、大小のヒンドゥー諸国家や地方勢力が同地を支配してきた。これら歴代の王権や地方勢力は、ヒンドゥー寺院に寄進を行うなどして保護し、寺院を通じて領土支配の安定を図った。その見返りにバラモンは支配の安寧を神に祈願し、かつ王権の正統性を演出した。こうしてバラモンは、王権と互恵的保護関係を結ぶことによって、政治的、経済的、社会的にも勢力を伸ばしてきた。[*27] なお、バラモンは、学問も生業の一つとし、知識階級の主力を担ってきた。北インドにはカーヤスタなどの書記カーストが存在しバラモンに次ぐ権力を誇っていたが、南インドにはこれに該当するカーストが存在しないために、唯一の知識カーストとして一層優位性を高めた。さらに、南インドでは、クシャトリヤやヴァイシャの範疇に入るカーストがほぼなかったことから、バラモンとその他諸カーストの宗教的地位のギャップも北インドより大きかった。このように南インドのバラモンは、ヒンドゥー国家の下で、宗教・教育・政治などあらゆる面において他のコミュニティを凌駕してきた。この状況は、南インドがイギリス植民地支配下に入った後も変わらなかった。というのも、バラモンはいち早く環境の変化に対応し、西欧的教育を受け英語力を身につけて、植民地政府の官職や専門職に進出していったからである。[※*28]

※イギリス植民地下の南インド、特にタミル地方の諸都市は、他地域に比べて商人コミュニティの影響力が弱かったために、専門職に就くバラモンが社会的に圧倒的優位を誇ったと指摘する研究もある。[*29]

しかし一九世紀後半になると、バラモン以外の有力農民カーストや有力商人カーストが経済力を伸ばしてきた。彼らは経済的にはバラモンに遜色なく、むしろこれを凌駕しているにもかかわらず、その経済的地位にふさわしい政治社会的地位を得られていないと不満を抱くようになった。植民地支配体制の中で、政治社会的地位を高めようとすれば、バラモンのように植民地政府の官職や専門職に就くしかない。しかしそのためには、まず西欧的教育、特に英語教育が不可欠である。有力非バラモンは、現地語に関しては識字率を上昇させていたものの、英語についてはバラモンに遠く及ばなかった。そこで非バラモンはまず教育活動に乗り出した。一九〇九年に非バラモン諸カーストに教育を普及させることを目的とするマドラス非バラモン協会《アソシエイション》が結成された[30]のを皮切りに、成人のための夜間学校運営や講演活動などを展開したマドラス統一連盟《ユナイテッドリーグ》などの団体が次々と設立された。[31] 一九一四年には、通訳・大学講師（のちに医師）でマドラス統一連盟創始メンバーの一人C・ナデーサ・ムダリヤール（一八七五―一九三七年）が、学生寮ドラヴィダハウスをマドラス市内に設立した。それまでは大学生といえばバラモンであったため下宿もバラモンが提供していた。バラモンより下位のカーストの学生は、バラモンに穢れを与える存在として入居を拒否されてきた。ムダリヤール自身はマドラス市の生まれで、自宅からマドラス・プレジデンシーカレッジ、マドラス・メディカルカレッジに通うことができたが、地方出身の非バラモン出身学生がカースト規制によって部屋を見つけるのに苦労するのを目の当たりにしてきた。ドラヴィダハウスは非バラモンの学生に住居を提供し、問題解決に貢献した。[32]

　これらの活動の特徴は、「非バラモン」あるいは「ドラヴィダ」という新しいアイデンティティの下に「バラモン以外」の諸カーストが集結し、一体となって活動したことである。これまでも社会的地位を上げようとする活動は行われてきたが、概してカースト単位の活動で、他のカーストを押しのけて上へ行こうとする競争的性質のものであった。しかしこの新しい運動では、バラモン以外の諸コミュニティがカーストの枠を超え、団結してバラモンに対抗し、共に発展していくことが目指された。

「バラモンでない」という否定的指標での団結を可能にしたのは、「不可触民」と類似の「ドラヴィダ人」としての誇りである。非バラモンは「不可触民」のカースト制生成論とほぼ同じ言説を用いた。非バラモンの主張は、バラモンはアーリヤ人であり、先住民族ドラヴィダ人をシュードラの地位に貶め支配した、というものである。非バラモンは、この理論を根拠に、バラモンでないことは恥ではなく、むしろ栄光あるドラヴィダ文化の担い手の子孫であることを誇るべきだと主張した。このことは、当時、カースト単位でバラモンをはじめとする上位カーストの慣習を模倣して、カーストの宗教的社会的地位を上昇させようとするサンスクリタイゼーションの傾向が強かったことを想起すれば、極めて特異であった。タミル・ルネサンスに裏打ちされたドラヴィダ文化への誇りが、その特異さを支えていた。

非バラモン運動は、マドラス州の鉄道駅の休憩所や食堂などの公共施設がバラモン用と非バラモン用とに分けられていることに強く抗議し、マドラス州政府に隔離廃止を訴えた。植民地支配下で、「公共の施設」や「公共の空間」という概念、およびそれらを「利用する権利」という考え方が生まれた。この新しい公共施設や公共空間に、バラモンが宗教的な浄不浄観を持ち込み、空間の区分を求めた。「宗教不干渉」「伝統の尊重」の立場をとるイギリス植民地政府はこのバラモンの意見を汲んで、鉄道駅の食堂や休憩所をバラモン用とバラモン以外用とに区分したのである。非バラモンはこれを屈辱と受け止め、公共施設に平等にアクセスする権利を主張し、公共空間における差別の撤廃を求めた。[*33] しかしイギリス植民地政府は要請に応えなかった。非バラモンたちは次第に、ただ陳情するだけでは何も変わらない現実を認めざるを得なくなった。こうして彼らは政治の世界を志向するようになる。

第二章　モンファド改革と非バラモン政権の誕生

1　自治要求運動と非バラモン運動の政治化

(1) 自治要求運動の衝撃

二〇世紀初頭までの「不可触民」および非バラモンたちの活動は、概して非政治的であった。その活動内容を変える契機になったのが、第一次世界大戦の勃発と自治要求運動の開始である。第一次世界大戦は西欧列強の覇権争いであったが、インドは宗主国イギリスに兵力や軍需物資の供出を強制され、多大な犠牲を余儀なくされた。その犠牲の実態が明らかになるにつれて、インド人の「貢献」に見合う見返りを求める声が上がった。インドのあり方を決めるのはインド人であるべきだとして、一九一六年自治権を求める自治要求運動《ホームルールムーヴメント》が開始されたのである。ボンベイ州ではB・G・ティラクが、そしてマドラス州においてはアイルランド人のアニ・ベサントが運動の中心を担った。神智学協会※の一員として一八九三年にマドラスにやってきたベサントは、諸宗教を比較しそれらに通底する共通項・普遍性を探究するはずであったが、「インドの伝統文化」の素晴らしさに開眼した。しかし当のインド人、特に知識階級のエリートたちが伝統文化を正当に評価していないと考えた彼女は、サンスクリット語古典研究と伝統文化教育の振興に乗り出した。エリート層が西欧的価値観に則って社会慣習を改革することによって西欧に追いつこうとするのに異議を唱え、伝統への回帰を促した。ただし、ベサントが賞揚した「インドの伝統文化」とは、イスラーム勢力が進入する前の古代ヒンドゥー教文化、「アーリヤの文化」であった。ベサントは、外国支配に従属していては過去の栄光を再興することはできないと考え始め、一九一四年に会議派に入党し、一六年に自治連盟《ホームルールリーグ》を結成した。

※神智学協会は一八七五年にH・S・オルコットとロシア出身のH・P・ブラヴァツキーによってニューヨークで創設された。諸宗教の対立を超えて古代の叡智へ回帰し、西洋と東洋の智を融合し、「人類の普遍的同胞愛を追求する」ことを目的とし、その手段として「アーリヤの文献、宗教、科学の研究」を掲げた。一八七九年にインドのボンベイに本部を移し、さらに一八八二年にマドラスに拠点を定め現在に至っている。「比較宗教」を通じて普遍宗教（真理）を追求するはずの神智学は、オルコットを継いで第二代会長（一九〇七―一九三三年）を務めたベサントの下で、実質的にヒンドゥー教の優位性を主張するものに変質した。[*1]

この自治要求運動が非バラモンたちの危機感を煽った。当時マドラス州における官職のインド人枠はほぼバラモンに独占されていた。[※] そのため、万が一インド人に自治権が付与されれば政治的権力を握るのはバラモンで、非バラモンに不利な政策を断行するのではないかという危惧が広がったのである。しかも自治要求運動の旗を振るベサントは、「アーリヤの文化／古代インドの文化」、サンスクリット語古典を賛美し、古代インドの栄光を体現する階層と自身が見なしたバラモンとばかり交流したため、自治連盟はほぼバラモン団体の体をなしていた。会議派のマドラス州支部も、専門職に就くバラモンの利益団体であるマドラス人民協会《マハージャナサバー》を前身とし、同協会メンバーが強い影響力を保持していた。[*2] 幹部は全員バラモンで、P・ケーサヴァ・ピッライ（一八六〇―一九三三年）のように第一回インド国民会議から参加してきた著名な非バラモンの運動家でさえも執行部から排除されていた。一九一五年の全インド会議派委員会のマドラス州代表として選出された一五人のうち、非バラモンで当選できたのは大地主のA・P・パトロ※※ただ一人であった。[*3] このように、「インド国民」代表を標榜する諸団体がバラモンの牙城となっていたため、非バラモンの間では、「自治とはイギリス人支配からバラモン独裁への移行である」という意見が高まった。[*4] こうして自治連盟や会議派に対抗しうる、非バラモンの利害を代弁する政治団体が求められるようになっていった。

※マドラス州政府下級官僚におけるバラモンの独占状態は、他州と比べて際立っていた。一八八六年の統計ではあるが、インド全土の下級官僚二五八八人の内ヒンドゥー教徒は七二パーセント、ヒンドゥー教徒下級官僚中に占めるバラモンの割合は四八パーセントで、半数を割っていた。[*5]

※※パトロは、ガンジャム県の裕福な地主の家に一八七五年に生まれた。マドラス・クリスチャンカレッジを卒業後、弁護士になった。二〇世紀初頭にオリヤー運動（オリヤー語話者を中心とする文化運動として始まりオリヤー語圏からなる「オリヤー州」創設要求に発展）に参画、政治問題にも関心を抱き会議派に参加した。一九一七年に全インド会議派委員を辞任し、正義党（後述）創設に加わった。

(2) 非バラモン宣言

一九一六年一一月二〇日、C・ナデーサ・ムダリヤールの呼びかけで、T・M・ナーヤル※とP・ティヤーガラーヤ・チェッティ※※、A・P・パトロ以下約三〇人の非バラモンがマドラス市内で集会を開き、バラモンが政治的権力を増大させるのを抑止する方法について検討した。その結果、非バラモンの組織として南インド人協会《ピープルズアソシエイション》を設立し、非バラモンの立場や意見を発信すべく機関誌『正義《ジャスティス》』を発行することを決定した。

※T・M・ナーヤル（一八六八―一九一九年）は、ケーララ地方マラバール県ティルール生まれ、ケーララ地方の有力地主カーストのナーヤル（ナイル）の出身である。父は地方裁判所判事《ディストリクトムンシフ》だったが、彼自身はエディンバラ大学で医学博士号を取得した。一九〇八年労働委員会メンバーに任命され工場労働者の労働環境について提言を行った。会議派に参加していたが、その幹部たちのカースト偏見に辟易とし一九一七年に離党した。[*6]

※※ティヤーガラーヤ・チェッティ（一八五二―一九二五年）は、マドラス市近郊のエガドゥール村（チングルプット県）生まれ、テルグ語を母語とする商人カーストのベーリチェッティ出身で、マドラス・プレジデンシーカレッジで法学を修め、一八八二年から四〇年間マドラス市議として活動した。会議派に参加していたが、一九一〇年代には非バラモン運動に軸足を移した。[*7]

南インド人協会は、会長ティヤーガラーヤ・チェッティの名で、同年一二月『非バラモン宣言』を発表した。「今こそ、自治要求運動に対する非バラモン・コミュニティの態度を明らかにし、その政治的立場を示さなくてはならない」という言葉で始まる同宣言は、マドラス州人口四〇五〇万人中四〇〇〇万人は非バラモンであり、納税者も非バラモンが大半を占めているにもかかわらず、バラモンが官職をほぼ独占しているとして、様々なデータを駆使してその独占状況を実証していく。そして次のように明言した。

我々はイギリスの支配と権威を侵害するつもりはない。なぜならイギリスは、現在のインドにおいて様々な信条や階級の間で公正を保ち、協働の精神と国民の団結心を育むことができる唯一の存在だからである。イギリスなしでは、インドは共通の目的も愛国心もない、互いに排他的な集団の寄せ集めのままになってしまうだろう。

こうして『非バラモン宣言』は、当座はイギリス支配を支持するという政治的立場を明らかにした上で、非バラモン諸コミュニティはイギリスが支配しているうちに人口比と経済的地位に見合う政治的地位を獲得しなくてはならないと訴えた。ただし非バラモンには自助努力が必要だとし、団結して社会的、教育的、経済的水準を向上させていこうと結んだ。同宣言はマドラス州の主要新聞に掲載され、「運動の理念に共感し参加を希望する非バラモン諸氏はティヤーガラーヤ・チェッティに連絡されたし」と呼びかけた。[*8]

自治連盟や会議派に集うナショナリストたちの『非バラモン宣言』への反応は、極めて攻撃的だった。ベサントが主幹を務める新聞『ニューインディア』は、「インド人が自治権を手に入れれば、バラモンと非バラモン、あるいはヒンドゥーとムスリムのどちらが卓越しようが問題ではない。我々はみな一人の母から生まれた子どもたちである。団結して共通の利益を得なければならないこの時に、民族の敵の分割統治策に乗せられる者が兄弟の中にいるとは情けない」と嘆いてみせ、非バラモンたちが自治を要求していないことを「非愛国的だ」と断じた。[*9] そのため、非バラモンに好意的な新聞はもちろん、中立的な立場にあった新聞でさえ、自治連盟に集結しているバラモンたちは狭量だと非難し、非バラモンに同情的な意見を寄せるようになった。ちなみに、南インド人協会に集った非バラモンたちは自治そのものに反対していたわけではない。「現時点のインドは自治を行うほど成熟していない」[*10] 状況で、私欲にまみれたバラモンが権力を独占し他のコミュニティの利益を切り捨てる恐れがあるが、非バラモンがバラモンに対抗しうる地位を獲得した暁には自治権が与えられるべきだ、と主張したのである。[*11]『非バラモン宣言』に対する自治連盟の露骨な敵愾心は、バラモンに対する非バラモンの羨望を反発へと導いていった。

(3) モンタギュー・チェムズファド改革

自治要求の声に押されたイギリスは、一九一七年八月、イギリスが勝利した暁にはインド統治体制の改革を検討すると発表した。あらゆるコミュニティの意見を聴取し改革に反映させるという名目で、インド担当大臣モンタギューとインド総督チェムズファドを含む使節団がインドの主要コミュニティ代表に諮問することになった。これを受けて非バラモンたちは、「非バラモン全体」の意見を代弁する政治組織として南インド自由連合《リベラルフェデレイション》を発足させた。なお同党は南インド人協会の『正義』を機関誌として引き継いだことから、一般に正義党と呼ばれた。

正義党は、使節団に対して、非バラモンに分離選挙権を付与するよう求めた[*12]。分離選挙権とは、特定集団に所属する者だけが立候補できるよう留保《リザーブ》される専用議席（留保議席）と、その特定集団に属する有権者だけが排他的に投票権を有する分離選挙区がセットになったものである。この分離選挙権を最初に獲得した集団の一つがムスリムで、一九〇九年のモーリー・ミントー改革で立法参事会のインド人議員数が増加し選挙制度が導入された際に、この「特権」が与えられていた。その経緯は複雑で、単純にマイノリティ保護措置とは言い切れない。一九世紀後半にナショナリズムが高揚し、一八八五年に第一回インド国民会議が開催されたのは既に述べた通りであるが、当時のナショナリズムの中心地は英領インドの首都カルカッタを擁するベンガル州（当時の行政区分は管区）で、運動の主力も同州の高位カーストヒンドゥーであった。そこでイギリス植民地政府は、このヒンドゥー教徒中心のナショナリズムの

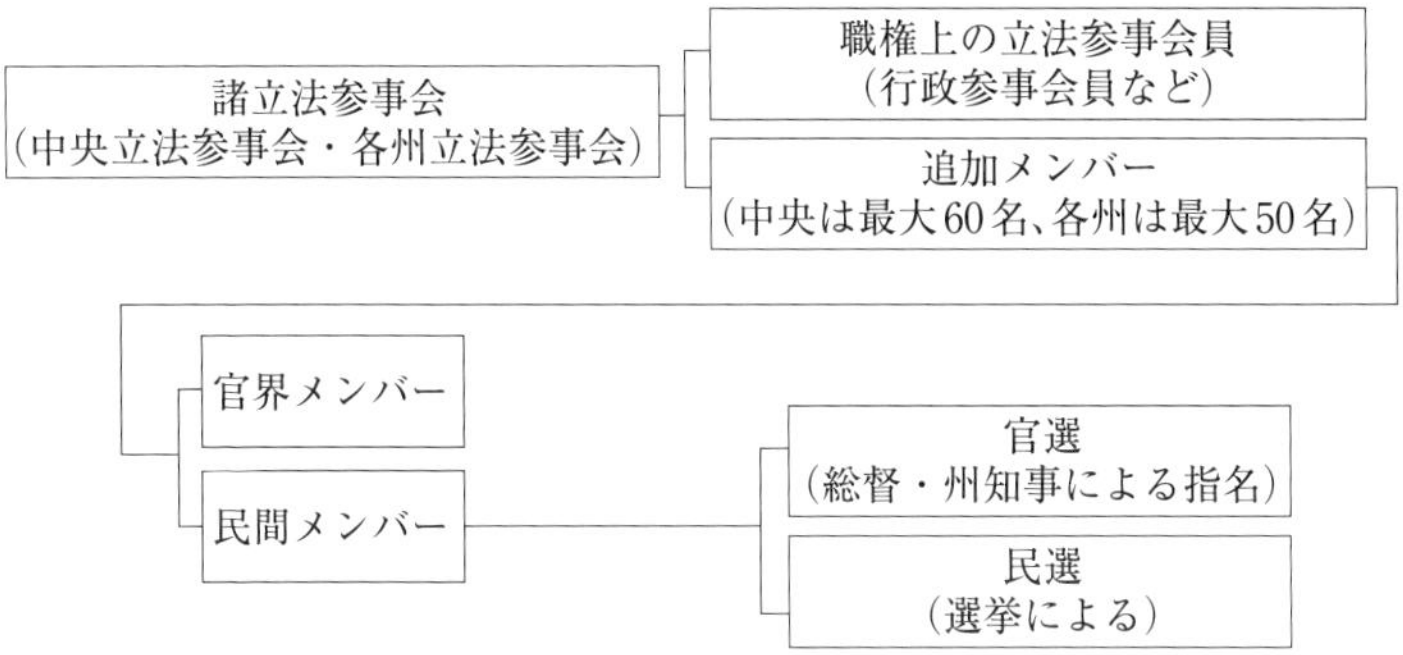

図1　モーリー・ミントー改革で実現した諸立法参事会の構成（山本達郎編『インド史』山川出版社、1988年、309頁より筆者作成）

弱体化を謀って一九〇五年にベンガル分割令を発出した。比較的反英意識が弱いムスリム多住地域をベンガル州から切り離して新州を作ろうとしたのである（この試みは激しい反対運動を招き、かえって政情が悪化したため一九一一年に撤回された）。また植民地政府は、ヒンドゥー教徒に対するムスリムの警戒心を煽る戦略をとり、会議派のライバル組織として全インド・ムスリム連盟の創設を支援した。さらにはマイノリティの利害を尊重するという名目で、モーリー・ミントー改革においてムスリムに分離選挙権を付与したのである。

さて、分離選挙権では誰がその特定集団に所属するのかという線引きが必須であるため、「非バラモン」すなわち「バラモン以外」という曖昧な集団範疇の中身を特定する必要が生じた。従来の非バラモン運動は、「非バラモン」にいかなるコミュニティが包摂されるのか具体的には定義していなかった。『非バラモン宣言』では、「経済力があり学識でもバラモンに匹敵する非バラモン諸カースト」としてチェッティ、コーマティ（テルグ語を母語とする商業カースト）、ナーイドゥ（テルグ語を母語とする商業カーストのバリジャなどが使用する称号だが『宣言』ではカースト名として言及されている）、ナーヤルのように裕福で地域社会で幅をきかせてきたカーストの名が挙げられており、「バラモン以外」の団結とは言うものの実質的には非バラモンの中でも上位の有力カーストの連帯を想定していたと推測される。しかし正義党は、憲政改革の可能性を前に、「バラモンに抑圧され搾取されている者全て」が非バラモンであると主張するようになった。すなわち「非バラモン」という集団範疇に「不可触民」も含まれることになったのである（ムスリムやクリスチャンも含まれるとされた）。一九世紀から活発に活動し複数の雑誌を発行して意見を発信していた「不可触民」は、正義党にとって無視できない存在であった。「不可触民」にとっても、その活動の基礎に、アーリヤ人（バラモン）に侵略され最後まで徹底抗戦した先住民ドラヴィダ人の子孫という自己認識があるため、非バラモン運動と共闘する素地はあった。

　実際、正義党の立ち上げにはM・C・ラージャ（一八八三―一九四三年、三〇一頁の写真13参照）という一人の「不可触民」が関与している。ラージャはマドラス・クリスチャンカレッジを卒業後、師範学校で教員を務める傍ら「不可触民」の地位向上に関心を抱くようになり、アーディドラヴィダ人民協会に参加した。[*13] 自治要求運動の高揚を目にして、バラモンのヘゲモニーを阻止するためには「非バラモン・ブロック」を作らなくてはならないと危機感を抱き、正義党創設メンバーに名を連ねた。彼は、全てのカースト差別の裏にバラモンが頂点に立つカースト制を理想とするバラモン中心思想があると考え、「非バラモン」として団結してバラモンの権威を否定することによって「不可触民」差別の廃絶を目指した。

　正義党創立メンバーの中では、T・M・ナーヤルが特に「不可触民」差別の解消に熱意を示した。彼は、マドラス市内で開催された「不可触民」の集会において演説し、カーストヒンドゥーに対して、パンチャーマ（「第五の人々」の意味で、四ヴァルナの次に位置する人々、すなわち「不可触民」を指す）に同情を示すよう、そして「不可触民」に対してはカーストヒンドゥーに敬意を示さないよう訴えた。[14]差別禁止ではなく「同情を示す」という提言にとどまっているのは彼の限界かもしれない。しかし「不可触民」がカーストヒンドゥーに対して土下座をする、道を譲るなど「敬意を示す」という形での屈辱的差別を受けてきたことを踏まえて、「敬意を示さない」という意思表示を推奨したことは、カーストヒンドゥーの提案としては急進的であった。『正義』や『非バラモン』『ドラヴィダ人』など非バラモン運動系列の新聞は、「不可触民」差別を告発する記事を盛んに掲載し、地位改善を訴えるようになった。例えば、ケーララ地方でティーヤル（椰子酒造りカースト。第三章で詳述）がヒンドゥー寺院への入場を禁じられていることを批判する記事[15]や、同地方の都市カリカットで「不可触民」が公道の通行を妨害されたことに抗議する記事[16]などである。こうして正義党は、「不可触民」の関心を惹くことにより名実ともに「非バラモン」全体に支持基盤を広げようとした。「不可触民」側にも、「非バラモン」の一角として政治的権力を握り、さらには社会経済的状況の改善に繋げたいという期待があった。

なお、正義党創立とほぼ同時に、もう一つの非バラモン組織が誕生した。会議派の内部組織として結成されたマドラス管区協会《プレジデンシーアソシエイション》である。会議派に所属する非バラモンの間でも、マドラス州会議派の幹部はバラモン以外の利害を全く考慮していないという不満が鬱積していた。憲政改革を契機として、P・ケーサヴァ・ピッライやT・V・カリヤーナスンダラ・ムダリヤール※、E・V・ラーマスワーミ・ナーイッカル（第三章で詳述）といった人物が中心となって同協会を設立した。彼らは自治権を要求した点では会議派幹部たちと同じ立場にたったが、立法府における非バラモンの代表権を保障するようイギリスに要請した点では意見を異にした。マドラス州会議派幹部がマドラス管区協会の結成を容認したのは正義党に結集した非バラモンに対抗するためで、使節団来訪を前に、非バラモンを含むインド人は全員自治を望んでおり意見対立はないと示す目論みがあった。[*17]

※T・V・カリヤーナスンダラ・ムダリヤール（一八八三―一九五三年）は、マドラス近郊のトゥッラム村（チングルプット県）に生まれた。カーストは有力農民のヴェッラーラである。数種のタミル語雑誌を発行した著名なジャーナリストで、タミル語古典文学の評論やガンディー思想の紹介など数十の著書も出版した。

正義党は使節団に対し、ムスリムと同様の分離選挙権を非バラモンに付与するよう要求した。要求の論理は次のようなものである。インドは会議派や自治連盟が主張するような単一民族国家ではなく、特に南インドではバラモンと非バラモンの区別がある。前者は侵略者アーリヤ民族であり、後者は征服されたインド先住のドラヴィダ民族である。バラモンと非バラモンという両民族の利害は全く共通項がなく、分離選挙権なしには非バラモンは永久にバラモンに抑圧され続けることになる、と。ちなみにムスリムは人口上明白なマイノリティだが、非バラモンは非バラモン宣言で自ら指摘した通り、人口の九八パーセントを占める圧倒的マジョリティである。しかし正義党は、自分たちはバラモンに抑圧されてきた政治的社会的弱者であるから政府の保護が必要だと訴えたわけである。[*18]南インドのバラモンが露骨に自己を他から峻別していたこと、「インド国民／民族」を代弁するはずの会議派のバラモン幹部が排他的であったことなどが、正義党の主張にリアリティを持たせた。

しかし使節団は、非バラモンへの保護的措置は不要と判断した。一九一八年七月に公刊された『インド憲政改革に関する報告書』は、ムスリム、シク教徒、ヨーロッパ人《ヨーロピアンズ》、アングロインディアン（ヨーロッパ人とインド人との間に生まれた人々）にしか分離選挙権を認めなかった。正義党もマドラス管区協会もこの結果に憤慨した。マドラス州に赴任しているイギリス人官僚たちも、非バラモンに「同情」の声を寄せた。マドラス州行政参事会メンバーのアレクサンダー・カーデューは、イギリス政府が推進してきた「あらゆる宗教、カーストに公平に等しい地位を与える」という政策は現実にはバラモンの覇権を強化する方向に作用してきた、と指摘した。その上で、何の特別保護措置もなしに近代議会制度を導入すれば、社会的に虐げられてきたパンチャーマや政治的に後れをとっている非バラモンへの同情心を欠片も持ち合わせないバラモンの独裁を招くことになる、と警告した。イギリス本国でインド憲政改革の内容を検討するための庶民院・貴族院合同委員会が設置されると、正義党はT・M・ナーヤルをロンドンに派遣し、陳情活動に当たらせた。彼の努力は一定の効果をもたらした。一九一九年インド統治法は、マドラス州立法参事会に関しては非バラモンに専用議席を留保すると規定したのである（分離選挙権は与えなかった）。留保議席数についてはマドラス州関係者で協議して決めるようにと丸投げした。

インド中央政府から集団間の議席配分について調停を依頼されたメストン卿は、一九二〇年三月一日、マドラス州立法参事会からバラモンと非バラモン各数名を招き意見を聴取した。しかしこの時起きた二つの出来事が「非バラモン」範疇の脆さを露呈してしまった。第一は、クリスチャンで労働運動支援者としても知られたV・チャッカライ・チェッティ（一八八〇―一九五八年）が非バラモン代表の一人として出席したところマドラス管区協会のメンバーが抗議したことで、彼らがクリスチャンやムスリムを「非バラモン」と見なしていないことを露呈してしまった。第二に、正義党員で非バラモンを代表するはずのL・K・トゥルシーラームが、自分の出身カーストであるサウラーシュトラはバラモンでも非バラモンでもない唯一無二の重要なコミュニティなので専用の留保議席が必要であると言いだした。この有様を見たバラモン代表のC・P・ラーマスワーミ・アイヤル※は、非バラモンという範疇の曖昧さを揶揄した。メストン卿は、ムスリムなどに割り当てられた留保議席や特定利益集団用の指名議席（イギリス人の州知事が特定集団を代弁する者としてふさわしい人物を指名する官選議席）を除いた一般議席六三議席のうち、二八議席を非バラモンに割り当てた。彼は「非バラモンは最小限の議席を留保するだけでも十分政治的にやっていける」とし、二八ある中規模選挙区ごとに非バラモン用議席を一つ設けたと説明した。

※C・P・ラーマスワーミ・アイヤル（一八七九―一九六六年）はマドラス市に生まれ、マドラス法科大学卒業後、弁護士として活躍した。いくつもの著名な訴訟を担当して法曹界の重鎮となり、アニ・ベサントに誘われて自治要求運動に参加した。一九二〇年にマドラス州知事から法務長官に任命された。

注目に値するのは、「不可触民」に対して非バラモンとは別に指名議席が五席与えられたことである。「不可触民」専用の議席を獲得したことは「不可触民」にとって快挙と言える。しかしこの措置により、逆に「不可触民」は非バラモン留保議席には立候補しにくくなる可能性が生じた。非バラモン・ブロックを標榜する正義党と協働してきた「不可触民」たちにとってはジレンマであったろう。

非バラモンに配当された留保議席数は、正義党やマドラス管区協会の要求数には遙かに及ばなかったが、「非バラモン」という集団範疇が公的に承認されたという点において、正義党にとってもマドラス管区協会にとっても勝利であった。マドラス管区協会は目的を達成したとして解散した。会議派幹部への不信感を抑えきれなくなっていたケーサヴァ・ピッライは正義党に参加、カリヤーナスンダラ・ムダリヤールとラーマスワーミ・ナーイッカルは会議派に残り、ガンディーが主導する非協力運動に加わることになる。[*19]

(4) 州立法参事会選挙と正義党の勝利

モンタギュー・チェムズファド改革によって成立した一九一九年インド統治法は、会議派が求めてきた自治の実現とはほど遠いものであった。まずインド中央政府はイギリス人の総督が権力を掌握しつづけた（従来の総督下の立法参事会は廃止され、民選議員が過半数を占める上下二院制議会が設置されたが、総督は議会に責任を負わず、議会の決議を覆す権限を有した）。州についても教育、地方自治体、農業などがインド人州大臣の管轄とされたが（移管事項）、それ以外の治安維持や司法、財政、徴税などはイギリス人の州知事と州行政参事会が管轄するとされていた（保留事項）。州立法参事会の議席数が増加し、参政資格が緩和されて有権者も増えたが（それでも総人口の二・九パーセントに過ぎなかった）[*20]、立法参事会で可決された法案に対して州知事が拒否権を発動し廃案にすることができた。また立法参事会は州予算を審議する権限がなかった（このように州政府の中にイギリス人州知事とインド人首席大臣が存在する状況を両頭制／両頭政治と呼ぶ）。要するに統治法は、インド人に政治権力を極力委譲したくないという思惑を隠そうともしなかった。さらに統治法と抱き合わせで、予防的拘禁を可能にするなどナショナリズム運動弾圧を目的とするローラット法が制定された。

会議派はインド統治法とローラット法に抗議すべく、ガンディー主導のもと「非協力運動」を実施することを決定した。イギリス人に雇用されているインド人は全て、官僚や裁判官から、公立学校の教師、市電や鉄道の職員、イギリス人家庭の使用人に至るまで一斉に仕事を停止することにより、インド人の協力なしにはイギリス人の支配は成り立たないという現実を知らしめるという戦略であった。ガンディーはさらに、インド統治法に協力しない、つまり選挙をもボイコットするという方針を固めた。※ガンディーのこの決意には会議派内部で賛否両論が噴出し、とりわけマドラス州会議派は強く反発した。そもそもマドラス州会議派のバラモン幹部は、新しい統治法体制下で限定的とはいえインド人に譲渡された政治的権力に惹かれていた。そのため、ガンディー支持者であったC・ラージャゴーパーラーチャーリ※※を除き、ほとんどのバラモン幹部は非協力運動に全く熱意を示さず民衆を動員しようともしなかった。マドラス州内では非協力運動は限定的で、盛り上がりに欠けていた。選挙ボイコットなど、幹部たちにとっては論外であった。結局ラージャゴーパーラーチャーリの奮闘により、マドラス州会議派も全国レベルでの多数意見に従って選挙ボイコットを不承不承受け入れた。[*21]

※一九二〇年九月のカルカッタ臨時大会で非協力方針が採用され、同年一二月のナグプール大会で選挙ボイコット方針が正式に決定された。ただしそのときには既に第一回州議会選挙は実施されていた。なお、ナグプール大会は、会議派運営委員会を設置し政治団体として組織を整えた。原則として言語分布に応じた地方支部も整備され、マドラス州内ではタミルナードゥ会議派委員会やアーンドラ会議派委員会、ケーララ会議派委員会が設置された。

※※ラージャゴーパーラーチャーリ（一八七八―一九七二年）は、セーラム県ホースール郡トラパッリ村に生まれた。タミル語を母語とするヴァイシュナヴァ派バラモン（アイヤンガール）で、父親は村長であった。バンガロールのセントラルカレッジ、マドラスのプレジデンシーカレッジを卒業後、セーラム地方裁判所で法律家として活動を開始した。会議派に参加し、ガンディーをその初期活動から支持し続け、「ガンディーの右腕」と呼ばれた。[*22]

統治法施行後初のマドラス州立法参事会選挙は一九二〇年一一月に実施された。会議派のボイコットにも助けられて、正義党が指名議席を除く九八議席中六三議席を獲得した。指名議員の中からも正義党への協力を表明するものが現れ、全議席一二七のうち八一議席が正義党陣営を構成することになった。[*23]州知事が指名した「不可触民」が五人、州立法参事会議員になった。その一人がM・C・ラージャで、「不可触民」の地位向上のための活動がマドラス州政府に認められ、議員に指名された。[*24]また、一九〇〇年からアフリカにいたシュリーニヴァーサンが帰国し、一九二三年に指名され「不可触民」代表として加わった。第一回選挙結果について、あるインド人クリスチャンは次のように評価した。

正義党のプログラムは、有権者の大多数を占める大衆にとって魅力的で、バラモンをその牙城から引きずり下ろせるかもしれないという可能性は彼らを釣り上げるのに十分だった。第一回選挙結果が明らかになると、それまで政治の舞台を独占していたバラモンが議会から一掃され、九八人の被選出議員のうちバラモンが一五人しかいないという事態に人々は息をのんだ。正義党指導者たちは自分たちで候補者を立てることはなかったが、抜け目なくバラモンでない当選者に党員のラベルを貼った。[中略]公職という分け前を求める人間は日に日に増えている。今や主な対立軸はバラモン対非バラモンではなく、非バラモンコミュニティの中の無数の区分、サブ区分の間での争いになっている。[*25]

政治権力の配分をめぐって、早くも非バラモンの内部で摩擦が生じつつあったことを示している。

2　非バラモン政権誕生

マドラス州知事ウィリンドンは、正義党のＰ・ティヤーガラーヤ・チェッティに組閣を命じた。しかし彼は辞退し、代替候補として三人の名前を提示した。一九二〇年一二月、ウィリンドンはその三名をそれぞれ州大臣に任命した。首席大臣兼教育大臣としてＡ・スッバラーユル・レッディ（テルグ語母語の農業カーストのカプ出身で、南アルコット県カッダロール市議会議長を務めていた。二一年四月に健康悪化を理由に辞任、Ａ・Ｐ・パトロが教育大臣を継承）、地方自治大臣にＰ・ラーマラーヤニンガル※（二一年四月から首席大臣兼務）、開発大臣にＫ・Ｖ・レッディ・ナーイドゥ※※が着任し、正義党政権※※※が発足した。

※Ｐ・ラーマラーヤニンガルはテルグ語を母語とする耕作カーストのヴェラマ出身で、チットール県の大地主（ザミーンダール）。マドラス大学でサンスクリット学の修士号を得ていた。

※※Ｋ・Ｖ・レッディ・ナーイドゥはカプ・カーストでゴダヴァリ県の有力家系の出身。議員経験が豊富で、一九〇七～一九二〇年にゴダヴァリ県エッロール市議を務めた。その他にもエッロール郡議員、キストナ県議員の経験も有していた。

※※※一九一九年インド統治法では、各州に移管事項を担当するインド人州大臣が数名任命されたが「内閣」が設置されたわけではない。一九三五年インド統治法で両頭制が解消され州レベルの完全自治が実現して、州首相《チーフミニスター》を首班とする州内閣が結成されたことを勘案すると、一九一九年インド統治法下の政治体制を「州内閣」と表現するのは適切ではない。とはいえ「首席大臣《チーフミニスター》」という地位が設定されていたことから便宜上「政権」と表記することとする。

正義党政権は早速、非バラモンを優遇する政策を次々と実施していった。そのなかで最も知られているのが、いわゆるコミュナル政令の発令である。ちなみに「コミュナル」とは、インドにおいては一般に宗教コミュニティ間の問題を形容するのに使用され、コミュナル対立といえばヒンドゥー教徒とムスリムの対立を指すことが多い。しかし南インドにおいてはムスリム人口が少なすぎて宗教対立が問題になることはほとんどなく、代わりにカースト対立が顕著であったため、コミュナルという形容詞はカーストに起因する問題を指す際に使用された。一九二一年九月に発令された第一次コミュナル政令は、公職における非バラモンの割合を増やすために、マドラス州全省庁に対して、様々なコミュニティから雇用するという原則を遵守すること（つまりバラモン以外を雇用すること）、空席が生じた場合の補充人事は特にこの原則を適用することを指示し、雇用状況を（一）バラモン、（二）非バラモン・カーストヒンドゥー、（三）インド人クリスチャン、（四）ムスリム、ヨーロッパ人およびアングロインディアン、（五）その他、に分類して半年ごとに報告するよう義務づけた。[*26] しかし約一年後、州立法参事会において、新規雇用だけでなく昇進についても非バラモンが占める割合を増やすべきであるとの声が上がった。全省庁の全職階におけるコミュニティ内訳についての半期報告書を議員が閲覧できるようにするべき、との決議が採択され、それに応える第二次コミュナル政令が発令された。[※] なお、この第二次政令によると、一九二一年一二月時点での全省庁の新規雇用内訳は、バラモン二二パーセント、非バラモンのカーストヒンドゥー四八パーセント、インド人クリスチャン一〇パーセント、ムスリム一五パーセント、ヨーロッパ人およびアングロインディアン二パーセント、その他三パーセントだった。それまでのバラモンによる独占状態を考えれば、非バラモンの大躍進であった。その一方で「不可触民」の雇用は、人口比を勘案すると依然として極めて少なかった。しかし、採用の現場において「不可触民」が受けたであろう差別の実態は捨象され、「不可触民」の識字率の低さが原因とされてしまった。「不可触民」に対する差別問題に正面から切り込むことなく、識字教育の普及が必要であると結論されるに至った。

※この政令は、上級役人の場合は、四半期官僚名簿に出身コミュニティを明記すること、官報に掲載されない下級役人の場合は、各省庁は半期報告書にコミュニティ比率の変化を記載することを指示した。[*27]

こうして「不可触民」に初等教育を普及させる取り組みが進められた。従来は「不可触民」専用の学校が設置されてきたが、正義党政権下では、カーストの枠を取り払い「あらゆるコミュニティに門戸を開く学校」が奨励された。一九二二年一一月には、アーディドラヴィダ（正義党政府は、「不可触民」の自称としてのアーディドラヴィダという用語を承認し、公文書で使用した）の児童もアクセスできる場所に初等学校を建設するよう政令が発令された。「不可触民」児童もアクセス可能な場所とは、「不可触民」居住区から遠すぎない場所や「不可触民」が立ち入れない高位カーストの居住区ではない場所、などであった。[*28] しかしこの方針は、各地でカーストヒンドゥーの反発を招いた。例えば、トリチノポリ県議会からは、アーディドラヴィダの児童を他の児童から隔離するよう苦情が上がってきた。しかし正義党政権はこれを却下し、アーディドラヴィダの児童もカーストヒンドゥーの児童と同じ場所で授業を受けさせるよう政令を発した。[*29]

このように正義党政権は、ある程度「不可触民」の地位向上に配慮した。先行研究の多くは、正義党を中心とする初期の非バラモン運動は基本的にバラモンと非バラモンエリートの権力争いであり、「不可触民」の利害には全く関心がなく考慮もしなかったという評価を下してきた。しかし正義党は、特別な配慮と保護措置が必要な「被抑圧階級※」に該当するコミュニティとして、アーディドラヴィダ、ホレヤ、パッラン（パッラル）、サッキリヤン（サッキリヤル）、マーディガ、パライヤ（パライヤル）、チェルマン（チェルマル）、マーラ、センマンという九つの「不可触民」カーストを指定した。[*30] 同時に、県議会および郡議会の各議長に対して、被抑圧階級やムスリムなどの少数派コミュニティを優先的に議員に指名するよう政令で義務づけた。[*31] 各県行政報告書にある地方議会の議員構成を見ると、正義党政権成立後、「不可触民」やムスリムが一定数を占めるようになったことがわかる。例えば北アルコット県では、一九二三年度の県議会にはムスリム三名、アーディドラヴィダ二名が指名された。同県内の各郡議会は合計でムスリム八名、アーディドラヴィダ四名、各村議会ではムスリム六一名、アーディドラヴィダ五名の議員が誕生した。[*32] その数は決して多くはないが、政治の場に「不可触民」が席を占めるようになったという事実は、在地社会において象徴的な意味をもった。

※被抑圧階級 Depressed Classes は、一九一〇年代末から二〇年代初頭にかけて「不可触民」とほぼ同意の範疇用語として社会的、公的に使用されるようになったが、いわゆる部族民や「不可触民」以外の経済社会的後進コミュニティを含むこともあった。[*33]

とはいえ、確かに政権獲得後の正義党は保守化した。同党は、基本的にヴェッラーラやレッディなどの有力農民カーストや、チェッティなど有力商人カースト出身者が指導層を占め、選挙においてもこれら非バラモンの上位カーストを支持基盤にしていた。そのため、バラモンを抑えて政治的権力を握ってしまうと、あえて急進的な宗教社会改革を推進しようとはしなかった。非バラモン運動と正義党が掲げていた急進性は、バラモンの権威を否定し自分たちのステイタスを確立するための手段としての意味合いが強かったのである。正義党は、バラモンの優位性を否定しカースト差別（バラモンによる非バラモン差別）を批判しながらも、カースト制そのものを廃止しようと明言することはなかった。またカースト制と密接に関連して「不可触民」が被ってきた経済的抑圧についても、正義党は積極的に対策を講じようとはしなかった。このような正義党の保守性を示す事例を二つ検討していこう。

3 紡績工場ストライキ——労働者内部のカースト問題

(1) 労働争議と政治運動

イギリス植民地支配は新たな近代的職種をインドにもたらした。それまで農村社会で隷属的農業労働者以外の選択がほぼ不可能であった「不可触民」にも新たな雇用のチャンスが生まれた。その一つに工場労働がある。インドでは一九世紀末から近代的工場が続々と設立された。マドラス州では特に紡績業が発達し、マドラス市北部にチョーライミル、バッキンガムミル、カーナティックミルが相次いで設立された。後者の二つはイギリス人の経営で、バッキンガム・アンド・カーナティックミル・カンパニーのもと、それぞれ独立した工場として操業されるようになった。紡績工場労働者は工場周辺に居住したため、マドラス市内の紡績工場労働者は市北部に集住することになった。

インドの紡績業は第一次世界大戦の軍需に応えるために急拡大したが、労働者はその恩恵に浴することができなかった。給料は据え置きのまま仕事量が増え、増税、物価高騰が生活を圧迫した。これらを背景に各地で労働争議が起こり、労働組合が結成された。一九一八年に設立されたマドラス労働組合は、インド初の工場労働者組合である。創立メンバーには、パールシー（ゾロアスター教徒）で神智学協会員のB・P・ワディアの他に、バラモン出身の弁護士で会議派メンバーのE・L・アイヤルを筆頭にT・V・カリヤーナスンダラ・ムダリヤール、V・チャッカライ・チェッティなどのナショナリストが名を連ねた。ワディアは労働運動が政治家に都合よく利用されるのを警戒して、労働運動と政治運動を切り離そうとした。組合会合で政治プロパガンダを行うことも禁止した。*34

バッキンガムミルとカーナティックミルでは、一九一八年一〇月、一九二〇年二月に大規模なストライキが起きたが大した成果を出せないまま終了し、労働者の不満が渦巻いていた。一九二〇年一〇月、バッキンガムミルで織布工の一人が解雇されたことを契機に抗議の座り込みが発生し、経営側はロックアウトを宣言した。このときマドラス労働組合では、穏健派トップのワディアが不在だったために、他の穏健派幹部は事態を傍観した。一方、先のストライキで経営側から譲歩を引き出せなかったことを反省し、ストライキを積極的にサポートするべきだと主張する急進派幹部もいた。彼らはロックアウト対策委員会を設置して、スト破りが現れないよう工場周辺にピケを張った。*35

経営側はスト破りを雇用してストライカーの団結を切り崩そうとした。ここで目を付けられたのが「不可触民」である。経営側は、労働者斡旋人《マイストリ》に、不可触民居住区《パラチェーリ》を集中的にまわって労働力を確保するよう指示した。こうして「不可触民」がスト破りとして雇用され、毎日警察の警護のもとトラックで工場敷地内に送り込まれた。しかしストライキは終息する気配を見せなかった。一二月七日と八日には、「不可触民」労働者を乗せた車両が襲撃された。九日には警官隊が応戦してストライカーに発砲し、二名の死者を出した。死者が出て初めてストライキは、非協力運動を実施中の会議派活動家に注目されるようになった。当時非協力運動に参加していたM・シンガーラヴェールが、死亡した労働者の葬式に参列して遺骸を火葬場まで運び、イギリス系の経営会社と政府へ抗議する姿勢を公にアピールした。彼はその後、非協力運動の同志E・L・アイヤルと共に労働運動を積極的に支援するようになっていった。こうして、非協力運動と労働争議を結び付けてイギリス植民地政府とイギリス系資本に同時に圧力をかけるという相乗効果を狙うシンガーラヴェール等の会議派系組合幹部が、組合の主流を占めるようになっていった。一方ワディアは彼らの強硬姿勢についていけず、組合事務所にも姿を見せなくなった。

ストライキが長引くと労働者は収入を失い、生活に支障を来すようになった。困窮した労働者の中には新しい職を見つけようとする者も現れたが、その数は限られていた。例えば、炭鉱に職を得た者は、その大半が、イスラームの教義上女性の家外での就労が禁じられ妻の収入に頼れないムスリムであった。シンガーラヴェールは、会議派にストライキ支援金の供与を訴え、三万ルピーの援助金を引き出すことに成功した。組合は、この資金を元手に米を安価で供給したり低金利で貸付を行ったりして、労働者の生活をサポートした。ところが一九二一年一月二四日にカーナティックミルでもストライキが始まり、無収入の労働者がさらに増えて、組合の資金も枯渇していった。

二月二五日、マドラス市が雇用する「不可触民」の清掃労働者が突如ストライキに入った。清掃労働者については、前年に賃金が上がり市場価格より安く米を入手できる特別措置も受けていたため、不審に思ったマドラス市長が不満があるなら労働局（労使対立の仲裁を職務の一つとした）に訴え出るよう求めたところ、数名の清掃労働者が現れて賃金に関する不満などを述べた。労働局長が、復職すれば善処すると約束したが、清掃労働者は「バッキンガムミルとカーナティックミルの労働者が妨害してくる」

という理由で仕事を再開しなかった。[*36] 掃除されなくなった「市中は耐えがたい状況[*37]」になった。

清掃人がストライキに入った動機は、工場労働者への同情ではなかった。清掃人たちはむしろ工場労働者たちのストライキの被害者であった。清掃人たちは一応公務員として安定的収入を得ていたが極めて低賃金であったため、工場労働者たちの居住区のトイレを清掃し生活費を補っていた。ところが工場労働者たちは四か月近く仕事をしていないため、このトイレ清掃代の支払いを滞らせた。そこには「不可触民」への報酬など後回し、あるいは踏み倒しても構わないという心理が働いていたのであろう。そのため、清掃労働者の間には工場労働者への反発が強まっていた。[*38] 彼らのストは、おそらくイギリスへの「非協力」を目論む急進的な労働組合幹部や工場労働者に促され／強制されて始まった。しかしストを断行することによって清掃人たちは、公衆衛生に従事する者として、自分たちが仕事を停止すれば市内がいかに不衛生になるか思い知らせることができた。加えて州政府から前年に引き続きさらなる賃上げを勝ち取った。これを成果として仕事に復帰しようとしたところ、工場労働者から妨害を受けたのである。

多数の失業者が街にあふれ、商店を略奪する計画があるという噂が流れ始めた。政府は、これらのストライキの背後には明らかに政治的な意図が働いていると警戒心を募らせた。一九二〇年末の会議派ナグプール大会から戻った州会議派幹部が非協力運動を展開するようになっていたことも政府の危機感を煽った。「非協力」の一環でマドラス市電労働者や市職員もストライキを開始し、警察官からもストに同調する機運が生じたことから、政府はマドラス市近隣諸県に警官隊の応援を要請して、市内に厳戒態勢をひいた。

危機感を抱いたのは、労働組合の穏健派幹部も同様であった。ワディアはアニ・ベサントと共に経営側と秘密裏に協議し、解雇された労働者の復職とマドラス労働組合の承認を取り付けた（幹部を全員労働者とすることが条件だったが実際には労働者を調達できず、組合は承認されなかった）[*39]が、その対価として、労働者の雇用・昇進・解雇に関する経営側の自由裁量権を認めてしまった。多大な犠牲を払って得た結果に、労働者たちは失望を禁じ得なかった。その後マドラス労働組合では、脱会者が相次いだ。

五月二〇日、カーナティックミルで梳綿部門の労働者が唐突にストライキに入った。労働局長は、政治的な働きかけによるストと考え労働者の説得を試みたが、労働者は復職しようとしなかった。非協力運動を実施中の組合幹部は、バッキンガムミル労働者に対して同情ストを起こすよう熱心に働きかけた。ストライキ中は手紡機《チャルカー》で糸を紡いで生活費を稼げば良いと非現実的なアドバイスする者もいた。次第に、非協力運動参加者の中で暴力を煽るような言動が目立つようになり、傷害事件も発生した。市内は不穏な空気に包まれ、略奪が計画されているという噂もささやかれた。六月三日、バッキンガムミルの労働者は集会を開き、同情ストを開始すると決議した。しかしこのときすぐに同情ストが開始されたわけではなく、六月二〇日に再び集会が開催され、マドラス労働組合副議長が同情スト開始を宣言してようやくストが始まった。

(2) ストライキに抗する「不可触民」

ストライキに最後まで反対したのは、「不可触民」労働者であった。彼らはマドラス労働組合に書簡を送り、ストライキには参加しないと正式に表明した（ただし「不可触民」が一致団結できたわけでもなく、圧力に屈したのか自らの意思かは不明だが、ストに参加した者もいた)[*40]。さらに、ストライキ開始予定日に、約八〇〇人の「不可触民」労働者が居住地のプリアントープ地区から工場まで隊列を組んで出勤し、勤務継続の決意を誇示した。州立法参事会議員の地位にあったM・C・ラージャも、バッキンガムミルの「不可触民」労働者に、ストに参加せず仕事を続けるよう忠告した。マドラス労働組合副議長は、政府がアーディドラヴィダにスト破りになるよう唆し労働者間にカースト対立を持ち込もうとしている、アーディドラヴィダの指導者もスト破りを推奨している、と批判した[*41]。対するラージャは、「アーディドラヴィダは、労働力を提供あるいは拒否する当然の権利を行使しただけである。アーディドラヴィダは、過去のストライキで〔困窮し〕自分たちの資産を売却することを強いられ、ストは自分たちにとって不利益だという教訓を得た」と反論した[*42]。

「不可触民」労働者が同情ストライキ参加を躊躇した理由は二つ考えられる。第一に、「不可触民」の間にはマドラス労働組合に対する強い不信感があった。組合は、カーストや宗派別に利益を追求するのではなく、労働者全体に共通する福利を追求し労働者全体としての地位向上を図るべきだという立場に立っていた。しかしそれは、カーストや宗派によって労働者の生活環境が異なるという事実を無視することを意味した。「不可触民」労働者が組合に参加するためには自分たちの利益が上位カースト労働者の利益と完全に一致すると認めなければならない雰囲気が醸成されていたという。実際、バッキンガム・アンド・カーナティックミルでは「不可触民」が全労働者の三九パーセントも占めていたにもかかわらず、「不可触民」の組合員はごくわずかであった。経営側が協同組合銀行と工場敷地内小売店の設立を提案し、「不可触民」労働者がそれらを歓迎したにもかかわらず、組合幹部が拒否したことが「不可触民」の反感を増幅させた。

第二の理由は、「不可触民」労働者が「不可触民」運動の影響を受け、「不可触民」であることを自覚した上で差別状況を乗り越えようとしていたことである。州政府隔週報告書は、バッキンガム・アンド・カーナティックミルの「不可触民」労働者が「パンチャーマなどではなくアーディドラヴィダと自称している」と指摘している。アーリヤ人（バラモン）の侵略に徹底抗戦した先住民の子孫という意識に目覚めた「不可触民」労働者の中には、非バラモン運動にも共鳴し正義党政権に期待する者もいたことだろう。そのような「不可触民」労働者は、会議派系組合幹部が反英活動と連動させて労働運動を指導するのに反発したと推察できる。実際、工場地帯かつ工場労働者居住区のペランブールに程近いプリアントープ地区で、「不可触民」が非協力運動への参加を断ったためにムスリムと衝突するという事件が起きた。「不可触民」一人が死亡、ムスリムの家が数軒焼失した。[*43]

(3) プリアントープの「騒擾」

スト反対の立場を取る「不可触民」労働者とカーストヒンドゥーのスト参加者の間に一触即発の気配が強まったため、州政府は会議派系の組合幹部に対する法的措置を検討し始めた。しかし、政府が動く前に衝突が発生した。六月二九日午後、プリアントープ地区で「不可触民」が住む小屋《バラック》が放火された。消防車も襲撃されて現地に到着できなかったために、八二軒が焼失した。翌三〇日にはさらに一一軒放火され、消防署と警察署が襲われた。七月一日には近隣県から治安警察が救援に駆けつけたが、夜八時、狼煙を合図に不可触民居住地の数か所で同時に火の手が上がった。翌日には略奪も起こり、これを阻止しようとした警官一名が死亡した。[*44]
『スワデーサミトラン』紙（『ヒンドゥー』紙の創刊者でバラモンのG・スブラマニア・アイヤルが一八八二年に開始したタミル語新聞）は、「ストライキ開始当初は、アーディドラヴィダも他の労働者と同じ不満を抱いていた。それが、いつ、なぜ、どのようにして、労資闘争からカースト間のいがみ合いになってしまったのか」と嘆いてみせたが、[*45]この記事自体、カーストヒンドゥーがいかに、「不可触民」労働者が直面する困難に対して鈍感で無理解であったかを示している。ストライキが長引き無賃金状態が続けば、「同じ労働者」であっても、差別的規制により代替職を見つけにくい「不可触民」の方が、カーストヒンドゥーより深刻な状況に陥るのは明白だった。またカーストヒンドゥーの労働者は、スト中は馴染みの商店からツケ払いで生活必需品を入手することができたが、「不可触民」にツケ払いを許す商店主はいなかった。[*46]こうして「不可触民」労働者は生活が立ちゆかなくなり「スト破り」を選択せざるを得なかったのである。しかしこの記事は、「不可触民」労働者の苦境を知ろうともしない。同記事はさらに、M・C・ラージャが『デイリーエクスプレス』紙のインタビューで、襲撃で家を失ったアーディドラヴィダは政府が用意した避難キャンプに移動し「焼失した家より遙かにマシな家に住んでいる」と語ったことを取り上げて、「アーディドラヴィダ自身が自宅に放火したという噂を自ら肯定している」と揶揄した。「不可触民」居住区で発生した火災が「不可触民」の自作自演であるという噂を裏付けもなく事実としている点で論外だが、それ以上に、「不可触民」居住区の住環境に対する想像力を欠き、現地取材もしていないことが明白である。そもそもラージャの発言は、急ごしらえの避難テントでさえ、「不可触民」が居住を許されている掘っ建て小屋（椰子の葉を編んでシート状にしたものを組み合わせたもの。「不可触民」はカースト規制により、レンガや石などの耐久性が高い資材で家を建てることを禁止されていた）よりましであるとして、「不可触民」居住区の住環境がいかに劣悪であるかを訴える意図があった。

暴動発生の知らせを受けたマドラス州知事は、直ちに夏季政庁が置かれているニルギリ県ウーティから戻り、全閣僚と主な政治指導者を召喚し、扇動行為を禁じた。また労働組合幹部と労働者を集めて演説し、経営側がストライカーを復職させるのに同意したと伝えて復職を促した。組合幹部は拒否したが、「不可触民」をはじめとする一〇〇〇人が復職した。経営側が工場操業を再開すると、組合決定を無視して復職する者は増加の一途をたどり、就労人数は一挙に四〇〇〇人にまで回復した。

焦燥感を募らせた組合幹部は、ストライキを継続させるために抗議集会を盛んに開催するようになった。しかし、そこで労働者たちの非難の対象になったのは、経営ではなく「不可触民」であった。[*47] 七月一〇日の集会では、C・ラージャゴーパーラーチャーリなど会議派主要メンバーが参加し、州政府は経営側に立ちスト破りを奨励しているとの批判を展開し、スト破りはアーディドラヴィダであると発言したため、「イギリス政府に利用される裏切り者のアーディドラヴィダ」への憎悪が喚起された。[*48] ストライカーたちは日々の生活の糧にも事欠き、ストを続けるべきか復職すべきか悩んでいた。組合指導者の勧める通りにチャルカーで糸を紡いではみたものの、それによって得られる金額は工場での賃金には遙か及ばなかった。彼らの不安と苛立ちは、身近な「裏切り者」の「不可触民」労働者への妬みと嫌悪へと転化していった。こうして「不可触民」とカーストヒンドゥーとの関係は一層悪化し、八月二九日には再び暴動が起った。警官の発砲によって労働者六名が死亡した。[*49] なお、この事件について『ヒンドゥー』紙は次のように報道している。
プラサワルカム地区とヴェプリー地区の不可触民居住区《パラチェーリ》は、暴力が支配し無法地帯と化している。アウディアッパナイッケン通りに住むカーストヒンドゥーのダクシナムルティ・ムダリ氏は、今朝方トイレから自宅に戻る途中アーディドラヴィダに刃物で首を切りつけられ即死した。プラサワルカム地区のスンダラッパピッライ小径では昨夜、住宅二軒から出火した。警察と住民が消火に当たった。消失した住宅の家主は警察に対し、アーディドラヴィダが放火したと訴えた。コックス不可触民居住区で四軒が出火した。昨夕四時頃、アーディドラヴィダとカーストヒンドゥーが乱闘し投石があった。この件でカーストヒンドゥーが五名逮捕されたが、アーディドラヴィダは一人も逮捕されなかった。今朝がた、アーディドラヴィダが工場作業用の刃物と武器杖《ラーティ》を手にプラサワルカム街区を走り回り、人々を襲った。巡回中の警察はアーディドラヴィダを放置し、アーディドラヴィダを追っていたカーストヒンドゥーの方を拘束した。タッカル通りでは砂利運搬車運転手のアルジュナ・ナーイッカル氏が腕を切られた。避難しようとしていたカーストヒンドゥーとムスリムが警察に拘束され、強制的に警察車両に押し込まれた。ラーティを持ってうろついていたアーディドラヴィダも警察車両に乗せられた。弁護士のT・アーナンダ・ラオ氏の料理人のバラモンが、プラサワルカム市場でアーディドラヴィダに襲われ左手の指を切り落とされた。[*50]
この記事は、淡々と事実を述べながらも、「不可触民」(アーディドラヴィダ)側の加害性を強調している。暴動の渦中でカーストヒンドゥーが何もしなかったとは考えられないが、カーストヒンドゥー側の加害行為には一切言及していない。また、警察が「不可触民」の暴力を放任したかのような書きぶりは、植民地政府と「不可触民」が結託しているという印象を読者に抱かせたであろう。[*51] 一〇月に入っても事態は一向に改善しなかった。カーストヒンドゥーの労働者で復職した者は、相変わらず一部に限られた。ストライキが完全に失敗であることは、もはや誰の目にも明白であった。一〇月二一日、マドラス労働組合の全体集会が開催された。このとき、会議派系幹部の姿はなく、代わりに正義党系の幹部が労働者たちに直ちに復職するよう指示し、ストライキはようやく終了した。一一月初頭には二五〇〇人が無条件で復職した。

このストは労働者の敗北に終わったが、「不可触民」は一定の成果を獲得した。経営は労働者の不満の捌け口が必要と判断し、バッキンガムミルとカーナティックミルの双方から部門別に選出された労働者代表と経営側代表で構成される労働者福祉委員会を発足させた。「不可触民」労働者は、同委員会にアーディドラヴィダ労働者代表の席を確保するよう強く働きかけた。その要望を受けて経営側は、カーストヒンドゥーとアーディドラヴィダの分離選挙を導入した。人数が多い織布部門では三人の労働者代表を選ぶためにコミュニティ別に候補者を立ててコミュニティ別に投票を行い、その他の部門では、バッキンガムミルでカーストヒンドゥーが代表になったらカーナティックミルの同部門ではアーディドラヴィダの候補者の中から選出するという方針を打ち出したのである。[*52]

このようなコミュナル代表制の導入を、労働者の団結を切り崩すためにコミュナル対立を持ち込もうとする経営側の戦略と解釈することは不可能ではない。確かに経営は、スト破りを「不可触民」から雇用した。しかし、「不可触民」がスト破りをせざるを得なかったのには、既に指摘したように宗教上の制約に由来する社会経済的な理由があったことを看過するべきではない。マドラス労働組合も「不可触民」固有の利害を全く考慮しなかった。したがって、経営が福祉委員会にコミュニティ別代表制を導入し、「不可触民」を他コミュニティ代表と対等に扱う体制を整えたことは、「不可触民」にとっては画期的であった。

(4) 会議派・正義党の「不可触民」非難

このストライキでは、既述のようにたびたび労働者間の衝突が発生し、「不可触民」居住区での放火事件も起きた。その原因について、会議派も正義党も、「不可触民」に責任があると非難した。とりわけ正義党は、「アーディドラヴィダほど反抗的なコミュニティはない」とし、彼らは自らを傷つけてカーストヒンドゥーに襲われたと偽証し放火も自作自演したと主張して、焼き出されたアーディドラヴィダ用に政府が開設した避難所を直ちに閉鎖するよう求めた。さらに、アーディドラヴィダがスト破りとして一挙に列車で輸送されるのを防ぐために、一か所に集めず鉄道路線から離れた場所に分散させて住まわせるべきだと提言した。また、もはやカーストヒンドゥー労働者とアーディドラヴィダ労働者との敵対感情は一朝一夕では解消されないため、後者を隔離する必要があると結論づけた。

「不可触民」は当然、正義党の提言に強く反発した。M・C・ラージャは、自分たちアーディドラヴィダは正義党の非バラモンや会議派のバラモンのように自分たちを代弁する新聞を持っていないと州立法参事会の席上で吐露した。そして不満を表明する媒体として正義党のライバル紙『ニューインディア』を選び、正義党が独自に行ったプリアントープ騒擾調査報告書はアーディドラヴィダに対する公衆の敵愾心を煽っており、正義党はもはや抑圧された人びとを代弁する資格を失った、と怒りを露わにした。[*53]

なお、植民地政府も、プリアントープの事件について実態調査（エイリング判事委員会調査）を行ったが、[*54] 報告書に付帯意見をつけたインド人委員二人（両人とも非バラモン）はいずれも、「騒擾」の責任を「不可触民」に帰した。R・ヴェンカタラトナム・ナーイドゥは、アーディドラヴィダの労働者がバッキンガムミル・スト開始前に一斉に労働組合から離脱したことを根拠に、アーディドラヴィダは外部から扇動され、極めて綿密に計画を練って行動していたとの独自見解を示した。T・M・ナラシマチャールルは、カーストヒンドゥーによる挑発行為があったかもしれないがアーディドラヴィダもカーストヒンドゥー労働者に報復したと述べた。[*55] こうしたことが積み重なり、「不可触民」は「非バラモン」としての連帯よりもカーストヒンドゥーに対する失望と不信感を募らせていった。

なお、労働局の職務をめぐっても、正義党と「不可触民」指導者の評価が割れた。同局は、本来は「被抑圧階級」の福利厚生を担う部局（The Department for Amelioration of the Depressed Classes、ただし担当行政官は一人のみ）であったが、その後様々な職務が追加されていった。激しい労働争議の最中の一九二〇年には名称も労働局 The Commissioner of Labour に変更され、労使対立の仲裁をも担うようになった。[*56] そのため「不可触民」の間では、本来の職務である「不可触民」の地位向上に集中するべきだという意見が出された。[*57] しかし、正義党は「不可触民」とは正反対の意向を示した。正義党創設メンバーの一人、O・タニカーチャラム・チェッティは、労働局が「不可触民」労働者に肩入れしすぎていると非難し、その廃止を求めた。「労働局は、労働者全般に関する任務とアーディドラヴィダに関する任務が背反している。予算効率も悪い。以上に鑑みて労働局を廃止し、その予算をアーディドラヴィダの福祉向上に回すべきだ」という発言は、一見「不可触民」に配慮しているように読めるが、労働局の改組ではなく一挙に廃止という極論を展開しており合理的とは言い難い。労働局廃止を求めたのは彼だけではなかった。マドラス州立法参事会において正義党議員は、タニカーチャラム・チェッティと同様の論理で労働局廃止を繰り返し動議した。これにはM・C・ラージャが反論し、一九二二年七月に開催された南インド・アーディドラヴィダ会議において、正義党は故T・M・ナーヤルが掲げた目標、すなわちカーストヒンドゥーの偏見を除去してアーディドラヴィダの社会経済的、政治的権利を実現するという目標を無視している、と抗議した。[*58]

(5)「不可触民」から「アーディドラヴィダ」へ

一九二二年一月二〇日、M・C・ラージャは州立法参事会において、南インドにおける「不可触民」コミュニティを指して使用されている「パンチャーマ」あるいは「パライヤ」という語句を公文書から抹消し、タミル語圏では「アーディドラヴィダ」、テルグ語圏では「アーディアーンドラ」と記載するよう政府に求める決議案を動議した。このとき彼は次のように演説した。

> パライヤという語は、聖なるもの、尊敬に値するものの対極を想起させ、我々の自尊心を著しく損ねてきました。そのため我々がこの屈辱的な名称に抗議したところ、同情したヒンドゥー教徒がパンチャーマ［五番目の人々］という名称を提案しました。我々はしばらくこの名称に満足していましたが、我々の自尊心が強まるにつれて、この語にもまた悪意が含まれているのに気づきました。つまり、カースト［ヴァルナ］は四つしかないとされているなかで「五番目」と呼ばれたら、それは実質的に「カーストの外《アウトカースト》」と蔑まれていることになります。それゆえ我々は、人間機構の中で最

も非人間的なこの機構［カースト制］とは全く無関係で、かつ我々が南インド最古の原住民であることを示す呼称を望みます。[*59]

この決議の結果、政府文書においては「アーディドラヴィダ」、「アーディアーンドラ」という用語を使用するよう全省庁へ指示が出された。[*60]既述のように「アーディドラヴィダ」とは、侵略民族アーリヤ人（バラモン）に対して最後まで抵抗した先住民族ドラヴィダ人が最下層に貶められたという言説に基づく名称である。そこには、抵抗せずに征服されたドラヴィダ人の子孫（バラモンを除くカーストヒンドゥー）とともに非バラモン・ブロックを構成する可能性を残しつつも、完全には溶解・同化せず独自のアイデンティティを保とうとする「不可触民」たちの意思が込められていた。逆に言えば、非バラモンに対する警戒心をも示す自称であった。もともと正義党の創設メンバーに名を連ねていたM・C・ラージャは、他の「不可触民」よりは非バラモン運動指導者たちに期待していた。しかし今回のストライキを機に、カーストヒンドゥーと正義党への失望を強めた。ラージャは、このままでは「不可触民」は非バラモン・ブロックの一角として利用されるだけで周縁に追いやられ不可視化されると危惧し、改めて「アーディドラヴィダ」として声を上げていくと決意表明したのである。

4　寺院と「不可触民」——ヒンドゥー宗教寄進財法案をめぐる論争

「不可触民」の正義党への失望を決定的にしたのが、「不可触民」のヒンドゥー寺院入場を禁止する慣習をめぐる同党の対応である。この問題は、寺院管財人の汚職防止を目的とする法律を整備する過程で浮上した。南インドの歴代ヒンドゥー王権は、肥沃な農地などの財をヒンドゥー寺院に寄進し、同時にその運用に関与し会計を監査してきた。南インド支配を開始したイギリス人もこの伝統的な王権機能を継承し、寺院への寄進財が適切に運用されるよう監督した。しかし「異教」の施設を保護することへの批判が強まりイギリス本国政府が寺院行政からの撤退を決定、マドラス州政府も監督業務を停止した（一八六三年寄進法）。その後は寺院管財人の不正問題が度々浮上し、寺院運営の健全化を求めて寄進法改正案が提出されたが、植民地統治の「宗教不干渉」原則に阻まれ却下されてきた。しかし、モンタギュー・チェムズファド改革により宗教施設関連事項がインド人大臣に移管されたため、正義党政権は寄進法改正検討委員会を任命した。同委員会は一九二二年一二月、マドラス州ヒンドゥー宗教寄進財法案（以下、一九二二年法案）を州立法参事会に提出した。[*61] 検討委員会は、一九二二年法案の目的を「各宗教施設における寄進財の横領や不正使用を予防し、適切な運用を保障すること」と説明した上で、（一）監督機関である各県寺院委員会を改革し、選挙制に加えて指名制を導入、常設化すること、（二）寺院委員会は各宗教施設の予算案を確認し会計監査を実施することを提言した。

宗教施設関連事項がインド人に移管されたとはいえ、一九二二年法案は「宗教不干渉」原則を強く意識していた。宗教施設自体に「経済の領域」と「宗教の領域」があるとし、政府は前者を監督するが後者には介入しないとした。イギリス植民地政府は宗教施設に関わること自体を停止したのに対し、同法案は、宗教施設の中の「宗教の領域」に介入しないことをもって「宗教不干渉」原則を遵守していると主張したわけである。

ところが、州政府が各県寺院委員会の一部メンバーを指名するという改革案について、「宗教不干渉」

原則に抵触する恐れありとの議論が沸き起こった。正義党政権は「不可触民」を寺院委員に指名し、ひいては「不可触民」に寺院入場を許すのではないか、という疑義が呈されたのである。もっとも、指名制でなくても選挙によって「不可触民」が寺院委員になる可能性もゼロではなかった。寺院委員会選挙の有権者資格は州立法参事会と同じ納税額が基準になっていたため、「不可触民」でも裕福であれば法律上は委員会への選出・被選出権を獲得できた。「不可触民」のティーヤルやシャーナール（第三、四章で詳述）は地位向上の一環で寺院入場運動を盛んに行っていたが、これらのカーストには経済的成功を収めた者や弁護士などの専門職に就いた者も少なからず存在した。そのため参事会では、これら「不可触民」カーストが寺院委員に選出されれば寺院入場を強行する恐れがあるとの懸念の声が上がった。寺院委員会の選出・被選出資格を「現時点で参詣を許されているカースト」に限定するべきだという意見も出た。また、有権者の条件の一つが「ヒンドゥー教徒であること」となっているのを受けて、「寺院入場を許されていないような人間をヒンドゥー教徒に含めるつもりか」と問い詰め、ヒンドゥーという言葉を厳密に定義するよう要求する議員も現れた。「宗教施設においては宗教上の慣習だけを尊重するべきであり、政府が独善的に民主主義的理念を導入するのは問題だ[62]」という発言に示されるように、「不可触民」が「平等」や「人権」などの理念を振りかざして宗教社会的改革を要求すること、それを政府が後押しすることへの拒否感と警戒心は強かった。

　しかし、一九二二年法案には「寺院において確立された慣習を保持する」という条項が設けられていたことに留意する必要がある。ここで言及されている「慣習」とは、実質的には寺院が穢れないよう「不可触民」が寺院境内に入ることを禁じる慣習を指す。正義党は「宗教不干渉」原則を侵してまで「不可触民」の要求に応じようとは考えていなかった。そもそも正義党が一九二二年法案を提出したのは、バラモンの攻撃から非バラモンの寺院管財人を守るためである。一九世紀後半から、ダルマ擁護協会というバラモン法曹家の組織が、寺院への寄進財を管財人が不正運用していると告発する一連の訴訟を起こし、政府による会計監査を復活させるよう要求していた。[*63] 非バラモンが大半を占める寺院管財人は、この活動を放任していては自分たちの地位が脅かされると警戒した。一九一七年に開催された第一回非バラモン会議は、バラモンが非バラモンの寺院管財人としての地位を脅かすような寺院行政改革法案を議会に提出する前に、非バラモン自ら一定の改革案を導入するよう推奨した。[*64] このような背景を考慮すると、正義党としては、管財人の露骨な不正が起きない程度に最低限の監査を行うことが法案制定の目的であり、寺院運営の抜本的改革や、ましてや「不可触民」を含むあらゆる階層に寺院を開放するなどという宗教社会改革は意図していなかったと思われる。実際、一九二二年法案は修正を経て一九二五年ヒンドゥー宗教慈善寄進財法として施行されたが、寺院監督行政のトップにはあえて元マドラス高等裁判所判事のバラモンが任命された。「信仰の世界に急進的な変化がもたらされることは決してないと正統派ヒンドゥー教徒にアピールするためだった」という。[*65] ここでも正義党は「宗教の領域」への不干渉を表明したのである。

このように、寺院寄進財運用の監督体制の整備から派生して「不可触民」の寺院入場権の問題が浮上したわけであるが、当事者であるはずの「不可触民」議員はこの問題について一切発言していない。M・C・ラージャは州立法参事会メンバーであった期間中に多岐にわたる質問や動議を行っているが、ヒンドゥー宗教寄進財法案に関しては沈黙を貫いた。正義党を支持していた「不可触民」議員のM・C・マドゥライ・ピッライも、一九二三年から議員に指名されたシュリーニヴァーサンも、同様に全く意見を述べていない。ヒンドゥー宗教寄進財法案は寺院の財務をめぐる非バラモン管財人とバラモンの法曹を味方につけたバラモン司祭の権力争いの産物であったため、立法参事会での論争も「不可触民」が意見を差し挟むような雰囲気ではなかった。初めて「不可触民」が議席についた一九二〇年代前半は、「不可触民」議員が公共の施設（井戸や道路）を「不可触民」が使用する権利を求めて動議を繰り返したが、世間の心情や慣習に関わる「社会的」事柄は政治が扱う領域ではないと却下されていた。[*66] そのような中「不可触民」議員たちは、寺院入場権を持ち出すのは得策ではないと考え沈黙を貫いたのであろう。

一九二五年ヒンドゥー宗教慈善寄進財法は、「不可触民」の立場から見れば、自分たちを不浄と見なして寺院への入場を禁止するという「寺院内で確立されている慣習」を政府が追認し、宗教的伝統として保持する法律であった。非バラモン運動は、バラモンが宗教的社会的最上位を誇り、バラモン以下を不浄と見なして差別するのを告発してきたはずである。しかし、その運動を推進してきた正義党指導者たちも、バラモン的価値観によって不浄と見なされた「不可触民」を寺院から排除し続けることを躊躇しなかった。非バラモンのカーストヒンドゥーは、自身が差別の加害者であると自覚するには至らなかったのである。

非バラモン運動の理念と現実との乖離、運動指導層のエリートと一般の非バラモン・カーストヒンドゥーとの溝もあったであろう。一部の指導者が理想に燃えて「不可触民」差別廃止を掲げたとしても、現地レベルでは実行されないこともあった。例えば、正義党が発出した政令によって、地方議会では「被抑圧階級（不可触民）」が指名され一定数の議員が誕生した。しかし彼らはしばしば議場への入場を妨害され、場外の地面に座ることを余儀なくされた。また次第に「被抑圧階級」用の議席が非バラモンのカーストヒンドゥーに割り当てられるようになっていったという。

そもそも日常の生活の場で「不可触民」を抑圧し搾取していたのは、非バラモンもバラモンも同じである。カーストヒンドゥーにとっては、「不可触民」が理不尽な抑圧状況に目覚めて権利を要求するようになるのは避けたい事態であり、「不可触民」の地位向上に繋がるような可能性は潰しておきたいというのが本音だったといえよう。

第三章　模索する「不可触民」
——自尊運動との関係

1　会議派とカースト差別問題

一九二三年、インド高等文官に占めるインド人比率を検討する委員会（通称リー委員会）がイギリス本国政府によって任命された。諮問を受けたM・C・ラージャは「不可触民」代表として、インド人の比率を増やすことに真っ向から反対した。公職のインド人化《インディアナイゼーション》はカーストヒンドゥーによる不可触民差別を助長するだけで利点はない、というのがその理由だった。※これまで非バラモン運動の活動家の一人としてバラモンの差別意識を攻撃してきた彼であったが、ここに至って方向性を変えた。リー委員会に提出した意見書の中で彼は、バラモンに限らず非バラモンも含むカーストヒンドゥー全体が「不可触民」を差別していると明言した。

※もともとモンタギュー・チェムズファド改革で、高等文官の三分の一をインド人にすることが推奨されていた。一九二四年に提出されたリー委員会報告書は、四〇パーセントをインド人の直接採用枠とし、これとは別に二〇パーセントを地方採用されたインド人公務員からの昇進枠とするよう提言した。[*1]

非バラモン・ブロックの内部で不和が生じたのを見て取って、会議派が「不可触民」指導者たちに接触するようになった。会議派は、「不可触民」は概してイギリス支配を支持していると決めつけ、「イギリス支配を盲目的に支持するのではなく、インドにおける政治の主流［ナショナリズム］の中に身をおいて地位向上を図るべきだ」と説いた。[*2] なお会議派はガンディーの提唱により、不可触民差別廃止を活動プログラムに盛り込んでいた。

(1) 会議派の建設的プログラム

ここで当時の会議派の動向を見ておこう。反英運動としての非協力運動は会議派指導部の想定を超えて激化し変質していた。一度火がついた民衆の不満は、イギリス支配のみならずインドの社会構造にも向けられるようになっていった。インド人地主を攻撃する農民運動などインド在地社会の搾取構造を暴く運動も起きた。これに危機感を覚えたガンディーら会議派執行委員会は、デモ行進をしていた民衆が警察に暴行され、逆上して警察署を襲い二二人の警察官（彼らもインド人であった）を焼き殺したチャウリーチャウラー事件の発生を口実にして、一九二二年二月一二日に非協力運動停止を決定し（バルドーリー決議）、「建設的プログラム」の実践に勤しむよう指示した。

建設的《コンストラクティヴ》プログラムとは、国産品愛用／自国産業促進、村落共同体再興、国民教育推進などからなる。エリート層から一般民衆まで、宗教も関係なく、誰もが日常生活の中で実践できるよう計算されたプログラムであった。人びとが禁欲的に自己を見つめ、本当に自分に必要なものだけを村落社会で調達すれば、イギリス支配下で衰退した手工業が復興し村落共同体も再興される。そのため国民教育とは、先祖代々受け継がれてきたカーストごとの職を継承することを前提とした職業訓練を基軸とする。父から息子へ職を継承（女性は視野に入っていない）すれば、人びとは分をわきまえて生活するようになり、無用な出世競争や権力闘争が起こらず、むしろコミュニティ間の連携を促進するので、「インド国民」意識の涵養にも繋がる。このように、禁欲的・自己犠牲的精神をもってコミュニティ間の調和を実現し、自給自足的村落社会の再生を目指すという建設的プログラムは、ガンディーの思想を色濃く反映していた。手紡機《チャルカー》で紡いだ糸を使って手機で布を織り（こうして生産された手織布はカーディ、またはカッダルと呼ばれる）、それを身につけることは、プログラムの精神を具現化する行為でもあった。そしてガンディーは、コミュニティ間の調和を通じた「インド国民」形成に不可欠な手段として不可触民制 Untouchability の廃止を掲げたのである。

バルドーリー決議はしかし、会議派メンバーの間に複雑な反応を生んだ。非協力運動に熱心に取り組んでいた人々、特に若手活動家は、運動の盛り上がりに水を差されて憤慨した。一方、一九一九年インド統治法で不十分ながら提供された政治権力に魅力を感じていたメンバーは、運動を停止しても「非協力」の姿勢は維持するよう指示されて議会選挙に参加できず、欲求不満に陥った。一部はガンディーら党執行部の決定に逆らい政治参加を切望し（変更派《チェンジャーズ》と呼ばれた）、ガンディーに従った党員（不変更派《ノンチェンジャーズ》）であっても建設的プログラムの遂行には熱意を示したとは言いがたかった。

非バラモン運動と「不可触民」の運動は、マドラス州会議派メンバーの目には、いずれも「インド国民」をカーストで分断するのみならず「民族」対立をも誘発する危険な運動として映っていた。しかし、マドラス州会議派幹部たちの大半は、分断を生んだ差別問題の解消には関心を払わず、ただ選挙戦で正義党に対峙することを志向した。正義党が「不可触民」問題で躓くと、会議派はここぞとばかりに批判し、

「正義党の諸政策は不可触民制度を根絶するどころかむしろ上位カースト［カーストヒンドゥー］と下位カースト［不可触民］との溝を拡大した」と評した。[*3] 幹部たちがこのように正義党批判に終始する一方、カースト差別問題や不可触民差別問題に目を向ける党員も現れた。彼らは、「不可触民」支持を取り付けるために、州会議派集会で「不可触民」の寺院入場を支持すると決議した。[*4] 一部の会議派メンバーが個人的に「不可触民」を伴い寺院に入場する行為も見られるようになった。

マドラス州会議派内で再び、保守的なバラモン幹部に対する非バラモン党員の不満が高まった。かつてマドラス管区協会を立ち上げた一人であるE・V・ラーマスワーミ・ナーイッカル（一八七九―一九七三年）もその一人である。ラーマスワーミ・ナーイッカルは、コーインバトゥール県イーロードで裕福な貿易商の家（カーストはバリジャ[※]）に生まれた。信仰心篤い両親の下で正統派ヒンドゥー教徒としての教育を受け、ワーナーラシー巡礼までしたが、その途上でカースト制に疑念を抱いたという。政治的には反英の立場から会議派に属し非協力運動の先頭に立ったが、非バラモン運動にも共感を抱いていた。[*5] マドラス州会議派の指導層の保守性を決定づける二つの事件を契機に、ついに会議派を脱退し、急進的な非バラモン運動を展開することになる。

※バリジャは交易を伝統的職業とするカーストである。地方政権（ナーヤカ政権）支配者の末裔であると主張し、バリジャナーイドゥ、あるいはナーイドゥと自称することが多い。「ナーイドゥ」はナーヤカ／ナーイッカル（指導者、軍の指揮者の意味）が転化したものである。[*6]

(2) ヴァイッカム・サッティヤーグラハ

第一の契機は、ヴァイッカムというケーララ地方の一都市で展開した「不可触民」差別反対運動、いわゆるヴァイッカム・サッティヤーグラハである。一九二三年三月、イーラワル・カースト出身の弁護士がケーララ地方の一画を占めるトラヴァンコール藩王国の宮殿内部に設置された裁判所に出向いたところ、藩王の誕生祝が行われていたために入場を拒否されるという出来事があった。イーラワルとはケーララ地方のカーストで、同地方北部ではティーヤルと呼ばれる。椰子採取および椰子酒造りを伝統的職業とし、穢れを与える不浄な存在として寺院やバラモン居住区への立ち入りを禁止されてきた。ただし、社会の最底辺にチェルマル、プラヤル、パラヤル、ナーヤーディなどの「不可触民」カーストが存在し、イーラワル／ティーヤルはこれらのコミュニティよりは宗教社会的地位が高かった。[*7] このようにイーラワル／ティーヤルは「不可触民」とシュードラの境界線上の微妙な位置を占めつつも、実質的には「不可触民」同様の差別に直面してきた。なお、イーラワル／ティーヤルはケーララ地方における人口比率が高く、ケーララ地方の会議派組織も無視できない存在であった。トラヴァンコール藩王国での事件を受けて、ケーララ会議派の集会に招かれたイーラワル出身の活動家T・K・マーダヴァンが提案し、抗議のサッティヤーグラハ[※]を行うことになった。抗議運動開始日は藩王の次の誕生日、場所はマーダヴァンが活動していたヴァイッカムが選ばれた。ケーララ地方は「不可触民」差別の厳格さでとりわけ有名で、[※※]ヴァイッカムの町でも「不可触民」は寺院境内はおろか寺院を囲む道および参道を通行することも禁じられていた。しかし一九一七年にマーダヴァンが寺院に参詣する権利を主張し、以来ヴァイッカムでは断続的に寺院開放要求運動が行われていた。[*8]

※サッティヤーグラハは「真理《サッティヤ》の把持《アーグラハ》」を意味し、ガンディーが提唱した運動形態、かつそれを支える思想である。ガンディーによると民族独立運動とは、イギリス人を敵とするのではなく、イギリス人が自らの意思でインドを去るよう改心させることである。サッティヤーグラハは、植民地政府の政策に異議を申し立て、悪法を意図的に破るが（塩専売制度を批判して行った塩の行進が典型例である）、決して暴力は用いない。たとえ暴力を振るわれても自己を抑制して決してやり返さず、自己犠牲の精神で命をも差し出すことによって、イギリス人を真理・正義に目覚めさせるという非暴力主義の根幹をなした。ここから派生して、ヴァイッカム・サッティヤーグラハは、暴力を使わずに差別する側を真理・正義に目覚めさせることを目指した。

※※ケーララ地方には「ティーンダル（大気による穢れ）」という慣行があり、物理的な接触がなくても大気を通じて穢れが伝わるとされ、下位カーストはそれぞれ上位カーストから保つべき距離が定められていた。上位カーストは、下位カーストが規定の距離内に入った場合、穢れをはらう沐浴をしなくてはならなかった。[*9] そのため「不可触民」制どころか「不可視民」「不可近接民」制があると揶揄されていた。[*10]

一九二四年三月、寺院周辺の公道の通行権を求める運動が開始された。[*11] シリアンクリスチャン（ケーララ地方のキリスト教徒で、イエス・キリストの弟子の一人トマスの伝道で改宗した人々の子孫を自称する）の弁護士ジョージ・ジョセフが特に熱心に活動し、カーストや宗教の垣根を超えて運動に賛同する人びとを集結させて公道を行進する計画を立てた。しかし、バラモンや正統派カーストヒンドゥーの反発があまりに大きかったため、少人数のグループで接近禁止ライン（ケーララ地方には「不可触民」の進入禁止エリアを示す道標があった）を越えるという作戦に変更された。その手法は非暴力的であったため、ヴァイッカム・サッティヤーグラハと呼ばれた。

ジョセフやその他の活動家は、ガンディーが運動を支持し何かしら支援してくれると期待していた。しかし肝心のガンディーはジョセフに私信を送り、「ヒンドゥー教徒のことはヒンドゥー教徒に任せておきなさい。ヒンドゥー教徒を浄化するのはヒンドゥー教徒です。あなたは同情することは許されますが、運動を組織したりサッティヤーグラハを行ったりするべきではありません」[12]と諭してきた。つまり、ヒンドゥー教徒コミュニティの問題に「異教徒」が干渉するのを良しとせず、運動から手を引くよう圧力をかけてきたのである。ジョセフはガンディーの警告を無視して運動を続けたが、リーダー格の参加者が次々と藩王国政府によって逮捕されていくのを目にして、主だった会議派指導者に運動を続けるためのリーダーを派遣するよう要請した。ガンディーはこれに応えず、マドラス州会議派幹部の一人でバラモンのラージャゴーパーラーチャーリは拒否した。彼らの態度に憤慨したE・V・ラーマスワーミ・ナーイッカルが、新たなリーダーとして現地に赴いた。ラーマスワーミ・ナーイッカルはケーララ地方の激しい「不可触民」差別慣行とヒンドゥー教の「悪弊」を非難する演説を行った。これにマドラス州会議派のバラモン幹部たちは過剰に反応し、彼の言動を急進的で攻撃的すぎると非難した。運動の結果、寺院運営を監督する役割を担う藩王が、寺院門前の参道をカーストの区別なくあらゆる人に開放すると宣言した。[13]この運動を機にラーマスワーミ・ナーイッカルは「ヴァイッカムの英雄」と称され、カーストヒンドゥーの中でも「不可触民」の地位向上に心を砕く人物として知られるようになった。そのナーイッカルは、ガンディーを含む会議派指導層の保守性に失望を禁じえなかった。

(3) 国民学校(グルクラム)論争

もう一つの事件は国民学校《グルクラム》の食堂をめぐって起きた、いわゆるグルクラム論争である。ティンネヴェリ県カリダイクリチにほど近いシェルマデーヴィ村に一九二二年、会議派メンバーでバラモンのV・

V・スブラマニア・アイヤルが学校を建て、会議派が提唱する国民教育を実践する場とした。ただし実質的には地元の有力商人カーストであるチェッティやその他の非バラモンたちが出資して、学校運営を支えていた。ところが一九二五年一月、そこに通う非バラモンの生徒が、学校の食堂がバラモン用と非バラモン用に区分されていると親に語ったために、学校内での差別の実態が明るみになった。ヒンドゥー社会では一般に、異なるカーストが共食（食事をする空間を共有し同時に同じものを食べる行為）するのは下位カーストから上位カーストへ穢れが移るとされ、禁忌になっていた。同じ理由で、自分より下位、すなわち自分より不浄なカーストが料理した食べ物は口にしないのが慣例であった。しかし会議派の国民教育は、コミュニティの枠を超えて「インド国民」意識を涵養することを目標の一つに掲げていた。その実践の場であるはずの国民学校がカースト差別を当然視していることは、非バラモンには到底容認できるものではなかった。非バラモンの出資者たちは学校経営陣に抗議したが、経営陣は「要求されているところの「乱交」を許せば、極めて宗教的なバラモンの感情を傷つけ冒瀆することになる」と回答してきた[*14]。ラーマスワーミ・ナーイッカルは、タミルナードゥ会議派の非バラモン有力メンバーであるP・ヴァラダラージュル・ナーイドゥ（一八八七―一九五七年）とともにバラモン専用食事室の廃止を求める論陣を張り、バラモン幹部を激しく攻撃した[*15]。この問題はタミルナードゥ会議派委員会内部でバラモンと非バラモンの分断を引き起こした。一九二五年四月にトリチノポリで開催された集会では、バラモンのラージャゴーパーラーチャーリが、ラーマスワーミ・ナーイッカルとヴァラダラージュル・ナーイドゥの言動はカースト間の対立を助長して民族統一を危機に陥れた、と非難する決議案を動議した。非バラモン党員の反対票でこれが否決されると、タミルナードゥ会議派委員会のバラモンたちが一斉に辞任した。[16]

ここでガンディーが調停に入り、生徒はカーストの区別なく全員同じ部屋で食事をするべきだという見解を示した。ところが、料理人はバラモンにするべきだと付け加えたために、非バラモンの顰蹙を買った。[17]なぜなら、最上位つまり最も浄性が高いバラモンが調理したものであればバラモンを含めそれより下位のカーストの生徒が口にしても穢れないだろう、という提案であり、バラモン的な浄不浄を追認したも同然だったためである。この中途半端な妥協案は、バラモンと非バラモン双方に不満を生んだ。学校創設者のスブラマニア・アイヤルやその他のバラモンは、バラモン専用食事室の廃止を拒んだ。一方、ラーマスワーミ・ナーイッカルやヴァラダラージュル・ナーイドゥら非バラモンは、料理人をバラモンにするのを拒否した。ところがこれに対し、非バラモン（有力農民カーストのヴェッラーラ出身）で会議派メンバーのM・バクタヴァトサラム高裁判事が次のような見解を述べた。

バラモンの料理人が気にくわないというのなら、彼［ヴァラダラージュル・ナーイドゥ］は料理人をパンチャーマ［不可触民］にする覚悟はあるのか？　バラモンが非バラモンの料理したものを食べなければならないというからには、非バラモンはパンチャーマの手で作られたものを食べるべきだ。あえて言おう。パンチャーマの料理人に同意して初めて、彼がいうように特定カーストの優越感が消滅し、学校もうまくまわるだろう。[18]

この発言は、非バラモンたちのダブルスタンダードを鋭く突いている。既述のように、非バラモンたちは、バラモンによる非バラモン差別を告発してきたが、自分たち自身の加害性、カースト差別には目をつぶってきた。バクタヴァトサラムの意見は、そのような非バラモンの言行不一致を指摘したものであった。

とはいえヴァイッカム・サッティヤーグラハと国民学校食堂論争は、会議派が掲げるコミュニティの連帯、「インド国民」統一の内実を暴露した。ラーマスワーミ・ナーイッカルは会議派を離脱し、一九二六年のマドラス州立法参事会選挙では正義党を支援した。しかし正義党も宗教社会改革に対するかつての熱意を失っていた。非バラモン留保議席、公職における非バラモン採用枠設定、ヒンドゥー宗教慈善寄進財法制定など、当初の目標を既に達成していたこともあり、正義党は政治団体としても停滞気味であった。そこでラーマスワーミ・ナーイッカルは、新しい非バラモン運動を開始することになる。

2　自尊運動の衝撃

(1)　カースト差別・女性抑圧・不可触民差別——ラーマスワーミ・ナーイッカルの運動理念

ラーマスワーミ・ナーイッカルは新しい非バラモン運動を自尊運動 cuya mariyātai iyakkam と名付けた。これは、非バラモン諸カーストに対して、地位向上の手段として、バラモンの慣習を模倣するいわゆるサンスクリタイゼーションに依拠せず、ドラヴィダ民族の末裔たる非バラモンとして自尊心を持つよう訴えた点で、非バラモン運動の一潮流に位置づけられる。しかし、不可触民差別と女性抑圧的な諸慣習の廃止を運動プログラムの中心に据えていた点で、従来の非バラモン運動とは大きく異なっていた。

「不可触民」は、最も「不浄」で最下層の存在として、最も「浄」で最上位のバラモンを際立たせる役割を担わされてきた。それゆえに、自尊運動がバラモンの宗教的権威を否定しカースト差別を非難するのであれば、国民学校食堂論争でバクタヴァトサラム判事が指摘したように、必然的に「不可触民」差別問題への姿勢を問われることになった。また、植民地支配下で、バラモン的な浄不浄観と不可分に結びつく諸慣習に基づきカーストが序列化されたため、上位カーストの女性抑圧的慣習が下位カーストにも模倣され浸透していったことは既に指摘した通りである。つまり、カースト問題を解決しようとするなら、女性抑圧問題にも取り組む必要性が出てくる。このように、「不可触民」問題と女性抑圧問題とカースト差別問題という諸問題が三つ巴関係にあることを自覚して取り組んだのが、自尊運動の特徴であった。

ラーマスワーミ・ナーイッカルによると、ヒンドゥー社会ではカーストごとに守るべき慣習が厳格に定められ、衣服、食、婚姻などの諸慣習はバラモンの浄不浄観と密接に関連しており、バラモンを頂点とするカースト制／カースト差別体制を支えている。寡婦再婚禁止、幼児婚などの上位カーストの慣習を模倣することはカーストの地位上昇運動の常套手段であり、結果として女性抑圧状況をさらに悪化させてきた。逆に言えば、女性を解放することはカースト差別の廃止にも繋がる。不可触民差別は不可触民を最も不浄な存在と見なすことであり、バラモンが非バラモンを不浄と見なすことに通底する。したがって、バラモンによる非バラモン差別を批判するのであれば、非バラモンのカーストヒンドゥーも不可触民差別を止めなければいけない。これがラマースワーミ・ナーイッカルの思想の要点であり、極めて的を射たものであった。

一九二〇年代後半から三〇年代にかけて、様々な規模の自尊運動関連集会が各地で開催され、「不可触民」や女性も多数参加した。ラーマスワーミ・ナーイッカルは各地をめぐって精力的に演説を行った。また自尊運動の理念と目標を伝える媒体として、一九二五年に週刊誌『共和 Kuṭi Aracu』※を発行し自ら寄稿した。同誌は、様々な種類の差別の実態を伝える記事や自尊運動関連イベントの記事を中心に、運動理念に共感した人々による連載、自由投稿エッセイも掲載した。「不可触民」や女性からの投稿もあった。

※ Kuṭi Aracu は直訳すると「人民政府」であり一般的に共和国、共和制を指す。しかし創刊当初はカースト差別を批判し男女同権を訴える記事が多く、政治体制を論じる雑誌ではなかった。そのためここでは誌名を『共和』とする。

なお、ラーマスワーミ・ナーイッカルは、会議派を脱退し自尊運動を開始した後もしばらくは、建設的プログラムへの共感を抱き続けていた。彼が重視したのは村落社会の経済的再生で、とりわけ手紡《チャルカー》・手織《カッダル》を下位カーストの貧困改善手段と位置づけていた。一九二五年一二月に正義党の特別会議に招かれて演説をした折には、建設的プログラムを正義党でも採用するよう促した。[*19] 一九二七年のティンネヴェリ県自尊会議でも手紡・手織を推奨すると決議した。『共和』一九二八年一〇月七日号は、手工業復興の一環としてカッダル着用を推奨し、特に「不可触民」の家を訪れるときは清潔なカッダルを身につけるよう呼びかけたというマハトマガンディー・カッダル協会の活動を紹介した。

しかし次第に、建設的プログラムを肯定的に捉える発言は消え、逆に批判的意見が目立つようになる。この変化が端的に表れているのが『共和』の表紙である。創刊号から一九二七年末まではチャルカーで糸を紡ぐ女性、カッダルを織る男性、自給自足的村落を彷彿とさせる村で働く人びとが描かれていたが（写真4）、一九二八年一月一日号からはこのイラストが消えシンプルな表紙になった（写真5）。

一九三一年一二月に開催された自尊集会では、家内手工業そのものが批判の対象となり、村落の富裕層が不可触民を含む貧困層を囲い込み搾取する制度であると糾弾された。ただし、集会の決議文は、「カッダル推奨は他人を搾取するバラモンに利するだけである」と表現し[*20]、貧困層（大半が「不可触民」を含む下位カースト）を搾取しているのはバラモンだけではないという事実を隠蔽していた[※]。

பதிவுஎண் 2041

குடி அரசு

[வாரப்பதிப்பு]

வருட சந்தா ரூபாய் மூன்றுதான்.

வெளிநாடுகளுக்கு வருட சந்தா ரூபாய் நான்கு.

திருப்பூர் சுத்த கத்தர் ஜவுளிகள்.

写真４　『共和』1925 年 11 月 1 日号表紙（筆者撮影）

※集会では、会議派がナショナリズムの名の下に推進する建設的プログラムの一部をなすこの村落再生プロジェクトを批判すれば「売国奴」のレッテルを貼られる、と懸念する意見もあった。

建設的プログラムの一環である不可触民制廃止に会議派メンバーの多くが関心を示さず、また主導者のガンディーがヴァルナ・アーシュラマ・ダルマ（ヴァルナごとに果たすべき義務や規範、およびそ

பதிவு எண் 2041

குடி அரசு

CANADIAN WATCH PEOPLE,
George Town. Madras.

Sri Siddhartha Book Depot
Champion Reefs P.O.
Kolar Gold Field

写真５　『共和』1928 年１月１日号表紙（筆者撮影）

れらを遵守する生き方を正当化する思想）を説き、カースト（ヴァルナ）制を理想的な分業体制として擁護したことも、自尊運動の理念とは相容れなかった。[*21] 自尊運動は、民衆の間でも知名度が高いガンディーを盛んに批判したため、運動への支持率が下がると危惧する声もあったが、ラーマスワーミ・ナーイッカルは、たとえ人気を喪失することになっても「罪を犯している人のことは批判しなくてはならない」という姿勢をとった。ガンディーが犯した罪とは、「民衆に神の存在を信じさせ、カースト（ヴァルナ）の義務を説いてまわり、不可触民制についても「仕方が無い」と思わせ、事実上その存続を黙認していること」であった。[*22]

一九二七年ティンネヴェリ県で開催された自尊会議で演説したラーマスワーミ・ナーイッカルは、まずバラモンを攻撃した。曰く、インドにとって「異人種」のバラモンが我々の祖先を屈辱的な抑圧状況に貶め、自尊心をも奪った。しかし非バラモンの九〇パーセントは「井の中の蛙」で自分たちの状況がいかに理不尽であるか気づくことすらない。そこで自分たちの使命は、この「九〇パーセント」が自尊心を取り戻しバラモンが社会に植え付けた非道から抜け出すのを助けることだ、と。彼が言うバラモンの非道とは、社会を四つのヴァルナとパンチャーマに分断し、自分たちを最上位に位置づけ、それを正当化するために様々な宗教文献を創作したことである。つまり彼は、バラモンを非難するのみならず、ヒンドゥー教の聖典類をも否定したことになる。さらに彼は、「人々を分断し、自尊心を奪い、犬や豚以下に扱うような宗教は破壊されなくてはならない」と明言し、実質的にヒンドゥー教自体を攻撃した。彼曰く、ヒンドゥー教は人を能力ではなく生まれで階層化し、その上下関係を神の名において正当化してきた。したがって「ヒンドゥー教は、人に奴隷根性を植え付ける役割しか果たさず、根底に誤謬があり、無意味である」。彼は、ヒンドゥー教の最大の被害者として「不可触民」に言及した。ヒンドゥー教は、「不可触民」が「不浄」だから差別するのではなく、特定の人間を隔離して「不浄」というレッテルを貼り差別の対象としたのであり、「不浄」と見なす口実（牛肉を食べるなど）も非合理的である、とする。なお不可触民差別については、バラモンのみならず、非バラモンにもその責任の一端があると示唆したことは特筆に値する。「我々は、何百万人もの人々を不可触民として隔離し、大変な苦難を強制してきた。［中略］バラモンのみならず、バラモン以外のコミュニティの中にも不可触民差別の慣行に責任がある人がいる。彼らのことも非難しなくてはならない」。

このように、ラーマスワーミ・ナーイッカルは、宗教社会の抜本的改革を求める見解を披露したが、ヒンドゥー教を完全に切り捨てるのは躊躇したのか、彼のヒンドゥー教攻撃には曖昧で矛盾する部分がある。彼によると、宗教とは本来、人々が助け合いより良い生を生きる指針としての「教え／原理」と、その目的を実現するための時代や土地柄に応じた「慣習」からなる。しかしヒンドゥー教の「慣習」はその目的を果たしていないとし、キリスト教やイスラームが時代に応じて慣習を変えてきたのに比して、ヒンドゥー教は古の慣習を伝統として固持していると批判する。つまりここで彼は、ヒンドゥー教全体ではなく時代遅れになった慣習を迷信、悪弊として糾弾したのである。ヒンドゥー教を役立たずで無意味と表現したこととは矛盾している。自尊集会の聴衆がみな全て熱心な自尊運動の支持者とは限らない中で賛同者を増やす必要性が、彼の舌鋒の鋭さを削いだのかもしれない。また、バラモンがその悪弊をもたらしたのであるから「第一に非難するべきはバラモンである」と発言し、「不可触民」への非バラモンの加害性を曖昧にしてしまった。さらに彼は、自分の発言は己の信念の発露であるが、それを全て受容するよう全員に強制するつもりはなく、各自熟考し納得できない部分は受け入れなくてよいと譲歩した。[*23]

ラーマスワーミ・ナーイッカルのこの譲歩が功を奏したのか、ティンネヴェリ県自尊会議で採択された決議は、彼の演説ほど急進的ではなくなっていた。全三二項目からなる決議の多くは、バラモンによる官職独占や非バラモン差別への抗議であり、従来の非バラモン運動の域を出ていない。例えば、鉄道駅の食堂、公立病院の病室にバラモン専用の区画が設けられていることへの抗議や、上級職のバラモンが部下にもバラモンが任命されるよう推薦しているという不満表明、省庁の上級ポストの九〇パーセントを非バラモンにするべきとの要請、非バラモンの教育推進のために教育省の全ポストおよび師範学校入学者の九〇パーセントを非バラモンにするべきという主張などである。もっともこれらは、非バラモン運動開始から二〇年近く経過してもなお、バラモンによる差別的行為が続いていたことの証左でもある。実際、ラームナード県アルップコッタイ郡のある村で、学校脇の井戸から非バラモンの村人が水を汲んでいたところ、それを嫌ったバラモンの校長が敷地を塀で囲ってしまったという事件（学校は朝八時から夕方四時まで開門するが、非バラモンは朝七時から夕方五時まで農作業をするため敷地内に入れなくなった[*24]）など、この種の行為は新聞や公文書で報告されており、バラモンによる差別の根強さを示している。

決議内容には従来の非バラモン運動の特徴が色濃く残っている一方で、新機軸も見いだせる。第一は、ヴァルナ・アーシュラマ・ダルマに強く反発し、バラモンの理想の生き方をはじめ各ヴァルナの行動規範を記している『マヌ法典』を批判したことである。関連して、ガンディーがマドラス州を訪問した折に「大衆にヴァルナ・アーシュラマ・ダルマを吹聴した」ことに抗議した。第二に、人は皆直接神に祈ることができるとして、バラモンの司祭だけではなく宗教儀礼の意義をも否定した点である。それでも宗教儀礼に価値を見いだしたい非バラモンに対しては、「カーストの優劣を信じない年長者」に司祭役を依頼し、サンスクリット語を交えずタミル語で儀礼を行うよう推奨した。ちなみにサンスクリット語を使用不可としたのは、それがアーリヤ語族に属する言語であり、ヒンドゥー教聖典類に使用される文語であり、司祭としてのバラモンを想起させたためである。サンスクリット語拒否は決議の中で様々な形で現れ、マドラス州政府発行の科学の教科書で専門用語としてサンスクリット語を挿入するのを止めタミル語を使用するよう要請したり、タンジャーブール・サンスクリット大学に充てられている州政府予算の一部をアーディドラヴィダの教育施設に配分するよう要請したりしている。

第三は、女性の地位改善に言及したことである。夫の死後再婚していない寡婦に亡夫の財産［家産ではなく夫個人が賃金などで蓄積した財］の相続権を法律で保障すべきであるという決議、および家産の相続における男女同権を求める決議は、これまでの非バラモン運動では全く見られなかった新しい要素であった。もっとも前者に関しては、寡婦が再婚した場合に相続権を喪失する問題※に触れていない点で限界はあった。第四は、「不可触民」差別問題に言及したことである。カルパティという地方都市で「不可触民」がバラモン居住区の通りを通行する権利を獲得したこと、およびマドラス市内のパッチャヤッパ・カレッジがバラモンの理事の反対を押し切って「不可触民」の入学を許可したことを、それぞれ歓迎した。ただし、これら二つの決議はいずれも反バラモン感情の延長とも位置づけられ、「不可触民」差別解消に向けた能動性は感じられない。[*25]

※従来、下位カーストでは寡婦の再婚は一般的であり、亡夫に属する財産を相続し、その後再婚することが可能なカーストもあった。サンスクリタイゼーションにより寡婦の再婚を禁じるカーストが増えると、それへの対策として一八五六年ヒンドゥー寡婦再婚法が制定された。寡婦の再婚は許容されるとして実質的に再婚を奨励した同法はしかし、再婚する女性が亡夫に属する財産を相続する権利を一律に否定した。寡婦が亡夫の財産を相続するのは、寡婦個人が自由に使用するためではなく亡夫の菩提を弔うため、と意義づけたのである。同法では再婚した女性は元婚家では「亡き者と扱われる」、つまり相続権を喪失すると規定された。[*26]

(2) 不可触民廃止の障害

自尊運動では集会が盛んに開催され、「不可触民」が多数参加することもあった。そのため一九二七年一二月にある町で集会が開かれた折には、ラーマスワーミ・ナーイッカルが「不可触民」を引き連れて寺院に突入する計画があるという噂が流れ、住民がパニックに陥るという一幕もあった。[*27] このエピソードは、一般民衆が自尊運動を「不可触民」差別廃止、「不可触民」の権利実現と結びつけてイメージしていたことを示している。自尊運動を過激な運動として忌避する風潮もあったようで、自尊運動関係者は、世界中で自尊運動と類似の改革運動が展開されており、インドでも「より急進的な運動」が行われていると紹介し、自尊運動が特別に過激というわけではないとアピールに努めた。[*28]

実際、自尊運動は既述のように、ラーマスワーミ・ナーイッカルが唱えた運動理念と活動に関与した人々の間に乖離があった。とりわけカースト差別問題をめぐっては、バラモンによる非バラモン差別を批判することに偏重し、「不可触民」差別問題についても関心は示しつつも自らの問題とは位置づけなかった。そのためラーマスワーミ・ナーイッカルは、バラモンによる非バラモン差別を非難するからには己の「不可触民」差別も根絶しなくてはいけないとし、非バラモンのカーストヒンドゥーに釘を刺した。彼は、バラモンに抗するためには自分たち非バラモンのカーストヒンドゥーだけが解放されれば良いと考えていては戦えないとし、まず自分たちがアウトカースト、すなわち「不可触民」差別を止めなくてはいけないと説いた。例えば、ティンネヴェリ県サンカランコーイルで「不可触民」が公道通行を禁じられてきたために公道沿いの郵便局の利用も妨害されていることを厳しく批判し、「我々の体に刺さったこの棘を我々自身が抜かないと、我々は前進できない」と訴えた。[*29] また、農村社会においてバラモン地主の専横から解放されるには、カーストヒンドゥーの農民と小作人、「不可触民」の農業労働者が団結して戦うことが必須であるとした。[*30]

一九二八年九月にマドゥライで開催された自尊集会は、二〇〇〇人以上の女性、男性、そして「不可触民」が参集し、不可触民制の廃止を決議した。[*31] 自尊集会で、単なる差別批判を超えて不可触民制廃止決議を採択したのは、管見の限りこれが初めてである。『共和』一九二八年一〇月七日号には「自尊心の歌」なるものが掲載された。「幸せになろう　みんなで幸せになろう　貧しい人も幸せになろう　カーストをなくそう　パッラルもパライヤルも」という歌詞で、カーストをなくそうと明言した。「不可触民差別をなくそう」ではなく「みんなで幸せになろう」と曖昧にしているのが限界ともいえるが、代表的な「不可触民」カーストであるパッラルやパライヤルを含めた全てのカースト廃止を呼びかけたという点で画期的であった。

単に差別反対を唱えるのではなく、より現実的に、アーディドラヴィダ専用学校を初等レベルから中等レベルにまで拡大し、全県に専用中等学校を設置して、就職の選択肢を増やすよう訴える意見が「不可触民」から出された。[*32]「不可触民」専用学校の設置は、「不可触民」学童をカーストヒンドゥーと区分するという意味で新たな差別とも解釈できる。しかし実際問題として、「不可触民」学童はカーストヒンドゥーの学童、その親、さらには教員の妨害により、一般の学校に通うことができなかった。この現実を如実に表すエピソードが『共和』一九二八年九月三〇日号で報告されている。同年八月一三日、コーインバトール県ティルップールで教員協会集会が開催された。「不可触民」出身のクリスチャンであるジョン・デイヴィッドが「被抑圧階級と初等教育」というテーマで講演する予定だったが、直前に彼の講演だけプログラムから削除された。誰の指示によるのか不明とされたが、最終的に講演は行われた。デイヴィッドは、「我々は生まれながらに劣っているわけではない。しかし上位カーストの暴虐により、教育を受けることができない。近年各地に公立学校が設立されているが、土地や建物が公有ではなく借り上げのため、地主の意向が優先され、我々は学校に入れない。各県知事は公立校の現状を調査把握するべきだ」と訴えた。しかし講演後、参加者した教員の中から不満の声が上がった。「［不可触民に］発言させたこと自体が罪と言わんばかりであった」という。しかも彼らは「抑圧された人々」のことを繰り返し「劣った奴ら」と表現した、と記事は伝えている。この記事から、地主や校舎建設の出資者などの有力カーストヒンドゥー（当然ながら非バラモンも含まれる）の妨害により、「不可触民」が一般公立学校に通学できなかったことがわかる。また、教員も「不可触民」への偏見、差別意識を隠そうともしなかった。なお、この記事の執筆者は、教員協会集会参加者の差別意識と態度を「民主主義の時代に極めて不適切」と表現し、決して許容してはならないと批判した。

非バラモンの「不可触民」蔑視の風潮は根強かった。一九二八年九月二九日にイーロードで自尊集会が開催された折には、ラーマスワーミ・ナーイッカルが無意味な宗教儀礼や迷信を捨てるよう説き、「不可触民」への差別を止め不可触民制度を廃止するよう訴えた。しかし、集まった村人たちが納得しなかったため、二時間以上議論したという。[*33]

(3) 急進化する自尊運動——ヒンドゥー教・宗教の否定へ

バラモンによる非バラモン差別、非バラモンを含むカーストヒンドゥーによる「不可触民」差別の根強さを前に、カースト制を正当化しているバラモン的理念（浄不浄観）、ひいてはヒンドゥー教そのものを否定する機運が生じるのは避けられなかった。『共和』には、ラーマスワーミ・ナーイッカルによるエッセイや、彼の意向を汲んだ記事、その理念に協賛する人々の投稿が掲載されたため、自尊運動の実地での変化に先駆けて急進的な内容が観察される。『共和』一九二八年九月九日号には、バラモンはアーディドラヴィダの影が差しかかっただけで穢れたと騒ぐが、牛糞を溶かした水で清めの儀式を行っていると、その非科学性を指摘するエッセイが掲載された。同号には、宗教を知らない「未開人」は来世も解脱も知らないために心穏やかに死ぬことができるが、宗教をもつ「文明人」は来世を恐れ解脱できるか気にして動転し碌《ろく》でもない人生を送ることになる、とヒンドゥー教を揶揄する記事も掲載された。一九二八年一一月四日号では、カーストが人間社会を分断しその発展を妨げてきたと批判し、ヒンドゥー教を「諸悪の根源」と断罪した。

一九二九年二月チングルプットで開催された自尊運動初の州大会（正式な運動組織として自尊連盟を発足させた）は、マドラス州首席大臣のP・スッバラーヤンはじめ、州大臣のムッタイヤ・ムダリヤールとセトゥラトナム・アイヤル、正義党指導者も多数出席し盛大に開催されたが、ラーマスワーミ・ナーイッカルはその開会演説でヒンドゥー教を攻撃し、来賓たちを驚かせた。

我々はヒンドゥー教のせいで利己的になってしまった。というのも、無学な司祭が我々に、同胞の魂の救済など考えず自分の魂の救済だけを考えるよう強要してきたからだ。しかし真の宗教とは、現世を居心地よくすることを目指すものだ。自分のことだけでなく他人の幸福にも配慮するようになれば、現世も住みやすくなる。しかし、カースト制を基盤とする社会が続く限り、それは不可能だ。そこで自尊運動は、現世を住みやすくすることを目標にすると宣言する。[*34]

居心地よい現世を実現するという目標は、ヒンドゥー教が輪廻転生を前提とし、自分が生まれ落ちたカースト（前世での行いに基づき決定される）の規範（上位カーストへの奉仕や隷従も含む）に疑問を抱かず文句も言わず黙々と遂行することによって来世（転生後の生）で報われるという死生観があり、現世社会を改善するという思考が育たないという批判に基づいている。こうして自尊運動は、カーストが存在する限り他人を思いやる心は育たないとしてカースト制の根絶を訴え、さらにヒンドゥー教そのものを利己的で排他的な宗教として断罪した。

一九三〇年にイーロードで開催された第二回州大会は、前年の第一回州大会（チングルプット大会）で示された基本方針を実践するための具体的活動が検討された。採択された活動プログラムは、カースト指標の使用中止、公道、貯水池使用、寺院入場の自由、不可触民制廃止、バラモン司祭への謝礼の停止、女子結婚年齢の一六歳への引き上げ、幼児婚廃止[※]、女子奉献制度禁止法案[※※]の支持などである。[*35]

※幼児婚は夫に対する妻の貞節、従順を重視する宗教的／バラモン的価値観と関連するため、その禁止に対するインド人一般の抵抗が強かった。一八九一年に結婚承諾年齢法が制定され、夫婦間の性交渉が許される年齢を女子一二歳以上と規定したが、幼児婚そのものを規制するものではなく、当然ながら効果も薄かった。一九二九年にようやく幼児婚抑制法が制定され、男子一八歳、女子一四歳を最低婚姻可能年齢とした。違反行為への罰則規定も設けられたが遵守されたとは言いがたい。

※※女子奉献制度禁止法案は、デーヴァダーシー制度の廃止を目的とする。デーヴァダーシーとは、ヒンドゥー寺院に所属し神々に歌舞を奉納する女性を指す。下位カーストの幼い女子がしばしば寺院に「奉献」された。彼女たちは寺院に所属する際に神との結婚儀礼を行うが、神は不滅であるためデーヴァダーシーは決して「夫」に先立たれて寡婦になることがない。そのため彼女たちは吉祥の象徴となり、寺院のみならず宮廷や有力者の儀礼などにも招かれて歌舞を披露した。その一方で、人間の男性をパトロンとし時に性的関係をもっても、神と結婚しているために正式な婚姻関係は持たない。これがイギリス植民地支配下で「売春」と見なされ、インド人知識人も彼女たちを道徳的に堕落した娼婦と見なして制度廃止を求めた。一九二七年には中央立法参事会とマドラス州立法参事会で、V・ラームダース・パントゥルとムットゥラクシュミ・レッディがそれぞれ、女子の寺院奉献禁止の立法化を求める決議案を提出した。さらにレッディは一九三〇年に女子奉献禁止法案を州立法参事会に上程していた。[*36]

カースト指標とは、所属カーストを示す服装（サリーなどの布の巻き方、上半身を覆う布の有無、装身具の素材など）や、名前の最後につける称号（ピッライ、ナーイドゥ、ナーイッカルなど）を指す。これら指標の使用停止は、上位カーストの称号を名乗ったり衣服を模倣したりするサンスクリタイゼーションを禁止するのみならず、自分が所属するカーストを顕示することも止めるよう呼びかけるもので、カースト廃止に向けて踏み込んだ決議であった。E・V・ラーマスワーミ・ナーイッカルも、バリジャ・カーストの称号である「ナーイッカル」を自分の名から外した。

カーストの名称や称号は「不可触民」にとっても大きな意味を持っていた。カースト名はしばしば伝統的職業に関連し、「不可触民」の場合はその職業が賤視される口実の一つであったために、カースト名の由来を読み替えたり意味を変更したりすることがあった。パライヤル、パッラルなど「不可触民」であることが明白な集団名に代わって、肯定的な意味と歴史的正統性を演出できる集団名称として「アーディドラヴィダ」が提唱されたことは既述の通りである。この集団名は「不可触民」に属するとされる諸カーストが「不可触民」であることを肯定的に宣言するのを前提とする名称であった。しかしその一方で、個人レベルで見れば、「不可触民」の出自を隠しヒンドゥー社会の主流（カーストヒンドゥー）の中に紛れ込んでしまいたいという願望を抱く者が存在したことも事実である。出自の隠蔽は、全員が顔見知りの村落社会では無理でも、都市部に移動し「近代的」職業に就けば、全く不可能というわけではなかった。しかし植民地時代には、姓名が求められる場面が増え、名乗り方の「近代化」が進んだ。都市部で公的職業に従事する場合はなおさらであった。[*37] その際に姓名の役割を果たしたのがカースト称号であった。ちなみに南インドのタミル地方のカーストヒンドゥーの名乗りのシステムは、「出身地名＋父親の名前＋自分の名前」が一般的であり、家族共通の姓名という発想はなかった。「〇〇村の××の子」で個人を特定するのに事足りていたのである。E・V・ラーマスワーミ・ナーイッカルという名も、Erode（出身地名）Venkatappa（父親名）Ramaswami（自分の名）にNaicker（カースト称号）がつくという構造になっている。アイヤルやアイヤンガールはそれぞれタミル地方のスマールタ派バラモンとヴァイシュナヴァ派バラモンの称号であり、マドラス州政府のインド人官僚や裁判官の名簿は「アイヤル」と「アイヤンガール」に席巻されていた。テルグ地方の大地主カーストのレッディやタミル地方の大商人カーストのチェッティなどは、カースト名をそのままカースト称号とし、さらに姓にすることを好んだ。これは近代社会においてカースト指標の一つが「姓」として機能するようになったことを意味した。すると、他のカーストの称号を「姓」に使用する者も現れた。例えば、サーストンは『南インドのカーストと部族』で、本来「ピッライ」は主にヴェッラーラのカースト称号であるが、近年は他のカーストの中から「ピッライ」を名乗る者が増えている、特に西欧人に執事《バトラー》として雇用されているパライヤルが「ピッライ」を名前の末尾に付けている、と説明している。実際、「不可触民」のパライヤルで「ピッライ」を名乗った人物は多く、マドラス州立法参事会メンバーも務めたV・I・ムニスワーミ・ピッライが代表例である。ボンベイ州出身の著名な「不可触民」指導者B・R・アンベードカル（第六章で詳述、三〇一ページの写真12参照）の場合は、家族の「姓」はサクパルで、西インド・マハーラーシュトラ地方の「不可触民」カーストのマハール（農業労働を主とする）の一部が使用する称号だったが、彼自身は祖先の故地アムバーワデカルにちなんでアムバーワデと名乗っていた。しかしバラモンの恩師から自身の「姓」である「アンベードカル」を贈与され、生涯それを名乗った。[*38]ちなみにガンディーは、アンベードカルのことを長いことバラモンだと思い込んでいたという。「姓」が必要とされカースト称号にその役割を担わせる現象が進む中、E・V・ラーマスワーミがカースト称号禁止を提唱したことは、「カースト称号以外」を姓とするよう奨励したに等しく、カースト出自を隠したい「不可触民」個人にとっても利があった。

(4) 自尊結婚式——異カースト婚促進・男女平等・契約としての結婚

カースト廃止を目指す中で大きな障害と見なされたのが、カーストの内婚集団としての性質であった。伝統的職業から脱却しようが、カースト指標を捨てようが、婚姻関係を結ぶときにはカースト内部で婚姻相手を探すことが原則であるため、カースト所属を明らかにせざるを得ない。これがカーストを存在させる主な原因の一つとされた。そのため自尊運動は、必然的に異カースト間結婚を奨励するようになった。一九三〇年の第二回州大会（イーロード大会）は、「寺院を建てない、儀礼に金を使わない、バラモン司祭を雇わない」と決議した。そもそも異カースト間結婚の場合は、カーストごとに婚姻儀礼が異なるという問題が生じる上に、バラモン司祭も儀礼執行を拒否することが多かったため、この決議は異カースト婚を推進する上でも理にかなっていた。

バラモン司祭を呼ばず、サンスクリット語の祝詞を唱えず、極力宗教性を排した結婚儀礼は「自尊結婚式」と呼ばれた。なお、イギリス統治下のインドでは、婚姻の成立は各宗教の定める儀礼の執行によるもの（宗教婚）と、役所への婚姻届提出によるもの（特別婚）とがあった。自尊結婚式は、司祭が所定の儀礼を遂行するヒンドゥー教徒一般の婚姻儀礼から逸脱している（聖なる火の前を新郎新婦が七歩あるいは七周して婚姻を固める七歩式や、新郎が婚姻の印の首飾り（ターリー）を新婦の首に結ぶ儀式などが行われていない）という理由で、裁判で無効とされる事件が起きた。そこでE・V・ラーマスワーミは、当座は特別婚姻法に基づき婚姻手続きをするよう指示しつつ、「自尊結婚法案」を提案して自尊結婚式を合法化しようとした。※[*39]

※このときは自尊結婚法は実現しなかったが、一九六七年、非バラモン運動の流れを汲むドラヴィダ進歩連盟が、マドラス州の政権を握るとすぐにヒンドゥー婚姻法マドラス州改正法を成立させた。同法によってヒンドゥー婚姻法に7A項が追加され、証人の前で花輪や指輪や首飾りの交換をすること、あるいは当事者に理解できる言葉［つまりサン

スクリット語ではない言葉」で夫婦の誓いをすることをもって婚姻が成立すると規定され、自尊結婚式が合法になった。同法の条文はラーマスワーミが監修した。[*40]

実際に異なるカースト間で結婚した著名な例として、ニーラヴァティ（一九一三—一九八二年）とラーマスブラマニアムの結婚がある。ニーラヴァティは、父親の影響で、若い頃から『ドラヴィダ人』『共和』などの自尊運動系雑誌に親しみ、これらの雑誌に投稿するようになった。雑誌『青年』の編集長C・ムルガッパは、彼女の文章に感銘を受け、部下のラーマスブラマニアムとの結婚を勧めた。ニーラヴァティは一九三〇年に一七歳で結婚した。結婚式にはE・V・ラーマスワーミ以下、自尊運動活動家も多数参加し、盛大に行われた。バラモン司祭を呼ばなかったのはもちろん宗教儀礼も一切なく、ただ花輪を新郎新婦で交換するだけの、いわば理想的な自尊結婚式であった。[*41]

திரு. குருசாமி-குஞ்சிதம் திருமணம்.

கலப்பு மணத்தின்போது எடுக்கப்பட்ட படம்.

இடமிருந்து வலம்:—

写真６　異カースト間の自尊結婚式を報じる記事（筆者撮影）
後列左端にE・V・ラーマスワーミの姿も見える。『共和』1930年1月19日号。

自尊結婚式には、結婚の神聖性を否定して当事者男女の契約とすること、換言すれば契約の破棄（離婚）を可能にするという意図もあった。既に指摘したように、E・V・ラーマスワーミの自尊運動では、女性抑圧的慣習と不可触民制の廃止は、カースト差別／カースト制の廃止という目的を推進する両輪と位置づけられていた。寡婦殉死《サティー》禁止や寡婦再婚奨励などの改革運動は一九世紀から行われており、珍しいものではなかったが（ただし全ての改革運動が女性の地位を改善するという目的で行われたわけではない）、自尊運動の場合は、表層的に慣習を禁止するにとどまらず、その背後にある家父長制、父権主義の問題にまで切り込んだ[*42]。ラーマスワーミは、女性にのみ貞操が強制され、一夫一婦といいながら現実には女性のみが一夫を守るよう強制されている非対称性を指摘し、今世に限らず前世・来世でも繋がっている「夫婦の縁」の神聖性など虚構だとした。さらに、女性は貞節を強制されることによって思考力を奪われ、夫に隷属していることに疑問も抱けなくなっていると苦言を呈した。このような家父長的、男性優位社会が維持されてきたのは、宗教と司法の影響だけでなく、女性自身がそれを受容してきたからだと分析し、女性の思考力を涵養する教育の必要性を訴えた。同時に、男／夫／父が権威を持つ根拠は財産を独占し収入があることしかないと指摘し、女性の経済的自立を重視した[*43]。女性教育は女性が経済力を身につけられるよう職業訓練を伴うべきだとしたことは、当時のナショナリストの多くが女性教育に意義を見いだせず、せいぜい将来のインドを担う健全な青年（男子）を生み育てるための「良妻賢母」教育を発想するにとどまったことを想起すると、極めてラディカルであったと言えよう。

　ラーマスワーミによると、結婚とは、カーストの相違や宗教の違いは関係なく互いに愛し合う男女が心地よい生活を送るために結ぶ契約である。したがって何らかの原因で関係が悪化した場合は「心地よい生活」の維持が不可能になるため、男女双方に、離婚を申し出て契約を解除し新たな相手と契約（再婚）する権利があるのは理の当然であった。[*44]

伝統的な婚姻儀礼は、それ自体が家父長制とそれを下支えする女性のみの貞節を確認強化する意味を持っているとラーマスワーミは解釈した。彼は、花婿が花嫁に既婚の印であるターリーを首に結ぶ結婚式のクライマックスも、女性を夫に縛り付け隷属させる象徴的行為であるとして否定し、「夫と妻」ではなく対等な「同志」として契約を交わす結婚式を提案した。例えば、男女が花輪を互いにかけあう儀礼や、互いに相手を尊重すると宣誓する儀礼などである。そのほかには、寡婦再婚や、女性隔離の象徴であるパルダー※を使用しない結婚式なども行われた。[*45] これらに共通するのは、宗教の名の下に人間に上下関係、支配従属関係を構築することを拒否する姿勢であった。また、伝統的な儀礼の排除は、カーストごとに異なる婚姻儀礼を平準化・世俗化する意味もあり、異カースト間結婚のハードルを下げることも期待された。

※パルダーとは元来は、幕、仕切りを意味する言葉で、女性を家族以外の男性の視線から遮断する／隔離する慣習を指す。使用を停止するよう提案されたのは、花嫁が顔を覆うヴェールや男女の空間を分ける仕切り幕である。

一九二八年から一九三二年の間に自尊結婚式は約八〇〇〇件執り行われたとされるが、[*46] 実際はその大半が、「バラモン司祭抜きの儀礼」にとどまった。時折、タミル語で祝詞を唱えたとか、ターリーを結ぶ段取りを省略したとか、ガンディーやラーマスワーミの肖像画を飾った、などと誇らしげに報告されたが、ほぼ全てが同じカースト内での婚姻であった。『共和』には、チェッティヤカイコーラ（機織カースト）などのカーストヒンドゥーのみならず、ナーダール、ヴァッルヴァル（パライヤルの一部）、アーディドラヴィダなどが自尊結婚式を行ったとの記事があり、「不可触民」も自尊運動に参加していたとわかるが、彼ら彼女らも結局、同じカースト内で婚姻関係を結んだ。自尊運動に参加していたM・シンガーラヴェールは、異カースト間結婚を奨励してもカーストはなくならないと開陳したのを『共和』社説で批判され、異カースト間結婚の事例は二例しかなく、国勢調査では回を重ねるごとに申告されるカーストの種類が増えていると反論している。[*47] ちなみに、自尊運動に熱心に取り組んでいたナーダール（椰子酒造りカースト、第四章で詳述）は、ナーダール大協会というカースト団体を組織しており、『共和』の中で頻繁に「ナーダール・カーストの団結と発展」のために入会と会費支払い、寄付を呼びかけている。カースト廃止という自尊運動の目標とは明らかに矛盾する。ラーマスワーミが掲げる運動理念と現実がいかに乖離していたかがうかがえよう。

理念と現実の乖離は異カースト間結婚の問題にとどまらなかった。寡婦が再婚し自尊結婚式を挙げたという事例も、その実態は二八歳女性と八〇歳男性の組み合わせなどである。『共和』には現代のインドでも一般的な「お見合い広告」[※]がしばしば掲載された。その一つに初婚の男性（二七歳）が寡婦との結婚を希望するという広告があり、寡婦再婚の禁忌を破ろうとする先取の気質があるように見える。しかし、相手の女性に「一五歳以下で美しく控えめであること」と条件を付けており、対等な夫婦関係という運動理念はどこかに置き忘れたようである（女性の結婚年齢を一六歳以上にするという運動目標にも反する）。ほとんどの「お見合い広告」が自分の所属カーストに言及し、直接間接に同じカーストに属する相手を求めている。容姿端麗であること、名家出身であること、一四歳以下であること（幼児婚禁止決議を無視している）、収入など様々な条件を相手に求め、自由恋愛という理想も吹き飛んでいる。[*48] ちなみに『共和』には薬や健康食品、書籍などの広告も載っているが、なかには「お見合い相手の相性を占います」という占星術師の広告や、多妻の夫がいかに妻たちの嫉妬や不和を生まずに産児制限するか指南する書籍の広告もある。占星術は迷信否定や自由恋愛に基づく男女の対等な契約という自尊結婚観に反する。多妻に至っては論外であろう。しかしその自尊運動の理念を宣伝するための雑誌にこれらの広告が掲載されたこと自体、運動活動家の関心と運動理念との乖離を示している。

※「お見合い広告」は、結婚を望む男女（もしくはその親）が、自分のプロフィールと相手に求める条件を記載する投稿記事。現在でも毎週日曜日に新聞各紙が数ページにわたる「お見合い広告」欄を設けている。

不可触民差別問題も同様であった。前述の第二回州自尊大会（イーロード大会）は、不可触民制廃止が目標の一つであると明言し、その具体的手段の一つとして「不可触民」の寺院入場を実現することを掲げた。道路や井戸などの「世俗的」設備の使用をめぐる制約がなくなったとしても、不可触民制を正当化するヒンドゥー教を象徴する寺院での差別を根絶しなくては根本的解決にはならないと考えたためであった。この決議は、バラモンのみならず非バラモンにも、「不可触民」への差別行為を止め、あらゆる施設を「不可触民」に開放するよう求めた。それまで自尊運動を含む非バラモン運動全般が、カースト差別の責任をバラモンに帰してバラモン攻撃に集中してきたのに対して、新しく示された自尊運動の活動方針は、非バラモンにも有言実行を促したという点でより急進的であった。ただし逆に言えば、わざわざ決議として宣言しなくてはならないほど、「不可触民」差別状況に変化が見られなかったと推察できよう。

第四章　生きることと誇りをもつことの狭間で

自尊運動は不可触民制廃止を不可欠の目標の一つとし、「不可触民」も同運動に積極的に関わったが、非バラモンの大半は不可触民差別を止めず、「不可触民」が権利を主張すると抵抗した。また、「不可触民」の間でも、カーストヒンドゥーに逆らわず／逆らえず言うなりになるケースも見られた。「不可触民」の中にも、理想主義に走るエリートと、日々の暮らしに精一杯の民衆の分断があったといえる。ただしその民衆も、生活とは直接関係のない、しかし人間として生きるために不可欠の尊厳を求めて立ち上がることもあった。

1　土下座を拒否するパライヤル

一九二一年五月一六日、トリチノポリ県ヴァダッカルール村で、カヴァライ・カースト（アーンドラ地方の商業カーストであるバリジャのうち、タミル地方に移住定着した人びと）[*1]のペダイ・アンマルなる人物が死亡した。死者が出ると、「不可触民」のパライヤルが太鼓を叩いて村中に触れ回ることになっていた。村落社会では「不可触民」は、農業労働などの経済活動に加えて、村の下役として様々な雑務を担ってきた。一連の葬送儀礼の要所で太鼓を叩き、死者が土葬の慣習をもつカーストに属する場合は墓穴を掘るなど、死（ケガレ）に関わる雑務もその一環であった。このようなカーストに付随する伝統的職務を遂行することによって、パライヤルは、喪主とその親族から報酬を受け取った。[*2] その際パライヤルは、慣例として、喪主以下カーストヒンドゥーにひれ伏すことになっていた。

ところがこの日は異変が起きた。葬儀の準備のため喪主の家を訪れたパライヤルが、いつものように家の主人に土下座するのを拒否したのである。トリチノポリ県では、ちょうど一九二一年頃からパライヤルの地位向上運動が高揚していた。南アルコット県チダムバラムを拠点に活動していたパライヤルのスワーミ・サハジャーナンダン（後述）が、ひれ伏すという屈辱的慣行を止めるよう指示を出し、これに呼応したパライヤルが各地でカーストヒンドゥーに対して「反抗的な態度」[*3] をとるようになり、緊張が高まっていた。カヴァライたちの逆鱗に触れたパライヤルは葬儀での役務を免ぜられ、代わりに急遽オッデー・カーストが葬儀の雑務を引き受けた。オッデーが井戸掘りや道路整備などを伝統的職務としていた（そのため植民地期には公共事業省に雇用され鉄道敷設や道路整備に従事していた）[*4] ことから推察するに、急場しのぎで墓穴掘りだけを引き受けたのであろう。この数日後、村のカーストヒンドゥーは示し合わせて、婚姻儀礼および葬送儀礼において、パライヤルには職務を与えないことを決定した。これは、パライヤルの収入源の一部を絶つことを意味していた。こうしてカーストヒンドゥーは、屈辱的な慣行を拒否した「不可触民」に制裁を科したのである。ただしその一方で、カーストヒンドゥーの地主たちは、農業労働者や小作人としてのパライヤルを雇用し続けた。[*5]

同年六月二一日、同村では地主のレッディ・カーストの二組の結婚式が予定されていた。パライヤルは花婿行列でも先触れの太鼓を叩くのが常であったが、先のカーストヒンドゥーたちの申し合わせにより役務を免じられた。レッディたちは、花婿の一人が近隣のアディユール村民だったことから、同村のパライヤルに雑務を担わせる算段をつけた。ヴァダッカルール村のパライヤルは、アディユール村のパライヤルが雑務を引き受けたことに憤慨し、彼らが花婿行列に参加するのであれば力でもって阻止すると脅迫する手紙を何通も出した（途中でカーストヒンドゥーに奪われ相手方には届かなかった）。六月二五日、アディユール村の花婿一行が、村長と同村のパライヤルの太鼓叩き三人を伴ってヴァダッカルール村に向けて出発した。その途上で、ヴァダッカルール村のパライヤルが集結し、花婿一行を取り囲んだ。ヴァダッカルール村のパライヤルはアディユール村のパライヤルが鳴らしていた太鼓を奪って、抗議の意図を象徴的に示した。一連の抗議行動では、ヴェッティ veṭṭi（村の下働き）の役務についていたパライヤルが中心的な役割を担った。

　治安悪化を危惧したヴァダッカルールの村長は、結婚式への警察の出動警戒を要請するために、ペラムバルール駐在治安判事補※と警察に宛てて状況報告書を作成し、真夜中にタライヤーリ Taḻaiyāri（村警護役）のヴェーラムダンを呼びつけて、治安判事補に書簡を届けるよう命じた。しかしヴェーラムダンは手紙を届けなかった。タライヤーリとは、見回りのほかに村に訪問客が会った場合の世話などの雑務を担う村の下役の一つで、主にパライヤルなど「不可触民」から選ばれてきた。ヴェーラムダン自身もパライヤルであり、報告書を握りつぶした可能性がある。そうであれば、彼なりにカーストヒンドゥーに抗議する姿勢を示したことになる。警察宛ての状況報告書も発送が遅れた。村長は、後日県長官から事情聴取を受けた際に、ヴェッティの一人は今回の抗議活動の指導者で、もう一人は見当たらず、夜も遅いので他の人に使いを頼むわけにもいかなかったと弁解した。ちなみにこの状況報告書は翌朝、結婚式に参加するため隣村から来ていたレッディ・カーストの一人が自転車で警察に届けた。村長は、パライヤルなら夜中であろうが叩き起こして雑事を命じるが、カーストヒンドゥー相手には遠慮したというわけである。

※植民地インドの地方行政は基本的に徴税と治安維持を主務とした。各州の行政単位である県の長官も正式名称は県徴税官 District Collector で、県治安判事 District Magistrate を兼務し、公文書では県治安判事 District Magistrate と記載された。各徴税区の行政官 Sub Collector も公文書では地区治安判事 Sub-Divisional Magistrate、その下の職位も治安判事補 Sub Magistrate と記載される。いずれの役職も治安維持のために警官隊出動やイベント差止命令発出などの予防措置を講じる権限を有した。

結婚式を控えた二六日午前三時、ヴァダッカルール村の不可触民居住区《パラチェーリ》方面から火が上がった。同村の不可触民居住区には、パライヤルの他にサッキリヤル（皮革加工を伝統的職業とする「不可触民」カースト）の家が五軒と家畜小屋があった。まず家畜小屋から火が上がり、周囲の家に引火した。カーストヒンドゥーが不可触民居住区に来たが、パライヤルは彼らが放火したのではないかと疑った。カーストヒンドゥーが普段は決して不可触民居住区に近づかず、用があっても人をやって「不可触民」を呼びつけるのが常であったためである。双方が揉めているうちに火は不可触民居住区の隅々まで燃え広がっていった。その後、カーストヒンドゥー居住区でも火の手があがった。こちらも不可触民居住区からの延焼なのか放火によるのか原因は不明とされた。警察隊が事件発生から一二時間もたった二六日午後三時に到着し、ようやく鎮火した。夕方にはペラムバルール治安判事補も現場に到着し、翌日早朝から現場検証を行った。不可触民居住区では、約一三〇軒あった椰子葉葺き家屋（既述のように、「不可触民」は慣行により耐久性が高い家を建てるのを禁止されていた）のほぼ全てが焼失した。カーストヒンドゥー居住区では、椰子葉葺き家屋九六軒のうち七四、レンガ家屋二三軒のうち二、倉庫五五棟のうち四〇、シヴァ寺院の山車二台が焼失した。二、三軒はパライヤルの略奪を受けたという。死者や重傷者はなく、カーストヒンドゥー二〇人とパライヤル一人が軽傷を負った。[*6]

トリチノポリ県長官U・ラーマ・ラウは、基本的に一連の「騒擾《ライオット》」の責任はパライヤルにあるとした。報告書では、カーストヒンドゥーたちが消火しようと不可触民居住区にわざわざ出向いたにもかかわらず、パライヤルが放火の疑いをかけ消火を妨害したと説明しており、パライヤルに責任を転嫁している。さらにカーストヒンドゥー居住区での出火についても、元タライヤーリのナンニというパライヤルが報復を叫び、カーストヒンドゥー居住区に放火しろと命令したと説明し、パライヤル側の責任であると断定した。カーストヒンドゥーは攻撃されるのを恐れて家に閉じこもり、火を消すこともできなかったという。ラーマ・ラウは、ヴァダッカルール村の村長と同村徴税官の不手際が被害を拡大させたと認めた。前者は既述のように状況報告書を届けるのが遅れ、後者は不可触民居住区で火事が発生した時点でパライヤルたちが救援を求めてきたにもかかわらず隣接する集落に逃げてしまった。ラウは、村長と村徴税官、そして状況報告書を握りつぶしたタライヤーリのヴェーラムダンを「厳罰に処すべきである」とした。[*7] とはいえ、報告書全体に一貫しているのは、パライヤルの反抗的態度が村の秩序を乱し「騒擾」を引き起こしたという解釈である。

この事件が示唆するものは二点ある。第一は、「不可触民」の地位向上のために指示を出す指導者的存在があり、村や郡、県を超えて呼応があったことである。土下座拒否の指令を出したパライヤルの指導者スワーミ・サハジャーナンダン（一八九〇―一九五九年）は、南アルコット県アラニで生まれ、同県ティンディヴァナムにあったアメリカン・アルコット・ミッションスクールで教育を受けた。しかし、そのキリスト教教育施設にもカースト差別的慣行が入り込み維持されていることに失望した。さらにはキリスト教に改宗するか給食代を払うかの選択を迫られ、いずれも拒否して同校を退学した。コーラル金鉱に職を得た父に伴われてコーラルに移住し、そこで精神主義に傾倒し修行道場を開いていたカラパディ・スワーミに師事した。彼からサハジャーナンダ・スワーミという名をもらったものの、ここでも他の修行者《サードゥー》から差別を受け、道場を去った。彼はこれらの差別体験を通じて「不可触民」差別問題に取り組む決意を固め、一九一六年、チダムバラム市近郊に「不可触民」児童を対象とするナンダナール教育機構を設立した。[*8] 教育機関を設置した意図は、「不可触民」が知識を獲得し、より良い職に就き、「不可触民」全体の経済的地位を上げることであった。しかしほどなく、村落社会において「不可触民」は、学識があろうが経済的に成功しようが関係なくカーストヒンドゥーに対して「敬意」を払わなくてはならず、土下座を強要されることを問題視するようになった。こうして彼は「不可触民」に向けて、土下座の慣行を止めるよう呼びかけたのである。彼が作成した土下座中止のビラは、チダムバラムの町にとどまらず、南アルコット県から県境を越えてトリチノポリ県にまで流布した。つまりビラを配る「不可触民」のネットワークが存在したことがうかがえる。ヴァダッカルール村にも、先頭に立って婚礼行列を「脅し」たり「報復を叫んで放火を命令」したパライヤルたちがいたが、彼らのような村レベルのリーダー的存在がネットワークの結節点になったと考えられる。

第二は、パライヤルが、カーストヒンドゥーへの隷属性を象徴する屈辱的な慣習を拒否しながらも、経済的にはカーストヒンドゥーに依存し続けたことである。パライヤルは、誇りのためにカーストヒンドゥーへの土下座を拒否しても、生計をたてるためには農業労働者や小作人としてカーストヒンドゥーとの雇用関係を維持しなくてはならなかった。逆に見れば、カーストヒンドゥーにとっても、経済生活を成立させるためにパライヤルを隷属的な地位に押し止め、その労働力を搾取する必要があったことを示している。村の様々な雑務にパライヤルを使役したことも搾取の一環である。村長は、パライヤルを夜間に呼びつけて手紙を届けるよう命令するのには何ら躊躇していないが、カーストヒンドゥーには遠慮したというエピソードも、「不可触民」を搾取して初めて村の行政が機能していたことを示唆している。ちなみに村長が事情聴取を受けた際に言及したヴェッティとは、村役の一つで主に火葬や埋葬など遺体処理に従事するヴェッティヤーン veṭṭiyāṉ のことで、直訳すれば「無価値な者」「愚か者」となる。[*9]「重要ではない細々とした雑務を担う人」という意味合いの役職名であったと思われるが、誰もが忌避しながらも誰かがやらなければならない諸事をパライヤルに押しつけ、それを賤視してきたことがこの蔑称に表れている。しかし同時にパライヤルにとって、タライヤーリもヴェッティヤーンもわずかとはいえ報酬が出るため、その地位につくことは一種の特権でもあった。

なお、ヴァダッカルール村のパライヤルたちは、事件が起きる前から、下役のわずかな報酬すら当てにしなくてはならない経済的従属性から少しでも脱却しようと模索していた。その一つが宅地の獲得であった。「不可触民」は一般的に、地主が所有する土地に家屋（小屋）を建て、地主の一存で土地から放逐される恐怖と隣り合わせで暮らしていた。そのため地主に従属的にならざるを得ず、妻や子どもを含む家族成員も地主一家の様々な雑務を押しつけられてきた。だからこそ彼ら彼女らは、まず宅地を所有しようとしたのである。宅地の獲得は、「不可触民」にとって、拠り所を確保し自立する第一歩であった。現実的には、土地を所有することが「不可触民」を農村に縛り付け、地主に安定的な労働力を供給することに繋がる側面もあった。それでも、地主の温情に依拠する仮の住まいではなく、自分の所有地に住むということが重要な意味をもった。ヴァダッカルール村のパライヤルたちは、地主のムットゥスワーミ・レッディに所有地の一部を宅地として譲渡してほしいと交渉を重ねていた。しかしムットゥスワーミ・レッディはこれをすげなく拒否したため、パライヤルたちは「特に彼に対して怨恨を抱いていた」という。今回の火災で不可触民居住区の家を失ったパライヤルたちは、同じ場所で家屋を再建する代わりに、ムットゥスワーミ・レッディが譲渡を拒否した件の所有地を占拠し、そこに小屋を建てて住み着いた。[*10] こうしてパライヤルはカーストヒンドゥーに対抗し、挫折しても新たな対抗策を生み出して、抗議し続けたのである。

トリチノポリ県では、翌一九二二年二月にも「不可触民」の土下座拒否を契機とする暴動が起きた。[*11] 同県長官は、事態を沈静化するために、「不可触民」に宅地および耕作地を配分したが、この土下座拒否運動はしばらく続いた。ただし、運動の中心にいたのはパライヤルで、パッラルやサッキリヤルなど他の「不可触民」カーストは運動から抜けていった。[*12]

2 山車通行路をめぐる争い

土下座拒否は、「不可触民」が自分たちを取り巻く環境、立ち位置を自覚し、人間として最低限の待遇を求めた典型的事例である。しかし、「不可触民」と見なされた人々が全てこのような自覚をもち、差別の撤廃、権利獲得を目指して積極的に行動した／できたわけではない。人として生きるための基本権を獲得するための闘争は、一方で日々の生活に直結する切迫したものではないだけに、「不可触民」全体の賛同を得られるとは限らなかった。運動がカースト単位で行われた場合は特に、他の「不可触民」カーストが共感し協力することは稀であった。

次に紹介する事例は、「半不浄《ハーフポルーティング》カースト」と称されたナーダールと「その他の諸カースト」の争いである。ここではパライヤルやパッラルが奇妙な形で登場するが、それもまた村落社会に生きる「不可触民」のあり方を示している。まずは事件の主体であるナーダールについて概観しよう。

(1) ナーダールの位置づけ

ナーダールは宗教社会的位置づけが極めて難しいカーストである。伝統的職業は椰子酒造りで、第三章で登場したケーララ地方のイーラワル／ティーヤルと共通項が多い。ナーダールは、一九世紀の文献ではシャーナールという名で登場する。キリスト教宣教師のR・コールドウェルは一八四九年に『ティンネヴェリのシャーナール』という著書を発表し、「シャーナールは最下層階級の最上部、中間階級の最下部」と位置づけた。その根拠として、「牛肉食禁止、寡婦再婚禁止という点が彼らをシュードラに結びつけ、寺院に入れず裁判所に入れず、女性が上半身を衣服で覆うことができない点が彼らを下のカーストグループ［不可触民］に結びつけている」と説明している。[*13] 一八九一年の国勢調査は、「シャーナーンはパッランやパライヤよりわずかに上に過ぎない」と表現しつつ、「不浄《ポルーティング》カーストである」として、事実上「不可触民」扱いした。[*14]

一九一七年に公刊された『ティンネヴェリ県地誌』にはシャーナールの詳細な説明があり、シャーナールが長年にわたり宗教的地位上昇を試みてきたこと、地域ごとにサブカーストを形成し互いに経済状況や慣習が異なることを伝えている。シャーナールは特に一九世紀半ばから活発な地位上昇活動を展開した。一部が経済的上昇を果たし、彼らが中心となって社会的地位上昇も図るようになったのである（同地誌は、「シャーナールはいろいろ悪く言われがちだが、経済活動により社会的地位を上げてきた」と認めている）。シャーナールの中からは、井戸灌漑で荒地を耕地に変え地主になる者や、粗糖・食肉貿易で財をなす者が現れた。[*15] 特にティンネヴェリ県北部とラームナード県のシャーナールは商業活動で富裕化し、ナーダールというカースト称号を採用するようになった。彼らはクシャトリヤ所属を主張して、まず衣服に関するカースト規制を破って女性が上半身を覆うようになった。さらに寡婦の再婚を禁じ、牛肉食・飲酒を止め、他のシャーナールとの差別化を図った。しかしそれでもナーダールとシャーナールは同一視され、カーストヒンドゥーからは周囲に穢れを与える存在と見なされ続けた。[*16]

シャーナールは、上位カーストの慣習の模倣という「自己改革」的な常套手段に加えて、より直接的に既存秩序に挑戦するようになった。一八七四年、シャーナールは、古都マドゥライの古刹であるミーナークシ寺院の境内に入る権利を求めて訴訟を起こした。一八八五年には、ティンネヴェリ県のある村において、カーストヒンドゥーの居住区で祭列を組もうとして小競り合いになった。一八九五年、同県カルグマライで、村の寺院の管財人も務める地域の大地主が行政にかけ合って、シャーナールの祭列が寺院を囲む山車通りを通行するのを差し止める臨時行政命令を引き出した。これに反発したシャーナールは、集団でカトリックに改宗した。また宣教団が山車通りに面した店舗を購入してカトリックの礼拝堂に改築し、カーストヒンドゥーの祭列がこの礼拝堂前を通過しようとすると投石して妨害した。地主の補佐を務めるバラモンがその場を収めようとしたが、屁理屈を述べてシャーナールたちの神経を逆なでし、その場で殺害されてしまった。これが暴動に発展し、礼拝堂は放火され、シャーナールの居住区が略奪された。この暴動で、さらに地主補佐の付き人二名とシャーナール七名が死亡した。[*17] これらの事例はいずれも、シャーナールが上位カーストと同様に公共の場を使用することによって、上位カーストと同等の地位にあると認めさせようとするものであった。シャーナールは各地で類似の行動をとった。時には経済力を活かして裁判に訴えた。しかしそれが他のカーストの妬みを招くという悪循環に陥った。一九三二年、山車通行路をめぐって起きた事件はその典型である。

(2) 事件の発端

事件の舞台は、マドラス州最南部に位置するティンネヴェリ県サンカラナイナールコーイル郡チンタマニ村である。同村長の説明によると、「村には約一〇〇〇戸の家があり、うち一〇〇戸がバラモン、残りはヴェッラーラ、ナーイッカル、油絞り、ドーッティヤン(牛飼い)、イーラワ、シャーナーン、パッラ、パライヤ、サッキリヤが居住する。シャーナーンは二〇〇戸である」[※*18]。バラモン人口が多く南インドのバラモン人口比を大きく上回るが、それはこの村がヒンドゥー王権（カーナティックのナワーブ政権）からバラモンに寄進された土地を中心に発達してきたことに起因する。

※村長は同地域における序列認識に従ってカースト名を列挙した。バラモンについてはカースト（ジャーティ）名を挙げず、「バラモン」とだけ言及している。油絞りだけは職業名をそのまま用いている。シャーナーンというカースト名はシャーナーン（シャーナール）自身の要請により使用が禁止され、公文書ではナーダールと表記することになっていたが、村長は旧称を使っている。ナーイッカルは主にバリジャ、カンマ、カプなどのカーストが使用する称号であるが、この地域ではそのままカースト名として使用されていた。

ナーダールたちは、マーリアンマン女神像を乗せた山車を曳いて村の目抜き通りを端から端まで通過する祭礼を三月二四日に執り行う計画を立てた。彼らはカーストヒンドゥーの妨害を警戒して、サンカラナイナールコーイル郡警部補とコーイルパッティ地区治安判事に警察の警戒出動《バンドバスト》を要請した。祭礼前日夜には県警察署長に面会して、警察出動を依頼するという念の入れようであった。ナーダールの要請を受けた警部補も、県警察署長に武装治安警察の出動を要請し、さらに祭礼前日に治安判事補に急送文書《ディスパッチ》を送り祭列への同行を指示した[*19]。一方、カーストヒンドゥー側も対抗措置を採った。チンタマニ村のバラモンが、刑事訴訟法第一四四条に基づき山車行列差止命令を発出するよう県長官に陳情した[※]。村には、山車行列をめぐって緊迫した空気が満ちていた。

※刑事訴訟法第一四四条は、治安悪化が予測される緊急事態において、県長官など治安判事としての権限を有する者が特定個人に対し特定行動の差止命令を発することができるとした。

行列予定日の午後、治安判事補のK・S・セシャイヤー、警部補ムッタイア・ムダリヤール、武装治安警察二〇名がチンタマニ村に到着した。村のバラモンたちは、高等裁判所から臨時差止命令が届くのを待っているので午後五時まで行列開始を延期するよう要求した。治安判事補セシャイヤーによると、このとき周囲には約四〇〇〇人の群衆が集まっていたという。治安判事補は、五時までに高裁命令が届かなかったら祭列の開始を妨害しないよう約束させ、行列開始を延期した。しかし結局、高裁の差止命令書が届かなかったため、村のカーストヒンドゥーの指導者たち（バラモン、ナーイッカル、ムダリヤールの各代表）[*20]は行列開始を容認し、群衆にも解散するよう促した。行列の予定ルートから人がいなくなったのを確認して、山車が動き出した。なお、ナーダールは治安判事補から参列者数を絞るよう求められて二〇人だけ山車に付き添った。

　しかし山車が一〇〇メートルほど進んで西山車通りに入ると、カーストヒンドゥーが信仰する神像を祀る仮御座所《バンダル》が道の真中に建てられており進行を阻害した。ナーイッカルが一人出てきて、北山車通りは通れないと主張した。東西南北の山車通りはバラモン用の寺院であるチョッカリンガスワーミ寺院を囲む通りだが、北山車通りと西山車通りが交差する場所にナーイッカルたちの寺院であるピッライヤル寺院があり、その周囲がナーイッカルの居住区になっていた。南山車通りはバラモン居住区《アグラハーラム》にある[*21]（写真7）。急ごしらえの御座所は脇に寄せられて行列は通過したが、ピッライヤル寺院に近づくと、脇道や空き地から突如群衆が現れ、山車に向かって投石し始めた。家屋三軒と積み藁から火の手も上がった。同行していたプリアングディ村の村長（チンタマニ村の村長がナーダールとの訴訟の当事者だったため、治安判事補らから同行を依頼されていた）や警察官数名が負傷した。[*22]武装治安警察が発砲し「騒

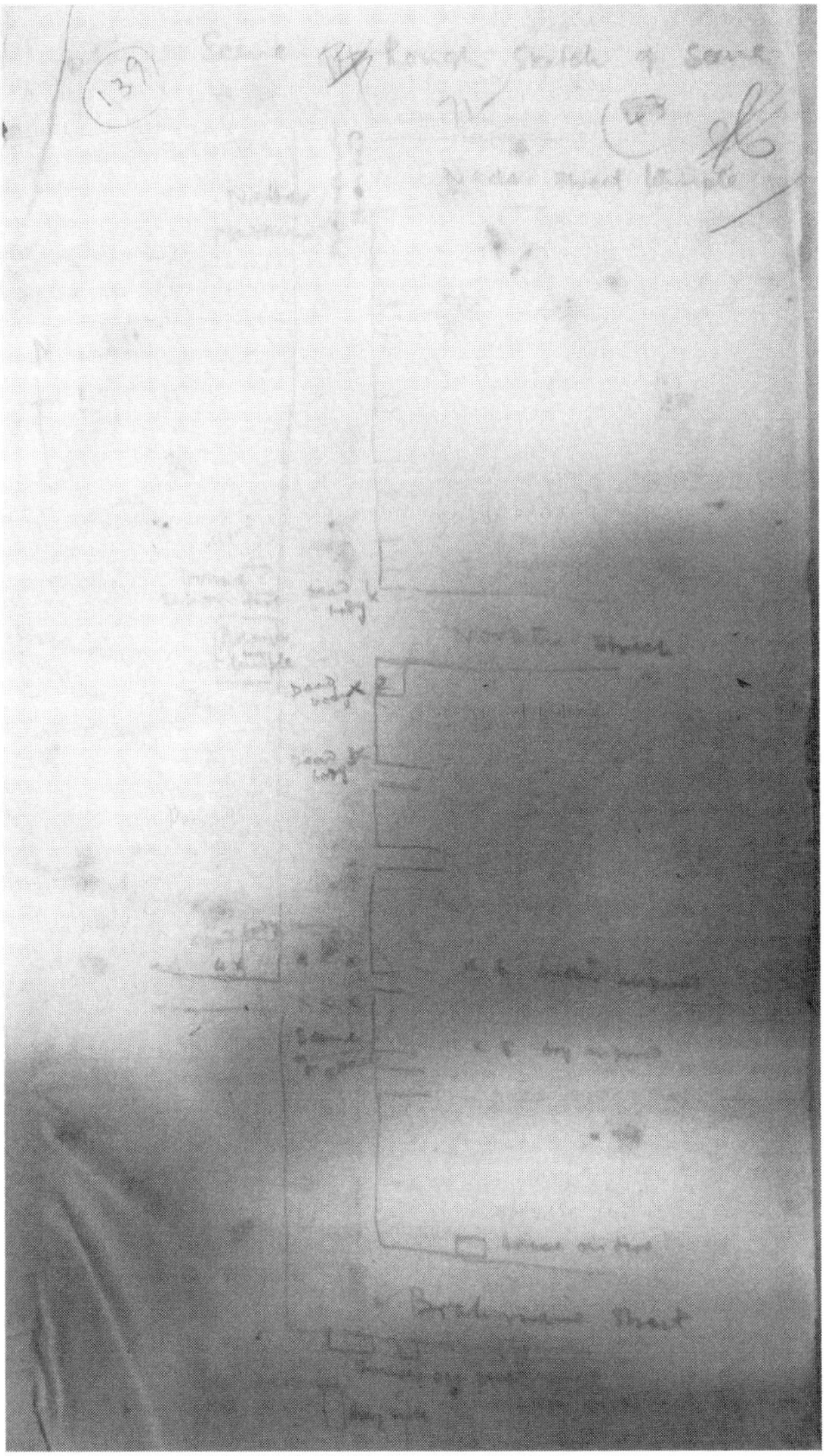

写真７　現場検証で作成された現場見取り図（筆者撮影）
×は死傷者を示し Dead body の文字も見える。

を貫徹した。

たが、翌二五日、コーイルパッティ地区治安判事が合流して同行する中、行列が再開され、予定ルート

擾」は三〇分ほどで沈静化したものの、「暴徒」五名が死亡した。[*23] 山車は損傷しその場に放置されてい

(3) 事件前段階の訴訟合戦

一連の経緯に見られるように、ナーダールが警察の出動を求めたりバラモンが裁判所に差止命令を求めたりと、当事者たちは公的機関に様々なアプローチを行っている。実はこの村では以前から、ナーダールが祭礼のために村の通りを通過する権利を求め、バラモンら他のカーストがこれを容認せず、訴訟合戦を繰り広げていた。

同村では通りごとに各カーストが集住しているため、村の通りは「ナーイッカル通り」「バラモン通り」などと呼ばれてきた。そして慣例により、ナーダールは他のカーストの通りを山車行列のために使用することが許されてこなかった。[*24] しかしイギリス植民地支配下で、同村は村議会を有する行政村《ユニオン》になり、各カースト通りを含む全ての道が「公道」になった。つまり、法律上は誰でも「他のカーストの通り」を通行しあるいは行列する権利を有することになったわけである。裕福になり教育を受けたナーダールは、自分たちの権利を理解し、神像を掲げて村の目抜き通りを行進しようとして妨害を受けた。そこで彼らは一九二九年、妨害首謀者のバラモン五名を告発し、治安判事補に対して、刑事訴訟法第一四四条に基づく措置を求めた。治安判事補はバラモン側に妨害禁止命令を発出し、ナーダール側が勝訴した。これを不服としたバラモン側が上訴したが、一九三〇年一二月、コーイルパッティ地区治安判事

は治安判事補の判決を支持し、さらにバラモン以外の各カーストの代表計三四名に対しても妨害禁止命令を出した。[*25]

憤懣やるかたないバラモンは仕切り直して、新たにティンネヴェリ下級裁判所に民事訴訟を起こした。彼らは、これまでナーダールはバラモン通りを山車行列に使用してこなかったと主張し、行列を恒久的に差し止めるよう要求した。この第一審では、結審までナーダールの山車行列がバラモン通りに入ることを制限する臨時差止命令が出された。当然ナーダールは反発し、控訴した。[*26] 一九三一年三月一〇日、ティンネヴェリ県裁判所は、「ナーダールは、これまでは自分たちの権利を行使してこなかったとしても、今後はそれを行使する権利がある」[*27]として下級審の差止命令を棄却した。宗教社会的慣行より法律上の権利が優越すると明言した判決であった。これに対しバラモンがマドラス高等裁判所に再審申立を行い、結審するまで山車行列を差し止める命令を要求した。バラモンたちはこれにとどまらず、地元の治安判事補にマドラス高裁の控訴状受理証明書を示して、判決が下るまでナーダールがバラモン居住区に入るのを禁止する臨時措置を求めた。しかし治安判事補は、高裁から実際の差止命令がなければ行列を中止する権限は自分にはないと却下した。[*28] このような錯綜した訴訟合戦があったために、ナーダールは行列当日の妨害を危惧して警察の出動を求めたのである。

バラモンたちも積極的に警察に働きかけた。行列予定前日にバラモンたちの代理弁護士でやはりバラモンのシヴァラーマ・アイヤル（父親が元上級警察官で、警察組織に伝手があった可能性がある）が、県警察署長に書簡を送り、警察法に則りナーダールの行列断行を一週間禁止してほしいと依頼した。それでも警察が動かなかったため、行列予定日の午前三時にチンタマニ村長以下バラモン八名がサンカラナイナールコーイル郡警部補に直訴し、吉祥日でもない三月二四日に山車行列を行う必然性があるのか調査するよう依頼し、当座は行列を中止させるよう訴えた。[*29] ナーダールもバラモンも、財力や人脈を駆使して様々な植民地統治機構を活用し、要求を通そうとしたのである。

(4) 宗教的慣習と基本権、「私」と「公共」

こじれにこじれた行列問題であるが、ナーダールによるマーリアンマン女神の山車行列は、実はそれまでも実施されてきた。では何が従来とは異なったのか。今回ナーダールが要求したのは、マーリアンマン女神の山車行列を、村の目抜き通りの端から端まで貫通させることである。目抜き通りの南端はバラモン居住区だったことから、山車行列はその手前で終了させるのが慣例だった。しかしナーダールは、この目抜き通りは「公道」であるのだから、自分たちも他のカーストと同様に、つまり端から端まで行列を通す権利があると主張するようになったのである。

一九三一年三月一〇日、ティンネヴェリ県裁判所の判決はナーダール側の訴えを認めた。判決文は次のように始まる。

チンタマニ村はカーストごとに区分けされている。北のアーディドラヴィダつまり不可触民通りから歩き始めると、一般に理解されている社会階層の下から上へとたどることになる。つまり、不可触民、パッラ、ナーダール、マラワル、モーッパナル、ナーイッカル、チェッティ、ピッライの各通りと来て、最後に南端のバラモン通りに至る。またカーストごとに寺院がある。マーリアンマン寺院はナーダールの祠であり、チョッカリンガスワーミ寺院はバラモンの寺院である。チンタマニ村はマドラス地方議会法のもとに編成された行政村の一部をなす。不可触民通りには村営街灯が一本もない。次のパッラの通りも同様にゼロである。次のナーダールの通りとマラワルの通りには一本ずつ街灯がある。対照的に、チョッカリンガスワーミ寺院を囲む四本の山車通りは街灯がたくさんある。バラモン通り、すなわち南山車通りだけで四本もの街灯がある。バラモンは、自分たちの居住区にある通りは私道である、もし公道だとしても記憶にないほど昔からの慣行によって下位カーストの山車行列はこの通りから排除されてきた、と主張する。この二点の理由から、バラモンは、ナーダールが自分たちの通りで山車行列を行うことを禁止する臨時命令を要求している。

県判事は以後、バラモンの主張を一つずつ論破していく。まず南山車通りは私道であるという主張について、当該道路は行政村管理下の公道であるとし、その根拠として行政村が雇用するパライヤルの清掃人が掃除していること、村管理街灯があること（八本の村管理街灯のうち四本が当該道路にあると強調）を挙げた。次に、古来の慣行により下位カーストの山車行列は南山車通りから排除されてきたという主張について、バラモンが否定しているのは南山車通りをナーダールの行列が通過する権利だけであって、ナーダールの立ち入りを一切拒否しているわけではないと確認する。その上で判事は次の判決を下した。

大人数のナーダールの行列が正統派バラモンの居住区に入ることによって、正統派バラモンの脆く繊細な心が傷つけられるか否かが争点になっている。しかし、何世代にもわたって穢れの源として扱われてきたナーダールたちの心もまた傷つけられてきたことも明白である。したがってこの線では、片方の言い分だけを通すことはできず、問題は解決しない。判断の要点は、ナーダールが南山車通りを行進する法的権利があるか否かである。既に述べたように当該通りは公道である。同通りが村の他の通りと異なる点はない。あるとすれば他の通りより街灯が多いことだけである。したがってナーダールは他のコミュニティと同等に、単独あるいは集団で行列を組んで当該通りを通行する権利を有する。彼らがこれまでこの権利を行使してこなかったという点は、本案件とは関係ない。特定階級を公道から排除する慣行を根拠とする主張は「ナーダールが日常的に通りを通行しているという事実と」矛盾する。したがって臨時差止命令の発出は不適切である。[*30]

当判決はこのように、宗教儀礼としての山車行列を「大人数での通行」に読み替えて、訴訟の争点を宗教や慣習から切り離し、基本権の問題としたことが特徴である。つまり、ナーダールは日常では問題の通りを通行しているのだから、穢れを忌避するという上位カーストの宗教的慣習の保持が問われているのではない、としたわけである。道路の公共性を、行政村が管理する街灯の有無、および公務員による維持管理（村雇用の清掃人の清掃）で判断していることは、新たな「近代的」要素といえよう。

バラモンの精神的苦痛を問題にするならばナーダールが不浄扱いされて苦痛を味わってきたことも問題としなくてはならない、と指摘している点も注目に値する。イギリス植民地政府は「宗教不干渉」原則を振りかざして、実質的にバラモンに配慮する施策をとってきた。鉄道駅休憩室や食堂などの公共施設におけるバラモンと非バラモンの隔離がその典型である。しかし本判決は、公共の場での基本権の平等を前面に押し出した。「不可触民」による他のカーストと平等な地位と権利を求める不断の運動、人権意識の高まりが判決に影響を与えたものと推測できる。

(5) 行政官と警察の「冷静な」行動

行列開始から衝突が発生し沈静化するまでの過程で目立つのが、現場にいたインド人の行政官と警察官の極めて「冷静な」、マニュアル化された行動である。治安判事補は、行列を妨害しないようバラモンに求めただけでなく、通達文を自ら作成し、群衆を前に読み上げた。その内容は、「県裁判所の命令で、ナーダールの祭列が全ての通りを通行することが許可された以上、これに不満を抱く者は法廷で修正を求めるべきである。妨害行為に及ぶ者はこれを強制的に排除し、場合によっては発砲もやむなしとする」という物々しいものであった。この発砲警告も含む通達はその場で文書化され、警部補がもう一度読み上げた上に、触れ太鼓を鳴らして村中に伝達された[*31]。警告を繰り返し、警告内容を文書として残すという一連の行為は、発砲の警告をしたという証拠を残すためであろう。南山車通りで投石を受けた際にも、攻撃を止め解散しなければ発砲すると再び警告した。それでも投石が止まなかったため発砲に至ったが、治安判事補はその場で紙切れに発砲を許可する旨を記し、その紙切れの「文書」を警部補に手渡して発令するという「冷静さ」を示した。後日、県警察署長の事情聴取を受けた警部補は、投石で負傷したプリアングディ村長の「もし発砲がなければ、警察隊は制圧され、ナーダールたちは殺されていただろう[*32]」という発言を紹介しつつ、発砲は刑法一四七条および三五二条に基づく正当防衛であると主張した[*33]。

ちなみに、治安判事補から警官隊増援と山車行列への同行を要請されていた地区治安判事は間に合わず、暴動沈静後に現場に現れた。到着するや、事実確認もなしに治安判事補を「愚か者！」「無能！」「おまえなどクビだ！」と公衆の面前で罵倒し、発砲許可を出したことを拙速と非難した。また、自分たち増派隊が到着するまで行列実施を順延するべきで、二四日に拘泥する合理的理由はなかったとした。治安判事補は、県長官の聴取において、マーリアンマン女神の山車行列は火曜日か金曜日に行われるのが慣例で、翌日に順延できるものではなかったと反論している。[*34]

最終的には、行政、警察組織は、発砲を含む対応を高く評価した。治安判事補と警部補は、極めて冷静かつ公正に任務に当たったとして州政府から表彰された。[*35] なお、治安判事補も警部補もインド人である。彼らの「冷静かつ公正」な行動は、イギリス植民地政府が反英運動を「騒擾《ライオット》」として鎮圧するときに採用してきた手段と手続きに倣っている。植民地支配体制にとって都合の悪い運動は、公共の秩序の維持という名目で、インド刑法や刑事訴訟法などの植民地法体系に則り合法的に弾圧されてきた。体制の末端を担うインド人官僚も、見事にその統治の技を継承し忠実に再現してみせたのである。なお、この技はインドが独立した後は、「不可触民」によるものを含む様々な抗議活動、反政府運動を弾圧する際に「効果」を発揮することになる。

(6)「暴徒」の計画的行動?

鎮圧された「暴徒」側も、感情の発露で暴力に走ったわけではなく、その行動には一定の計画性が垣間見える。警官隊一行は、事件当日チンタマニ村に向かう途上で武器杖《ラーティ》を持って村に向かう群衆に出くわしたという。つまり、事前に祭列のことが周辺村にも伝わっていたことを意味し、反ナーダールの人々が広く抵抗を呼びかけていた可能性もある。警官隊一行が村に入ると、ピッライヤル寺院前に棒や鉈《なた》をもった人々がひしめき合っていたという。祭列の妨害にも計画性が見られる。ナーイッカルたちは道の真中に仮御座所《パンダル》を建てて通りを塞いだ。[*36] 行列がピッラライヤル寺院に近づいたところで、一斉に投石を開始した。行列参加者は全員、物陰や小路、空き地から一斉に大群衆が現れ、山車を取り囲んで激しく投石してきたと口をそろえて証言している。投石者たちが皆、目抜き通りから見えないよう身を隠し行列が近づくのを待ち伏せしていたものと推測される。また、パチンコや投石紐で石を投げてきたという証言がいくつかあり、[*37] 攻撃するための道具をあらかじめ用意していた者もいたようである。

投石してきた群衆の人数について、発砲を命じた治安判事補は、二〇〇〇人を超えていたと証言した。北側に四〇〇人、南側に一〇〇〇人、南東の空き地に五〇〇人がいて、自分たちと山車を取り囲んで攻撃してきたという。チンタマニ村長も「群衆は三〇〇〇人はいただろう」と供述している。[*38] 数千単位が待ち伏せし一斉に攻撃したということは、指導者的な立場にある村の有力者が計画し指示を出した可能性も否定できない。

(7) 襲撃者の所属カーストと「不可触民」

しかし、いかに村社会の有力者とはいえ数千人を一方的に動員することは困難だったろう。したがって動員された側にも、ナーダールの一連の行動への反発など、なんらかの動機があったと推測される。そもそも行列のルートをめぐってナーダールと対立していたのはバラモンである。しかし事件後の報告や事情聴取の中ではバラモンたちは背後に退き、ナーイッカル、および「不可触民」カーストのパッラルやパライヤルなどに属する人々が前面に出てくる。

事件後現地に到着した地区治安判事によると、一人のパッラルが銃弾を受けて重傷だったにもかかわらず手当てされずに放置されていたという。「彼は一時間以上［強調原文］道端に放置されていた。彼は警官二人に監視され、助けを求めて呻いていた。その様子は哀れであった。人間なら彼に何らかの手当を施すべきであった。私がその場に到着してようやく警官の一人が応急措置を施し、その後村の医務官が手当てをし、病院に搬送した。その場にいた治安判事補と警部補が、苦しんでいる人を無視し関心を示さなかったことに憤りを禁じ得ない」[*39]。この証言から、行列襲撃の現場にパッラルがいたことがわかる。

次に、村長やナーダール、警察官に対する聴取において、投石した人物として名指しされた一二人の中に「アーディドラヴィダ」が五名現れる。ちなみに、襲撃を受けた側は、「村のあらゆるカーストが襲撃に参加していた」と供述している。同時にこの供述者は、「襲撃者は物陰に隠れて投石し、姿はなかなか見えなかった」とも発言している[*40]。姿が見えないのになぜ「あらゆるカーストが含まれていた」とわかるのか、ましてやなぜ人物を特定できたのか疑問が残る。名指しされた一二名を、襲撃への関与で起訴された被告のリストにある情報と照合すると次のようになる。なおマドラス州では、公文書での「不可触民」カースト名の使用が禁止され、アーディドラヴィダと表記する政令が出ているため、被告の所属カースト名も「アーディドラヴィダ」になっている。彼らがパライヤルかパッラルか、またアーディドラヴィダを自称していたのか否かは不明である。

・クッパンディ・マダン＝被告一三番、二〇歳、センダ・マダンの息子、アーディドラヴィダ、苦力《クーリー》［ちなみに彼の兄のバラル（被告四一番、三五歳、センダ・マダンの息子、アーディドラヴィダ、農民）も起訴されている］。

・ペリヤガナパティ・クドゥムバン＝被告一五番、五〇歳、カッリムトゥ・クドゥムバンの息子、アーディドラヴィダ、農民。

・チンナガナパティ・クドゥムバン＝被告一四番、四〇歳、カッリムトゥ・クドゥムバンの息子、アーディドラヴィダ、農民。

・ヴェールー＝被告七番、二〇歳、パライ・ワディアーの息子、別名サミュエル、クリスチャンのアーディドラヴィダ、耕作者。

・モッタイ・クドゥムバン＝被告六番、二五歳、ラーマン・クドゥムバンの息子、農民［彼はカースト所属が記載されていないが、アーディドラヴィダと推測される］。

　そのほかに名前が上がったのは次の七名である。

・スダライ＝被告一七番、五五歳、ヴェッライヤンの息子、ドービー、洗濯人。

・ポダ・ナーイッカル＝被告三番、二五歳、チンナヴァ・ナーイッカルの息子、ナーイッカル、商人［あるいは被告一一番、五一歳、アルナーチャラ・ナーイッケンの息子、ナーイッカル、商人］。

・レンガ・ナーイッカル＝被告一二番、四六歳、ガンガ・ナーイッケンの息子、農民。

・パーンディア・ナーイッカル＝被告九番、三六歳［彼は長鎌《アルヴァール》を片手に、複数の子どもや子分を侍らせ投石していたとの目撃証言がある］[*41]。

・マダサーミ＝被告八番、二〇歳、ヴァイヤ・コラヴァ・コーナールの息子、ヤーダヴ、農民。

・ポンニア・モーパン＝被告一六番、三六歳、アルナーチャラ・モーパンの息子、セルヴァイムダリヤール、農民。

・パラッパ＝不起訴「パーンディア・ナーイッカルに付き添っていた子分の一人と推測される」。

これまで見てきたように暴動が発生するまで、アーディドラヴィダが本件に関わった痕跡は皆無である。それが急に、襲撃者として名指しされ、刑事裁判で被告人として大量に姿を見せる。起訴された四二名中一八人がアーディドラヴィダである。[*42]

　アーディドラヴィダたちは動員されたのか、それともナーダールの行為への反発から自主的に投石に参加したのか。そもそもナーダールの言動に異議を唱えて争っていたのはバラモンだったが、暴動には少なくとも表向きは関与しなかったようである。訴訟合戦の主導者の一人C・セシャ・アイヤルは、「私も他のバラモンも決して投石などの暴力で行列を妨害しようとは計画していないし関与もしていない」と発言した。[*43]行列への同行を依頼されて攻撃を受けたプリアングディ村長も、触れ太鼓による通達後、上位カーストは帰宅したと証言している。[*44]刑事裁判の被告にもバラモンは一人もいない。行列を物理的に妨害したのは主にナーイッカル・カーストの人々だったらしい。御座所を作って道を塞いだのがナーイッカルだったことは既に述べたが、投石行為を目撃され起訴されたのもナーイッカルがアーディドラヴィダと共に多い。

　なお、そのナーイッカル・カーストの中にもナーダール側を支援する者がいた。ショーライマーライ・ナーイッカルは、訴訟でナーダールに有利な証言をしたために、カースト長老会議《パンチャーヤト》※で村八分の処分を受けた。その結果彼は、洗濯屋と床屋からサービスを受けられなくなったという。[*45]

※パンチャーヤトとは「五人集会」という意味で、いわば「寄り合い」である。カースト・パンチャーヤトでは、そのカーストの成人男性有力者がカースト内の係争を調停し、カーストの慣習や規制を破った人間を処罰する。現在イン

ドで制度化されている村落パンチャーヤトとは別物で、合法組織ではない。

このショーライマーライ・ナーイッカルへの処分は、バラモン、ナーイッカル、ナーダールが人口的にはマジョリティでありながら前二者が影響力を行使してきた村社会で、バラモンやナーイッカルの意向に逆らえばどのような報復を受けるか、改めて住民たちに思い知らせたことであろう。なお、洗濯と床屋は不浄視される職業で、そのサービスを提供するカーストの宗教社会的地位も極めて低い。ティンネヴェリ県では、ヴァンナール（洗濯カースト）とアンバッタル（床屋カースト）は共に、ナーダールとパッラルの間に位置づけられていた。[*46] ナーイッカルたちは、最下層に限りなく近いこれらの下位カーストにはサービス提供を停止するよう命令する権限を有していたことになる。村八分は、ヴァンナールやアンバッタル側からすればサービスを提供できず減収することを意味した。商店での購買や茶店での喫茶などのサービスは停止されなかったことを鑑みると、この村八分は象徴的な制裁であり、より下位の立場が弱いカーストにしわ寄せが来たのである。

もっとも、村八分の決定を受けてこれらの下位カーストが「主体的」にサービス提供を取りやめた可能性も残されている。つまりバラモンやナーイッカルの命令に忍従したのではなく、ナーダールの一連の活動に反目し、自己判断で行動したという解釈になる。ナーダールは、不浄と見なされる職業や慣習から脱却することで地位を上げてきた。そのナーダールを支援する人物に「不浄」なサービスの提供を拒否することを通じて、間接的にナーダールに対して、地位上昇が他人に「不浄」を押しつけることによって成立している現実を知らしめる意図があったのではないだろうか。いずれの解釈が実情に近いのか判断する十分な証拠はない。ただし、有力な上位カーストに従属を強いられてきた「不可触民」たちは、命令されれば基本的に従わざるを得なかったであろう。上位カーストが襲撃を指示すれば襲撃に参加せざるを得ず、そして襲撃に参加した「村の全てのカースト」の身代わりとなり起訴されたのである。

(8) ナーダール内部の分裂

今回の行列のイニシアティブをとったナーダールは、弁護士のマニッカヴァサーガ・ナーダールと、パルヴァンナ・ナーダール、パッタムットゥ・ナーダールの三人である。マーリアンマン寺院の祭礼は通常はタミル暦プラッタージ月（九月半ばから一〇月半ば）に行われるが、今回はその慣例に反して三月に断行された。[*47] チンタマニ村長は、今回のナーダールの行列は新しい創作物である、と発言しているが、これは単に行列が従来のルートを延長することのみならず、慣例とは異なる時期に断行されるという点で、宗教儀礼ではなく新たな世俗イベントであると指摘するものであった。行列日に集まった群衆も、この行列は新しく創られたものであり、どんな犠牲を払っても認めないと叫んだ。[*48]

ナーダールの中にも、バラモン居住区通行を主張するグループと、それに反対あるいは躊躇する人々がいた。前者に属するマニッカヴァサーガ・ナーダールは、「一九二八年までは、マーリアンマン寺院の祭列は一年おきにプラッタージの月に行っていた。しかし我々の間で分裂があり、今年は三月二四日に実施することになった」と説明している。[*49]

既に言及したように、チンタマニ村では、ナーダールたちは普段はバラモン居住区の通りも自由に通行するようになっていた。それにもかかわらず宗教儀礼となると、とたんに通行を禁じられた。日常生活では制約が軽減されたことで妥協するか、あらゆる場面での権利の平等を求めて徹底的に抵抗するか、という立場の違いが、ナーダールたちを分断したのである。ちなみにマニッカヴァサーガ・ナーダール自身はクリスチャンで、マーリアンマン寺院とは関わりがなかったが、宗教の場における差別は日常的には消失したかに見える差別の顕在化であると考え、ヒンドゥー教徒のナーダールたちのために訴訟代理を引き受けていた。彼の言を借りれば、「私とその仲間にとって、マーリアンマン女神の山車行列が南山車通りとその他の公道を通行することにこそ意味があった」のである。

(9) 事件関係者の刑事裁判

襲撃に関与した者のうち四二名が起訴されたが、発砲し犠牲者を出した警察と行政側は罪に問われなかった。それどころか冷静な行動を評価され表彰されたのは既に述べた。しかし、発砲が正当化されるほどの激しい襲撃であったかについては関係者からも疑問の声があった。行列に同行したチンタマニ村長のR・シャンカラナーラーヤナ・アイヤルは、「ナーダールに対抗する集団の中に銃や長鎌のような危険な武器を所持する者はいなかった」と証言しており、少なくとも襲撃では殺傷能力の高い武器は使用されなかったらしい（彼は反ナーダールの急先鋒なので注意が必要だが）。また、撃たれて死亡した四人は、投石の現場に偶然居合わせて巻き込まれた可能性が高い。例えばシャンカラリンガム・チェッティは、自宅近くの家屋から火の手が上がったのに驚き延焼を防ごうと屋根の上に登ったところを撃たれたという。ほかの犠牲者には一〇歳と一二歳の子どもも含まれた。また、集まっていた群衆には周辺村の人々も含まれており、「ナーダールの行列がバラモン通りを通過するという一大スペクタクルを目撃するために来た」という[*50]。実際、負傷して入院していたピラマナヤガム・ムダリヤールなる人物は、

「騒動」を見学しようと村に入ったときに流れ弾に当たったと説明している。[51]「できる限り投石している人間を狙って撃つよう指示した」[52]と警察は主張するが、死傷者には流れ弾に当たった例が多い。スッバイヤ・ナーイッケンという一〇歳の少年は、自宅にこもっていたが銃声が聞こえて怖くなり別の家に逃げようとしたところを撃たれたと訴えている。[53]

被告側弁護士は、被告たちは寺院近くで発生した火災を見るために集まったに過ぎず行列の進行を妨害する意図はなかったが、そこでナーダールに遭遇して衝突に発展したと主張した。裁判官は、行列を妨害する意図があれば行列進行方向の南から投石があったはずだが、投石は北方向から始まり、死者も山車の北側に集中しているとして、弁護士の主張を一部認めた。また、加害者の特定について、ナーダールが一連の対立の当事者であるがゆえにナーダールの証言は「全く信憑性がない」と切り捨てた。警察の証言についても、「彼らが私心に偏っているとする理由はない」と言いながら、当事者の警察官たちが現場検証に参加しなかったことなどを挙げて、警察への不信感を露わにした。

結局、襲撃に関わったとされる被疑者四二名全員が、加害者の特定に疑問の余地ありという理由で無罪になった。[54] 政府とナーダールにとっては衝撃の判決であった。ティンネヴェリ県警察署長、および同県長官も、この判決に憤慨した。前者は、「判決は全く事実に基づいておらず」、本来であれば検察側に有利に働くはずの証言を被告に有利になるように曲解し悪用していると批判した。特に、群衆に行列妨害の意図がなかったという見解に対して、攻撃を受けた全員が全方角から投石があったと証言していることを改めて指摘した上で、負傷した被告と死者の全員が背面ではなく正面に銃創があることを挙げ「被告たちが行列を攻撃しようと向かってきたことを示す証拠である」と主張した。彼はまた、村の全てのカーストがナーダールの行列に反対している状況下で、裁判官がナーダールは信頼できないと法廷で発言したことは、マジョリティの傍若無人な振る舞いを容認し、マイノリティの安全を脅かす結果を招く、との懸念を示した（この意見を述べた県警察署長は、シャリフ・ムハンマド・アリーというインド人ムスリムである）[*55]。県警察署長と県長官はマドラス高等裁判所に控訴すべきだと主張したが、マドラス州政府は慎重に検討した末、これを却下した。

3　貯水池漁業権をめぐる争い

ナーダールは政府報告書に頻出する。彼らが宗教社会的地位を上げるために様々な活動を展開し、とりわけ経済力を背景に頻繁に訴訟を起こして地域社会の羨望交じりの反感を招いたためでもある。前節で分析してきた事例と同じティンネヴェリ県シャンカラナイナールコーイル郡のペルマールパッティ村では、一九二〇年代からナーダールとマラワル・カースト[※]が対立してきた。原因の一つは村にある貯水池と水路の漁業権である。なおペルマールパッティ村は全域が一人の地主（シヴァギリのザミーンダール[※※]）に所有され、人口は一九三一年国勢調査時点で二四一〇人、ほぼマラワルとナーダールが占め、それぞれペルマールパッティ集落とマーングディ集落に棲み分けていた[*56]。南インドの村落では通常、貯水池の管理（汚泥の処理など）は「不可触民」の伝統的職務とされてきた。ナーダールとマラワルしかいないこの村では、ナーダールがその任に当たり、役得として貯水池に生息する魚を捕る権利を得ていた。

※マラワルは大半が小作人として農業に従事する。しかし一九〇一年国勢調査では、マラワルは家畜泥棒で、実に巧妙に去勢牛を盗み家畜市で売却する、一八九九年のある報告によるとティンネヴェリ県人口比一〇パーセントながら過去五年間で検挙された盗賊《ダコイト》の七〇パーセントを占めた、などと説明されている。犯罪トライブ法（一八七一年制定、マドラス州には一九一一年以降適用）により「犯罪カースト」（生得的に犯罪の素質があると見なされ監視対象になる）に指定された。カースト称号としてテーヴァルを使用し、現在ではテーヴァル・カーストと呼ばれる。

※※シヴァギリのザミーンダール（土地所有者の意味）は、ティンネヴェリ県シヴァギリを拠点に同県内に一〇〇村近くを所有し、一八七七年時点で約三一七平方キロメートルの土地、住民約五万人を支配していた領主的存在である。その起源をたどると、マドゥライ・ナーヤカ政権（ヴィジャヤナガル王国から一六世紀に知行地を与えられた武将《ナーヤカ》が次第に独立していった各種ナーヤカ政権の一つで、マドゥライを拠点に一八世紀まで存続）に貢納し軍事力を提供した、パーライヤッカーラン（ポリガール）と呼ばれる地域支配者であった。一八世紀末から一九世紀初頭にタミル地方南部のポリガールたちが次々とイギリスに対して武装蜂起し、鎮圧後はその多くが所領を没収されたが、イギリスに協力し納税義務を怠らなかったポリガールは藩王や大地主（ザミーンダール）として旧領地を維持した。ザミーンダール所有地は、ザミーンダールが納税義務を負った（ザミーンダーリー制）。ちなみに南インドでは、農民が納税義務を負うライヤットワーリー制が一般的であった。[*57]

ペルマールパッティ村のナーダールとマラワルの対立は一九二四年以降深刻化した。一九三一年から一時沈静化していたが、一九三八年三月、マラワルの少年数人が水路で魚を釣っているところをナーダールに見咎められ追い払われたことから対立が再燃した。マラワルが先手を打ち、貯水池および水路で魚を捕るのをナーダールが妨害しないよう、刑事訴訟法一四四条に則った措置を求めた。地区治安判事のG・スッバ・レッディはマラワルだけに聴取し、貯水池および水路での魚の取り分をマラワルとナーダールとで七対六と決定してしまった。ナーダールは当然ながらこれを不服とした。ティネヴェリ県長官の報告によると、貯水池の魚の取り分については確かにマラワルとナーダールとで七対六とする記録があるが、水路については、マラワルに取り分があるという論拠は何もなかった。しかし、マラワルたちにも言い分があり、ナーダールが貯水池と水路を管理補修するという伝統的職務を一九三一年以降果たしておらず、同村所有者《ザミーンダール》からも補修するよう再三促されてきたにもかかわらず放置した。職務を放棄したナーダールは役得も辞退すべきだというのがマラワルの主張であった。争いはマドラス高等裁判所に持ち越された。

高裁での審理が続く間、ナーダールは、マラワルから嫌がらせ、脅迫、暴行を受けたと各方面に訴えた。警察も地区治安判事宛てにマラワル数名の告訴状を提出したが、地区治安判事はこれを無視した。一方マラワルは四月二九日、警部補立ち会いの下、貯水池と水路の両方の漁業権を競売にかけた。ナーダールは、この競売に参加すれば地区治安判事の判決を受諾したと解釈されてしまうのではないかと懸念した。そこで競売にはあえて参加せず、代わりに、自分たちが漁業権を放棄していないと示すために、貯水池で魚を釣るパフォーマンスを行った。これはあくまでパフォーマンスで、高等裁判所の判決が出るまで魚は捕らないという宣誓を守って実際には魚を捕らなかったのだが、マラワルはナーダールを窃盗の罪で訴えた。治安判事補の下で新たに刑事裁判が始まり、争いは加熱した。マーングディ集落のナーダールは法廷に通うのに必ずペルマールパッティ集落を通過しなくてはならず、そこでマラワルから嫌がらせや暴行を受けた。この裁判ではナーダールが無罪を勝ち取ったが、マラワルは反発し、関係はさらに悪化した。[*58]

そしてついに九月二八日、両カーストが衝突し死傷者を出す事態に至った。マラワルが二人、貯水池のペルマールパッティ集落側の岸辺で羊を放牧していたところ、一〇名ほどのナーダールが対岸のマーングディ集落側に潜んで待ち伏せしていて（とマラワルは主張した）羊を奪った。マラワルは応援を得てナーダールを追いかけた。石を投げ合う騒ぎになったが、ナーダールは長鎌《アルヴァル》や槍を所持しており、四名は地元のアーサーリ（金属加工カースト）が作った密造銃まで持ち出した。ナーダールはマラワル二名を取り囲み、長鎌で襲った。一人は切りつけられ、もう一人は至近距離から撃たれた。二人を助けようとした他のマラワルたちも攻撃され、さらに二名が頭部を撃たれた。ナーダールは、撃たれた三人の遺体を持ち去り逃亡した。警察官が現地に急行すると、ナーダール一人とマラワル二人が倒れていた。まだ発砲音も聞こえた。続けて到着した巡査長は、引きずられた遺体二体と首を切り落とされた遺体三体が綿畑の中にあるのを見つけた。さらに離れたところにナーダールの遺体があった。巡査長の要請ですぐに武装治安警察が派遣され、同日中に事態は沈静化した。翌日、県警察署長が負傷者に聴取した。首を切り落とされた三人の頭部はなかなか発見されなかった。事件直後二か所に埋められ、その日のうちに掘り起こされてラームナード県にまで運ばれ、再び埋められたという情報もあった。最初に埋められたとされる場所からは実際、頭髪らしきものが発見された。県警察署長は、ナーダールが銃で撃ったことを隠蔽しようと遺体の頭部を破損したと推測した。最終的に死者は七名に達した。ナーダール一七名と銃を密造したアーサーリが起訴され、セッションズ裁判（刑事裁判の下級審）で三名が死刑、その他は二年から七年の禁固刑を言い渡された。[*59]

　事件発生直後から裁判の結審までの間、ティンネヴェリ県長官のＶ・ラーマクリシュナは、マラワルとナーダールがともに「コミュナル［カースト］意識が強く執念深く残忍」なので、いつ何時トラブルが誘発されるかわからないと、警察隊駐留の必要性を訴えた。ちなみにＶ・ラーマクリシュナは両カーストに対して極めて批判的で、書簡や報告書で「コミュナル意識が強く執念深く残忍」という表現を繰り返し、「彼らは法を遵守する意思を微塵も持たず、特に動機がなくても気軽に犯罪に走る。両コミュニティの裕福なメンバーは裏で物事を操り、処罰からはうまく逃げる。彼らは自分の懐が影響を受けない限り、自分の罪を自覚しない」と偏見を露わにした。[*60] 事件の報告を受けた時のマドラス州首相ラージャゴーパーラーチャーリは、「ナーダールは一貫して、金にものを言わせてマラワルを圧倒する様々な手段を駆使し、暴力も用いて攻撃した。また、警察をうまく動かして行動している」とナーダールを集中的に非難した。[*61] これにマドラス州警察長官のセイヤー（イギリス人）が反論し、「マラワルはトラブルを好む。警察が助力しようとしても拒否し、敵対勢力を起訴することさえ拒む。自分の腕一本で目的を果たすことを是とし、法的手段をとるのを軽蔑する」とし、警察は両カーストに公平に対処したが、マラワルの方が警察に頼ろうとしなかったと説明した。[*62] ナーダールは司法を活用する傾向が強く、それにマラワルが十分に対処できず鬱屈した思いを抱えていたことがうかがえる。

行政はこのように、各カーストの特徴や性向を偏見と先入観を交えて論じる一方、紛争の原因である貯水池および水路の漁業権と維持管理の問題については等閑視した。この姿勢は、イギリス人であろうがインド人であろうが基本的に同じであった。貯水池などの村の共用施設は、管理と使用権が慣行で規定されてきたため、何らかのトラブルが発生し利害関係者が陳情や訴訟を起こさない限り、行政、司法は関与しなかった。煩雑な手続きや費用負担が生じる近代司法制度においては、制度に通じた法曹関係者が存在しかつ経済的余裕があるコミュニティでないと、裁判で争うのは不利であった。ナーダールは経済力をつけ、加えてミッションスクールなどで西欧的学問を修める人材が育成されてきたため、限りなく下層に近い地位にありながら、裁判に訴えて権利を主張してきた。それだけに他コミュニティからの嫉妬を集めた。とりわけナーダールが「不可触民」から「半不浄カースト」にのし上がってきただけに、上位カーストだけでなく下位カーストの羨望交じりの嫉妬の対象になった。地域社会でナーダールと他コミュニティとの間で摩擦が生じた際に、ナーダールと同様の差別に苦しんでいたはずのパライヤルやパッラルが、「差別体験を共有するコミュニティ」として共闘せず、逆に強制であれ自発的であれカーストヒンドゥー側についたのには、このような感情が働いていたのかもしれない。

被差別体験を共有するコミュニティとしての共感、連帯が困難であった背景には、植民地政府が宗教やカーストなど集団単位で住民を把握し統治したことに起因する自集団意識の強化、そしてそれと表裏一体の他集団との差異化がある。インド人植民地官僚の「各カーストの特徴や性向」に関する見解は、イギリス人が各種調査報告で繰り返した言説を再生産している。インド社会の中に存在する様々な関係性や重層性は捨象されてカーストがクローズアップされ、他カーストへの偏見と先入観が増幅されていく。差別体験を共有する人々の連帯を唱えたはずの非バラモン運動も、カーストの廃絶を目指したはずの自尊運動でさえも、それぞれの参加者は現実にはカーストを単位とした日常生活を維持し続けた。自分が所属するカーストより下位のカーストが人間としての権利と尊厳を主張することを、自カーストの既得権益の侵害、社会的地位への挑戦と見なして容認しようとしなかった。イギリス人の統治方針とそれへのインド人の呼応により再編・序列化されたカースト制では、最上位から最下位まで全てのカーストが、「自分より下位」のカーストを差異化し抑圧することにより自己の地位を維持するという経験を有した。その無限の差別の連鎖が被差別体験を共有する者の連帯を阻んだのである。

ただしその一方で、カースト制度の最下層の人々の間には、不可触性による差別は、バラモンが有力商業カーストのチェッティや地主カーストのレッディなどから自己を峻別するのとは異質であるという意識が生じていた。一九世紀以来涵養されてきたインドの先住民としての「不可触民」という自己認識、アーディドラヴィダ意識は、そのような「不可触民」諸カーストが連帯する可能性を秘めていた。一九三〇年代は、集団／コミュニティとしての「不可触民」という主張がインド政治の場で前面に押し出され、その実態が問われた時代であった。次章では、政治の場での「不可触民」としての闘いを見てみよう。

第五章　政治の場で訴える
――「不可触民」とサイモン委員会

1　サイモン委員会をめぐる混乱

一九二〇年代後半、「不可触民」として差別抑圧されてきた人々にとって大きな政治的転機が訪れた。インド統治法改正（憲政改革）をめぐる議論の場で意見を表明する機会が訪れたのである。これは「不可触民」として団結し共通の要求を訴える好機でもあった。

一九一九年インド統治法は、一〇年後にその内容を検証し改正することになっていた。本来の予定より早い二七年一一月、本国イギリスにおいて、インド憲政改革委員会（通称サイモン委員会）が組織され、統治法の施行実態を検証すべくインドに派遣されることになった。当時政権の座にあった保守党は、次期選挙で労働党が勝利してインド人への自治権委譲に積極的な流れが形成されるのを恐れ、保守党が政権を握っているうちに統治法を改正しようと目論んだのである。

インドでは会議派のみならず多くの政治組織が、サイモン委員会に強く反発した。まず、インドの将来を検討する同委員会のメンバー七人が全員イギリス人であり、インド人が一人も含まれていないことが、インド人の自尊心を傷つけた。しかも、委員会の目的は「インド人にどの程度政治的権限を委譲するべきか、あるいは制限するべきか、そもそも権限委譲は望ましいのか否か」を調査することとされ、インド人の統治能力を疑問視する侮辱的な内容だった。[*1] 会議派は、一九二七年一二月のマドラス大会において、サイモン委員会の調査・諮問には協力せず完全独立を目指すと決議した。実は、会議派が公式に完全独立を目標に掲げたのはこれが初めてである。それまでの穏健派長老やガンディーの建設的プログラムに満足できなくなっていたジャワーハルラール・ネルー（一八八九―一九六四年、のち初代インド首相）や、スバース・チャンドラ・ボース（一八九七―一九四五年、のち自由インド仮政府首班）を筆頭とする若手急進派が、マドラス大会の進行を主導した結果であった。ガンディーは同大会を欠席しており、あとで完全独立決議を実行不可能な机上の空論であると批判した。

サイモン委員会メンバーが一九二八年二月にインドに到着すると、会議派メンバーが主導するボイコット運動が各地で展開された。ただし、マドラス州の会議派幹部の胸中は複雑であった。これまでも正義党に政治的権力を掌握され、非バラモンに有利な法律や政令が発出されるのを傍観せざるを得なかったためである。サイモン委員会ボイコット運動はマドラス州においては控えめで、ボイコットに賛成するメンバーが反サイモン委員会集会を開催しても、参加者は少なく寂しいものであった。[*2] ボイコット派であったS・シュリーニヴァーサ・アイヤンガールは、地元会議派の「情けない態度」を批判し、会議派を「浄化し再組織する必要」があると叱咤した。会議派の目標は完全な民族独立であり政治的権力をちまちまと委譲してもらうことではないとし、家々を一軒ずつまわって「私は良き国民として全力をかけてサイモン委員会とは一切関わらないよう努力すると誓います」という誓約書に署名させるべきだ、などと訴えた。なお彼は、不可触民差別や女性抑圧などの社会問題を解決しない限り独立するべきではないという意見を不条理だとし、政治的に独立すれば社会問題も自然と解消するという持論を展開した。[*3] これはガンディーの方針、すなわち、インド社会が抱える様々な問題を解決しないままでは政治的に独立しても真に独立したことにならないとして不可触民制廃止を訴えていたのを否定するものであった。

サイモン委員会任命へのインド人の反発に接して、インド担当大臣のバーケンヘッドは「インド人自身の手で、インドの全ての人びとが賛成できるような憲政改革案を作ってみろ」と挑発的な発言をした。この挑戦を受けて立ったインド側は、様々な集団や政治思想、社会経済的立場を代弁する諸政党全てが納得できる憲法案を作らざるを得なくなった。一九二八年二月から、主な政党や組織、指導者の合同会議が何度も開かれ、モーティーラール・ネルー（ジャワーハルラール・ネルーの父）を委員長とする全政党委員会が憲法草案を作成することになった。

一九二八年八月に完成した憲法草案（通称ネルー報告）は、多様な立場や宗教コミュニティ間の駆け引きと妥協の産物であった。まず、完全独立ではなくイギリス連邦内の自治領の地位を要求するにとどまり、完全独立を求めていた急進派には納得しがたかった。地域言語の重要性を謳い地方自治を強調し連邦制を採択しながら、中央政府に権力を集中させた。「国教」は設けないとして一部のヒンドゥー教徒に不満を残す一方で、全ての市民に基本権を保障すれば宗教マイノリティや被抑圧階級に特別保護措置を講ずる必要はないとして、ムスリムやクリスチャン、「不可触民」の神経を逆撫でした（「不可触民」を代弁する人や団体はそもそも全政党委員会に招待されていなかった）。ネルー報告で描かれた未来のインドは、宗教やカーストを政治という公の領域に持ち込むことを許さず、個人や家などの私的領域に押し込んだ。ネルー報告は総じて、インド社会に存在する格差や差別をも含む多様性を等閑視し、表面的に均質な「インド国民」の創出を目指すものであった。

会議派内部でも、ネルー報告支持者と完全独立を要求する若手急進派との対立が激しくなった。ここでガンディーが調停に入った。一九二八年末のカルカッタ大会は、まずはイギリスにネルー報告を受諾するよう要求し、要求が一年たっても実現しなかった場合に完全独立を求めて非協力運動を開始するという折衷案を採択した。

一方、多くの政治団体や集団がサイモン委員会に協力した。マドラス州では、当初はボイコットを宣言していた正義党がネルー委員会の混乱ぶりを見て方針転換し、州政権を担った政党としてサイモン委員会に具申することを決定した。会議派はこの「変節」を受けて「裏切り者」と非難した。「不可触民」の諸団体も委員会を歓迎し、諮問に応じるとしたが、会議派はこれらにも「非愛国的」「売国奴」という言葉を浴びせた。自尊運動勢力は、社会改革運動に専念するためにあえて政治団体を組織しておらず、サイモン委員会にも接触しなかったが、ボイコット運動を批判した。E・V・ラーマスワーミは、ネルー報告は多様な意見や利害の継ぎ接ぎに過ぎず無価値とし、サイモン委員会に協力したくても「売国奴」と名指しされるのを恐れている人が沢山いるが、この国を良くしたいと思うなら委員会に意見するべきだと励ました。[*4] 会議派から非難されると、『共和』一九二八年九月三〇日号社説において、「会議派は我々を非愛国的という。しかしカースト差別に苦しみ現状を憂うるタミル人がいる。現状を語らず改革の努力もせずに現実を隠蔽しようとする態度こそ非愛国的である」と反駁した。この一連の応酬は、インド憲政改革に参画するだけで会議派に「非愛国的」というレッテルを貼られたことが、いかに「不可触民」たちに精神的圧力を加えたか、そして自尊運動勢力がいかに抵抗したかを示している。

サイモン委員会は、統治法について広く意見を聴取すべく、官報に質問票を掲載し、回答を募った。これに応じて、様々な「不可触民」団体や個人が陳情書を提出し、諮問の場で心情を開陳した。陳情書の多くは、サイモン委員会が予め提示した質問項目をほぼ無視して「不可触民」の苦境を訴え、「不可触民」が立法府において一定数の議席を常時確保する必要性を主張した。自尊運動関係者も、虐げられてきた「不可触民」が特別措置なしに議会代表を得ることは不可能とし、予備選挙、留保議席、分離選挙区などを導入する必要があると主張した。各カーストがいまだにカースト別の慣習を維持し互いに上下をつける分裂状況を、独立する前に改革しなくてはならないと訴えた。[*5]

なお、これら陳情書や、サイモン委員会がマドラスを訪問した際に行った意見聴取記録から、一九二〇年代末時点のマドラス州には、様々な「不可触民」団体とその「支部」が存在したことがわかる。ただし「支部」といっても地方各地で自律的に創設され、州レベルの主要組織に「加盟」したもので、下からの組織化が進んでいたことを示している。

マドラス・アーディドラヴィダ人民協会《マハージャナサバー》には、ネガパタム県アーディドラヴィダ人民協会、トリチノポリ県アーディドラヴィダ人民協会、ニルギリ県アーディドラヴィダ人民協会、マドラス・アルンダティヤ人民協会《マハージャナサバー》などが「支部」として名を連ねた。[※]

※マドラス・アーディドラヴィダ人民協会は、一九二九年二月二六日にマドラスで開催されたサイモン委員会口頭陳述では、全インド・アーディドラヴィダ人民協会に改称したと説明している。口頭陳述の折の代表団は次の一一名で、各地に様々な「支部」があったことがうかがえる。（一）R.T. Kesavelu, Ex-MLC [Member of the Legislative Council], President,

Adi Dravida Maha Sabha, Coonoor, （二） L.C. Guruswami, MLC, Municipal Councillor, Madras, Member, Chingleput District Board, Member, Tiruvallur Taluk Board, Member, Chingleput District Educational Council, President, the Madras Arundhathi Maha Jana Sabha, （三） P.V. Subramaniam Pillai, President, the Registered All India Adi Dravida Maha Jana Sabha, （四） M.C. Madurai Pillai, Ex-MLC, Madras Municipal Councillor, Member, Chingleput Taluk and District Boards, President, Madras Adi Dravida Central Sabha, Vice President, Depressed Classes Mission Society, Kolar, （五） J. Sivashanmugam Pillai, Secretary, the Registered All India Adi Dravida Maha Jana Sabha, （六） N. Devendrudu, Ex-MLC, President, Adi Andhra Jana Sabha, Rajahmundry, （七） Kusuma Venkataramiah, Nellore, （八） S.O. Chokalingam, Ramnad, （九） T. Ponniah, Secretary, Adi Dravida Jana Sabha, Tinnevelly, （一〇） R. Thangavelu, Thiruvannamalai Municipal Councillor, North Arcot District, （一一） Venkatapathi, Vice-President, Madras Arundhathi Maha Jana Sabha.

マドラス・アーディドラヴィダ人民中央協会《マハージャナセントラルサバー》という組織も「マドラス管区の被抑圧階級代表」として陳情書を提出した。この陳情書の筆頭署名人はレッタイマライ・シュリーニヴァーサンで、以下、ドラヴィダ人民協会《マハージャナサバー》、コーインバトール県被抑圧階級協会《アソシエイション》、全インド・アルンダティヤ中央協会《セントラルサバー》、マラバール県アーディドラヴィダ人協会《ジャナサバー》などの代表が署名している。なお同陳情書には、マドラス州《マドラスプロヴィンシャル》アーディドラヴィダ中央協会《セントラルサバー》など既出の他の組織との関係性が不明な団体や、全インド被抑圧階級協会《アソシエイション》のように「全インド」を冠する組織のメンバーも名を連ねている。※単独で陳情書を提出したのは、ティンネヴェリ県のアーディドラヴィダ、チットゥール県アーディドラヴィダ協会《アソシエイション》、ネッルール県アーディアーンドラ協会《アソシエイション》などであった。

※マドラス・アーディドラヴィダ人民中央協会が提出した陳情書の署名者は次の一七名である。（一） R. Sreenivasan, MLC, （二） M.C. Madurai Pillay, Ex-MLC, Councillor, Madras Corporation, Member, Chingleput Taluk and District Boards, Ex-Honorary Presidency Magistrate, Madras, President, Madras Provincial Adi-Dravida Central Sabha and Vice President, Depressed Classes Mission

Society, Kolar,（三）V.G. Vasudevam Pillay, MRAS, Ex-Councillor, Madras Corporation and President, Dravida Mahajana Sabha,（四）R. Veerian, Ex-MLC, Editor of "The Adi-Dravida Guardian," Municipal Councillor, Coimbatore, and President, Coimbatore Depressed Classes Association,（五）N. Sivaraj, BA, BL, MLC, High Court Vakil and Professor, Law College, Madras, Member, Madras University Senate and Secondary Education Board, Madras,（六）V.I. Muniswamy Pillay, MLC, Member, Madras University Senate, Member, District Board and District Educational Council, The Nilgiris, Municipal Councillor, Ootacamund and Provincial Secretary, All-India Depressed Classes Association,（七）M.V. Gangadhara Siva, LOPS, MLC, Medical Practitioner,（八）R. Dharmalingam Pillay, Honorary Presidency Magistrate, Madras, Member, District Educational Council, Madras and Honorary Registrar of Co-operative Societies,（九）K.V. Swamy, President, Madras Provincial Adi-Andhra Association and Ex-Member, District Educational Council, East Godavary,（一〇）H.M. Jaganadhen, President, All-India Arundhadeya Central Sabha, Madras,（一一）E. Kannan, President, Malabar Adi-Dravida Jana Sabha and Member, All-India Depressed Classes Association Committee,（一二）Swamy P. Varadaraja Bhagavadar,（一三）P.V. Rajagopal Pillay, Retired Controller of Military Accounts,（一四）S. Pancharatnam Pillay,（一五）Subedar P. Veeraraghavelu Bahadur,（一六）S.A.S. Tangamuthu, South India Oppressed Classes Adi-Dravida Union,（一七）S.M. Gnanaprakasam Pillay, BA, BL, Municipal Councillor, Saidapet, Madras.

ここで注目すべきは、カースト名を冠したいわゆるカースト団体がほとんどないことである。カースト名を冠しているのは、アルンダティヤ（後述）の二団体とパッラルの一団体だけである。それ以外の多くがアーディドラヴィダ、あるいはドラヴィダを名乗っており、アーリヤ人に抵抗した先住民としての不可触民という誇りと連帯を前面に打ち出しているように見える。「被抑圧階級」という名称もカーストの枠を超える連携の可能性を想起させる。これらの諸団体が提出した各陳情書から、「不可触民」が何を問題視し、何を目的として統治法改正過程に参画したのか考察していこう。

2　不満を吐露する「不可触民」

(1)　現状／イギリス統治への不満表明

「不可触民」の陳情書の多くが、冒頭ではイギリス人による支配への謝意を表明し、その支配実現にいかに「不可触民」が貢献してきたかアピールしている。しかし同時に、「不可触民」が置かれている差別・抑圧状況を告発し、それを黙認してきたイギリス植民地政府への強い不満を表明した。例えば、「ティンネヴェリ県のアーディドラヴィダ一同」から提出された陳情書は、イギリス人植民地官僚が「不可触民」に対して「無気力で無関心で怠惰」であったとし、「イギリス統治下に入ってから一五〇年もたつにもかかわらず、我々はかろうじて動物より上、人間より明らかに下の存在のままです[*6]」と訴えた。

(2)　「不可触民」の自己認識——カースト起源論の援用

「不可触民」が現状を告発するに際しては「我々」が直面してきた差別実態を訴えるわけであるが、その「我々」の定義から「不可触民」の自己認識を推察することができる。例えば、トリチノポリ県のアーディドラヴィダは、「かつて、アーディドラヴィダは文化豊かな一つの民族を形成していました。しかし北のバラモンが我々の国に侵入し、極悪非道なカースト制を構築してしまいました[*7]」と説明している。アーディドラヴィダが「一つの民族《ネイション》」を形成していた、としている点に注目したい。というのもこの表現では、「不可触民」以外の非バラモンはドラヴィダ民族という範疇から除外されるためである。

つまり、アーリヤ人が侵略してカースト制を導入したとしながらも、その抑圧構造の犠牲となったのは「不可触民」であるとしている。

では、バラモンと「不可触民」の間に位置する非バラモンのカーストヒンドゥーはどのように位置づけられるのであろうか。この点について、マドラス・アーディドラヴィダ人民協会は、次のように説明する。

我々はドラヴィダ人でありインド最古の住民ですが、カーストにこだわる人々によって疑似宗教的な理由で社会的隷属状態に置かれています。カーストにこだわる人々とは、インドへの侵入者、および侵入者とドラヴィダ人の混血のことです。この地には階級は二つしかありません。一つはカーストヒンドゥー階級で、もう一つは我々が属する非カースト階級です。[*8]

「インドへの侵入者」はアーリヤ人すなわちバラモンであり、「侵略者とドラヴィダ人の混血」はバラモンと「不可触民」の中間に位置する非バラモンを指す。そして、非バラモンは「カーストにこだわり」、古代ドラヴィダ文明の平等の精神を忘れて不可触民を差別している、と告発しているのである。非バラモン／ドラヴィダ運動の論理は、バラモン／アーリヤ人と非バラモン／ドラヴィダ人の分断を強調するが、この陳情書は、ヴァルナ（カースト）に属する人々すなわちカーストヒンドゥーと、ヴァルナ外（アヴァルナ、アウトカースト。非バラモンにかけて「非カースト」と表現している）の分断を強調した（付表1参照）。

(3) カーストヒンドゥーへの不信と自治への警戒

このように「不可触民」は、非バラモン／ドラヴィダ運動のレトリックをずらして運動の欺瞞を暴いたわけだが、その背景には、バラモンのみならずカーストヒンドゥー全体が「不可触民」を抑圧し差別してきたことへの不満があった。マドラス・アーディドラヴィダ人民協会は次のようにカーストヒンドゥーへの不信感を吐露する。

地方議会や立法参事会では、我らが代表は議場の外に座らされています。カーストヒンドゥーにとって、我々は視野に入れるだけで穢れる存在なのです。人間であることを否定された我々が、あなた方［サイモン委員会――引用者］とあなた方を通じてイギリス本国政府に救済を求めるのは何ら不思議ではありません。我々は、上位カーストだろうが下位カーストだろうが関係なくカーストヒンドゥーを一切信頼していないのですから。[*9]

カーストヒンドゥーへの強い不信感と反発を抱いていた「不可触民」は、インド統治法改正によって、インド人の自治権が拡大されることを警戒した。なぜなら、彼らにとって自治の実現とは、カーストヒンドゥーへの権力移譲を意味したためである。マドラス・アーディドラヴィダ人民協会は、次のように、インド人への政治的権限移譲への忌避感を露わにした。

我々が望んでいるのは、カーストヒンドゥーのお情けによる施しではなく、市民として当然の権利です。インド人の議員やインド人の大臣ではなく公明正大なイギリス人に正義を求めるのは、お追従でも何でもなく、常にそうせざるを得なかった我々の長年の経験の結果なのです。公職のインド人化、行政のインド人化、財政のインド人化は全て、声が大きい先進コミュニティの欲望に過ぎません。その利己的コミュニティに完全に無視されている弱小コミュニティにとって、インド人化《インディアナイゼーション》は、全て忌み嫌うべきものです。[*10]

ティンネヴェリ県のアーディドラヴィダも、自分たちに対する差別行為が根絶されるまではインド人に権限を移譲しないよう求め、次のように警告した。

イギリス人の使命は今もなお、カーストに縛られた大衆を文明化することにあると我々は堅く信じています。［中略］今、バラモンといわゆる高位カーストに完全な政治的自由を与えることは、カーストの傲慢と専制をイギリス議会が奨励するようなものであり、実質的に古《いにしえ》からの暴君に行動の自由を保障し、その犠牲者に永遠の犠牲を強いる行為です。イギリス議会におかれては、高位カーストのインド人政治家の標語に惑わされないよう警告いたします。マイノリティや被抑圧階級を保護する適切な安全装置を整備することなく彼らに大幅な自治権を与えるのは、神の摂理により［インド統治を］託された［イギリス人への］信頼を損なうことに他なりません。[*11]

ここでは、イギリスが「文明化の使命」を掲げて植民地統治を正当化しながら「不可触民」差別問題に対してほぼ無策を貫いてきたことに皮肉を込めつつ、「不可触民」を保護する装置を整備しない限り自治権を拡大するべきではないと訴えている。それでは「不可触民」が求める「適切な安全装置」とは何なのか。トリチノポリ県のアーディドラヴィダは次のようにサイモン委員会に提案した。

貴委員会が下記のうちいずれか一つを我々に与えることを願います。

（一）全ての立法府の議席の六分の一を我々に留保すること。公共部門のあらゆる部局、警察、司法、名誉職の任命においても六分の一を我々に留保すること。分離選挙権を我々に付与し成年男子普通選挙を実現すること。

（二）公共部門のあらゆる部局からインド人を排除し一〇〇パーセントヨーロッパ人を雇用すること。

（三）六〇〇〇万人を数えるアーディドラヴィダ全員をイギリスの蒸気船に乗せ、遙か彼方の沖合で最後の一人まで溺死させること。[*12]

インド人への自治権移譲に際して「不可触民」が必要最低限の条件としたのは、立法府、司法府、行政府における「不可触民」専用枠の設定であった。自分たちを抑圧してきたカーストヒンドゥーに権力が移譲されることを拒否し、自分たちの権利が保障されないのであればいっそのこと殺してくれ、と決意表明したのである。

「不可触民」は、経済社会の領域にも及ぶ様々な制約《ディサビリティーズ》を根絶するためには立法手段に訴える以外方法がないが、宗教の名の下に差別と経済的搾取を正当化してきたカーストヒンドゥーの議員が改革法案を導入するわけがないと考えた。そのため、議会その他の公的地位に不可触民代表を増やすことが不可欠だと訴えた。[*13]これは、イギリス植民地政府の「宗教不干渉」原則を内面化させたインド人が、宗教的慣習は時代とともに自然に変化するものであって立法によって強制的に変革するべきではないと唱えてきたことへの異論にもなっている。「不可触民」たちの間では、所詮カーストヒンドゥーの議員は「不可触民」差別を廃止するための法律の起草はおろか、賛意を示すはずもない、という確信が共有されていたのである。

(4) いかにして議席を確保するか

「不可触民」にとっては、できるだけ多く、最低限でも人口比に応じた議席を確保することが最優先で、その選出方法、すなわち分離選挙か留保議席付合同選挙かそれ以外かは二義的であった。ティンネヴェリ県のアーディドラヴィダは「我らが人種《レイス》の人口比に基づく代表を議会に確保したい[*14]」とし、マドラス・アーディドラヴィダ人民協会は「我々が望む最重要かつ最優先の要求は、少なくとも議会の四分の一の議席を我々に割り当てることです。これさえ保障されれば、どのようにして我々の代表を選ぶかという問題は些末なことです[*15]」と明言した。

団体によっては選出方法にも言及しているが、概して選挙そのものに懐疑的であった。例えばマドラス・アーディドラヴィダ人民協会は、「選挙によって真に適切な代表を選ぶことができるのか甚だ疑問です。そのため我々は、被抑圧階級代表の半数を分離選挙で、残り半数を少なくとも一〇年から一五年の間は州知事閣下の指名で選出することを提案いたします」と表明した[*16]。数の論理で代表が決定する選挙制度においては多数派の意見しか反映されず、その多数派が差別を実行している現実に鑑みて、マイノリティである「不可触民」は分離選挙に頼らざるを得ないという思考の軌跡を読み取ることができる。半数を州知事による指名制としたのは、「不可触民」側であらかじめ候補者リストを作成し州知事に提示することにより、カーストヒンドゥーの傀儡になるような不適切な「不可触民」が当選したり、場合によっては不可触民に同情を寄せる（と称する）カーストヒンドゥーが指名されたりするのを阻止するためであった。

「不可触民」が分離選挙権を要求することを非難し、ヒンドゥーコミュニティの分断、ひいてはインド国民／民族の不和を招くとして非国民呼ばわりする勢力がいた。これを意識してアーディドラヴィダ人民協会は、「国民統合を妨げると分離選挙を批判する人がいますが、合同選挙区を作ったとして、今から数十年やそこらでカーストヒンドゥーが我々と共働し、我々が文盲であるのを悪用して私利を追求することを止めると本気で考えているのでしょうか？」[*17]と痛烈に反論した。「不可触民」からしてみれば、自分たちとの共働を拒み、差別し、ヒンドゥーコミュニティの分断を招いているのはカーストヒンドゥーの方であった。

「マドラス管区の被抑圧階級代表」として覚書を提出したレッタイマライ・シュリーニヴァーサンは、代表選出方法について必ずしも整合的とは言えない要求を行った。彼はまず、全ての立法府において人口比に応じて議席を配分する必要があるとする。その上で、現行の被抑圧階級代表が州知事の指名で選ばれていることを踏まえ、憲政改革では「何らかの形で選挙の要素を導入する」ことを提案した。覚書に加えて、一九二八年に開催されたマドラス被抑圧階級会議（インド統治法改正に対処する組織として、新たにマドラス州被抑圧階級連合を結成すると決定した）[*18]の議長として付帯文書を提出し、次のように「条件付き分離選挙権」を要求した。

カーストヒンドゥーの地主は、被抑圧階級を極度の隷属貧困状態に貶め、何世代にもわたって、専制的な雇用主に盲従してその命令を法律と見なすよう洗脳してきました。そのため被抑圧階級は自律的かつ自由な思考などできず、立法参事会や地方議会の選挙でもカーストヒンドゥー雇用主の思惑に反して自分の判断で行動するなど思いつきもしません。しかし、このような絶望的状況は、必要な措置をとれば改善できます。条件付きの分離選挙がこのような困難を軽減し、「被抑圧階級が」

選挙権を適切に行使できるよう道を拓くでしょう。［中略］被抑圧階級は、州立法参事会で投票する前に地方自治体で数年訓練しなくてはなりません。*19

彼は、被抑圧階級一般民衆の「訓練」の場として村議会《パンチャーヤト》選挙を想定し、その実施方法に細かく注文をつけた。「パンチャーヤト選挙は被抑圧階級居住地の中心、すなわち高位カーストの目が届かないところで、高位カーストの圧力や影響が及ばない状況で実施するべきです」。また被抑圧階級の大半が文字が読めないことを踏まえて、各候補者を示す色つきカードを投票箱に入れるなどの投票方法を提案した。当選した被抑圧階級の村議会議員は他コミュニティ出身の議員と並んで席に着くべきであるという主張は、カーストヒンドゥー議員は当然のように「不可触民」議員を議場から排除しようとし、「不可触民」議員もそういうものだと甘受してしまうと予測したためである。議員以外の一般の被抑圧階級も議事進行を間近で傍聴することが許されるべきだとも要求した。これらが彼の言うところの「政治的訓練」を指すのだろう。

シュリーニヴァーサンの提案について、サイモン委員会はその意図を把握するのに苦労したようである。委員会は、一九二九年二月二六日にマドラス市内で、シュリーニヴァーサン率いる「不可触民」代表団を諮問した。このとき委員会は、シュリーニヴァーサンが「何らかの段階で選挙の要素を導入するべきだ」としながら具体的方法を提案していないと指摘し、方法の案出を憲政委員会に一任するのか、それとも何か心づもりがあるのかと問うた。シュリーニヴァーサンは、被抑圧階級を代表する人物が被抑圧階級出身者から選ばれるとは限らない現行の指名制に代わる新たな指名制度として、マドラス州被抑圧階級連合の各県支部が提案した候補者を連盟本部が選別し州知事に推挙、そこから州知事が指名する制度を導入するべきだと提案した。「分離選挙は望まないのか」と問われると「今は望まない」と明言し、理由として被抑圧階級の「後進性」を改めて強調した。[*20]

シュリーニヴァーサンはこのように、分離選挙ですら時期尚早とし、「不可触民」が村議会や県議会選挙で経験を積み高位カーストの干渉に惑わされない確固たる自己を確立するまでは、マドラス州被抑圧階級連合が適切な候補者を推薦し州知事が指名するという新たな指名制を提言したのである。カーストヒンドゥーに対する強い不信もさることながら、「不可触民」一般民衆をも無知蒙昧と見なして信頼せず、自分たち指導者層だけが正しい政治的判断を下す能力があるとしたのは、良くも悪くもエリート主義的であった。

3 「アーディドラヴィダ／被抑圧階級」範疇の問題性

(1) 特別措置要求と自己規定

「不可触民」はこのように専用議席留保を要求したが、カーストヒンドゥーとは別の集団として特別措置を要求することは、必ずしもヒンドゥー教徒としての自意識の否定を意味するわけではなかった。カーストヒンドゥーが「不可触民」に対する差別的慣習を固守したために、「不可触民」は「カーストヒンドゥー（他にも、カースト人、カーストの人々、などと表現した）とは異なる集団」であると主張して特別措置を求めざるを得ない状況に追い込まれてきた。「不可触民」は、カーストヒンドゥーとの関係性の中で、いかに名乗り、いかに活動するか、その対応を変えてきた。「不可触民」という範疇自体が曖昧であったが、カースト制の再編およびカースト観の変容とともに、社会の最底辺に置かれた人びとは、不可触民制によって人間扱いすらされていないと自覚し、「カーストヒンドゥーに差別される我々」意識を醸成してきた。

「不可触民」がヒンドゥーの一部か独立したコミュニティかという議論は、ムスリムに付与された分離選挙権との関連で、そしてマドラス州の場合は非バラモン運動との関係で、浮上した。ムスリムに対抗したいヒンドゥーや、バラモンと対峙する非バラモンが、それぞれ「不可触民」を陣営に取り込もうとした。つまり対抗勢力に対して数の論理で自集団を優勢にする必要が生じたときに、にわかに「不可触民」が注目され、その包摂が試みられたのである。特別措置を要求する行為をヒンドゥーコミュニティからの分離／離反と見なすのは、「不可触民」の視点に立つ思考ではなかった。

「不可触民」にとって、集団としての特別措置要求が必ずしもヒンドゥー自認の否定ではなかっただけに、ヒンドゥー教徒ではない「元不可触民」との連帯は戦略外だった。クリスチャンの「不可触民」たちが、ヒンドゥー教から改宗しても差別される実態は変わらないと訴えていたにもかかわらずである。例えば、カトリックとプロテスタント両方を含む南インド・クリスチャン被抑圧階級代表は、南インドのクリスチャン社会にはイエス・キリストの隣人愛の教えにもかかわらずカーストが持ち込まれ、カーストヒンドゥーが不可触民ヒンドゥーを差別するのと全く同様に、カーストクリスチャンが不可触民クリスチャンを蔑視抑圧している、と告発した。併せて「宣教団の無関心・無力・冷淡さ」を非難し、自分たち不可触民クリスチャンは、クリスチャンとしての恩恵に与かれず被抑圧階級としての保護も受けられない、と訴えていた。[*21] しかし、「ヒンドゥーにとどまり続けている不可触民」のヒンドゥー意識は、

「被抑圧階級」としてクリスチャン「不可触民」やムスリム「不可触民」と連携するのを阻害した。

(2) 六〇〇万人／人口比六分の一の謎

「不可触民」たちは人口比に応じた議席の留保を要求したが、ここで人口、人口比という統計値が重要になってくる。陳情書の多くは、「我々の人口」として六〇〇万、マドラス州人口の六分の一という数値をあげている。しかし、彼らはどうやって「我々」を規定し、その人口を算出したのか。「不可触民」たちは、「我々」が属する範疇を表す言葉として、主に「アーディドラヴィダ」や「被抑圧階級」を使用している。カーストヒンドゥーから自らを峻別するために「アウトカースト」という表現も用いてきた。差別抑圧状況を示すために「不可触民」も使用している。しかしながら、誰も「アーディドラヴィダ」や「被抑圧階級」という範疇が具体的に誰を内包するのか定義していないのである。

国勢調査は宗教集団、およびカースト（ジャーティ）ごとの人口や人口比を公表してきた。なかでも一九〇一年国勢調査は、宗教的浄不浄概念に基づいてカーストをランク付けし、一覧表にして公表したために、とりわけ強いインパクトをインド社会に与えた。マドラス州においては、カーストは一四のグループに腑分けされたが、この分類の基準は「接触によって不浄《ポルーション》を与えるか否か」「牛肉を食べるか否か」などのバラモン的な価値観であった（付表2参照）。

この表に示された区分に従えば、グループⅧ、Ⅸ、Ⅹが「ヴァルナ外／アウトカースト」すなわち「不可触民」に該当する。しかし、これら三グループの人口を合計すると約九三五万人にものぼり、州人口の四分の一を占めることになってしまう。したがって、「アーディドラヴィダ」や「被抑圧階級」

を自称する人々は、これとは異なる方法で「我々」と「その他」とを線引きしていることになる。グループⅩの人口が五二〇万、人口比にして約一四パーセントであることを考慮すると、アーディドラヴィダ、被抑圧階級を名乗る人々はグループⅩのみを「我々」としている可能性も否定できない。

一方、グループⅧにリストアップされているカーストの中でも、自らを「アウトカースト」から峻別する試みが盛んに行われていた。典型例が第四章で登場したシャーナール（ナーダール）である。シャーナールは、椰子酒造りを止め、バラモンの慣習を模倣し、クシャトリヤに認定されることを目指した（一部は国勢調査でカースト（ジャーティ）名を「クシャトリヤ」と申告した）[22]。その他にも、ヴァッルヴァルは、もとはパライヤルの一部で、パライヤル専用の司祭であったが、パライヤルとの共食や通婚を止め、牛肉を食べる習慣を有する母集団との差別化を図った[23]。グループⅧの基準の一つが「牛肉を食べない」ことであるのを考慮すると、そこに分類されたヴァッルヴァルはサンスクリタイゼーションを行って地位向上に成功した例といえよう。パッラルは南部諸県に多く住み、カーストヒンドゥーの地主に雇用され農業労働や家内労働に従事し、死体処理も行うなど、北部諸県のパライヤルに該当するカーストである。パッラルはデーヴェンドラクーラヴェッラーラという自称を採用し（一九三一年国勢調査に初出、四〇〇〇人がこの自称をカースト名として申告した）、地位を向上させようとした。ただしパッラルの場合はシャーナールと異なり、サイモン委員会への陳情書では「差別されている我々」を前面に出して、「不可触民／被差別階級」としての特別措置を要求している。

公的には、一九二〇年マドラス州地方議会法および一九二二年発出のマドラス州政令によって、九つのカースト（アーディドラヴィダ、サッキリヤン、チェルマン、ホレヤ、マーディガ、マーラ、パッラ、パライヤ、センマン）が「被抑圧階級」に認定された。[*24] つまり、一九〇一年国勢調査でグループⅧ、Ⅸ、Ⅹにリストアップされた六七コミュニティ（カースト／ジャーティではない言語グループや部族《トライブ》なども含まれている）のうち、実に五八ものコミュニティが「被抑圧階級」から除外されたのである。この九カーストのみが「被抑圧階級」と指定された経緯は明らかではない。グループⅧの中でもパッラルは含まれ、クシャトリヤを主張していたシャーナール／ナーダールや、母集団からの差別化を図っていたヴァッルヴァルが含まれていないことから、当該カーストの序列についての地域社会の認識よりも、カースト自らの主張の方が判断材料になった可能性がある。ただし、ケーララ地方の椰子酒造りカーストであるティーヤルは、タミル地方のシャーナールとは異なり、差別されている者として特別措置を求め、一九一〇年代から議席や公職の留保を要求していたにもかかわらず、「被抑圧階級」に指定されなかった。もっとも彼らは「不可触民」としてではなく、非バラモンの中の一カーストとしての特別配慮を求めるという複雑な戦略を採っていた。[*25] ティーヤルが「被差別階級」リストから排除されたのは、このような「曖昧な」姿勢に起因していたと推測される。ティーヤルは一九三五年インド統治法施行時には被抑圧階級（指定カースト）に認定され保護対象となる。

さて、サイモン委員会訪印前の最新の人口統計は、一九二一年国勢調査の情報であるが、この年は一九〇一年のようにカーストについての包括的調査は行わず、マドラス州地方議会法で指定された九カーストをそのまま「被抑圧階級」とした。その人口は合計六三七万二〇七四人であった。[*26] つまり「アーディドラヴィダ／被抑圧階級は六〇〇万人」と主張する人々は、州政府による「被抑圧階級は九カースト」という設定をそのまま受容し、その統計値を利用していたと推察される。

なお、一九三一年国勢調査では被抑圧階級の基準が変わり、指定されるカースト数が増加した。同調査では、「被抑圧階級」は「不可触民」と同義であるとされ、「接触により高位カーストヒンドゥーの浄性を損なうカースト、ヒンドゥー社会の伝統により寺院へのアクセスを禁じられ、専用の井戸を使用し、教室に入れないなどの社会的制約《ソーシャルディサビリティーズ》を被っているカースト」と定義された。これによって、非ヒンドゥー教徒、すなわちムスリムとクリスチャンの「元不可触民」、ヒンドゥー教徒になっていない部族民（一九〇一年国勢調査ではその多くがカテゴリーⅨに分類されていた）は除外されたが、カテゴリーⅧに分類されていたカーストの多くが「被抑圧階級」に包摂されることになった。「被抑圧階級」専用議席への立候補資格を規定するために制定された一九三六年インド政府（指定カースト）政令は、この方針が結実したものである。同政令は、各州の被抑圧階級（新たに「指定カースト」と呼ばれることになった）に含まれるべきカーストを指定した。マドラス州では七四ものカースト名が列挙され、そこにはヴァッルヴァルやティーヤルも含まれていた[*27]（付表2参照）。

一九三一年調査で「被抑圧階級」範疇に包摂されたカーストの総人口を一九二一年国勢調査のデータで算出すると、一九二一年時点での被抑圧階級人口は七〇〇万三四〇〇人になったはずである[*28]。「不可触民」指導者たちは、政府の判断を無批判に受け入れた結果、自分たちの数の力を大きく見せる機会を逸したことになる。

サイモン委員会がレッタイマライ・シュリーニヴァーサンに諮問した際、「被抑圧階級」の人口が議席配分との関係で議論になった。M・C・ラージャ（サイモン委員会に協力するインド中央委員会のメンバーとしてインド総督から指名され、諮問会議にも出席していた）は、シュリーニヴァーサンが被抑圧階級用議席として州議会一二六議席中一八を要求していたことについて、被抑圧階級の人口が州人口の五分の一とすれば二四議席を獲得するべきではないかと問いただした。司会のバーンハム卿が口を挟み、「被抑圧階級」にどのカーストを含めるか定義が錯綜している現状※を明らかにした上で、総人口の六分の一が妥当だと指摘した。するとM・C・ラージャが、六分の一だとしても最低二〇議席は確保されるべきだと反論し、シュリーニヴァーサンも議席は多いほど好ましいと同意した。[*29] このように、「不可触民／被差別階級／指定カースト」に内包されるカーストは極めて曖昧で、政治的に規定される流動的なものであった。「不可触民」にとっても人口が多い方が政治的に有利になるはずだったが、彼らは「不可触民」包摂範囲を自ら定義することはなく、概して政府の決定を受容した。

※バーンハム卿は、一九二一年国勢調査で被抑圧階級とされているのは九コミュニティで約六三七万二〇〇〇人、マドラス州選挙諸規則で被抑圧階級に指定されているのは一〇コミュニティで、その人口合計は六五〇万人、マドラス州政府ハンドブックでは六九九万四〇〇〇人になると指摘した。

(3)「アーディドラヴィダ」とは誰か

アーディドラヴィダを名乗る人々は、「不可触民」あるいは「被抑圧階級」の人口としての六〇〇万人や州人口の六分の一という数値を、「アーディドラヴィダの人口」と表現している。例えば、トリチノポリ県のアーディドラヴィダ代表は、「アーディドラヴィダの人口が州人口の六分の一を下回ることは決してない」と強調し、全インド・アーディドラヴィダ人民協会（旧マドラス・アーディドラヴィダ人民協会）は「人口の六分の一を代表している」と誇った。[*30] しかし、アーディドラヴィダを自称したのは、実はほとんどパライヤルである。ティンネヴェリ県のアーディドラヴィダの陳情書が、イギリス統治《ラージ》の実現にアーディドラヴィダ／不可触民が果たしてきた「貢献」について述べる際に「パライヤルの高潔な行為」と表現していることが、図らずもその事実を示している。国勢調査では、アーディドラヴィダという名称は一九二一年に初めて登場したが、[*31]その報告書はアーディドラヴィダをパライヤルの下位区分とし、パライヤルのうち約五万人がアーディドラヴィダを自称していると説明している。[*32]

なお、ケーララ地方の「不可触民」出身でマラバール県庁に勤めていたE・カンナンという人物が、一九二五年にアーディドラヴィダとしての認知を求めて却下され辞職するという出来事があった。[*33]彼が所属するカナッカン・カースト※は当時「被抑圧階級」に指定されていた九カースト（一六六頁参照）ではなかったため、彼は「不可触民」の包括的名称であるはずの「アーディドラヴィダ」を名乗り、昇進での特別配慮を求めた。しかし、アーディドラヴィダを自称しているのはほぼパライヤルという現実があったため、パライヤルではない彼は、「被抑圧階級／不可触民」として認められなかったのである。アーディドラヴィダという集団名の理念と現実の乖離から起こった不幸な事例であった。

※『南インドのカーストと部族』（一九〇九年）によると、カナッカンはケーララ地方トラヴァンコール藩王国に主に住み、奴隷カーストの一部をなし、地主に隷属していた。カナッカンは、上位カーストに穢れを与えないよう四八フィート離れた距離を保たなくてはいけないが、自分より下位と見なすウッラダン、ナーヤーディに対しては逆に距離を取らせた。[*34]一九三六年インド政府（指定カースト）政令において指定カーストに認定された。

パライヤルは「不可触民」の中で強い存在感を示してきた。M・C・ラージャもレッタイマライ・シュリーニヴァーサンも、アヨーディ・ダーサルも、パライヤル出身であった。パライヤル出自のリーダーたちは、「アーディドラヴィダ」の名の下で「不可触民」を団結させようとし「人口六〇〇万、人口比六分の一」を叫んでいたが、彼らは「不可触民」内部の多様性・重層制を等閑視し、実質的にパライヤル以外をほとんど視野に入れていなかったと言わざるを得ないだろう。

(4) アーディドラヴィダ（パライヤル）への不満

アーディドラヴィダを自称するパライヤルの言動に対して、アルンダティヤやパッラルをはじめとする様々な「不可触民」カーストから不満が出た。アルンダティヤとは、皮革加工を生業とするサッキリヤル・カースト（アーンドラ地方からタミル地方に移動定住してきたとされ、主にテルグ語を母語とする）[*35]に属する。サッキリヤルの一部は、パライヤルが主導する「不可触民」運動と協働しながら固有のアイデンティティを育み、アルンダティヤと自称するようになった。一九三一年の国勢調査に「アルンダティヤ」がカースト名として初出し、その数は一万七〇〇〇人と記録されている。全インド・アルンダティヤ中央協会《セントラルサバー》は、マドラス・アーディドラヴィダ人民中央協会と連名で陳情書を提出する一方で、独自の陳情書も提出し、アルンダティヤ専用の議席を求めた。「被抑圧階級」に共通する問題とは別に自分たちアルンダティヤが抱える固有の問題があるが、他のカースト［パライヤルを指す］はそれを無視する、というのが理由であった。[*36]

デーヴェンドラヴェッラーラ（デーヴェンドラクーラヴェッラーラ）と自称するようになっていたパッラルも、パライヤル主導の運動に不満を表明した。彼らの団体の一つであるタミルナードゥ被抑圧階級人民協会（トリチノポリ県）は、パライヤルへの不満を赤裸々に語った。

被抑圧階級は、デーヴェンドラヴェッラーラ、アーディドラヴィダ、アルンダティヤなど多くのサブカースト［ジャーティ］に分かれています。［中略］高位カースト［ヴァルナ］の中に複数のサブカースト［ジャーティ］があるのと同様に、被抑圧階級もまた沢山のサブカースト［ジャーティ］に分かれています。それゆえに、マドラス政府が六〇〇万もの被抑圧階級を「アーディドラヴィダ」と範疇化したのは、全く実情に合致していません。アーディドラヴィダとは被抑圧階級の一つのサブカースト［ジャーティ］に過ぎないのです。M・C・ラージャとかいうアーディドラヴィダ出身者が我々の代表と称して議会に席を占めていますが、彼は被抑圧階級全体を代表しているとは言えません。新インド統治法においては、州立法参事会、［中央］議会において被抑圧階級の中の様々な階級［ジャーティ］が分離選挙を通じて自分たち自身のカースト［ジャーティ］を代表できるよう規定を設けることを切に願います。[*37]

他にもティンネヴェリ県のデーヴェンドラ人民協会が、「我々は、マドラス市にある中央協会に代表されているアーディドラヴィダとも、ティルヴァンナマライにある協会に代表されているアルンダディヤとも全く異なるコミュニティであることに、改めて注意を喚起したいと思います。マイノリティと被抑圧階級を保護する特別措置として、まず、マドラス州参事会の議席の六分の一は被抑圧階級に留保し、そのうち二、三席をデーヴェンドラ・コミュニティに留保するべきです」と主張した。[*38] パッラルの指導者M・ヴェーダナーヤガムも、サイモン委員会宛ての書簡で「アーディドラヴィダは我々の不満を知る立場にはない」と苦言を呈した。[*39]

ヒンドゥー教徒以外からもアーディドラヴィダ／パライヤルに対する不満が噴出した。既述のようにパライヤルの指導者たちは、ヒンドゥー教徒ではない「不可触民」との共闘に消極的であったためである。※ シュリーニヴァーサンは、「よその《エイリアン》宗教への改宗は被抑圧階級を弱体化させる」[*40]として、キリスト教やイスラームへの改宗を批判していた。この意見は、被抑圧階級の人口減少が自分たちの政治的地位を弱体化させるという懸念を表したものと解釈できる。しかし、改宗した者は不可触民ではないとする理由は説明していない。実際、「不可触民」クリスチャンは、既述のように、改宗しても不可触民扱いされていると訴えていた。そもそもシュリーニヴァーサンはなぜ、キリスト教やイスラームを「よその宗教」と表現したのか。当時のナショナリズム運動の中に見られたインド文明史観、すなわちインドの大地で生まれたヒンドゥー教こそがインド文明の基盤をなし、ヒンドゥー教徒がインドの歴史を形作ってきたという思考（必然的にムスリムはよそ者の侵略者とされる）に、シュリーニヴァーサンも感化されているように見える。インドの先住民／ドラヴィダ人の子孫であることを誇り、ヒンドゥー教が伝播する前のドラヴィダ文明を誇っていたはずの彼でさえ、キリスト教やイスラームを「よその宗教」と表現し、その信者との共闘を拒否したところに、多数派のヒンドゥー教徒が唱えてきたヒンドゥー中心的なインド観の影響を見いだすことができる。

※唯一の例外は、ティンネヴェリ県のアーディドラヴィダである。カーストの人々《カーストピープル》はキリスト教に改宗してから何世代もたってもなおカースト称号を使いカーストごとの慣習を遵守しているとし、クリスチャン社会の中でもカーストが維持され元不可触民への虐待が続いていると指摘する。そのため彼らは、差別状況を共有する者として、改宗したクリスチャン元不可触民も「我々」に含めていた。[*41]

当時の一般的な理解として、キリスト教への改宗者は宣教団からの様々な支援の恩恵を受けて社会経済的な後進状態から脱却したとか、不可触民制はヒンドゥー教に由来するからヒンドゥー教徒でなくなったものは不可触民制度からも解放された、などの言説があったことも事実である。ヒンドゥー教徒の「不可触民」もこれらの言説を内面化していた。しかし、改宗した「元不可触民」が置かれた現実は、このような理解とは程遠いものであった。南インド非カーストカトリック協会が提出した陳情書は、次のように彼ら／彼女らが直面し続けてきた差別的状況を告発した。

宣教団は、ただ単に信者数を増やすためにカーストの人々の気を惹こうとし、我々の存在やキリストの真の教えを完全に無視して、あらゆるキリスト教組織、教会、学校、寄宿舎、修道院にカースト制を導入しました。その結果、キリストの教えは今や、キリスト教の形をとったヒンドゥー教、あるいはヒンドゥー教の形をとったキリスト教と化しています。宣教団は、カーストクリスチャンの一時的な助力と支援が欲しいので、彼らの意思に反してまで我々の地位向上に気を配ろうとはしません。［中略］我々がカーストクリスチャンより数で圧倒しているにもかかわらず、マドラス州立法参事会やその他の議会のクリスチャン代表は、我々のメンバーではありません。［中略］カーストクリスチャンは南インド・カトリック協会という組織をもっていますが、非カーストクリスチャンは不可触民であるため入会できません。我々は、クリスチャンになってしまったのを後悔しています。[*42]

カトリックの「元不可触民」は、ヒンドゥー教の枠内にとどまる「不可触民」との間に生じた格差についても不満を募らせていた。曰く、モンタギュー・チェムズファド改革によって、被抑圧階級はあらゆる公的機関や議会に代表を有し、被抑圧階級の福利を管轄する労働局から便宜を得ているが、自分たちはクリスチャンであるために本来得られるはずの権利を享受できない、と。

「元不可触民」カトリックはこのように、宗教マイノリティとしてのクリスチャンおよび社会経済的弱者としての被抑圧階級に属しながら、いずれの集団においても周縁化されてきた不満を吐露した。しかしその彼らも排外意識と無縁ではなかった。自らを、キリスト教の愛と慈善と友愛の精神に感嘆し純粋な信仰心から改宗したアーディドラヴィダの子孫と定義する一方で、プロテスタントを「政府が与えるパンと魚を目当てに、またそのほか自己中心的な目的で改宗した人々」と表現して[*43]、「元不可触民」プロテスタントを蔑視し、差別化を図ったのである。

4　サイモン委員会報告

一九三〇年五月、サイモン委員会はイギリス政府に報告書を提出した。重要なポイントは、州における両頭制を廃止し州自治導入を勧告した点にある。ただしイギリス人の各州知事が非常時大権《エマージェンシーパワーズ》を保持したままで、完全な地方自治とはほど遠かった。インドの独立どころかイギリス連邦内の自治領の地位についても言及しなかった。

報告書の論調は、分離選挙権や留保議席など特定集団に保護措置を講ずることに否定的であった。コミュナル代表制（報告書はこれを、特定の宗教コミュニティに一定数の議席を保障しその集団から代表を選出する法規定と説明し、カーストには言及していない）は市民意識の涵養にとって障害となり、自治の発展を妨げると断言した。しかし、ムスリムがコミュナル代表の権利（分離選挙権）を手放そうとしないため、ヒンドゥーとムスリムを連帯させようとする努力も無に帰したとする（インド中央委員会では、インド人メンバーの多くが留保議席付き合同選挙を提案したが、ムスリムメンバーが分離選挙区の維持に固執したという）。

基本的に分離選挙に批判的なサイモン委員会は、これに代わる選択肢として予備選挙制を提案した。ムスリムなどのマイノリティが留保議席付き合同選挙を敬遠するのは、マジョリティの傀儡となり自コミュニティの利害を蔑ろにする不適切な人物が当選してしまうと危惧しているためである。しかしこの懸念は、留保議席への立候補者をまずマイノリティコミュニティ内で複数名選出し（予備選挙）、その中からマジョリティコミュニティとの合同選挙で最終選出すれば払拭される、と委員会は説明した。しかし続けて、これはヒンドゥーとムスリムの間で決着をつけるべき問題なので、この案はあくまで提案にとどめ、イギリス政府としては両者の話し合いの場を提供すればよいとした。こうしてサイモン委員会は、コミュナル代表制を基本的にムスリムの問題（我が儘）として狭義に捉え、解決をムスリムとヒンドゥーに一任するよう推奨したのである。

それではヒンドゥー教徒内部の問題、とりわけ「不可触民」の切実な訴えはどのように報告書に反映されたのか。まずマドラス州の非バラモンについて、過去三回の選挙において自力で議席を得られると証明されたとして留保議席廃止を提案した※。

※ボンベイ州でも一九世紀から非バラモン運動が展開され、非バラモン諸カーストへの留保議席が設けられていたが、選挙区ごとに状況が異なるため、ボンペイ州の非バラモンについては一律に留保議席を廃止するのは困難とした。

「不可触民／被抑圧階級」については、まず次のように現状を分析する。中央立法議会では、総督が被抑圧階級代表一名を指名している。各州政府も後進的と見なした階級に議席を確保している。マドラス州では、「階級」ではなく九つのカーストを代弁する者として一〇名が州知事によって議員に指名されている。被抑圧階級に属する有権者は一般選挙区［ムスリム専用選挙区やクリスチャン専用選挙区などを除いた選挙区。実質的にヒンドゥー選挙区である］で投票できるが、財産資格が障害となって有権者が少なく自力での議席獲得は難しいのが現状である。マドラス州では被抑圧階級の有権者は五万六八〇〇人であり、非ムスリム・非クリスチャン有権者（一二七万人）の四・五パーセント、全有権者（一三六万五〇〇〇人）の四・一パーセントを占めるに過ぎない。被抑圧階級が非ムスリム・非クリスチャン人口の一七パーセント、総人口の一五・五パーセントを占めることを考慮すると圧倒的に少ない。たとえ有権者資格を緩和し被抑圧階級有権者が増加したとしても、保護措置なしに一般選挙区から当選者を出すのは困難である、と。

委員会はこのように、被抑圧階級が議席を獲得する困難を指摘しておきながら、被抑圧階級に特別保護措置を講じることには難色を示した。「我々は、被抑圧階級が特別保護措置なしに合同選挙区で地歩を築いていくのを見守るべきである」という。被抑圧階級が地位を向上させるためには、カーストヒンドゥーにとって無視できない存在にならなくてはならない。その点、合同選挙であれば、カーストヒンドゥーの立候補者も被抑圧階級の支持を得るためにその要求に配慮せざるを得ず、それが被抑圧階級の状況改善に繋がる、という論理である。しかしカーストヒンドゥーの候補者に「不可触民」の支持が必要だと感じさせるためには、「不可触民」が有権者の中で一定の割合を占める必要がある。委員会は「有権者資格をいくらか緩和する必要がある」と認めたが、「不可触民」が求めた成人普通選挙には言及しなかった。なお、現行の指名制度については、被抑圧階級が政治的訓練の機会を奪われることになるとして、これも否定した。

「不可触民」に分離選挙権を付与することについては、委員会は明確に反対した。「被抑圧階級と残りのヒンドゥー教徒の相違を所与のものとして線引きをすることは、政治的融解 amalgamation を脅かす行為であり、断固反対する。〔中略〕被抑圧階級への分離選挙権付与は、この範疇に含まれる人々を正確に定義する必要があることを意味する。しかしその線引きは難しい。また有権者一人一人に「被抑圧階級」の烙印を押してリスト化することを意味する」ため非現実的かつ不適切だ、というのが反対理由であった。確かに合同選挙であれば候補者だけを「不可触民」か否か判断すればよい。立候補するからには「不可触民」であると公に認知されるのを忌避することはないであろう。しかし分離選挙では、候補者だけでなく有権者全員を一人一人「不可触民」か否か特定しなくてはならない。一般の有権者には「不可触民」であると公言したくない人もいると想像された。

委員会はこのように、「不可触民」への分離選挙権付与を明確に否定したが、全ての「不可触民」組織が特別措置を望んでいることに鑑みて、留保議席つきの合同選挙を推奨した。カーストヒンドゥーの傀儡しか当選できなくなるという懸念を払拭するために、州知事が被抑圧階級組織などに諮問し、適切な候補か否かを判断することも提案した。「被抑圧階級」には教養と政治的資質を有する人材がいないのではという「不可触民」に対する偏見と侮辱が交じった疑義も出たが、その場合は州知事が、男女を問わず、被抑圧階級出身か否かも問わず、被抑圧階級の福利に関心を寄せる人物を任命するとした。この指名制は一〇年限定の臨時措置で、留保議席数の半分以下とされた。*44

サイモン委員会報告が公表されたのを受けて、一九三〇年八月八日、第一回被抑圧階級会議がボンベイ州のナグプールで開催された。インド各地から「不可触民」の指導者たちが結集した初めての会合であった。議長を務めたのは、ボンベイ州で「不可触民」差別廃止、権利実現を目指して旺盛な運動を展開していたB・R・アンベードカル（一八九一―一九五六年）である。彼は議長演説において、インドが自治領になればカーストヒンドゥーによる寡頭支配国家になる恐れがあると警告した。それゆえ、虐げられてきた「不可触民」は適正な保護を受ける必要があると憲法に明記し、人口比に基づく議席を確保しなくてはいけないと強調した。州知事が被抑圧階級立候補者の適正認定を行うというサイモン委員会報告書の勧告を批判し、被抑圧階級は自分たちの代表を自分たちで選出する能力と権利があると主張した。また、イギリス人に支配されて初めてインド人は社会的通念の再評価を迫られ、平等な法や共通の政府という考えを有するに至ったのは事実だが、そのイギリス人支配下で何千万ものインド人が餓死するという代償を強いられてきたことも忘れてはならないと訴えた。

なお、アンベードカル研究の嚆矢であるダナンジャイ・キールは、「不可触民」指導者は概して親英的態度をとっていたが、アンベードカルの出現により独立への信念を宣言するに至ったと評価した。[*45] しかしこの評価は、ナショナリズム史観では看過されていた、あるいは民族団結を阻害したと批判されていたアンベードカルと「不可触民」を、インド独立闘争史の中に肯定的に位置づけたいという願望が先行しているように思われる。インド人たるもの独立を要求しなくてはいけないという前提そのものが、「不可触民」の苦境を生み出した「差別する側」の傲慢ではあるまいか。少なくともマドラス州の「不可触民」は既述のように、アンベードカルの出現を待たずともイギリス植民地支配の欺瞞を暴いていた。

しかしそれでもなお、イギリス支配が続いているうちに/「差別する側」の自治が実現する前に、自分たちの基本権が法的に保障されることを切望したのである。次章では、政治の場で「差別する側」と対峙した「不可触民」が見いだした政治的現実を見ていこう。

第六章　政治の場で闘う
――「不可触民」とガンディー

1　可視化を求めて――第一次円卓会議

イギリスでは一九二九年の総選挙で労働党が第一党となり、マクドナルド内閣が成立した。同年六月インド総督アーウィンが帰英して公開前のサイモン委員会報告について協議し、一〇月末にインドの憲政改革に関する声明を出した。その内容はといえば、完全独立はおろか自治領の地位の達成すら明確に言及せず、この問題についてイギリス側代表とインド側代表を集めて円卓会議を開催する予定だ、と述べたに過ぎなかった。

一九三〇年一一月から翌年一月までロンドンで開催された第一次円卓会議には、保守党・労働党・自由党の各代表、貴族院議員からなるイギリス代表一六人、英領インド代表五八人、藩王国代表一六人が参加した。なお会議派はこの円卓会議もボイコットした。※

※第五章で言及したように、会議派は一九二八年末のカルカッタ大会で、イギリスが一年以内にネルー報告が求めたところの自治領の地位を認めなければ、完全独立を求めて非協力運動を開始すると決議していた。しかしインド総督アーウィンの声明は自治領について言及すらしなかったため、一九二九年末のラホール大会で完全独立要求決議を採

択し、翌三〇年三月からガンディーの指導の下、不服従運動を開始していた。有名な塩の行進はその一環で断行された。

「不可触民」代表としては、ボンベイ州のアンベードカルとマドラス州のレッタイマライ・シュリーニヴァーサンが招待され、ロンドンに赴いた。一九三〇年一一月一二日、イギリス上院議会でイギリス国王を迎えて開会式が執り行われたのち、セント・ジェームス宮殿に場所を移して一七日から五日間、全体討論が行われた。アンベードカルが全インドの「不可触民」を代表して演説し、イギリス政府は一五〇年間不可触民に何の権利も与えず、差別状況を変えようともしなかったと公然と批判し、植民地政府に代わり「社会経済的改革を断行する不屈の勇気を持つ人々」が政治的権力を握る必要があると訴えた。[*1] 既述のように、マドラス州の各「不可触民」団体もサイモン委員会への陳情で同様の理由で植民地政府を批判しており、アンベードカルの主張は「不可触民」一般の不満を代弁するものであった。

(1) 前哨戦

全体討議後、マイノリティ委員会、参政権委員会など九つの分科会が設置され、シュリーニヴァーサンはアンベードカルとともにマイノリティ委員会に参加した。一二月二三日に第一回会合が開催された。司会のマクドナルドが口火を切り、マイノリティ問題は部外者たるイギリス人ではなくインド人の間で決着をつけるべきで、そのためにも「平和的雰囲気を保ち、決裂ではなく合意に達するような議論をしてください」と念を押した。これを受けてか、シャー・ナワーズ（女性代表二人のうちの一人でムスリム）がまず発言し、「ヒンドゥーの同胞に申し上げたい。兄弟たるムスリムに寛大でいてください。寛大さは感謝とともに返ってきます。ムスリムを兄弟として信頼してください。多数派は寛大であるだけの余裕があるでしょう。ムスリムの同胞には、やかましく要求ばかりしないようにと申し上げたい。ヒンドゥーの同胞が寛大でないと感じたら、まずあなた方が寛大さを示してください。私はあなた方に、妹として期待し、娘として請い、母として命じます。まとめ役を引き受けてくださったイギリスの首相と故国インドの人々を失望させないでください」と語りかけた。

しかし彼女の訴えも空しく、ヒンドゥーもムスリムも寛大さや信頼を示すことはなく、マイノリティ委員会はほぼ両集団代表間の応酬に終始した。そのほかのマイノリティや利益集団の代表が意見を表明したのは、ほぼこの初回会合に限られた。労働者代表として参加していたマドラス州のB・シヴァ・ラオ（労働組合運動指導者ではあるが労働者ではない）は、「インド人口の九五パーセントを占める大衆が直面しているのは、いかにして飢えや病をしのぎ、死に抵抗するかという問題だけです。長年労働組合運動に携わってきましたが、組合ではコミュナル問題［カーストや宗教などの集団間の対立問題。五七頁参照］など起きていません」とし、コミュナル問題にかまけて貧困問題を軽視するべきではないと警告した。この発言は、一九二〇年代のバッキンガムミルとカーナティックミルのストライキでの「不可触民」労働者の苦境とそれに端を発したカーストヒンドゥー労働者との衝突を想起すれば、労働者内部のカーストや宗教による分断状況を無視した非現実的な階級闘争論と言わざるを得ない。実際、正義党代表として参加していたA・P・パトロが次のように反論した。「南インドでは、被抑圧階級の間でさえコミュナル感情があります。ある不可触民はほかの不可触民には決して触れず、水も受け取りません。被抑圧階級の中にも相互に妬みと対立があり、被抑圧階級労働者も共同で仕事をしようとはしないのです。この現実にシヴァ・ラオ氏も気づいているはずです。労働者を一括りにするべきではありません」。彼の発言は、労働者内部のカースト対立の存在を指摘している点では妥当である。もっともカーストヒンドゥー労働者による「不可触民」労働者差別には言及せず、「不可触民」内部の各カースト間の差別を指摘し、対立軸を巧妙にずらしているが。

パトロは続けて、議論がムスリムとヒンドゥーの応酬に終始するのを懸念して予防線を張ろうとした。「かたやムスリムは、分離選挙なしには自分たちの安全が保障されないと言い、かたやヒンドゥーは合同選挙なしにはインド憲政の発展はないと言います。［中略］双方が譲らず主張を押しつけ合っている現状では、政府が提案してきた憲法草案を一時的に受け入れるしかないのではありませんか」と。これにパンジャーブ州のマイノリティであるシク教徒代表が激高したのを契機に、同州の別のシク教徒代表やヒンドゥー代表が、シク教徒、ムスリム、ヒンドゥーの三つ巴状況について延々と持論を述べ始めた。※

※パンジャーブ州には、インド在住のシク教徒のほとんどが集中する。シク教創始者のナーナクがパンジャーブ地方で布教しその教えも同地方独特の文字で記録されたためである。同州の宗教別人口比率は一九二一年国勢調査によると、ムスリム五一・一パーセント、ヒンドゥー教徒三五・一パーセント、シク教徒一二・四パーセントであった。

結局「不可触民」代表が意見を陳述するのは最後になった。司会のマクドナルドが「被抑圧階級代表はどちらに？　アンベードカル博士がいないようだが」とつぶやくと、シュリーニヴァーサンがおもむろに「もしよろしければ、私が被抑圧階級を代表して話します」と申し出た。しかし彼が話し始めると、会場は微妙な空気に包まれた。彼は開口一番、被抑圧階級がいかにイギリスに忠誠を誓い忠実であり続けてきたか、イギリス東インド会社軍によるインド征服戦争への「不可触民」傭兵の貢献の歴史から説き起こして説明し始めたのである。その内容は、イギリス人のみで構成されるサイモン委員会への陳情書では問題にならなかった。しかし円卓会議の場では、インドの将来をめぐってイギリス人高官と直接対峙したインド人代表たちの間に、国《インド》への奉仕と犠牲を良しとするナショナリズム的言説が力を持ちつつあった。シャー・ナワーズの発言はその典型であった。そのような雰囲気の中で、彼の発言はいささか浮いたものになってしまった。

その後ようやくシュリーニヴァーサンは、被抑圧階級に議席を保障することが必要だとし、議席を確保する具体的方法として「成人普通選挙を実現し、一時的措置として分離選挙権を獲得することを希望します。留保議席数は人口比を基本としつつも、それより若干多めにしてマジョリティ［カーストヒンドゥー］に十分対抗できるようにしてください」と訴えた。イギリス自由党のアイザック・フットが口を挟み、被抑圧階級会議では分離選挙権が最優先の要求項目とされ、分離選挙権が実現しない場合に成人普通選挙を要求することになっていたのではないかと尋ねた。これに対しシュリーニヴァーサンは、「この円卓会議の場に来てから意見が変わりました。今、我々は成人［普通］選挙を要求し、分離選挙は一時的措置としたいのです」と答えた。この回答では分離選挙権と成人普通選挙要求の関係性が曖昧なままであったが、それ以上議論されることもなく、「被抑圧階級の主張にも耳を傾けましょう」とまとめられてしまった。[*2]

(2) 要求を開示する——シュリーニヴァーサンとアンベードカルの「政治的保障規定」

第二回会合（一二月三一日）は、ムスリム代表のムハンマド・シャーフィとヒンドゥー大協会のB・

S・ムンジェー※との舌戦で占められた。[*3] 第三回会合（一月一日）では、パンジャーブ州におけるヒンドゥー教徒、シク教徒、ムスリムの議席の取り合いが繰り広げられた。この第三回会合の最後で、ようやくアンベードカルが被抑圧階級代表として発言することができた。彼とシュリーニヴァーサンは、ムスリム・ヒンドゥー問題で議論が席巻されて「不可触民」問題が霞むのを防ぐため、連名で「被抑圧階級保護のための自治インド憲法における政治的保障規定」[*4] を起草し、委員会メンバーに予め配布していた。[*5] 同文書はまず、自治インドとは多数派すなわち正統派《オーソドックス》ヒンドゥー「カースト差別を含む様々な「悪習」を改革する必要がないと主張する保守的ヒンドゥー」による支配を意味し、被抑圧階級はその正統派のカーストヒンドゥーにあらゆる面で抑圧され辛酸をなめてきたとの見解を示す。その上で、そのカーストヒンドゥーによる支配を許容するからには次の条件が満たされるべきだとした。

※ムンジェー（一八七二―一九四八年）は、中央州でデーシャスタ・バラモンの家系に生まれた。ボンベイのグラント医科大学を卒業後、ボンベイ市医務官になった。会議派に参加していたが、ガンディーの非暴力主義、ムスリムとの融和に賛同できず脱退した。一九二七年からヒンドゥー大協会議長を務めていた。

第一条件として、平等な市民権の確立を掲げ、憲法に次の条文を挿入するよう求めた。「インドの全国民は法の下に平等であり平等な市民権を有する。市民に対して罰則・差別・行動制約を課すような立法、慣習、もしくは法解釈は、憲法実施日以降失効する」。このように条文後半は、「宗教不干渉」原則の下で不可触民差別が宗教的慣習というお墨付きを得て合法的に温存されてきたことを正面から批判していた。

第二条件として、権利の行使を妨害する行為には罰則を設けるべきだとした。単に権利の平等を宣言するだけでは、カースト差別を当然視してきた社会において「不可触民」が市民としての権利を行使しようとしても妨害されるのは明白なため、妨害行為を刑事罰の対象にするべきだと主張したのである。興味深いのは、暴力を伴うあからさまな妨害行為だけではなく、権利を行使しようとする「不可触民」に対する制裁として社会的ボイコットを実行した者、未遂であっても計画した者も罰則（禁固刑および罰金刑）の対象にするべきだと要求した点である。その理由として、一九二八年にボンベイ州政府が任命した被抑圧階級および原住部族《アボリジナルトライブ》の教育、経済、社会状況調査委員会の報告書が最もよく説明しているとして、同報告書の一部を引用し紹介している。

被抑圧階級のほとんどは経済的に自立していない。小作人としてカーストヒンドゥーの土地を耕す者もいるが、残りはカーストヒンドゥーに農業労働者として雇用されるか、村抱えの召使いとして雑務に従事し現物報酬を得ている。被抑圧階級があえて自分たちの権利を行使し、土地を離れたり村抱え召使いとしての奉仕を止めたりすると、カーストヒンドゥーがその経済力を武器に被抑圧階級を押さえつける例は山ほどある。社会的ボイコットが大々的に計画され、被抑圧階級が往来を歩くのを禁止し、商人に生活必需品を売らせないようにすることさえある。ごく些細なきっかけで被抑圧階級へのボイコットが宣言される。被抑圧階級が共同井戸を使ったというだけでボイコットが始まった例は枚挙にいとまがない。それ以外にも、彼らが聖紐をつけた、土地を買った、少し良い服や宝飾品を買った、結婚式の行列で花婿が馬に乗った、などという理由でボイコットが始まるのも稀ではない。被抑圧階級を抑圧するのに社会的ボイコットほど効果的な武器はない。あからさまな暴力など、社会的ボイコットの前には形無しである。

これまで地方自治体レベルで「不可触民」にも井戸や道路の使用を許可する政令が出されたことがあったが、カーストヒンドゥーに妨害され、空文となってきた。権利を行使しようとした「不可触民」のみならず、その支援者まで村社会において村八分に遭うこともしばしばであった。第二条件は、このような現実を踏まえていた。

第三条件は、被抑圧階級に対する差別を容認するような立法行為や行政命令を禁止することである。インドが完全にインド人の手に委ねられ多数派が支配する国になれば、被抑圧階級を差別的に扱う法律や政令が発出されることが大いに懸念されるため、この保障がなければ「多数派が支配する国の市民になると同意することはできない」とした。

第四条件は、立法府において被抑圧階級が常に適切に議席を確保できるよう保障することである。被抑圧階級は立法府および行政府に影響を行使し自分たちの福利を保持するに足る十分な政治的権力を与えられなければならない。そのため次の権利を議会選挙法に明記するよう要求した。(一)州と中央の立法府にそれぞれ適切な代表を得る権利。(二)自分たちの代表を自分たちで選出する権利。選出方法は、一〇年間は分離選挙、その後は留保議席を伴う合同選挙。被抑圧階級はその意思に反して合同選挙を強制されることはない。合同選挙は必ず成人普通選挙を伴わなくてはならない。

第四条件にある代表選出方法は、第一回会合でのシュリーニヴァーサンの提言から再び変化している。シュリーニヴァーサンは既述のように、形式問わず選挙全般が時期尚早だとし、「不可触民」が地方議会選挙で十分経験を積み、カーストヒンドゥーに惑わされない自己を確立したのちに、まず分離選挙制を導入するよう提言していた。一方アンベードカルは、成人普通選挙が実現するなら留保議席を伴う合同選挙が適切であり、分離選挙権が必要になるのは現行の制限選挙（有権者資格に納税額や不動産所有などの財産条件が設定されていた）が維持される場合であると説明していた。[*6] シュリーニヴァーサンの方がカーストヒンドゥーへの警戒心が強く、「インド国民」意識の創出にも懐疑的であったが、アンベードカルに説得されて譲歩したのかもしれない。一方アンベードカルもシュリーニヴァーサンに影響されて、留保議席つき合同選挙の前にまずは分離選挙を経験する方が安全と考え、期限付きの分離選挙を要求することにしたのだろう。

このように、アンベードカルとシュリーニヴァーサンが必ずしも分離選挙を必須条件にしたわけではない点は注目に値する（従来は、「不可触民」はイギリスの分割統治に乗せられてムスリム同様に分離選挙権を要求し民族を分断したと説明されることがあった）。二人は、カーストヒンドゥーが支配的な政治体制で起こりうる様々な事態を想定し警戒しながらも、「被抑圧階級／不可触民」という範疇が固定化して排斥行為が助長されることも危惧した。しかし同時に、カーストヒンドゥーと「不可触民」が交流する機会が増えれば次第に差別意識が緩和され、合同選挙でも不都合が生じないような状況が到来するかもしれないと淡い期待を抱いていた可能性もある。とはいえ、制限選挙のままでは財産資格が障壁となり「不可触民」有権者の割合が低下するため、合同選挙区の場合は成人普通選挙が必須としたのである。

さらに、立法のみならず政策立案の過程でも被抑圧階級の意見が反映されるのが望ましいとして、インド総督および各州知事から組閣する政権与党に対し、被抑圧階級を閣僚に指名するよう忠告するべきであるとした。シュリーニヴァーサン自身は被抑圧階級出身閣僚の任命を義務とするよう求めていたが、条件を緩和した。そのほかにも、被抑圧階級は職業選択の自由がなく経済的にも苦境に置かれるなど、直面する困難が多方面にわたり、自助努力で対処できる範囲を超えているため、被抑圧階級保護を専門とする省庁の設置を要求した。

以上の「保障規定」に通底するのは、カーストヒンドゥーおよび彼らが多数を占める諸政治団体への強い不信感である。将来インドに自治権が与えられ彼らが政治権力を掌握することによって生じる諸問題を予測し、イギリス人が権力を握っている間に憲法によって「不可触民」の基本権と安全の確立を目指そうとする断固たる意志が感じられる。

アンベードカルは、第三回会合の席で「保障規定」の補足説明を行った。彼によると、インドには政治的認知が必要なマイノリティは数多いが、マジョリティ［カーストヒンドゥー］との関係性という点では全てが同じ土俵に上がれるわけではない。例えば、パールシー［ゾロアスター教徒。宗教的禁忌がほとんどないことも手伝っていち早くヨーロッパ人社会に接触し経済的に成功した者が多い］は最小コミュニティとはいえマジョリティと対等であるのに対し、被抑圧階級は人口は多いものの社会経済的権利を持たず、持とうとしてもマジョリティが許さない。不可触性《アンタッチャビリティ》を口実に市民権が制約されていることこそが被抑圧階級を他のマイノリティから厳然と区別するものである、という。一八九二年に英領インド軍への「不可触民」の雇用が停止されたことを例に挙げて、イギリス植民地政府も不可触民制を後押ししていると非難した。

議会代表選出方法について、アンベードカルは、指名制は論外だと否定した。指名制を要求していたシュリーニヴァーサンはアンベードカルに説得されたのであろう。次に、成人普通選挙が導入されるのであれば被抑圧階級を組織化するための準備期間を挟んで留保議席つき合同選挙を受け入れるが、しかし成人普通選挙が実現しないならば分離選挙が必須であると強調した。

議席数の割当については、他のコミュニティとの兼ね合いがあるため具体的数値は決められないとしつつも、自分たち「不可触民」はヒンドゥーとは完全分離《コンプリートパーティション》する前提で議論を進めると明言した。「ヒンドゥーは政治目的から我々をヒンドゥーと呼んでいますが、決して我々を兄弟と見なしません。ヒンドゥーは我々の人口と票に助けられて政治的特権を享受してきましたが、我々には何も得るものがありませんでした」とし、カーストヒンドゥーに対し、「人民の、人民による、人民の名を冠する政府を要求するのにマイノリティの協力を望むのであれば、まずマイノリティの懸念を払拭してください」と訴えて発言を終えた。

女性代表のもう一人、ラーダーバーイ・スッバラーヤン※も覚書をメンバーに事前配布し、第三回会合で補足説明を行った。彼女は性別による差別を憂慮し、慎重に言葉を選びつつ「国に奉仕するのに性別は関係ないという宣言、全ての市民が平等な市民権を有するという宣言を憲法に明記してほしい」と要望した。つづけて、女性は全ての人種《レイス》、信仰、階級を横断して存在する点で他のマイノリティとは異なるが、教育的、経済的、政治的に男性の後塵を拝している点で他のマイノリティと共通の問題を抱えているため、女性を「特定利益集団」として認知し、留保議席を設けるよう求めた。彼女は、「女性は国に貢献できます。［中略］しかし、女性が政治の舞台で活動するという発想に世間が慣れていないうちは、女性が当選するのは困難です。女性が政治の舞台に立つことに否定的な慣習や考えが存在している現在、一般選挙では実質的な機会の平等が女性に保障されるとは期待できません」と訴え、議席の五パーセントを女性に留保するよう要求した。単なる平等の宣言が機会の平等を自動的にもたらすわけではないという彼女の意見は、「不可触民」にも当てはまる重要な指摘であった。一方、「国に奉仕」しないと参政権を得る資格もないかのように読める点は、ナショナリズム言説の影響力を感じさせる。

※ラーダーバーイ・スッバラーヤン（一八九一―一九六〇年）は、バラモン出身でプレジデンシーカレッジを卒業した。若くして寡婦になり大地主のP・スッバラーヤンと再婚した。P・スッバラーヤンは一九二六年から三〇年までマドラス州首席大臣を務めた人物である。彼女自身はマドラス大学理事に選出され、全インド女性会議メンバーとしても活躍した。

なお彼女は「現在に至るまで、女性運動にはコミュナル問題の兆しはありません。そして今後もそうであるよう願っています」と結んで喝采を浴びた。しかし、彼女のいう女性運動に「不可触民」の女性は参加していたのだろうか。「不可触民」女性の多くは、教育を受ける機会を奪われ、カースト差別とジェンダー差別に苦しみながらもその状況に疑問を抱く機会も奪われてきた。運動に参加する経済的時間的余裕もなかったであろうし、参加しようとしてもカーストヒンドゥー女性がそれを許しただろうか。参加したとしても、「不可触民」女性がカーストヒンドゥー女性を前に、「不可触民」女性固有の問題を告発できたであろうか。ヒンドゥーとムスリムの対立が北インドほど深刻ではない南インドでは、代わりにヒンドゥーコミュニティ内部の差別が厳しく、それがコミュナル問題と言われていたことを、マドラス州出身の彼女は知っていたはずなのだが。

概してヒンドゥー教徒の委員は、分離選挙を「国益」に反する制度と見なしていた。ある委員が「合同選挙こそがインドに一つの国民を作り上げる方法であります。分離選挙では、ヒンドゥーに選ばれたヒンドゥー議員はムスリムに配慮しなくなり、逆もまた然りです」と発言したが、これを公然と否定できる者はいなかった。ムスリムのムハンマド・アフマド・ハーンも、分離選挙はナショナリズムの精神を壊しコミュナル対立を引き起こすなどデメリットが多いと認めざるを得なかった。そこで、分離選挙を導入しないですむようにするためにはマイノリティに十分な保護措置を与えなくてはならないと釘を刺した。[*7]

(3) ヒンドゥー教徒（カーストヒンドゥー）とムスリムの争いに巻き込まれる

第四回会合（一月六日）は、再びムスリムとヒンドゥーの応酬に終始し、シャフィーとムンジェーが舌戦を繰り広げた。争点は相変わらず議席の割当であったが、「不可触民」の要求が間接的に両者の争いに影響した。ムンジェーは、ムスリムの要求をそのまま通せば、中央議会においてヒンドゥーはマイノリティになってしまうと主張した。彼曰く、「ムスリムは人口の二六パーセントだが議席は三三パーセントも要求しています。被抑圧階級は議席の二六パーセントを要求していますが人口は一九パーセントで、我々としては彼らに特別加重 weightage を認めるつもりはないので、議席も一九パーセントを割り当てると仮定しましょう。ヒンドゥー教徒は寛大なのでクリスチャンやシク教徒などそのほかのマイノリティの要求も認めると、自分たちには議席の三二パーセントしか残らないのであります。ムスリム連盟のジンナー氏は、全ての州の全ての議会で、その地域におけるマジョリティの代表を半数以下にすることなくマイノリティを適切に代表させる原則を遵守すると申し出ています。しかしこの原則は、ムスリムには実現可能でもヒンドゥー教徒には無理です」と。

ムンジェーはさらに各州の議会について、各マイノリティの人口比と議席割当要求比率を挙げ、「寛大なヒンドゥー」がいかに犠牲を強いられることになるかを執拗に説明した。焦点の一つのパンジャーブ州について次のように言及した。

　ムスリム人口は五五パーセント、被抑圧階級は一三・五パーセント、シク教徒が一一パーセントですが、シク教徒は要求が通らなかったら内乱を起こすぞと脅してきたため、私は話し合いを続けるために議席数の一八パーセントという彼らの要求を受容せざるを得ませんでした。私は貧しく、弱く、「非尚武の民」のヒンドゥーです。内戦を予告されて私は打ちのめされました。その上クリスチャンが議席の五パーセントを要求したら、パンジャーブ州でのヒンドゥー教徒人口は一九・五パーセントなのに、議席は八・五パーセントしか得られないことになります。

　ちなみに「非尚武の民」とは、シク教徒がムガル帝国に抵抗するために武装集団化した結果、イギリス支配下で「尚武の民《マーシャルレイス》」として軍に積極的に雇用されてきたことを揶揄し、翻ってヒンドゥーはイギリス人におもねっていないと表現したものである。

　ムスリム代表のシャフィーが反論し、被抑圧階級とヒンドゥー教徒を異なる集団扱いしていることに疑義を呈して、被抑圧階級はヒンドゥー教徒なのか否かはっきりさせろと問い詰めた。というのもムンジェーは、各コミュニティの議席割当を説明する際は被抑圧階級の要求比率に言及しながら、各コミュニティの人口比について語るときはしばしば「ヒンドゥー」に被抑圧階級を含めており、ヒンドゥーが人口の多さに比していかに議席が少なくなるか強調したためである。ムンジェーは、自分が被抑圧階級をヒンドゥーと見なしているか否かが問題なのではなく、被抑圧階級が己をヒンドゥーと見なしているか否かが問題であるとして、シャフィーの質問に正面から答えるのを避けた。そして、アンベードカルらがヒンドゥーから完全に分離すると宣言した以上、それを前提に計算していると説明した。

ムンジェーはさらに、インド史解釈を持ち出して、マイノリティを直接間接に非難し始めた。まずパールシーを引き合いに出し、人口では一パーセントにも満たない彼らが優秀さをもってインド史に名を刻んできたと持ち上げ、マイノリティでも努力すれば地位向上が可能だという実例があるのだから、特別扱いを求める他のマイノリティは努力不足で欲深いと暗に非難した。また、イギリスのインド征服過程に触れて、「マドラスに上陸したイギリス人は、マドラスの人びとを軍に雇用してマドラスを征服し、そこを拠点に周辺地域を征服しました。つぎはその周辺地域の人びとを雇用して、さらに周辺を征服しました。これを繰り返して北西部まで来ると、そこは兵力調達に格好の場だったのです。［中略］我らがマラーターカーストはもちろんイギリスに抵抗して戦いました」。この発言を聞いた議場の人びとは、マイノリティ委員会開会直後のシュリーニヴァーサンの演説を想起したであろう。ムンジェーは、イギリスによるインド征服戦争に「貢献」した「不可触民」に対置して、マラーター※の愛国心、祖国（インド）への忠誠を強調したのである。また、北西部では多くのムスリムが軍に雇用されたとし（ヒンドゥーも雇用されていたのだが）ムスリムの「非愛国」ぶりも示唆した。

※マラーターは、かつてシヴァージー・ボーンスレーのもとにマラーター王国を建て、ムガル帝国と対峙した。会議派指導者の一人、B・G・ティラクは、民族運動に民衆を動員しようとした際に、「外敵」に抵抗した戦士としてシヴァージーとマラーターを賞揚し、インド人（実質的にはヒンドゥー教徒）団結のシンボルにした。

(4) 決裂

パンジャーブ州のムスリム代表シャフィーは、人口比より多い議席（特別加重）が認められるなら、留保議席つき合同選挙を受け入れ、分離選挙権は放棄してもよいと譲歩する姿勢をみせた。一方ベンガル州（ムスリム人口が過半数を占める）のムスリム代表フォズルル・ホク※は、ベンガル州のムスリムの総意として分離選挙権は放棄できないとし、ムスリム内でも意見が割れた。[*8] その後両州のムスリムが水面下で交渉したのか、第五回会合では、シャフィーがベンガル州、パンジャーブ州、北西辺境州におけるムスリムへの議席配分比率を提示し、分離選挙権の継続を要求して最終提案とした。しかしパンジャーブ州のシク教徒代表ウッジャル・シンが、自分がいないところで勝手に話が進んだことに不快感を示し、提案を拒絶した。同州およびベンガル州のヒンドゥー教徒代表もそれぞれ、シャフィーの提案ではヒンドゥー教徒の取り分が犠牲になるとして拒否した。

※フォズルル・ホク（一八七三―一九六二年）は、法曹家、政治家としてベンガル州を拠点に活動し、一九三七年からはベンガル州首相を務め、分離独立後のパキスタンの内務大臣、東パキスタン知事などを歴任した。

こうしてマイノリティ委員会は決裂した。ひたすらヒンドゥーとムスリムの議席の取り合いと、時々シク教徒の取り分が議論されただけで、「不可触民」や女性の主張は一顧だにされなかった。アンベードカルは「ショックです。他のコミュニティのことが全く配慮されませんでした」とこぼし、何人ものメンバーが同意した。[*9]

最後の第六回会合は、マクドナルドが作成したマイノリティ委員会報告案の修正作業に終始した。報告書冒頭は、委員会のほぼ唯一の合意事項として、全てのコミュニティの協力を確保することがインド責任政府を機能させるために不可欠であり、そのためには全てのコミュニティに対し彼らの利害が侵害されることはないと保障する条項を新憲法に含めるべきであると言明した。その具体策の一つは、「様々なコミュニティの文化的宗教的生活を保障し、各個人が人種やカースト、信仰、性別の区別なく経済的、社会的、市民的諸権利を自由に行使することを保障する」という基本権宣言を憲法に組み込むことであった。アンベードカルがさらに、「不可触民」を差別しないと明言するよう要求した。その後、次のようなやりとりが展開された。

マクドナルド：「人種やカースト、信仰、性別の区別なく」と明言していますが？

アンベードカル：「不可触民制」への言及が欲しいのです。

マクドナルド：「可触か不可触かの区別なく」とでもするのですか？　既に「人種やカースト」という文言があるのですが？

アンベードカル：より明確に説明するためには、「不可触民制」と言及することが重要です。

マクドナルド：「可触か否かの区別なく」……このような文章をつくったら我々は笑いものになりますよ。

アンベードカル：カーストと不可触民制は別物として扱わなければなりません。カーストに属する人が皆、不可触民制に苦しんでいるわけではないのです。

ナレーンドラ・ナート：ムスリムにもカーストはありますよ。

ラーマチャンドラ・ラオ：不可触民の中にもカーストがあります。「カーストの区別なく……」の方が、より広義です。

マクドナルド：厳密な用語を使用すると、カバーする範囲も限定的になってしまいますよ。つまり、一般原則に対して狭い定義を与えることになってしまいます。

アンベードカル：承知しています。しかし不可触民制に基づく差別をマイノリティ委員会は決して許さない、という姿勢を報告書に明記したいのです。

マクドナルド：どうしてもですか？

アンベードカル：どうしてもです。この点は絶対に明示しなくてはなりません。

マクドナルド：「区別なく……」を「差別されることなく……」に換えるのではいかがですか？

アンベードカル：……それで結構。

こうして、憲法に「人種やカースト、信仰、性別で差別されることなく経済的、社会的、市民的諸権利を自由に行使することを保障する」という条文を盛り込むよう、マイノリティ委員会として提言することになった。しかしアンベードカルはさらに、「被抑圧階級は、不可触民制、および不可触民制に起因する制約を法律によって廃止すること、および権利の自由な行使が保障されることを求めた」という文章を報告書に追記し、記録に残すよう求めた。マクドナルドが、「差別なしに」という文言を挿入すればもう十分だと指摘すると、アンベードカルは反論した。「何人たりとも差別されてはならず権利の自由な行使を保障されると憲法が宣言したとしても、その憲法で保障された権利を我々が行使するのを人々が許さないのです。私自身いやというほど経験し現実を思い知らされてきました。それゆえに我々は、単に権利を宣言するにとどまらず、権利の行使を保障する具体的方法と手段に至るまで、憲法に明記するよう求めているのです」。しかしマクドナルドは、憲法とは理念や基本原則を宣言するものであって、その実施に関わる細則は法律が扱うべきであるという憲法論を振りかざし、「不可触民」の実体験から生まれた切望に耳を傾けることはなかった。

アンベードカルは、不可触性に基づく差別の禁止を明記することに固執したが、これは彼が、「不可触民」という属性の集団が存在することを前提に他の人々との間に線引きをしたことを意味する。しかし「不可触民」とは明確に定義し区分できる存在なのか。アンベードカルはかつてサイモン委員会に問われて、「被抑圧階級」とは「不可触民」のことであり「触ると不浄を与える存在」であると答えていた。ただし少なくとも南インドにおいては「触れば穢れる／不浄を与える」とされるコミュニティが「シュードラ」の中にも多数存在したことは、一九〇一年国勢調査の表が示す通りである。なお、シュリーニヴァーサンはアンベードカルの定義に異議を唱えなかった。二人は、必ずしも明瞭ではない「不可触性」という基準で「不可触民」を定義し、その他を排除したといえよう。

マイノリティ委員会報告書案の内容に戻ろう。最も議論が紛糾した立法府での代表制について、報告書は、合同自由選挙（分離選挙区や議席留保を伴わない一般選挙）が民主主義の原則に最も適合しているという点については概ね合意がみられたものの、いかなる条件のもとで実施に移行するかについては合意に至らなかったとした。各コミュニティの分布状況およびコミュニティ間の経済、社会、政治的不平等に鑑みて、コミュナル代表制を求める声が強く、その選出方法として（一）指名制は全会一致で否定され、（二）留保議席を伴う合同選挙区制はマイノリティの代表を保障するが、その代表選出がマジョリティに左右されると否定的な意見があり、適切な代表を保障するためには（三）分離選挙しかないという意見が大勢を占めたが、それでも異論が出た、と説明された。さらに報告書には「被抑圧階級が選挙を見据えて、自分たちはヒンドゥー集団とは切り離された独立したコミュニティであると主張したために、より深刻な混乱状況に陥った」とあり、決裂した非が「不可触民」にあるかのような一文もあった。

報告書は、関係者間での交渉を継続すること、その経緯を次の段階に関わるであろう人々に報告するよう推奨して締めくくられた。[*10] 一九三一年九月から第二次円卓会議を開催することを約して、第一次円卓会議は閉幕した。

2 ガンディーとの闘い――第二次円卓会議

一九三一年三月、インド総督アーウィンとの交渉でガンディーが大幅に譲歩し、会議派は不服従運動を停止し第二次円卓会議に代表を派遣することに同意した。同年七月、第二次円卓会議の参加者リストが公表された。そこには第一回会議に引き続きアンベードカルとシュリーニヴァーサン、そして新たにガンディーの名が入っていた。アンベードカルとガンディーは、会議に先立ちボンベイで初めて会談した。ガンディーは、アンベードカルが生まれる遙か前から自分は不可触民問題について考え、会議派の政策に組み入れ、努力してきたにもかかわらず、なぜ会議派を非難するのかと尋ねた。アンベードカルは、会議派は不可触民問題が存在するという事実を認めただけで具体的には無為無策であったと反論し、「私には祖国がありません。犬や猫のようにあしらわれ、水も飲めないようなところを、どうして祖国だとか、自分の宗教だなどといえるでしょう」と逆にガンディーに問うた。ガンディーはこのとき初めてアンベードカルが「不可触民」であると気づいた。[*11]

九月、第二次円卓会議が開幕した。ガンディーはヒンドゥー大協会創設者のマーダン・モーハン・マーラヴィーヤ（一八六一―一九四六年）や、マドラス州出身の詩人、女性運動の活動家で会議派メンバーのサロージニ・ナーイドゥ（一八七九―一九四九年）を引き連れていた。ガンディーの参加はマイノリティをめぐる議論に再び火をつけ油も注ぎ、第一次円卓会議での数少ない合意事項をも灰燼に帰してしまう。第二回会議から参加したガンディーが、自分だけがインド人全体を代表していると強弁し会議を仕切ろうとしたためである。その経緯を見てみよう。

(1)　蚊帳の外に置かれる

マイノリティ委員会第一回会合は一九三一年九月二八日に開催された。マクドナルドが再び司会に就任した。開会早々、ムスリムのアーガー・ハーンが今夜ガンディーとの面会が予定されていると言いだし、マーラヴィーヤもヒンドゥーとムスリムの話し合いが進行中なので会合を一旦延期してはどうかと提案した。ムスリム以外のマイノリティは、ヒンドゥー教徒が最大マイノリティのムスリムのみを交渉相手として認め、他のマイノリティを無視するつもりなのではないかと警戒した。アンベードカルがすかさず異議を唱え、「ガンディー氏あるいは会議派の方々が何を代表しているのか知らないが、我々の活動を拘束する権利はない」とガンディーを牽制した。また、被抑圧階級は第一次円卓会議で覚書を提出し立場を明らかにしたので後は議席の配分について議論するだけだが、各コミュニティが個別に会議派と交渉して被抑圧階級の取り分を侵害するのは容認できないと宣言した。他のマイノリティ代表たちも次々と同調した。アンベードカルが「全ての責任を自分一人で担うべきだと思い込んでいる人物がいるから問題なのでは?」とガンディーを揶揄し、雰囲気がさらに悪化した。マクドナルドが慌てて「アンベードカル博士の言う通り。確かに全ての責任を担わなくてはならないと考えている人物がいる。私だ!」と笑いを誘ってなんとか場を収めた。*12

第二回会合(一〇月一日)でも、最初からガンディーが、ムスリムの友人と話す時間が足りず、そのほかの異なるグループや階級の友とも話すためにも時間が欲しい、として会合の再延期を求めた。ガンディーの提案は実質的に、会合で議論を戦わせるのではなく、非公式の場で折衝するというもので、その非公式の場に居合わせない者にとっては交渉過程がブラックボックスになることを意味した。アンベードカルは、ガンディーが提案する「非公式の会合」では被抑圧階級は代表されるのか問いただした。ガンディーが「もちろん」と応じると、アンベードカルは、連邦機構委員会の初会合で、ガンディーがムスリムとシク教徒以外は政治上のコミュニティとして認知するつもりはないと発言したことを指摘し、そのガンディーが主催する会合で被抑圧階級はどう振る舞えば良いのかと詰め寄った。アングロインディアン代表も「私も不運なことにマハートマー[ガンディー]に認知を拒否されたコミュニティに属しています。私も昨日マハートマーと話しましたが、氏と会議派が認知するのは歴史と伝統の観点からムスリムとシク教徒の二つだけであると言われてしまいました」と告白した。彼は、今ここに集結しているのは、第一次円卓会議でマイノリティコミュニティとして認知され議論を重ねてきた人々であると指摘し、第一次会議をボイコットしたガンディーを暗に批判した。マドラス州出身でインド人クリスチャン代表のA・T・パンニールセルヴァンも「まさかマハートマーが我々を認知していないとは思いもよりませんでした」と語気を強めた。ヒンドゥー大協会のムンジェーが慌てて間に入り、ガンディーの発言はさほど重要ではないと取り繕った。

ところがそこにサロージニ・ナーイドゥが割り込んだ。「家族の口げんかは部外者に晒さずに自分たちで解決するべきです。マハートマーが会合の延期を申し出たのもそのためです。私はマイノリティに、自分たちも国の一部であると感じてもらいたい。マジョリティもマイノリティも、家庭内の些細な諍《いさか》いを部外者に晒すようなことはせずに、自尊心をもって仲直りしましょう」と。[*13] 部外者たるイギリス人の前で「身内の恥」を晒すなとたしなめ、各マイノリティの要求と対立を「些細な諍い」と表現する点は、ガンディーの上をいく「無神経」ぶりであった。ただし、政治を「家庭」になぞらえ、「母」として「家族」をたしなめるという体をとらないと、女性が政治の世界で発言して男性に耳を傾けさせることができない状況であった可能性も否定できない。第一次円卓会議でシャー・ナワーズが「娘として、母として、妹として」と表現したのも、同様の文脈で解釈されるべきであろう。

(2) ムスリムとシク教徒以外は認知しない――ガンディーの挑発

約一週間後の一〇月八日に第三回会合が招集されたが、ガンディーが非公式会合で合意形成に失敗したと報告し、その「失敗」の責任はインド人代表の構成にあるとした。各代表はイギリス政府から指名されただけで各コミュニティ成員の真の意見を代弁していないという理屈である。一方、自分は会議派を代表し、その会議派は「インド全体を代表している。声なき何百万もの人々を代表している。その中には数え切れないほどの不可触民、無視されてきた後進人種も含まれている」として、自分こそがインド全体を代表するにふさわしい人物であると強弁した。さらに、コミュナル問題の解決は自治憲法制定過程の最後を飾るものであって基礎段階ではないと発言して、マイノリティの不安を解消することなしに憲法制定作業を進めるべきではないというマイノリティ代表たちの共通意見を否定した。

その上で、マイノリティ問題に関する会議派の見解として、文化・信教・言語・文字・教育・宗教行事の保護と宗教別家族法の継続をコミュニティの基本的権利として認めた。成人普通選挙を前提として、シク教徒とムスリム、ヒンドゥー教徒がマイノリティである州のヒンドゥーにのみ留保議席を与えるとし、分離選挙を否定した。「不可触民」への議席留保を否定した理由について、成人普通選挙が実現すれば何百万もの「不可触民」が有権者になるため、とだけ説明した。ただし、「不可触民には、立法府への代表選出よりも宗教的社会的迫害からの保護が必要です。慣習はときに法より強く、不可触民を抑圧しています。考えあるヒンドゥーはこれを恥じなければなりません。したがって、このような迫害を厳罰化する大胆な立法が必要です」とガンディーが言及したことは意外である。差別行為を法で禁じることは「差別する側」に差別を止めるよう強制することになり、「差別する側の改心」を求めてきたガンディーの姿勢から逸脱している。場を収めるために争点をずらしたとも考えられ、ガンディーの老練で戦略的な政治家としての一面を示している。

ガンディーの発言にアンベードカルが憤慨した。各コミュニティ代表の正統性に関するガンディーの指摘について、アンベードカルは、もし全インドの被抑圧階級による投票が行われたら必ず自分が選出されると言い切った。他のコミュニティ代表もガンディーの発言に反発した。唯一、A・P・パトロは、委員会の構成に問題があるというガンディーの意見を一部認めて、委員会に集められたのは各州の各コミュニティの代表であり、各州特有の社会構成や政治事情の見地から主張を行っているため、インド全土に適用可能な大原則を策定するのは無理があるとした。*14

結局マイノリティ委員会は事実上無期延期状態となり、次に会合が開かれたのは一か月以上たった一一月一三日であった。全体会議に提出する委員会報告書の策定に向けてその内容を議論する予定であったが、その会合の場で各コミュニティが個別に要望書を提出したため、報告書そのものはマクドナルドが執筆し(合意形成に失敗した経緯を説明するわずか二頁のシンプルな内容であった)、各コミュニティの要望書・覚書一九点が付録という異例の報告書が完成した。

ちなみに、最後にマクドナルドから発言を求められたサロージニ・ナーイドゥとシャー・ナワーズが、インドの女性は、保護や優遇を受けることは女性が劣っていると認めることであると反対しているので、女性専用議席も不要であると発言した。しかしラーダーバーイ・スッバラーヤンが反論し、「インドの女性」といっても意見の相違があり、インドの男性に意見の相違があるのと同じだと指摘した。

私たちは平等を望んでいます。しかし憲法で与えられる平等は紙の上での平等に過ぎず、実践面での平等を伴わないことが危惧されます。権利の平等と機会の平等についても同様です。政治的権利の平等といっても、ただ選挙を実施するだけでは、女性には機会の平等が与えられるとは限らないのです。したがって私は、立法府での女性代表を確保するための何らかの措置が必要だと考えます。私や私の仲間は現実主義者《リアリスト》なのです。理想を抱きつつも達成が困難だと感じたら、理想を達成するための現実的な対策を講じます。我々は単なる感傷論や理想論に甘んじることを良しとしないのです。

彼女の意見は、平等宣言が現実の平等を伴うわけではないことを指摘し、長年虐げられ不利な立場におかれ自由競争のスタートラインに立つ機会すら奪われてきた集団に対しては特別措置が必要であると訴えており、「不可触民」の願望をも援護するものであった。※

※ただしスッバラーヤンは、女性代表を確保することを最優先し、マイノリティや被抑圧階級の女性が相応の議席を占めることには賛意を示しつつも、女性専用議席をさらに被抑圧階級女性用、ムスリム女性用などに区分することは拒否した。のちに組織された選挙資格検討委員会（後述）では、被抑圧階級の女性が代表を得ることは重要だが、他から切り離された状態（分離選挙区）から選出されるのではなく、「全体に融解した状態」で選出されるべきだとした。[*15]

アンベードカルとシュリーニヴァーサンは、ムスリム、アングロインディアン、インド人クリスチャン、ヨーロッパ人と合同で覚書を提出した。まず、全コミュニティの総意として、何人たりともその出生、宗教、カースト、信条を理由に市民権の行使や職業従事等において差別されてはならないと宣言した。争点の議席について、現在指名制もしくは分離選挙により代表を得ているコミュニティは分離選挙によって代表を確保し、一〇年後に関係コミュニティの同意があれば留保議席を伴う合同選挙への移行を容認するとした。ただし被抑圧階級については、二〇年間は分離選挙で代表を選出し、その後も成人普通選挙が実現しない限り留保議席付き合同選挙制度に移行することはない、とした。シュリーニヴァーサンとアンベードカルは、この合同覚書への補足覚書を作成し、全州立法議会、中央議会において被抑圧階級の人口比に基づく留保議席を要求した。ここに至って二人が分離選挙権を要求したのは、参政権委員会が成人普通選挙の即時実現は不可能かつ不適切という結論を出したためと推測される。[*16] 合同覚書に署名した各代表は口々に「シク教徒、ムスリム以外のマイノリティを認知しないという発言が我々を団結させた」「我々を団結させてくれたガンディー氏に感謝する」と皮肉った。[*17]アンベードカルも後に円卓会議におけるガンディーの態度を回顧し、「不幸にも会議派はガンディー氏を代表に選んでしまった。インドの運命を託すのに彼ほど不適切な人物はいなかった。［中略］氏は、ことあるごとに他の代表を蔑ろにし、会議派代表である自分だけが国を代表する者であると、あからさまに言いつのった。氏は代表団を統一させるどころか亀裂を広げただけだった」[*18]と激しく非難した。

ガンディーは、円卓会議で改めてマイノリティコミュニティのヒンドゥーに対する不信感と警戒心の強さを体感したようである。会議派運営委員会が作成しマイノリティ委員会に提出した覚書には、次のようにガンディーが円卓会議中に追記した注がある。

2　選挙権を全ての成人男性および女性に付与する。

注A：会議派はカラチ大会決議で成人普通選挙の実現を掲げており、そのほかのいかなる選挙資格も認めない。選挙権は全ての成人に一律に付与され、したがって有権者名簿は全てのコミュニティの人口比を反映することになる。

3（a）将来のインド憲法では合同選挙を基本とする。

注B：可能であれば全てのコミュニティが立法府において相応の議席を確保できるよう何らかの措置がなされるべきである。この注は原案にはなかったが、原案に矛盾するものではないため、私の一存で追加した（MKG）。[*19]

ガンディー（MKGはガンディーのイニシャルである）はこのように、分離選挙権や留保議席などの具体策に言及することを避けながらも、「全てのコミュニティ」が議席を確保できるよう配慮が必要だと匂わせた。もっともガンディーが「全てのコミュニティ」に「不可触民」を含めているのか否かは、ここからは推測できない。

ヒンドゥー大協会のムンジェーも会議派の覚書に補足意見書を付けた。彼は、会議派覚書が基本権として「各コミュニティの文化や教育、信仰の実践を保護すること」と言及するにとどまっているのを問題視し、「何人もカーストや信教を理由に、不動産の所有、取得、売却の権利を含む市民的経済的権利の行使、職業選択の自由を侵害されない。これらの権利を制限する現行法は自動的に失効する」という条項を追加するべきだと指摘した。「不可触民」に配慮したと思われる内容である。しかしながら、「不可触民」が公共施設（井戸、公道、公共交通機関、教育機関など）の利用を禁止されている問題には言及していない。[*20] 現実には「不可触民」の中で不動産を取得するほどの経済力を発揮できる者は限られていた。むしろ、公共設備の利用制限こそ貧富を問わず「不可触民」全員が苦汁をなめてきた問題であり、対策を講じるべきであった。しかしムンジェーは恐らく、カーストヒンドゥーの反発を恐れて、あえて明言を避けたのであろう。

マイノリティ問題は再び暗礁に乗り上げた。マクドナルドはわずか二頁のマイノリティ委員会報告書の結語で、「コミュナル問題に関係する全ての団体が受容しうる合意案がインド側から提示されなかった場合、インド憲政上の発展を妨げることのないようイギリス政府が暫定案を講じる」と表明した。[*21] 第二次円卓会議は、マイノリティ委員会のみならず連邦機構委員会でも中央立法府と中央行政府の構成と機能に関する合意形成に失敗し、閉会した。

自尊運動勢力は、第一次円卓会議の出席者を裏切り者呼ばわりしていた会議派が第二次会議には一転して参加したこと、派遣されたガンディーが、自分だけがインド国民代表であると主張し、独立すれば格差や差別はなくなるなどと放言して会議を失敗させたと批判した。[*22] コーインバトゥールで開催されたアーディドラヴィダ大会は、円卓会議でアンベードカルが分離選挙権や行政府での代表確保を要求したことに触れ、「彼の偉業は歴史に刻まれるだろう」と賞賛し、ガンディーを批判した。[*23] マドラス州では、円卓会議の失敗の責任はガンディーに着せられた。

3　コミュナル裁定——イギリス首相マクドナルドの「仲裁」

(1)　裁定の内容と狙い

硬直状態に陥ったマイノリティ問題について、円卓会議には参加していなかったM・C・ラージャが動いた。一九三二年二月、ヒンドゥー大協会代表として会議に参加していたムンジェーと交渉し、被抑圧階級に留保議席を割り当てることを認めさせた上で、分離選挙ではなく合同選挙で被抑圧階級代表を選出することに同意したのである。ラージャ・ムンジェー協定と呼ばれるこの協定の内容は、カーストヒンドゥー代表と被抑圧階級代表の合意文書としてマクドナルドに送られた。ラージャの行動は、アンベードカルおよびシュリーニヴァーサンの被抑圧階級代表としての正当性を脅かした。

マクドナルドも事態打開を試み、同年八月一七日に調停案を公表した。いわゆるコミュナル裁定である。既述のように彼は、マイノリティ委員会報告書の結語で、コミュナル問題に関してインド人が合意形成に失敗した場合、イギリス政府が暫定案を策定する用意があるとの指針を示していた。これは、硬直状態に陥った同委員会において、イギリス政府に裁定案作成を委ね、それをたたき台に改正作業を進めるべきだという声がインド人参加者から上がっていたのを踏まえていた。同時にこの指針は、主に会議派やヒンドゥー大協会に顕著に見られた、マイノリティへの分離選挙権付与はイギリスの分割統治政策の延長であるという批判を牽制し、インド人が団結できないからイギリスが調停してやっているという伝統的な「公平なる仲裁者《アンパイア》」言説に則ったものでもあった。そのため、この指針に従って策定されたコミュナル裁定は、新インド統治法が成立する前に関係コミュニティが現実的な代替案をもって合意に達することができた場合は、イギリス政府は暫定案を引き下げ、インド側の代替案を盛り込んだインド統治法改正案をイギリス議会に提出する、との断り書きを伴っていた。

コミュナル裁定の内容を被抑圧階級（不可触民）に関わる部分に絞って見てみよう。[*24] 最重要ポイントは、州立法府の議員選出方法に関して、被抑圧階級に分離選挙権を認め、さらにそれとは別に一般選挙区でカーストヒンドゥーの有権者に混じって投票する権利も与えたことである。つまり、被抑圧階級は二度投票する権利を獲得した。裁定は、各州議会で被抑圧階級に留保される議席数も提示したが、その数はアンベードカルとシュリーニヴァーサンをはじめ多くの「不可触民」団体が要求した人口比に基づく議席数より少なかった。

コミュナル裁定は、シュリーニヴァーサンとアンベードカルの主張、すなわち「不可触民」は経済的に地位を上昇させようともその出自ゆえに不浄と見なされ差別され続けるため、他のヒンドゥー教徒とは明確に区別される独立したコミュニティである、という見解に基づいていた。コミュナル裁定に先立つ同年五月にイギリス政府に提出された選挙資格検討委員会（通称ロジアン委員会、アンベードカルも委員を務めた）の報告書も、「被抑圧階級」は「不可触民」と同義語であるとし、「不可触民」とは、不可触性ゆえに接触あるいは近接により不浄をもたらすと見なされ、寺院境内への入場を禁止されているカースト、と定義した。これにより、州によっては「被抑圧階級」に含まれていた経済的に後進だが不可触民と見なされていないカーストや「原住部族《アボリジナルトライブ》」「浮浪民《ヴェイグラント》」が除外された。「被抑圧階級」に所属するか否かの認定はカースト単位で行われることになった。[*25] なお、南インドほど不可触民差別が激しくない北インドでは、「不浄」な職業や慣習を止めた個人は不可触民とは見なされなくなると指摘し、カースト単位での認定に反対する意見があった。しかしアンベードカルが、近代的工場でカーストヒンドゥーと不可触民の労働者が隣り合って作業するなど「近代に順応している」ように見えても、職場を出れば不可触民は不可触民であるという理由で賤視され続けている、と反論したことが影響した。※

※アンベードカルは、不可触民をカーストヒンドゥーから分ける基準は地域によって異なると認めながらも、それが不可触民差別の現実を否定することにはならないと強調した。また、不可触民制が急速に消滅しつつあるという意見に対して、それはプロパガンダであり、現実から乖離していると反論した。[*26]

「不可触民」の中にも、分離選挙権が付与されることによって「不可触民」という集団範疇が固定化され、ヒンドゥーに包摂されなくなると懸念する声があった。二重投票権はこの懸念に対応するために案出された。合同選挙であれば被抑圧階級もその他のカーストも混じって投票するため、交流が促されるというわけである。なお二重投票権は、ロジアン委員会では、選挙資格を「不可触民」とその他とで同等に保ったまま「不可触民」の有権者比率を増加させる手段として発案された。「不可触民」指導者たちは人口比に応じた政治的発言権の確保を強く要望していた。しかし納税額や不動産所有などの財産資格が障壁となり、被抑圧階級の有権者が著しく少なくなることが予想された。そこで委員会は、被抑圧階級に二重投票権を与えることによって、全投票数に占める被抑圧階級の投票比率を二倍にするという奇策を発案したのである。そのほかにも被抑圧階級の有権者比率を人口比率に近づけるために、（一）伝統的に「不可触民」が担ってきた村の下役［タライヤーリやヴェッティヤーンなど］にも投票権を与える、（二）財産資格を問わず識字能力があれば投票権を与える、（三）被抑圧階級のみ財産資格を緩和する、などの手段が検討された。委員会は、（一）はマドラス州、ボンベイ州、中央州で有効だとし、（二）は被抑圧階級の教育普及を促進するという理由で推奨したが[*27]、コミュナル裁定ではいずれも無視された。コミュナル裁定の主眼は、あくまでも「不可触民」代表を確保しつつインド国民分断（分割統治）陰謀論に反論することにあり、「不可触民」有権者を増やすことではなかった。そのため裁定は、統治法施行から一〇年後に関係コミュニティ全ての合意があれば、二重投票権や分離選挙権を含む諸規定を見直す、という条文をインド統治法に挿入することを提案し、「インド国民の分断を促進するイギリス政府の陰謀」論に備えていた。

(2) コミュナル裁定への反響

コミュナル裁定が公表されると、インド各地で様々な賛否の声が上がった。マドラス州政府からインド総督に宛てた極秘報告書は、マドラス州で発刊される新聞を分析してその反応を伝えている。批判的意見は、「裁定に基づく憲法が施行されれば、インド人は無数のグループに分断され国民精神が弱まる」というように、国民を分断し国益を損ねるという趣旨の、予想通りの内容が大半を占めた。「イギリス政府はコミュニティ主義者におもねってインド民族への敬意と共感を犠牲にした」、「裁定はインドを分断するべく計算されたものである。インド人民は団結して反対せよ」などである。[*28]「国」や「インド」「民族」という抽象概念を大上段に掲げたこれらナショナリズム紙の記事には、その「国」の同胞が差別している「不可触民」への配慮は感じられない。南インドの代表的新聞『ヒンドゥー』は、ヴェッロール県で開催されたカーストヒンドゥーの集会が、被抑圧階級は分離選挙を要求して自ら隔離されたがっていると批判したことを報じ、「不可触民」に分離選挙権を付与すれば「彼らが合同選挙区で投票することによって得られるであろう利益が失われる」との見解を示した。同紙が言うところの合同選挙で得られる利益とは、合同選挙区におけるカーストヒンドゥーとの交流、相互配慮を通じてヒンドゥーコミュニティに包摂してもらえることであった。[※][*29]

※同記事はコミュナル裁定が女性専用議席を設置したことも批判し、「円卓会議に出席したベーグム・シャー・ナワーズ含む女性代表や女性団体は、女性に分離選挙権が与えられることに断固反対してきた」と説明した。しかし円卓会議議事録で見た通り、ラーダーバーイ・スッバラーヤンが何らかの形で女性代表を確保するべきだと要求していた。『ヒンドゥー』紙記事はその事実を無視している。

一方、賛成意見はコミュナル裁定の公平性を評価した。正義党は機関誌『正義』で、パンジャーブ州においてシク教徒、ムスリム、ヒンドゥー教徒のいずれも多数派にならないよう議席配分したことを評価した。「被抑圧階級」にも分離選挙権が付与されたことには言及しなかった。[*30]『ドラヴィダ人』（正義党発行のタミル語日刊紙だが一九二八年以降Ｅ・Ｖ・ラーマスワーミが運営・編集を受託していた）も裁定を歓迎し、とりわけ被抑圧階級にも分離選挙を導入したことを高く評価した。[*31]インド総督は本国のインド担当大臣への電報で、マドラス州は他州と異なり、カーストヒンドゥーも裁定に好意的だと報告したが[*32]、非バラモン運動の影響でカーストを基準とする議席配分に慣れていたためといえよう。もっとも、賛成派の中には諦念のような意見もあった。インド人同士での合意に失敗したのだからイギリス人の裁定を受容せざるを得ないという論調である。「裁定を受容するか、憲政改革を全て諦めるか、選択肢は二つだけだ」、「満足できる解決策ではないものの、憲法制定への障害を除去しており許容範囲だ」などの消極的賛意が見られた[*33]。

コミュナル裁定発表直後のインド総督からイギリス本国への電報には、被抑圧階級の指導者層の初期反応が説明されている。M・C・ラージャがいち早く、コミュナル裁定を認めないと表明した[*34]。アンベードカルも被抑圧階級代表の選出方法が適切ではないという理由で納得していないと報告された[*35]。アンベードカルが何を不適切と批判したのか具体的な説明はないが、「不可触民」の誰も要求していない二重投票権か、もしくは留保議席数が人口比よりも遥かに少ないことに不満を抱いたと推測される。

マドラス州内の各地方行政官から上がってきた報告によると、地方の「不可触民」は、概ねコミュナル裁定を歓迎した。例えば、南アルコット県南部のアーディドラヴィダ指導者スワーミ・サハジャーナンダン（第四章で紹介した土下座拒否を指示した人物）は「アンベードカルとシュリーニヴァーサン同様、合同選挙に否定的」で、分離選挙権が与えられたことを喜んだ[*36]。彼はガンディーと面識があり「熱心なガンディー信奉者」と評されているが[*37]、代表選出方法に関してはガンディーを支持しなかった。タンジョール県マンナルグディでは、被抑圧階級知識人たちが裁定を歓迎し、分離選挙権およびアンベードカルを支持すると表明した[*38]。アンベードカルがもとは成人普通選挙実施を条件に留保議席付き合同選挙を志向し、初めから分離選挙を要求していたわけではないにもかかわらず、要求を変更せざるを得なかった経緯は捨象され、アンベードカルとシュリーニヴァーサンがともに分離選挙を要求しているというイメージが広まっていたことを推測させる。一方、キストナ県グディワダで開催された被抑圧階級集会は、二重投票権を歓迎して次のように決議した。「イギリス政府は、我々と高位カーストヒンドゥーとの繋がりを維持しつつも我々の適切な代表を保障するという確固たる姿勢を示した。ヒンドゥーコミュニティから我らコミュニティを分離するという意図があるわけではない」[*39]。この意見はつまり「不可触民」と残りのヒンドゥーとの繋がりが保たれることを評価したのであって、「不可触民」はヒンドゥーとは切り離された独立した集団であるというアンベードカルやシュリーニヴァーサンの主張とは相容れなかった。

「不可触民」指導者全員が分離選挙を支持したわけではない。トリチノポリ県のパッラル・カーストはイギリス政府に要望書を提出し、コミュナル裁定を批判して合同選挙区を要求した。「議員というものはあらゆる階層を代表することに正当性があり」、不可触民代表といえどもカーストヒンドゥーの支持を得るべきだとの見解を示した[*40]。このような意見の背景には、彼らがパライヤルではなくパッラルであることが影響しているように思える。分離選挙では「不可触民」の中の多数派であるパライヤルに議席を独占されると危惧し、あえて留保議席付き合同選挙を求めた可能性は否定できない。マラバール県でも、「ティーヤル出身で被抑圧階級リーダーを自認するC・アチューターン」という人物が開いた集会が合同選挙を求める決議を採択した[*41]。

アーンドラ地方の「不可触民」指導者で元マドラス州立法参事会議員のN・デーヴェンドルドゥ[※]は、

「不可触民」の複雑な心情を吐露した。西ゴダヴァリ県長官との会合で彼は、コミュナル裁定の利点を認めつつも、割り当てられた議席数が少なすぎると不満を述べ、被抑圧階級の人口比に応じた議席留保と合同選挙を要求したいと語った。しかしその一方で、「被抑圧階級大衆は、ヒンドゥーコミュニティに入りたがっているが、同時に、カーストヒンドゥー指導者たちの言動に強い不信感を抱いている」とも指摘した。[*42] カーストヒンドゥーを信用しないのなら合同選挙より分離選挙の方が適切だが、分離選挙権は自分たちを残りのヒンドゥーから切り離すことになるため、ヒンドゥーコミュニティへの包摂を希求する被抑圧階級民衆もジレンマに陥ったのである。

※デーヴェンドルドゥは、「アーディアーンドラ」に所属すると称した。アーディアーンドラとは、アーンドラ地方（テルグ語圏）の「不可触民」カーストであるマーラやマーディガが採用した自称である。マーラ出身のB・レッディ・ヴァルマが、一九一七年にカーストヒンドゥーの社会改革家が開催した第一回アーンドラ・パンチャーマ人民協会大会に招かれて演説し、パンチャーマと呼ばれる人々はインドの原住民であるから、アーディヒンドゥー「原インド人の意味」と自称すべきで、アーンドラ地方ではアーディアーンドラと名乗るべきだと主張した。アーディアーンドラを自称する人々の六〇パーセントがマーラ、四〇パーセントがマーディガだという。[*43]

急に「特権」を付与されたことへの困惑も見られた。ティンネヴェリ県長官が地元の被抑圧階級と話をしてみると、「彼らは全員口をそろえて、コミュナル裁定で提示された特権を享受する準備ができていないと言った」という。「被抑圧階級の大衆は、議会での代表権という問題に無関心で意味も理解していない」ため、選挙権を与えられても適切に行動できそうになく、ましてや立候補者を複数人用意するなど不可能だ、というわけである。ただし、分離選挙はインド国民を分断するという言説に対しては、「自分たちは既にヒンドゥーコミュニティから切り離され、人間以下の家畜のように扱われている。今さら分離選挙で溝ができることはない」と皮肉交じりに否定したという。[*44]

4　死に至る断食——ガンディーの圧力と「不可触民」の譲歩

ガンディーは、円卓会議から帰国するとすぐに不服従運動を再開し、逮捕投獄されていた。コミュナル裁定が公表されると、獄中からマクドナルドに手紙を書き抗議した。被抑圧階級は一般有権者と同じ選挙資格とし、同じ選挙区で代表を選ぶべきであり、イギリス政府が世論に従い自発的に裁定を撤回しなければ、九月二〇日から「死に至る断食」を開始すると通告した。さらにその通告内容を公開した（マドラス州の各県長官宛て指示書によると、断食予告を含む往復書簡は九月一二日に公開されたようである）。[*45]

ガンディーは、表向きはイギリス政府にコミュナル裁定の取り下げを求めたが、通告内容を公開することにより「不可触民」にコミュナル裁定を辞退するよう圧力をかけた。コミュナル裁定は、関係コミュニティが容認しうる代案が提示されればそれに差し替えると謳っていたためである。実際、あるカーストヒンドゥーは、「不可触民が事態の深刻さに気づき、起こりうる悲劇すなわちガンディーが断食で死亡するのを回避するべく行動することを期待する」と発言した。[*46] こうして、「命を賭して国民の統合を目指すガンディー」と「分離選挙権に固執して国民の調和を乱すアンベードカルとシュリーニヴァーサン」の対立という虚構ができあがった。

(1) 断食予告への怒り

「不可触民」に圧力をかけるようなガンディーの言動に、「不可触民」からは激しい反発が巻き起こった。「不可触民」たちが共有した感情は「カーストヒンドゥー側に差別をやめるよう呼びかけるのが筋だ」という怒りであった。セーラム県の「不可触民」指導者たちは、ガンディーの言動は自分たち「不可触民」を従属させ続けようとする最後の足掻きだと吐き捨てた。[*47] 南アルコット県チダムバラムで開催された集会では、スワーミ・サハジャーナンダンが口火を切り、カーストヒンドゥーの変わらぬ差別的態度を指摘して、「インドはガンディー氏が唱える高尚かつ崇高な大義を遂行できるようなレベルに達していない」ため、ガンディーが本当に被抑圧階級の地位向上に関心があるのなら、断食などではなく社会から不可触民制を含む全ての差別を一掃するサッティヤーグラハ、つまり差別する側に自省を迫り真理・正義を悟らせる運動を提唱するべきだと非難した。[*48] キストナ県グディワダ郡で二〇〇〇人を集めた被抑圧階級集会では、コミュナル裁定を歓迎する決議が採択され、ガンディーに反感を抱いた「不可触民」の感情を代弁している。

ガンディー氏は物事を全て宗教的観点から、しかも極めて高尚な次元で捉えている。しかしカーストヒンドゥー全員がガンディー氏というわけではない。氏は、被抑圧階級はヒンドゥーであるという前提で合同選挙区を望んでいる。被抑圧階級が四〇〇〇年もの間抑圧されてきたことを十分承知していながら、留保議席もない普通の合同選挙に固執しているのは極めて遺憾である。もっとも氏の「マクドナルド宛て」書簡によると、氏は留保議席を用意しその数を増加させる心づもりはあるようだ。しかし氏は、イギリス政府が裁定を取り下げることを条件としている。ここに大いに問題がある。断食するか否かはカーストヒンドゥーの行動次第、とするべきだった。つまり、「カーストヒンドゥーが寺院、井戸、道路などを開放せず被抑圧階級を対等に扱わず相互理解に努めようとしないのであれば、私は死に至る断食を断行する」と表明するべきだった。この問題はカーストヒンドゥーと被抑圧階級の問題であって、決してイギリス政府とガンディー氏の問題ではない。[*49]

同じキストナ県のカイカルール郡被抑圧階級集会は、グディワダ郡被抑圧階級集会の決議を全面支持した。「ガンディー氏はイギリス政府ではなく高位カーストヒンドゥーに対して決意表明するべきであった。この問題は高位カーストと被抑圧階級の問題だからだ」とし、二重投票権を設定したイギリス政府への謝意を表した。[*50] マラバール県では、E・カンナンが幹部を務めるケーララ・アーディドラヴィダ協会《サバー》※が分離選挙を支持してガンディーの断食を非難し、タンジョール県ネガパタムでもアーディドラヴィダ集会がガンディーとM・C・ラージャを非難、インド総督に電報を送って、コミュナル裁定への感謝およびアンベードカルとシュリーニヴァーサン支持を表明した。[*51] 会議派の影響が比較的強い西ゴダヴァリ県の「不可触民」でさえ、議席留保すら認めないガンディーに反発し、彼の断食予告を非難した。同県では会議派がカーストヒンドゥーを主な参加者とする集会を開催し、留保議席付き合同選挙を支持する決議案を動議したが、その場にいた被抑圧階級が野次を飛ばし不採択にさせる事態になった。[*52]

※ケーララ・アーディドラヴィダ協会とは、マラバール県知事によると、ムニスワーミ・ピッライが議長、アンベードカルとシュリーニヴァーサンが副議長を務める全インド被抑圧階級連合《フェデレーション》の支部だという。全インド被抑圧階級連合は第二次円卓会議後の一九三二年に全国幹部集会を開催し、ムニスワーミ・ピッライも参加した。なおケーララ・アーディドラヴィダ協会の事務局長のE・カンナンはケーララ地方の「不可触民」カーストの一つ、カナッカン出身

で（一七〇頁参照）、アンベードカルと頻繁に書簡を交わし、南インドの事情に通じていないアンベードカルにマドラス州、とりわけケーララの状況を教え、ケーララ州におけるアンベードカルの代弁者となった。[*53]

タンジョール県ネガパタムのアーディドラヴィダは、分離選挙権が与えられたことを歓迎し、アンベードカル支持を打ち出した。アーディドラヴィダ人民協会ネガパタム支部長は、地元のアーディドラヴィダたちはガンディーがこれまで自分たちのために何かをしてくれたとは思っていないし将来何かをしてくれるとも考えていないので、彼が断食の果てに死のうが気にかけないだろうと語った。[*54] アンベードカルに「ガンディーから明解かつ有益な提案がなされるまで妥協するな」[*55]という激励電報を送った青年団体もあった。「我々は分離選挙を求める／我々は四〇議席を求める／ラージャ氏は我々のリーダーではない／ガンディー氏は我々のリーダーではない」というタミル語のビラがマドラス市とその近郊にばらまかれた。[*56]

合同選挙を提案したラージャ・ムンジェー協定に好意的な意見もなかったわけではないが、合同選挙そのものへの支持ではなく、同協定がコミュナル裁定よりも多い留保議席を提案したことへの賛意が大半であった。[*57] なお、先に紹介した南アルコット県チダムバラムのアーディドラヴィダ集会では、人口比に基づく留保議席を保障すること、成人普通選挙を実現すること、各種の保護措置《セーフガード》を規定することの全ての条件が満たされるのであれば合同選挙を受け入れても良いという意見が出た。すぐさま、カーストヒンドゥーがアーディドラヴィダを人間として認識するまでは分離選挙は必須であると反論されたが。[*58]

パライヤル以外の「不可触民」に合同選挙を希望する声が見られることは、先に指摘した通りである。特にアーンドラ地方では、タミル地方の人々がマドラス州政治を牛耳っているという不満が強く、その感情をアーンドラ地方の「不可触民」指導者も共有していた。グントゥール県アーディアーンドラ連盟《サンガム》の幹部たちは協定を支持し、被抑圧階級がカーストヒンドゥーの同胞と一体になるために合同選挙を実現しようと訴えた。[*59] キストナ県テナリ市では一六名の被抑圧階級が市役所で集会を開き、成人普通選挙、合同選挙、不可触民制廃止を求める決議を採択した。[*60] これらの動きは、分離選挙権を求める被抑圧階級代表アンベードカルと反対するガンディーという二項対立的理解に再考を迫るものであるが、合同選挙支持派といっても、より多くの「不可触民」専用議席と成人普通選挙実施を必須条件としている点が重要である。

「不可触民」が皆、声を上げ自由に自分の意見を表明できたわけではない。カーストヒンドゥーの報復を恐れて声を上げられない「不可触民」も多数存在したことは想像に難くない。ある地方官僚は、「不可触民」は雇用主のカーストヒンドゥー農民を恐れて自分の意見を表明しないので、本心では何を考えているのか推測できないと打ち明けた。[*61]

しかし、新聞報道も地方官僚も概ね、一般「不可触民」の無言を、彼ら彼女らの無知と無関心によるものと解釈した。[*62] ラームナード県知事は、「私の県の被抑圧階級は概ね文盲で無知である。注目に値する指導者もいない。彼らは政治問題には何の考えも持ち合わせておらず、選挙権だの分離選挙だのも理解していない」と報告した。[*63] タンジョール県の各地区長も、アーディドラヴィダはあまりに無知で後進的でこの問題に全く関心がないと上告してきた。[*64] グントゥール県テナリ市の徴税官ヴェンカタラーマンは、「不可触民はしらふで分別ある言動をすると期待できるほど知的でもないし組織化もされていない」[*65] とし、不可触民が何か発言したとしてもカーストヒンドゥーが吹き込んだことをオウム返ししている

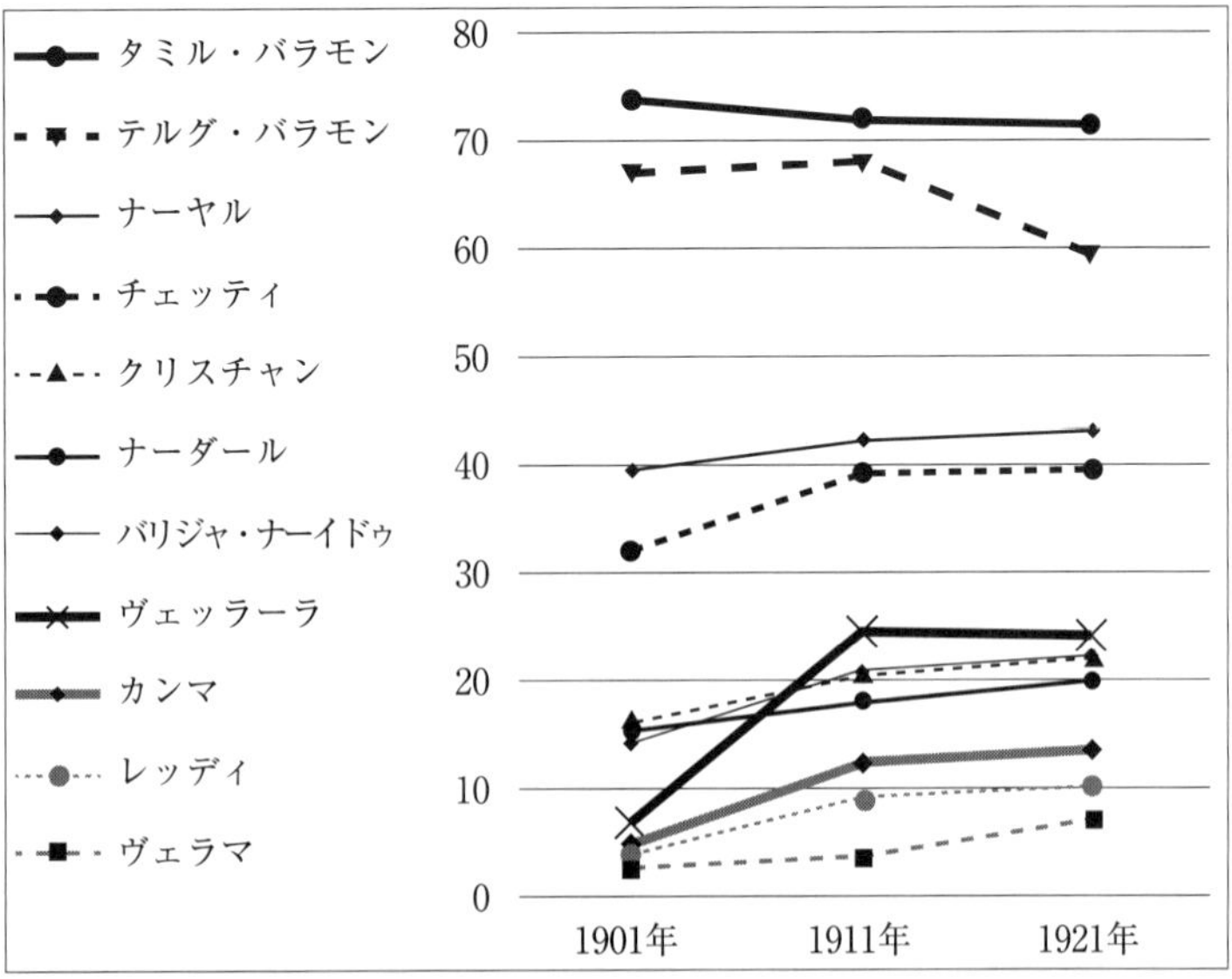

図2　カースト別男性識字率（地域語）（*Census of India, 1901, 1911, 1921* 取得データをもとに筆者作成）

だけだと、「不可触民」の自主性、自律性を否定した。これらの報告にみる表現には、「不可触民」に対する先入観と蔑視を感じざるを得ない。当時の有権者は成人人口の二〜三%であったことを考慮すれば、「不可触民」に限らず他のほとんどのインド民衆にとっても選挙権だの分離選挙の是非など関心もなかったであろう。「文盲」も「不可触民」の専売特許ではなかった（図2参照）。一九三〇年代にもなると県長官以下地方行政官のほとんどは、インド人がその任に当たっていた。彼らバラモンやその他高位カーストヒンドゥー出身のエリートたちの「不可触民」への眼差し、無意識の蔑視が、各種の行政文書や新聞記事に表れている。

(2) ガンディーを救え――「不可触民は仲間」パフォーマンス

植民地政府は、ガンディーの断食予告に人々が過剰に反応し治安が悪化するのを警戒した。マドラス州政府は、会議派がコミュナル裁定へのカーストヒンドゥーの反発を利用して「イギリス政府はヒンドゥー教を批判攻撃している」と主張するのではないかと予測し、対抗プロパガンダを実行することにした。コミュナル裁定は被抑圧階級が自分たちの代弁者を自分たちで選べるようにするものであり、ヒンドゥー社会の統合という点でも有益であると宣伝するよう、各県に指示が出された。同時に、被抑圧階級にコミュナル裁定を放棄しないよう呼びかけるのは控えるよう厳命した。「そのようなことをすれば政府がガンディーを死に追いやっているという誹《そし》りを受ける」ためであった。[*66]

しかし結局、マドラス州では混乱は起きなかった。会議派メンバーが盛んに集会を呼びかけ、ガンディーとマクドナルドの往復書簡のコピーを無料配布し一斉罷業《ハルタール》を呼びかけたが、反応はなかった。[*67]罷業はごく一部にとどまり、かつすぐに収束した。[*68]会議派メンバーが、ガンディーの断食を思いとどまらせるためと称して集会を開き、不可触民差別廃止を呼びかけることはあった。しかしカーストヒンドゥーがひたすら演説するだけで、しかも差別を撤廃するために何をすべきか具体的に提案することはほとんどなかった。[*69]タンジョール県では、マンナルグディ市議会議長が市の清掃員（不可触民）を連れてヒンドゥー寺院前から市役所まで無言で行進し、最後に清掃員に花輪をかけるというパフォーマンスを行った。一緒に歩くことで「不可触民」を仲間として受け入れるアピールをしたのであろう。同県知事は、「ひどく滑稽な光景だった」と感想を述べた。[*70]

マドラス市内では、トリプリケーン地区の格式高いパルタサラティー寺院で会議派メンバーが集会を開いた。三〇〇人ほどが参加したが全員カーストヒンドゥーだった。バラモンのK・バシャム（一九〇七―一九九九年）らが、ガンディーがなぜ断食をしようとしているか説明し、カーストヒンドゥーが不可触民制の廃止に無関心であることへの反省を促した。このようにカーストヒンドゥーに非があると認めたのは良いが、彼はその後、被抑圧階級に課せられた社会的制約を除去しようと呼びかけつつ、「不可触民」に寺院を開放することはない、つまり宗教的制約を除去するつもりはないとカーストヒンドゥーの参加者に保証した。そもそも集会の場所を「不可触民」が決して入ることができない寺院に設定する時点で、「不可触民」の問題であるにもかかわらず「不可触民」と共働しようという発想がないことは明白である。同時期にマイラポール地区にあるやはり格式と伝統あるカパレーシュワラ寺院で会議派の集会が開催され、パルタサラティー寺院での会合と同内容の演説があった。こちらはアーディドラヴィダと自尊運動のメンバーが会場に現れ、ガンディーの断食宣言が招いた深刻な状況はそもそも不可触民制を含むカースト差別問題に無為無策だったカーストヒンドゥーに非があると攻撃した。[*71]

結局、マドラス州では植民地政府による対抗プロパガンダは実施されなかった。政府が危惧したほど、コミュナル裁定批判が盛り上がらなかったためである。マドラス州のカーストヒンドゥーは、かつて非バラモンとして分離選挙権を要求し、「不可触民」の権利要求に対処する状況にも慣れていたため、「パニック状態に陥る[*72]」ことはなかった。

(3) プーナ協定――「不可触民」が譲歩する

とはいえ、ガンディーの「死に至る断食」予告は、ガンディーに反発する「不可触民」たちに圧力をかけた。分離選挙支持を再確認したニルギリ県アーディドラヴィダ人民協会の幹部は、南インドの被抑圧階級はみな内心では強く分離選挙を望んでいるが、「ガンディーの最後通牒が完遂すること」、つまり断食を行って死亡する事態を招くことはなんとしても回避しなくてはならず、ジレンマに陥っていると告白した。[*73] 次第に「不可触民」の間でも、留保議席が増加され、カーストヒンドゥーが差別的態度を改めるのであれば、分離選挙権を諦めざるを得ないという雰囲気が漂い始めた。[*74]

ガンディーの断食予告を受けて、マーラヴィーヤを筆頭とするヒンドゥー大協会や会議派の幹部が動き、九月一七日にボンベイで「不可触民」とカーストヒンドゥーを集めて会議を開催する計画を立てた。マドラス州ではラージャゴーパーラーチャーリが九月一五日に「不可触民」指導者たちに面会し、会議に参加するよう説得を試みた。彼が接触したのはシュリーニヴァーサンのグループに属するN・シヴァラージであった(M・C・ラージャのグループは「既に安全である」という理由で一切接触しなかった)。シヴァラージはマドラス州被抑圧階級連合《フェデレーション》の事務局長で、州立法参事会の指名議員であった。シヴァラージは、ちょうどその日の晩、幹部会議(アラーハーバードで開催される全インド被抑圧階級連合の代表委員会に誰を派遣するか決定する予定だった)があるのでそこで検討するとラージャゴーパーラーチャーリに告げた。会合にはシュリーニヴァーサン、シヴァラージを含む七人が集まり、カーストヒンドゥー指導者の見解を把握するために会議に数名を派遣するが、交渉権と受諾権は与えないと決定した。ラージャゴーパーラーチャーリは「あまりに急な依頼だったので正式な参加は難しいが、数名は派遣する」という曖昧な回答しか引き出せず、そのままマドラスを発ってボンベイへ向かった。[*75]

九月一九日、ボンベイで会議が開始された。カーストヒンドゥー代表としてムンジェー、V・D・

サーヴァルカル※などヒンドゥー大協会の大物が参加し、「不可触民」代表にはアンベードカル、シュリーニヴァーサン、ラージャがいた。まずアンベードカルが発言を求められたが、彼はガンディーがコミュナル裁定の代案を何も提示していない現状では議論もできないと答えた。翌二〇日、ボンベイ州プーナ市近郊のイェラワダ監獄に収監されているガンディーから、「不可触民」に留保議席を与えることには反対しないという意向が伝えられた。アンベードカルは、ガンディーの断食予告のせいで自分はあたかも小説の敵役のような立場に追い込まれたが、それでも仲間を裏切ることはできないとし、まずは脅迫に等しい断食を延期するようガンディーを説得するべきだとカーストヒンドゥーに要求した。しかしガンディーはこの日、予定通り監獄内で断食を開始した。

※サーヴァルカル（一八八三―一九六六年）は、マハーラーシュトラ地方のバラモンで、ヒンドゥーコミュニティの団結、ムスリムからヒンドゥーへの再改宗運動などを推進した。彼の著書『ヒンドゥットヴァ（ヒンドゥー性）の本質』は後に、インドをヒンドゥー国家にすることを目指すヒンドゥーナショナリストの思想的基盤となった。

インド自由党《リベラルパーティー》のテジ・バハードゥル・サプルー※が留保議席の二段階選挙方式を提案した。まず「不可触民」自身が留保議席ごとに三人以上の候補者を選定し、その後「不可触民」とカーストヒンドゥーが合同選挙でこの三人以上の候補者から一人を選出するというもので、[*76]合同選挙ではカーストヒンドゥーの傀儡ばかりが当選するという「不可触民」の懸念を払拭しようとする発案であった。アンベードカルは、コミュナル裁定で設定された議席数より割当数を増やすことを条件にこの提案を受諾した。ただちにサプルーらが深夜列車でプーナに行き、二一日朝にガンディーに面会した。しかしガンディーは彼らには回答せず、翌二二日朝に信頼するラージャゴーパーラーチャーリとラージェンドラ・

プラサードを呼んで、留保議席選挙の一部が二段階方式で行われ、他が合同選挙で行われるのが気に入らないと言った。その日の夕方、アンベードカルとガンディーの直接会見が監獄の中庭で行われた。ガンディーは、二段階方式の選挙を認めても良いが、変則的なやり方ではなく全ての議席に適用するよう求めた。アンベードカルがこれを受け入れて会見は終わった。

※サプルー（一八七五―一九四九年）は、カシミール地方のバラモンで、連合州立法参事会や中央立法参事会の議員を歴任し、インド総督参事会メンバーも務めた。会議派の非暴力的な運動を支持しつつも、基本的には「合法的」にイギリスとの交渉を通じて自治権を獲得しようとした。

会議は選挙実施の詳細を詰める段階に入り、留保議席数、第一次選挙で絞り込む候補者の数、二段階選挙方式および留保議席を維持する期間などを検討した。アンベードカルは留保議席数を一九七に増やすよう求めたが、カーストヒンドゥーは一二六に減らすよう主張して譲らなかった。またアンベードカルは、二段階選挙方式は最低一〇年間、留保議席については二五年間維持し、その後「不可触民」が住民投票《レファレンダム》によってそれらの延長もしくは廃止を決定することを要求した。再びガンディーの意見を仰いだところ、ガンディーは、二段階選挙方式と留保議席を維持する期間が長すぎるし、住民投票の参加者が「不可触民」だけになっているのは問題だと反対した。他のカーストヒンドゥーも、ヒンドゥーコミュニティ内部を分離する悪弊（選挙制度における「不可触民」の特別扱いを指す）の撤廃判断を不可触民に委ねれば、分断を一層固定化すると主張した。しかしアンベードカルは、二〇年やそこらで不可触民制がなくなるなど誰が信じているのかと言い返した。断食を続けるガンディーの容態が悪化した。議席配分については被抑圧階級に一四八議席を留保することで双方が妥協した。住民投票についてはガンディーが最後まで難色を示し、「ヒンドゥー教が不可触民制という罪を自浄するには五年で十分」とし、アンベードカルに譲歩を迫った。[*77]

一九三二年九月二四日、ついにカーストヒンドゥー代表と「不可触民」代表の協定が締結された。いわゆるプーナ協定の内容は次の通りである。[*78]

（一）州立法府において一般選挙区から選出される全議席のうち被抑圧階級に一四八議席を割り当てる。

（二）これらの留保議席では合同選挙を実施する。ただし次の手続きを踏む。各選挙区の有権者名簿に登録された被抑圧階級全員が選挙人団を形成し、留保議席ごとに四人の被抑圧階級の候補者を選出する。この予備選挙での得票率トップ四名から、カーストヒンドゥーと被抑圧階級の合同選挙で一人を選出する。

（三）中央立法府における被抑圧階級の代表は（二）と同様の方式で選出する。

（四）中央立法府においては、英領インドに割り当てられた一般選挙区議席のうち一八％を被抑圧階級に留保する。

（五）予備選挙は一〇年で廃止する。

（六）留保議席は、本協定に関わったコミュニティ双方が合意するまで継続される。

（七）州および中央での被抑圧階級の選挙権はロジアン委員会報告書規定に従う。

（八）何人も、被抑圧階級のメンバーであるという理由で地方議会への選出あるいは指名、公職への任命において制約を受けてはならない。被抑圧階級が公正に代表されるようあらゆる努力がなされる。

プーナ協定で被抑圧階級は分離選挙権を放棄したが、コミュナル裁定よりも多い議席を確保した。マドラス州立法議会については被抑圧階級は三〇議席を割り当てられた。二段階投票は、「不可触民」にとって望ましくない人物を予備選挙で排除する効果が期待されていたが、わずか一〇年で廃止されると規定された。そもそもアンベードカルは予備選挙を最低一〇年間実施し、その後、その継続あるいは廃止を「不可触民」の住民投票で決するべきと訴えていた。そのことを考慮すると協定内容は、一〇年で差別問題は解消する、それゆえ「不可触民」の意向を確認する必要はないという楽観論（恐らく誰も差別解消が実現するとは信じていなかったという意味では机上の空論）に依拠していた。留保議席も恒久措置ではないとされ、しかもその継続あるいは廃止について、被抑圧階級だけでなくカーストヒンドゥーも議論に参加する権利が保障された。プーナ協定では概して、「不可触民」の問題と権利にヒンドゥーコミュニティ全体で取り組む（カーストヒンドゥーが関与する）という方針が強調されていた。

プーナ協定には、「不可触民」側からはアンベードカル、シュリーニヴァーサン、ラージャが署名し、カーストヒンドゥー側はマーラヴィーヤ、ラージャゴーパーラーチャーリ、プラサード、サプルーなどが名を連ねた。協定の内容はただちにイギリス政府に通達され、九月二六日、イギリス政府はプーナ協定の承認を議会に求めると発表した。この日ガンディーは断食を解いた。

マドラスに戻ったシュリーニヴァーサンは、「ガンディーがアンベードカルの足を押さえつけて自分の命を救えと脅した」と悔しさをにじませた。[*79] 彼は自伝で「ガンディー氏はイェラワダ監獄で自殺しようと断食を始めた。つまり彼はその英雄性を失い、自分の思想で人々を説得するのに失敗し、断食によって人々の慈悲を求めなければならなかったのだ。その姿を見て私は、鉛を飲んだような心持ちでプーナ協定に署名せざるを得なかった」と述懐した。[*80]

ガンディーの伝記や評伝の多くは、ガンディーの断食は脅迫でなく、たとえ精神的圧力をかけるものであったとしてもその対象は「差別する側」であり、彼らの良心に訴えようとしたと評価している。[*81]もし本当にガンディーがそのように考えて断食を行ったのであれば、余りに「純真」であったと言わざるを得ない。しかしガンディーは老獪な政治家であった。政治家としてのガンディーは自分の断食が「不可触民」側への圧力になると十分予測していたはずである。ガンディーとアンベードカルの知名度を比較すれば、勝負にならないほどの差があった。そもそもガンディーは戦略的に国内外メディアを活用して自分の思想や運動の意図を宣伝していたため、国際的にも知名度が高いことを自覚していた。そのガンディーが「不可触民」の利己的欲望の犠牲となり死亡したとなれば「不可触民」に過酷な将来が待ち受けることになるのは、誰もが容易に想像できた。ティンネヴェリ県知事はガンディーの断食を次のように評した。「彼の脅しは、大衆の間での自分の知名度に賭けるものだった。彼は自分が死ぬことはないと十分理解していた」[*82]。このようにガンディーは、話し合いによって相互の妥協点を模索するのではなく、脅迫によって「不可触民」に譲歩を強いたのである。

結果としては、「不可触民」は分離選挙権を放棄させられたものの、コミュナル裁定より多い留保議席を確保した。そもそも元来「不可触民」指導者や団体の多くは分離選挙、合同選挙に関係なく、より多い議席の確保を要求していた（カーストヒンドゥーの硬直的な態度に接しているうちに分離選挙権に傾いていった）ことを考慮すれば、「不可触民」も実利を得られたと言ってよい。アンベードカルは、円卓会議の席でガンディーが「不可触民」への特別措置を一切認めようとしなかったことを回顧し、あの時この姿勢を示してくれれば、自分はこれほど苦しまずに済んだと漏らした。

ただし、ガンディーが「不可触民」への特別措置について頑なな態度を変えたのは、政治状況に変化が生じたためである。既述のように円卓会議マイノリティ委員会は、基本的にヒンドゥー教徒、ムスリム、シク教徒の利権のせめぎ合いの場であった。その中で「不可触民」への特別措置が俎上に上がれば、「不可触民」はヒンドゥー教徒か否かが争点になる恐れがあった。ガンディーにとって、不可触民がヒンドゥーコミュニティの一部であることは大前提であり、シク教徒やムスリムに疑義を挟まれるのは論外であった。ところがコミュナル裁定が発表されたおかげでシク教徒とムスリムへの議席配分数が確定し、残りの議席すなわちヒンドゥー教徒に割り当てられる議席数も確定した。こうして「部外者」がヒンドゥー教徒の問題に口を差し挟まない状況になって初めてガンディーは動き、「ヒンドゥーコミュニティ」の中でのほぼ脅迫による合意形成に持ち込んだのである。ガンディーは、コミュナル裁定を批判しつつも、「不可触民」代表問題を他のコミュニティから切り離しヒンドゥーコミュニティ内部の問題として処理する好機が訪れたことを見逃さなかった。政治家としてのガンディーの面目躍如といえよう。※

※プーナ協定締結翌日、九月二五日朝に、ヒンドゥー大協会のマーラヴィーヤらが集まり、「ハリジャン」の世俗生活の改善、経済的向上のみならず寺院開放の実現も含めた宣誓文を作成し署名した。*83

第七章 「不可触民」包摂の試みとその影響

サイモン委員会の訪印から円卓会議、プーナ協定までの期間は、「不可触民」指導者の発言が政治的に脚光を浴び、その「不可触民」という存在が無視され得なくなったことをインド国内外に明示した五年間であった。「不可触民」に総議席数の一割（分離選挙区や特別利益集団議席を除けば約二割）が割り当てられたことは、とりわけ政治権力を志向する勢力に「不可触民」からの支持獲得の重要性を認識させた。こうして「不可触民」を味方に引き入れようとするカーストヒンドゥーの試みが急に展開されるようになった。

1 自尊運動の共産主義化と「不可触民」

自尊運動の創始者であるＥ・Ｖ・ラーマスワーミは、当初から「不可触民」差別を批判し不可触民制の廃止を唱えていたが、周囲の反応は鈍かった。しかし一九二〇年代末から、自尊運動活動家による「不可触民」差別批判が活発化した。政治の舞台における「不可触民」の発言が注目を集め存在感が高まったことが影響したと推測される。

自尊運動は不可触民差別廃止の一環として、ヒンドゥー寺院入場問題に組織的に関わるようになった。自尊運動活動家にとっては、寺院入場は市民権の一部であり、寺院入場運動は他の人が享受する権利と同等の市民権を「不可触民」が行使するのを支援することであった。信仰を奨励したわけではない。[*1] 一九二八年には北アルコット県ティルヴァンナマライで、自尊運動活動家のJ・S・カンナッパがアーディドラヴィダの一団とともに寺院境内への入場を試み、裁判沙汰になった。[*2] 一九二九年四月にはコーインバトール県イーロードのイースワラ寺院で、A・ポンナムバラムがアーディドラヴィダ数名とともに実際に寺院境内に入り、司祭に「私有地侵入罪、侮辱罪」で訴えられた。コーインバトール地方裁判所では有罪判決を受けたが、マドラス高等裁判所で逆転無罪を勝ち取った。[*3]『共和』にも「不可触民」の寺院入場を支持する記事が多数掲載されるようになった。例えば一九三一年一二月二〇日号には、あえて「売国奴《デーサトゥローギ》」を名乗る人物によって、「西欧諸国では宗教と社会は切り離されて改革が進んでいる」ことを引き合いに、宗教不干渉・伝統保持の名目で差別が維持されているインドの「後進性」を告発する記事が載った。他にも、イギリス植民地政府は、世俗施設に関しては「不可触民」の使用権を認めるようになってきたが、宗教施設となると「宗教的慣習」を持ち出し「不可触民」入場禁止を正当化し続けていると批判する記事などが見られた。[*4]

自尊運動活動家は、下位カーストの地位の低さが宗教的要因にのみ帰せられるのではなく経済社会構造と複雑に絡み合っていると認識するようになった。『共和』一九三一年一二月二七日号に「カースト差別の弊害」という文章を投稿したシヴァガミ・チダムバラールは、「上位カーストは小さな子どもでさえ、アーディドラヴィダを名前で呼ばず「おい、そこのパライヤ」と呼ぶ。逆にアーディドラヴィダは、小さな子にも「ご主人様」と呼びかける」と述べた上で、このようにアーディドラヴィダが常に上位カーストの顔色をうかがっているのは、上位カーストに経済的にも隷属させられ、そこから脱却する術もないためだと指摘した。さらに、上位カーストの地主は、アーディドラヴィダが不可触性ゆえに転職できないと十分理解しているために、アーディドラヴィダの農作業に依存して生活しているにもかかわらず碌に賃金を払わないとし、宗教的差別と経済的搾取が悪循環に陥っていると告発した。

自尊運動活動家はE・V・ラーマスワーミを筆頭に、一九二〇年代末に労働争議や農民闘争が相次ぎ、共産主義者が活発に活動していたのに触発されて、経済問題に一層関心を払うようになった。共産主義者も自尊運動に注目するようになった。当時マドラス州を中心に活動していた共産主義者のM・シンガーラヴェールが、コミンテルンから距離をとり独自の活動を展開していたことが、共産主義者と自尊運動との連携を可能にした。[*5]

自尊運動の共産主義への傾倒は、非バラモン運動活動家に波紋を投げかけた。正義党は、若手党員が中心になってラーマスワーミと協力関係を結んでいた。一九二九年の自尊大会には正義党幹部も列席し、党機関誌の一つ『ドラヴィダ人』の編集を委託していた。しかし、自尊運動がヒンドゥー教そのものを攻撃するようになった上に共産主義まで喧伝し始めると、幹部たちは再び自尊運動から距離を取り、『ドラヴィダ人』が共産主義プロパガンダの手段になるのを恐れてこれを切り捨てた（正義党の出資を受けられなくなったラーマスワーミは多額の負債を抱え込み、後にこの負債が原因で逮捕されることになる）。一方、一部の若手党員は、共産主義に共鳴して「正義党左派」と称されるグループを形成し、最終的には自尊運動に吸収されていった。

自尊運動内部からも共産主義に抵抗する動きが生じた。自尊運動にはR・K・シャンムガム・チェッティ（コーインバトゥール県で綿織維工場を経営していた）に代表されるように富裕層も参加していた。彼らは宗教社会改革運動としての自尊運動を支持していたのであって階級闘争や革命を望んでいたわけではなく、共産主義化に歯止めをかけようとした。自尊運動内での亀裂拡大に比例して、ラーマスワーミとシンガーラヴェールとの関係は緊密度を増していった。

ラーマスワーミは共産主義への関心をさらに強め、S・ラーマナータンとともに一九三一年末から欧州およびロシア視察の旅に出た。彼の不在中は、シンガーラヴェールが共産主義組織創設の準備作業を進めることになった。シンガーラヴェールは、ラーマスワーミを党首とする政党を結成して州議会で議席を獲得し、議会活動を通じて労働問題に取り組みつつ共産主義を浸透させていく計画を立てた。しかしこの計画は、一部の自尊連盟指導層にとっては、自尊運動の理念を共産主義へと塗り替える乗っ取り作戦と映った。

W・P・A・スンダラパーンディアン（フルネームはW・P・A・スンダラパーンディア・ナーダールだったが、カースト称号を捨ててスンダラパーンディアンと名乗るようになった）は共産主義化に反発した中心的人物であった。ナーダール出身の彼は不可触民差別撤廃にとりわけ熱心に取り組んできた。地元のラームナード県では、バス会社が「不可触民」の乗車を拒否していたため「不可触民」はバスを利用できずにいた。そこで彼は、ラームナード県議会議長であったときに、乗車券に「アーディドラヴィダは乗車できません」と印字するのを直ちに中止するよう警告した。[*6] 彼を中心とする自尊運動の影響を受けて、ラームナード県寺院委員会は管轄下の貯水池、井戸、学校、道路をアーディドラヴィダに開放すると決議した（寺院そのものの開放を宣言するには至らなかった）[*7]。彼のような活動家は、共産主義の影響が強まり宗教社会改革が後退することを危惧した。一九三二年五月、スンダラパーンディアンをはじめとする自尊運動の指導的メンバー五名が声明を発し、「自尊運動が無責任な人間に支配され、自尊連盟の本来の精神から逸脱した社会主義・共産主義を伝道するようになった」と非難した。しかしシンガーラヴェールは、非難をものともせず、若手左派メンバーを集めて活発に活動した。一九三二年初頭セーラムでの自尊会議をはじめ、同年六月のタンジョール県大会、七月のラームナド県大会で議長を務め、ロシア型政府を樹立しようと呼びかけた。単なる宗教社会改革運動に物足りないと感じていた青年層が惹きつけられていった[※]。

※その代表人物がP・ジーヴァーナンダム（一九〇七—一九六三年）である。彼は、ガンディーの不可触民制廃止スローガンに共感して会議派で活動しつつ、自尊運動にも参加した。不服従運動に関与して逮捕された獄中で共産主義者と交わり、共産主義に惹かれていった。彼は最終的にインド共産党に入党するが、それまでは会議派内組織の会議派社会党に参加しつつ、シンガーラヴェールやラーマスワーミと協働した。彼によると、会議派は政治的独立を目指す一方インド社会内の格差や差別には無関心だった。自尊運動は社会正義の実現に精力を注入する一方で政治的アプローチが欠落していた。そのためシンガーラヴェールとともに自尊運動の政治化を進めた[*8]。

一九三二年一一月、ラーマスワーミが帰国し、同年一二月にイーロードで開催された自尊会議でシンガーラヴェールとともに新たな運動目標を発表した。いわゆるイーロード・プログラムは、イギリスおよび資本主義的政府からの完全独立、労働者と農民が統治するインド連邦の実現、鉄道・船舶・銀行などの公共機関および水利施設、土地などの公有化、農地と森林の無償公有化、労働者および農民の債務取り消し、などを掲げた。加えてイーロード大会は、自尊運動の政治活動専門組織として南インド・サマダルマ党を設立し議会参加を目指すと宣言した。サマダルマとはラーマスワーミの造語で、字義は「平等な共通の規範」であり、マヌ法典の規範（マヌ・ダルマ）やヴァルナごとの人生規範（ヴァルナ・アーシュラマ・ダルマ）に対置された。宣言によると、「自尊運動はこの八年の間に、カースト制度やその他の迷信・宗教がいかに極悪非道であるか、経済状況がいかに劣悪であるかを大衆に知らしめることについては成功してきた」が、「宗教や慣習を廃止し経済状態を改善するには国家の力が不可欠であることも次第に明らかになってきた」という。サマダルマ党は議会活動を通じてイーロード・プログラムの実現を目指すことになった。

自尊運動はイーロード大会を分水嶺として共産主義運動に変貌したと同時代の人々は見なした。[*9] 自尊運動に関する研究の多くも、同大会をもって運動の宗教社会改革的性格が後退したとする。しかし、少なくともラーマスワーミにとって共産主義は、宗教社会改革を実現するために有効な思想という位置づけであった。換言すれば、彼の活動の主眼は変わらずカースト差別、不可触民差別、女性差別を含むあらゆる差別の根絶にあり、そこから宗教否定や私有財産の廃止、階級闘争、労働者（と農民）の権利などの共産主義的要素の援用へと至った。彼は、不可触民制が維持され続けているのは、そもそも宗教というものが権力者による都合の良い創造物であり、虐げられている者、貧しい者に「己の苦境は全て神の思し召し、神が与えたもうた試練である」と思わせ、社会構造について思考分析する力、抵抗する意思を奪っていると考えた。彼は各地で、人々から思考力を奪う宗教の麻薬性を批判している。彼はまた、高位カーストが高位を維持し続けているのは財産を有しているためで、その財産を維持するために被抑圧階級を搾取してきたと考え、私有財産の廃止を訴えるようになった。ラーマスワーミが共産主義に興

写真８　ドラヴィダ連盟本部敷地にたつラーマスワーミ像（チェンナイ市内、筆者撮影）

味を示したのは、階級闘争による社会主義革命実現というよりは、平等社会の実現とその手段としての宗教否定、私有財産否定、被抑圧階級／労働者階級の権利という要素だったのではないかと思われる（写真８・９参照）。

実際の彼の演説は、暴力による革命を否定し、資本家や地主などの「敵」を明確に定義することもなく、従来通りのカースト差別批判、宗教批判に演説の力点を置いた。「敵」が曖昧にされているため、彼の演説を聴く人は、それぞれの立場や志向に応じて自由に「敵」を設定することができた。しかしそれが、不可触民差別を含むカースト差別、女性差別のない平等社会の実現という自尊運動の最終目標を曖昧にした。人々は不可触民差別や女性抑圧など自省を迫られる問題は等閑視し、各自が勝手にバラモンや雇用主、地主、役人などを敵とした。あるいはせいぜい、ただ漠然と「カースト差別」反対を唱えるだけになった。そのために「不可触民」がどれほど革新的な運動を展開しようとも、自尊運動は不可触民差別を根絶できなかったのである。

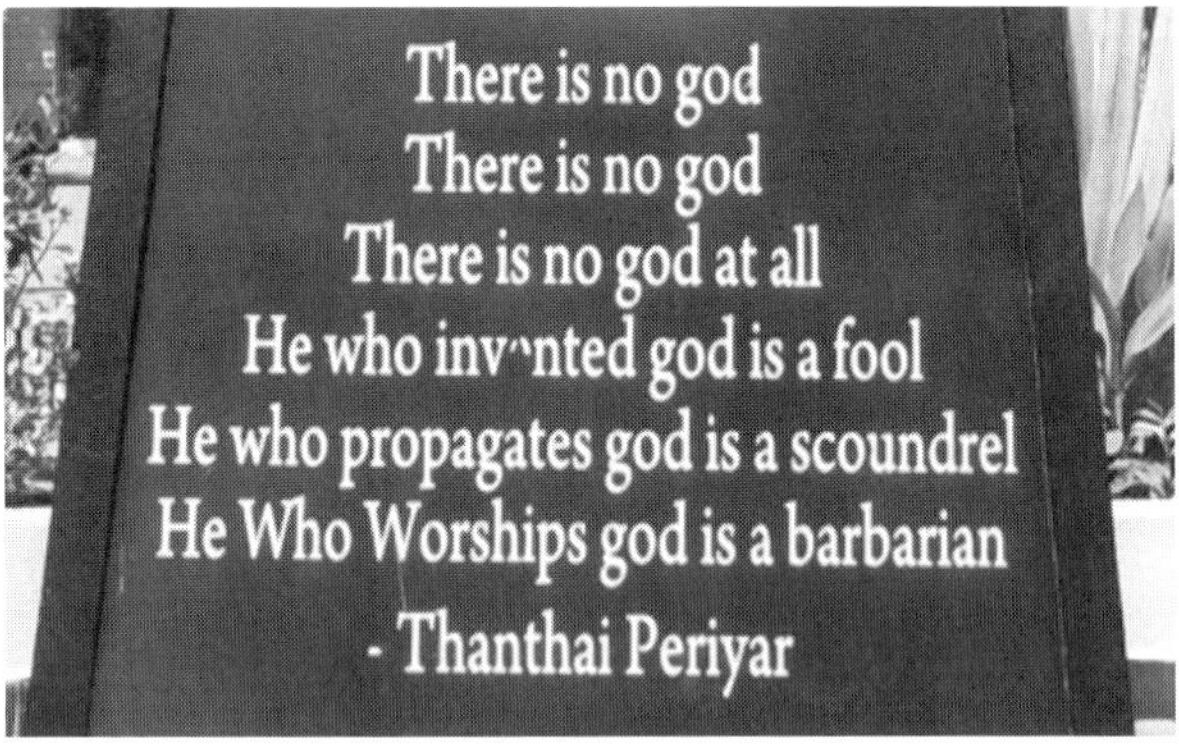

写真９　写真８の台座に刻まれたラーマスワーミのスローガン（筆者撮影）
「神はいない／神はいない／神は決していない／神を創造した者は愚か者／神を宣伝する者は卑劣な者／神を信仰する者は野蛮な者」とある。

2　ガンディーのハリジャン行脚

(1)　公共施設へのアクセスを「許す」

会議派は、自分たちこそが不可触民制の廃止を目指して奮闘しているという印象を作り上げるのに躍起になった。[*10] マドラス州の中では会議派の影響力が比較的強いアーンドラ地方では、不可触民制批判パフォーマンスが盛り上がりを見せた。例えばグントゥール県では、会議派を支持する弁護士三人が「不可触民」数名を自宅に連れて行き、そこで彼らが井戸を掘るのを許した。[*11] 東ゴダヴァリ県ラージャムンドリでは、一九三二年九月に会議派に属するカーストヒンドゥーが集会を開き、不可触民への井戸および寺院の開放を決議した。ほかには、カーストヒンドゥー数名が実際に「不可触民」居住区を訪れ、兄弟愛を説き、水を受け取り（飲んだわけではない）、さらに自宅の井戸から「不可触民」が水を汲むのを許すというパフォーマンスを行った。[*12]

ラージャムンドリでは、寺院あるいはその門前で「不可触民」がバジャン（神への讃歌）を歌うという試みも何度か行われた。会議派メンバーの主導の下に、男女合せて約五〇人のアーディアーンドラと約一五〇人のカーストヒンドゥーがアンジャネーヤスワーミ寺院に集まった。同寺院は非バラモンが管理する寺で格式も低く、アーディアーンドラにも門戸を開いているとされていたが、いざ実際に入ろうとすると拒否された。代わりにアーディアーンドラは、門前でバジャンを歌い神に供物のココナッツを捧げることを許された。それまでアーディアーンドラには、供物を捧げる権利も与えられていなかったことを勘案すれば、「快挙」であった。その後アーディアーンドラの一行は、とある裕福な商人の自宅まで行進し、敷地内の井戸から水を汲むことを許された。アーディアーンドラが汲み上げた水は、その場のカーストヒンドゥー全員によって使用された（ここでも飲んだわけではない）。その後一行は、市内の重要な寺院をいくつかめぐったが、いずれも入場は許されなかった。[*13] この件を報告した東ゴダヴァリ県労働局長でムスリムのムハンマド・アマヌッラは、「寺院の前で歌を捧げることが許されたからといって、アーディアーンドラが特別な権利を与えられたとは言えない。寺院開放を求めるカーストヒンドゥーの訴えは失敗に終わった。プログラムは全て、会議派とその支持者が計画したが、この試みは世間一般の承認を受けたとは言いがたい」と評した。[*14] なお、この運動を主導した五名の会議派メンバーのうち二名はバラモンで、残りもバリジャとコーマティなどシュードラの中では比較的地位が高いカーストである。彼らのような高位のカーストヒンドゥーではなく、「不可触民」とシュードラとの曖昧な境界の上に位置するカーストの人々の方が、この種の運動に対する拒否感を示した。「不可触民」を包摂することにより、自分たちと「不可触民」との境界がさらに曖昧になるのを、自己の地位への脅威と捉えたのであろう。
このプログラムを起案したT・ゴーパーラ・ナーイドゥは、当時東ゴダヴァリ県労働局長補佐の地位にあったが、その職務である「不可触民」の福利厚生とは別に、不可触民制撤廃パフォーマンスに熱意を示した。例えば九月二九日に次のような一日がかりの大規模プログラムを計画した。

朝六時：バジャン朗唱、八時：祈り、八時半〜一二時：カムバスワーミ巡礼宿《チョウルトリ》※で食事、午後一時：カーストヒンドゥーと共に寺院で拝礼、公共井戸にアクセス、カーストヒンドゥーの家で歓迎会、四時：ナラム巡礼宿でアーディアーンドラ会議。

※チョウルトリとは宗教施設に付属する休憩所、宿泊所であり、食事も提供される。宗教的寄付金で運営され、巡礼者は原則無料で使用できる。

県内各村のアーディアーンドラの長老にこのプログラムの案内状が発送された。バジャン朗唱と祈りにはアーディアーンドラが数名参加しただけだったが、巡礼宿での食事には女性や子どもを含む五〇〇人が集まった。当初は「偏見なしの世界市民的《コスモポリタン》な会食が行われる」という期待と興奮があったというが、蓋を開けると参加者にカーストヒンドゥーは一人もいなかった。数名のバラモンが給仕したが、共食はしなかった。国民学校食堂論争でガンディーが「調理人はバラモンにするように」と忠言して、浄性が最高位にある者ならそれより下位の者に食べ物を供給しても相手を穢す恐れはないという一般理解を追認したことに通じる。その後一行は、行列を組んでアンジャネーヤスワーミ寺院で祈りを捧げ、カーストヒンドゥーの家を数軒訪問し、その敷地内の井戸から水を汲むことを許された。次に一行はラーマ寺院を参拝した。この寺院はカーリーミレッディ・アッパラスワーミという人物が「不可触民」を含む全ての人々に開かれた寺院として建立したものであった（東ゴダヴァリ県知事によると、境内と外とを仕切る塀がなく、脇を通り過ぎただけでも「寺院に入った」と言える構造になっていた）[*15]。午後六時からナラム巡礼宿でアーディアーンドラ会議が開催された。これには五〜六〇〇人が参加し、そのうちアーディアーンドラは二〇〇名ほどだった。学生や教員、市議など六名のアーディアーンドラと、T・ゴーパーラ・ナーイドゥとその娘、バラモンなどが次々と演説した。各演説の内容は不明であるが、続けて採択された決議一〇項目の内容は、あくまでも会議派の主張を主軸とし、「不可触民」に関する項目は追加という位置づけになっていた。決議一、二、三はガンディーへの信頼表明、長寿祈願、即時釈放を求めるもので、決議一〇はカッダル以外着用しないようアーディアーンドラに求めた。「不可触民」に関連する決議は、アーディアーンドラの入店を認めない茶店に出店認可証を発行しないよう市議会に求める第四決議、私立学校教員に空席が生じたらアーディアーンドラで補充するよう市議会から学校側に要請することを求める第八決議、不可触民制廃止に向けて直ちに行動するとした第九決議だけであった。直ちに誰が何をするのか具体性に欠ける提案で、活動内容が議論された形跡もない。それでも同地のアーディアーンドラは概してカーストヒンドゥーの輪に加えてもらえたと感じていると報告された[*16]。同地域の主要寺院は「不可触民」が押し入るのを恐れて固く門戸を閉ざし続けたのだが[*17]、杞憂に終った。会議派の活動は、井戸の水を汲むのを不可触民に許すことがメインで、時折「不可触民」のために寺院を開放するよう求めた。しかし少なくとも後者はカーストヒンドゥーに与える影響としては逆効果で、反発を招いただけであった。

(2) ヒンドゥーへの包摂を演出する――世俗施設での宗教儀礼

「不可触民」をヒンドゥーコミュニティに包摂する新たな戦略も編み出された。グントゥール県では、テナリ市議会副議長が多数の「不可触民」とともに自宅から市庁舎まで楽隊付きの行列を組んで行進し、市庁舎において、通常はカーストヒンドゥーのみが行うヴィシュヌ神礼拝儀礼のシュリーサッティヤーナラヤナ・ヴラタムを執行した。バラモンが祝詞を唱え、神への供物のお下がり《プラサーダム》が「不可触民」を含む参加者全員に配られた。

「不可触民」指導者は、ヒンドゥー教徒であるにもかかわらずヒンドゥー寺院境内への入場を拒否されてきたことを根拠の一つとして、ヒンドゥーとは異なるコミュニティであると主張してきた。それへの反応／対抗として、会議派メンバーとその同調者の一部は、寺院開放を求めて「不可触民」を数人連れていくという実力行使に出たものの、寺院管財人やバラモン司祭に拒絶されてきた。また一般のカーストヒンドゥーも拒否感を示した。そのため新たに、寺院ではなく名目上は全ての市民がアクセスできることになっている公共施設で、「カーストヒンドゥー的」な宗教儀礼、すなわちバラモン司祭を伴いヴィシュヌ神やシヴァ神といった大伝統的な神々への祈拝を実施することで、「不可触民」をヒンドゥーコミュニティに包摂するという姿勢を示した（市庁舎という公共空間でパフォーマンスを行うことで、一般民衆を「啓蒙」するという意図もあったかもしれない）。既述の、東ゴダヴァリ県でカーストヒンドゥーが「不可触民」も参拝できるように新たにラーマ（ヴィシュヌ神の化身の一つ）寺院を献堂した例も、同じ狙いがあったと推察される。[*18]

なおタミル地方では、会議派の反不可触民制キャンペーンはほとんど実施されなかった。タンジョール県の会議派集会が寺院を不可触民に開放するよう要請する決議を採択したが、実際に要請するには至らなかった。[*19] マドラス市内では、会議派の一部メンバーが女性インド協会と合同集会を開き、不可触民制を廃止し、不可触民に寺院を開放するために、一般民衆を教育しようと訴えた。同時に市内のパルタサラティー寺院とカパレースワラ寺院の管財人に接触し、不可触民にも門戸を開くよう交渉したものの失敗に終わった。この管財人の態度に抗議して会議派メンバー二名が断食を行ったが、一般のカーストヒンドゥーが活動への嫌悪を示したため、運動は有耶無耶になって終息した。

そもそも「不可触民」自身も寺院に入りたいと切望しているわけではない、とマドラス市警察長は報告している。[*20] 各地方からの報告書にも、「不可触民」自身はヒンドゥー寺院入場に関心を示していないという指摘が散見される。ただし「不可触民」がこれらの寺院に入りたいと希望していないからといって、寺院に入る権利を剥奪されている状況を甘受しているわけではないことには留意すべきであろう。「入らない」ことと「入れない」ことは別である。また、現時点で実現する可能性が絶望的な寺院入場権を求めて無駄な努力をするよりも、喫緊の課題の解決を追求する方が現実的であると判断して、寺院開放をあえて要求しない「不可触民」も多く存在した。[*21]

なお、正義党の一部メンバーは「不可触民」と共食するパフォーマンスを実行し、会議派よりは革新的な姿勢を示した。[*22] また、かつて州内閣の首席大臣を務め自尊運動にも関与していたP・スッバラーヤン（円卓会議で女性留保議席を要求したラーダーバーイ・スッバラーヤンの夫）が、寺院開放が叫ばれるだけで実行を伴わないことに業を煮やし、一九三二年一一月、マドラス州立法参事会にて寺院開放決議案を動議した。このとき彼は、ナショナリズムが高位カーストの独裁になるか、被抑圧階級とも感情を共有しうる共通ナショナリズムになるかが問われている、と檄を飛ばした。[*23]

(3) ハリジャン地位向上行脚

会議派の反不可触民制キャンペーンは数か月で熱を失っていった。しかしガンディーは、ヒンドゥーコミュニティの統一と強化という政治的目的、「不可触民」に妥協を強いたという若干の負い目、差別的宗教という汚名からヒンドゥー教を救いたいという情熱など、様々な動機に基づき、不可触民制廃止運動を復活させようとした。一九三三年五月、なお獄中にあったガンディーは、不可触民差別問題に人々の注目を集めるべく三週間にわたる「自己浄化」の断食を宣言した。政府は、前回の獄中断食で危うくガンディー殺しの汚名を着せられそうになった経験を活かし、断食開始前に彼を釈放した。ガンディーはそのままプーナ市内の友人宅で断食を実施した。断食明けに会議派幹部が集まり、今後の活動方針について協議した。幹部の多くが不服従運動を終了し新しい段階へと移行するべきだと考えていたが、ガンディーは実行者を厳選し個人単位で不服従運動を再開することを決めた。彼は、八月一日に植民地当局に拘束され、軟禁命令を破って再逮捕された。そこでまたもや断食を開始したため、病院に移送されたのち釈放された。

ガンディーは新聞各社に宣言文を送り、政治活動から身を引き余生を「ハリジャン」への奉仕に捧げると表明した。ハリジャンとは「神の子」を意味し、ガンディーが「不可触民」の呼称として採用したものである。ガンディーは、自分たちカーストヒンドゥーを「ドゥルジャナ（悪魔の人）」と呼んで「ハリジャナ（神の人）」に対置させた。「不可触民」に肉体労働を含む様々な「不浄な仕事」を押しつけることによって自分たちが安穏に暮らしているにもかかわらず、「不可触民」をその職業を理由に不浄視し抑圧してきたためだという。「不可触民」に対するこの罪を悔い改め改心することによって、自分たちも「神の子」になれると主張していた。[*24]

こうしてプーナ協定から一年たってから、ガンディーは不可触民制撤廃という課題に本格的に取り組む決意を表明したが、具体的に何をするのかは明らかにしなかった。とりあえず彼は「ハリジャン地位向上行脚」を実施することにした。マドラス州については一九三三年一一月から翌年二月にかけてタミル地方を集中的に訪問するとし、主な訪問予定地を主要新聞上で公表した。マドラス州政府は、ガンディーの行脚が与える影響を様々な角度から検討した。ガンディーの関心を再び政治運動に向けさせようとする会議派急進派の動き[*25]には警戒が必要だが、ガンディーが不可触民制廃止キャンペーンに集中するのであれば、政府が妨害する必要は皆無であると結論づけた。万が一ガンディー支持者とヒンドゥー正統派との間で衝突が発生したり、不可触民が寺院入場を強行して寺院管財人などが保護を求めてきたら、しかるべき保護措置を講じ、公共秩序維持に努めるよう各地方当局に指示した。[*26]秩序維持を最優先し、不可触民差別解消に向けた対処よりも「宗教不干渉」原則に徹していることがうかがえる。

ガンディーは、マドラス州でのハリジャン地位向上行脚直前に予定を変更し、会議派支持者がタミル地方より多いアーンドラ地方から行脚を開始した。その行程は極めて慌ただしいもので、一日一県の勢いで主要都市とその途上に位置する村を訪れ、短い演説をし、あらかじめ会議派メンバーが集めていた寄付金が入った財布の贈呈を受け、「ハリジャン基金」のためのオークションを行い、時折「不可触民」居住区を見学した。正統派は抗議行動を控え、一行から距離を保ったので、騒擾は起きなかった。とはいえ、「正統派の牙城の一つ」と評されるネッロール県では集会への参加者が目に見えて減り、寄付金も集まらなかった。主な寺院は門を固く閉ざしたままだった。ガンディー一行の訪問を前に、在地の会議派指導者の要請で、ある寺院が一時的に「不可触民」に門戸を開いたが、会議派に五〇〇ルピーの支払いと、それに加えて寺院を清める儀式の費用負担を要求してきた。巡礼地として有名なヴェンカテースワラ寺院を擁するチットゥール県ティルパティでは、ガンディーは寺院管理委員会メンバーと会談した。『ヒンドゥー』紙は、不可触民が寺院境内に入る「前段階の始めの一歩」として、寺院が建つ丘に「不可触民」が登れるよう便宜を図ると委員会がガンディーに約束した、と報じた。しかしすぐに寺院管理委員会がヒンドゥー新聞社に公開書簡を送り、ハリジャンが丘を登ることは慣例で禁止され、ヒンドゥー宗教慈善寄進財法でも「寺院で確立された慣習は保持される」と規定しており、報道は事実無根であると抗議した。ガンディーは、正統派が強い場所では寺院入場についての発言を控えるという現実的な姿勢をとるようになった。[*27]

イギリス人官僚は、カーストヒンドゥー民衆の大半が、「不可触民」の地位向上に無関心というよりむしろ反発姿勢を示していると見て取った。マドラス州首席政務次官のブラッケンは、インド内務省政務次官に宛てた書簡で、特に農民が「不可触民」農業労働者の自立・自尊心を高めるような運動は自分たちの不利益になると警戒しているが、このような状況は労働局が「不可触民」農業労働者に宅地を供与する施策を実行しようとして抵抗を受けてきたことからも予測できた事態である、と評した。彼の説明によると、「ガンディーは各地で演説を行ない、［寄付金が入った］財布の提供を受けた。続けてその場で現金や宝石の寄付を受けた。あまりに急いでいたためガンディーは、演説せずに演説原稿を競りにかけることもたびたびであった。これに加えて婦人たちから宝飾品の捧げ物を受けとった。捧げ物が少ないと不満を示し、聴衆に対して吝嗇だと批判することも厭わなかった。金をむしり取るガンディーの人気が上がることはなかった。会議派も同様であった。ガンディーは来た。そして去った」[*28]。タミル地方の行脚は、行程がさらに加速し、人々の前に姿を現す時間が減り、演説の時間も短くなっていった。集会に集まる人数は多く、ティンネヴェリ市やトゥティコリン市などでは一万人、マドゥライ市では二万人もの人々が詰めかけたが、彼らは有名人のガンディーを一目見ると満足し、演説は聴かずに帰ってしまった。ブラッケンは、次のように辛口の評価を下した。

彼［ガンディー］は滅多に車から降りず、演説もしなかった。大勢の人が集まっているときも、彼は英語でぼそぼそと話し、彼の傍にいる人にしか聞き取れなかった。金に対する彼の執着は際立っていた。申し訳程度のスピーチのあと、慌ただしくメインイベントの財布の受け取りが行われた。女性に対して宝飾品を提供するよう呼びかけたが、反応はすこぶる悪かった。オークションもほとんど成立せず、ガンディー自身がオークションに参加して観衆の歓心を買おうとする一幕もあった。彼は提供された財布があまりに軽いと不満を示し、特にマドゥライの商人たちが差し出した財布の軽さに文句をつけた[*29]。

ブラッケンの口調には、多分にガンディーへの反感と一般民衆は無知蒙昧であるという偏見が表れているが、それを差し引いても、南インド、とりわけタミル地方がガンディーにとって居心地が悪かったであろうことは想像に難くない。ヴァイッカム・サッティヤーグラハや国民学校食堂論争でのガンディーの中途半端な態度に反発した人々が自尊運動を展開していたことも影響したであろう。また、非バラモン／ドラヴィダ人意識が存在するなかで、インドアーリヤ語族系の北インド諸語（ヒンディー語や彼の母語であるグジャラーティー語）で話すわけにもいかず、民衆に向かって英語で演説せざるを得なかったことも、ガンディーには不利に働いた。

ガンディーは避暑地として知られるニルギリ山中のクーノールで一週間の休息をとった。しかし複数の若い女性を伴って散歩する姿に地元の人々は眉をひそめた。マドラス市からかけつけたラージャゴーパーラーチャーリが合流しタミル地方の残りの諸県の行脚が再開されたが、活動内容に変化はなかった。女性たちは宝飾品の供出を求められると予測して、集会に来る前に身につける装身具を減らした。大規模な集会でも、集まった人々の大方の目的はガンディーの姿を見ることであって話を聴くことではなかった。あるインド人の地区徴税官は、「話が全く聞こえないような距離からガンディーの姿を見ようとする人の多さ、一目見ただけでそれ以上は見ようとしない人の多さに驚いた」と報告した。会衆はガンディーの姿を見た後は仲間内での私語に興じたという。

タミル地方では自尊運動活動家の抗議を受けることもしばしばであった。ただしその抗議は非暴力的で、集会が行われている間中、聴衆の後ろで黒旗を掲げて黙して立っているというものであった。ちなみに黒はドラヴィダ人やドラヴィダ文明を象徴する色で、自尊運動のシンボルカラーに採用されていた。タンジョール県シールカーリーでは自尊連盟メンバーの「不可触民」青年が二〇〇名も集まり、黒旗を掲げて最後まで立ち続けた。ガンディーは閉会に際して彼らに向かい、その節度ある行動に感謝の言葉を述べた。

ガンディーは寺院開放要求など微妙な話題については行く先々の雰囲気を敏感に感じ取り、極めて慎重に行動した。とりわけ正統派の中心地とされる場所では細心の注意を払い、世論に反してまで寺院開放を強要するつもりは全くなく、意見が変わるまでは寺院開放は実施されない、と強調するようになっていた。最後の訪問地となった北アルコット県の長官（インド人）は、ガンディーの行脚を総括し、特筆すべき点として次の三点を挙げた。

（一）ガンディーの驚異的な頑強さ。明らかに疲労困憊しているにもかかわらず殺人的行程をこなした。

（二）観衆の異常なほどの無関心。ティルヴァンナマライでは観衆は会場内をうろうろと草を食む羊のように徘徊し、何が進行しているのか全く気にかけなかった。ガンディー登場というクライマックスの時でさえ、何百もの人が壇上に背を向けて歩いていた。興味深いのは、ガンディーがグディヤッタムを訪問した時、「不可触民」たちがすぐ近くの川岸で洗濯をしており、この見世物《タマーシャー》には目もくれず仕事を続けていたことだ。

（三）各地の集会主催者の場当たり的な態度。時には完全な無能とさえいえるものだった。例えば、予定ルート上に川があり橋がないことに直前まで気づかず、行程の大幅変更が生じたことがあった。行事の予定も変更ばかりだった。

ガンディーには同情を禁じ得ない。気の毒な老人がやってきて、次から次へと「お祭り」に引き回され、集まった人々は全くの無関心である……。[*30]

イギリス人であれインド人であれ、政府役人のコメントはガンディーの活動に批判的であるが、それでもガンディーが驚異的な日程をこなしたことを伝えており、彼が並々ならぬ熱意をもって「不可触民」差別問題に取り組んだことは明白である。行脚開始前に自身が表明したように、会議派メンバーの中でガンディーほど村々に分け入り数多くの民衆と接触した者はいなかった。そしてガンディーは、行く先々で不可触民制を批判したが反対する声は聞かれなかった、と自画自賛した。しかし彼のこの説明が現実から乖離していることは、ハリジャン行脚の訪問地での様子から明らかであろう。実態は、抗議の声がないというより無関心であった。前掲のブラッケンの報告書は、「多くの人が「おれ、ガンディーを見たんだぜ」と言うことができるであろうし、それこそが大方の人々が望んだことだった。しかし、ガンディーに質問したかった人は、対話の機会がなく失望した」と伝えている。不可触民制廃止に反対の人、賛成の人、賛成であってもその手法について疑問がある人など、ガンディーとの対話を望んでいた人は少なからず存在した。しかし彼ら彼女らは、観衆が押し寄せただけの超高速行脚においては、文字通りガンディーに近づくことさえできなかったのである。

なお、ガンディーの演説内容は、徹底して「改心と奉仕」に終始した。[*31] 差別する人々が己の過ちに気づき真実に目覚め悔い改めなければ真の意味での差別解消は達成されない、というのが「不可触民」問題に対するガンディーの基本思想である。彼は、運動を推進する活動家は自己犠牲と自己抑制の姿勢を示し、己の生活を浄化することによって、不可触民制廃止に異議を唱える人々の心に影響を及ぼし、彼らを改心させるように導かなければならない、と諭した。[*32] それゆえに、デモンストレーション的な寺院開放要求や一過性の共食には積極的な賛意を示さなかった。例えば、ケーララ地方のナーヤル[※]出身でグルヴァーユール寺院開放要求運動（グルヴァーユール・サッティヤーグラハ[※※]）の主導者の一人であったK・ケーラッパン（一八八九―一九七一年）が寺院開放を求め、ガンディーの「死に至る断食」と同時に断食を開始した際、ガンディーは、それは脅迫であるとして断食を中止するよう電報を打った[*33]。行脚の途中でも「世論に逆らってまで寺院入場［寺院開放］を強要したり強制したりする意図は全くありません。ヒンドゥーの意見が変わるまでは、寺院入場は実施されません」と強調した。摩擦を回避する目的が強かったであろうが、自発的な改心を重視したとも解釈できる[*34]。

※ナーヤル（ナイル）は、ケーララ地方のカーストで、大地主が多く人口も多い有力カーストである。母系制をとり、バラモンのカーストであるナンブーディリの男性と婚姻関係を結ぶ場合もあったが、イギリス植民地支配下で、母系制を前近代的と見なす一派が改革運動を起こし、母系制を取りやめた。

※※グルヴァーユール・サッティヤーグラハは、ケーララ会議派が一九三一年五月の会合で実施を決定し、マンナート・パドマナーバンを委員長、ケーラッパンを事務局長とする実行委員会が結成された。まずカンヌールからグルヴァーユールまでデモ行進が実施された。このとき参加者をとりまとめていたA・K・ゴーパーランが暴行され世論の注目を集めた。寺院開放要求デモは同年一一月一日に開始されたが、寺院管財人は要求に応じなかった。ケーラッパンは三二年九月二一日にハンガーストライキを開始し一〇月二日まで食を絶った。ガンディーはハリジャン地位向上行脚の途上同地を訪問した。

ただし、この「強制」を回避するガンディーの姿勢は、不可触民制廃止運動から「不可触民」自身を排除する方向にも作用した。「不可触民」自身が運動に参加し差別廃止を訴えることは、差別する側への圧力、強制になるためである。ハリジャン地位向上行脚では、「不可触民」は集会に招待されず、蚊帳の外に置かれた。ガンディー一行が居住区を視察することはあっても、「不可触民」が主体的に行動し発言する機会は設けられなかった。

「不可触民」の中には、ガンディーの言動を、自分たちをカーストヒンドゥーに包摂してヒンドゥーコミュニティの団結・強化を図り、ムスリムやクリスチャンに対抗させるつもりだ、と解釈する者もいた。[*35] ガンディー本人はともかく、ガンディーの同調者として各地で反不可触民制キャンペーンを展開したヒンドゥー大協会メンバー（少なからず会議派メンバーと重複していた）は、明確にムスリムへの対抗を目論んでいた。なお、アーンドラ地方ネッロール県長官の報告では、同地方の「不可触民」カーストのマーラは、ムスリム家庭に使用人として雇われている者が多く、ムスリム男性の妾の多くもマーラであることから幾分か血縁関係もあり、ヒンドゥーよりムスリムに親近感を覚える傾向があるという。そのため同地のムスリムは、ガンディーの動向を「ヒンドゥー教徒がマーラをヒンドゥーコミュニティ側に取り返そうとしている」と解釈し不快に感じている、と分析した。[*36] タミル地方の「不可触民」農業労働者と雇用主のカーストヒンドゥー地主や農民との関係は搾取と抵抗を伴う緊張関係にあったことを勘案すれば、雇用関係にあることが必ずしも親近感を生み出すとは限らないが、カーストヒンドゥーによる急な「不可触民」への接近が、ムスリムに警戒心を抱かせたことは事実であった。

会議派とその同調者が推進した不可触民制廃止キャンペーンは、差別撤廃のための具体策を伴わないことも多かった。彼らはそもそも「不可触性／触れられないことUntouchability」の廃止とは言うが、差別禁止とは明言しなかった。「不可触民」という呼称／存在をなくすことによってカーストヒンドゥーに包摂するように見せかけつつ、差別をも不可視化する試みであったともいえる。また、「触れられないこと」の廃止は、「不可触民」に、牛肉食や飲酒など「不浄」な慣習を停止してカーストヒンドゥーが「触れられる」状態になるよう促しているようにもとれる。差別されるのは「不可触民」側にも非があるという論理になる。なお、「不可触民」の社会経済的地位を向上させるための具体策を検討し実施しようという意見は、会議派からは出されなかった。マラバール県長官が指摘したように、「寺院入場権を被抑圧階級に与えようとすることは、被抑圧階級の経済的地位を現状のままにとどめ、社会的隷属状態のままに置くのに極めて便利[*37]」であった。

3　会議派政権による不可触民制廃止の試み

ガンディーが不可触民制廃止活動に専念している一方、インド統治法改正作業は進んでいた。第三回円卓会議（一九三二年一一月―一二月）での細部調整を経て、イギリス政府による草案作成過程に入り、三五年一月にイギリス議会に提出、審議を経て同年八月に新インド統治法が成立した。これにより州レベルでは両頭制が廃止され、制約はあるものの自治体制に移行した。マドラス州には立法参事会と立法議会の二院制が採用され選挙資格の大幅拡大により成人男性のほぼ四分の一が有権者になった。統治法は一九三七年四月一日に施行され、新体制下初の州議会選挙が行われることになった。

「非協力」方針のもと選挙をボイコットし続けてきた会議派は、ついに方針を転換し、選挙参加を決定した。マドラス州の会議派は選挙キャンペーン中、ガンディーこそが被抑圧階級のために事をなしてきた、被抑圧階級が政治的社会的救済を求めるべき相手はガンディーだと必死に宣伝し、「不可触民」の支持を集めようとした[*38]。結果は、初参戦の会議派が下院（州立法議会）二一五議席中一五九席、上院（州立法参事会）七五議席中四二議席を獲得して勝利した。「不可触民」（公式には「指定カースト」と総称されることになった）専用議席もほとんどが会議派の立候補者で占められた。一方正義党は、それぞれ一七議席、四議席という惨憺たる結果であった。なお自尊運動勢力は、選挙という多数決の世界に参入すれば社会改革の急進性を犠牲にしなくてはならないと考え、社会運動に専念する道を選択し、選挙戦では正義党を支援していた。こうして圧倒的勝利を収めたマドラス州会議派は、ラージャゴーパーラーチャーリを首班とするマドラス州内閣を組閣した。

マドラス州立法議会の指定カースト留保議席に無所属で立候補し、正義党候補を破って当選を果たしたM・C・ラージャ[*39]は、一九三七年一〇月に「ヒンドゥーの特定階級にみられる社会的制約を除去するための法案 A Bill to Provide for the Removal of Social Disabilities among Certain Classes of Hindus（以下、社会的制約除去法案）」を提出した。一五名からなる特別委員会が組織され法案審議を付託された。この一五名の中には、州首相のラージャゴーパーラーチャーリとラージャの他に、V・I・ムニスワーミ・ピッライ、E・カンナン、スワーミ・サハジャーナンダン[※]など、「不可触民」議員が六名含まれていた。委員会審議を経た法案は、翌年三月に本議会にて審議が始まった。

※サハジャーナンダンは、指定カースト留保議席ではなく地元チダムバラムの一般選挙区から立候補し、対立候補が出なかったため無投票当選を果たした。

社会的制約除去法案は、前文で、「ハリジャン、不可触民、あるいは被抑圧階級として一般に認識されている諸階級に対し社会的慣習により様々な制約が課され、民事・刑事訴訟で追認されてきた。しかしこれらの制約は近代化や正義、連帯の精神にそぐわないとヒンドゥー社会が認識し始めている」と、その制定の背景を説明する。そして本条文は、「いかなるヒンドゥーも、ハリジャン、不可触民、被抑圧階級として知られるコミュニティに属しているという理由で、川や公共の井戸、貯水池、道路、厚生施設、交通手段、その他施設へのアクセスを妨害されてはならない」と規定した。

本議会で法案の趣旨を説明したラージャはまず、過去にも既に不可触民制廃止を目的とする法案をインド中央立法議会に提出する動きがあり、ヒンドゥー大協会のマーラヴィーヤやM・R・ジャヤカル、正義党のR・K・シャンムガム・チェッティらが関与してきたとその歴史的経緯を述べた。最終的にはラージャゴーパーラーチャーリが一九三三年に「不可触民制廃止法案 Untouchability Abolition Bill」を中央立法議会に提出するに至ったが、新インド統治法の施行により旧議会は解散され、そのままになってしまったとする。このように、カーストヒンドゥーによる不可触民制廃止法案作成の動きがあったことを指摘した上で、自身が提出した法律の目的と特徴を説明する。曰く、この法案は被抑圧階級が耐え忍んできたあらゆる市民的《シヴィル》・世俗的《セキュラー》制約の廃止を目指すものであり、イギリス支配下のインドの司法府が不公正で反社会的な時代遅れの慣習に法的承認を与えてきたせいで生じた法的障害を除去することが主眼である。かつては不可触民に教養がなく、指導者もいなかったため、不可触民制が維持されてきたが、いまや状況は変化している。とはいえ、改革しようと声を上げれば反撃され、平和的デモ活動だけでは法的障害を除去できない。宗教別家族法［一七七二年規則］に基づき司法の場で差別的慣習が承認され、それが判例法として先例拘束の原則が働くため、不可触民差別が温存されてきた。したがって同法案は、この既存の法的障害の除去を目的とする。カーストヒンドゥーに何らかの制約を強いるものではなく宗教に干渉するものでもない、と。[*40] 同法案は、批判の対象を慣習とイギリスの司法体制に限定しており、差別の非を指摘してその撤廃を目指すという直接的な禁止法ではなかった。寺院を法の適用対象外としたことも、寺院での差別は容認されるのかという根本的疑問を生じさせるものであった。

法案には、会議派、とりわけラージャゴーパーラーチャーリの意向が色濃く反映されていた。法案審議を付託された特別委員会では、彼が細かく修正を入れた。例えば「その他施設へのアクセスを妨害されてはならない」という一文の「その他施設」という文言について、ヒンドゥー寺院も含まれていると解釈される可能性を排除できないため、「その他世俗的施設」と限定する表現に改めさせた。さらには「社会的制約除去法案」という名称についても、「社会」には宗教も含まれると解釈されかねないと言いだし、「市民的制約 Civil Disabilities 除去法案」に改変させた。[*41]

M・C・ラージャによる趣旨説明に続いて、会議派議員が次々と法案支持の発言をした。その意見は概ね二種類に分けられる。第一は、会議派を不可触民制廃止運動の唯一の推進団体とするものである。ガンディーの不屈の努力によって醸成されたハリジャンに同情的な雰囲気を活用して今こそ法律を成立させるべきだという意見や、会議派は創設当初から虐げられた人々のために尽くしてきたという意見に代表されるように、会議派こそがハリジャンの地位向上に尽力してきたと強調することによって、非バラモン運動の影響を間接的に否定した。「不可触民」自身による運動の存在は無視した。第二は、ヒンドゥーコミュニティ／民族の団結という観点から不可触民制廃止を支持するものである。ヒンドゥー社会の活力を食い物にする癌を取り除いて民族意識を目覚めさせなければいけないという意見[*42]には、「不可触民」自身が要求してきた基本的人権の実現という発想は見いだせない。

各条文の検討では、法の適用対象となる施設の定義について議論が沸騰した。例えば、「公衆のために維持されている施設」に宿泊施設や食堂は入るのか、寺院の境内にある井戸は「公共の井戸」に該当するのか、などの質問が相次いだ。これに対しラージャは、寺院に付属する井戸は宗教施設であり、寺院の外にある井戸のような「公共の井戸」とは見なされないため、同法適用対象外と説明した。スワーミ・サハジャーナンダンが、差別は宗教に根差しており、公共の世俗的施設で不可触民を排除してきた人々も宗教がそう定めていると差別を正当化してきたにもかかわらず、宗教を切り離すことができるのか、と疑義を差し挟んだが、それへの回答はなされなかった。[*43] 会議派の意向が前面に出された同法案は、会議派が多数を占める議会で批判を受けることなく、野党の正義党も差別廃止自体に異議を述べることはなく、全会一致で可決された。

上院の州立法参事会では、法案に対していささか冷めたまなざしが向けられた。指名により上院議員になっていたシュリーニヴァーサンは、法案内容が州首相ラージャゴーパーラーチャーリの意向を反映していること、上院に法案を提出した会議派メンバーのT・S・S・ラージャンがバラモンであることを踏まえて、「法を提出したのも州首相もバラモンであるのは心強いことです。なにしろあなた方の祖先がカースト制度を導入しあらゆるトラブルを巻き起こしたのですから」と皮肉った。また、「不可触民」の代弁者であると喧伝する会議派を牽制し、不可触民差別撤廃運動は、最近の数年のもの（ハリジャン行脚を揶揄）ではなく、六〇年以上にわたって「不可触民」自身による不断の努力が積み重ねられてきたと釘を刺した。[*44] その上で彼は、自分たちを指す名称について、法案の条文が「ハリジャン、不可触民、被抑圧階級」になっていることに異議を唱えた。彼曰く、自分たちを「神の子」とすると、残りの人は「悪魔の子」になってしまい不要な反発を招く（ガンディーはいつもトラブルを起こすとも指摘した）。我々にはアーディドラヴィダとアーディアーンドラという自称がありこの名に誇りを持っている、既に州政府にも承認された公式名称でもある。それにもかかわらず、アヴァルナやアウトカースト、パンチャーマに始まって、またもや部外者から望みもしない新しい名称を名乗るよう強制されるとは、我々は人間ではないのか、と。対するラージャンは、「アーディドラヴィダだのアーディアーンドラだの山ほど「アーディ」がありますが、誰がより先にインドに定住したかなんぞ些末なことです。今はヒンドゥーから排除されている人々を特定することが重要なのです」とし、「ハリジャン」は不可触民全てを包摂する範疇であるから問題ないと、シュリーニヴァーサンの異議を一蹴した。[*45]

「ハリジャン」がキリスト教やイスラームに改宗した元不可触民を含むのかという質問もあった。ラージャンは、ハリジャンとはヒンドゥーコミュニティの一部であり一度クリスチャンやムスリムになればもはや不可触民でもアウトカーストでもない、との見解を示した。[*46] 会議派、とりわけヒンドゥー大協会メンバーを兼ねる党員は、不可触民が改宗してヒンドゥー教徒人口が減少するのを阻止する目的で「不可触民」問題に取り組んできた。改宗した「裏切り者」に配慮する必要はなく、むしろ懲罰的な意味合いをもたせたかったのであろう。法律上の恩恵を受ける対象をヒンドゥー教徒の「不可触民」に限定することにより、「元不可触民」をヒンドゥー教に再改宗（ヒンドゥーコミュニティの強化を図る人々は「浄化」と称した）させることも念頭にあった。

他の議員たちからは、これまでも貯水池や公道の使用制約を禁じる法律が制定されてきたにもかかわらず死文になっていることを例に、法の効力への疑義が示された。「不可触民」が通るようになった公道をバラモンが通らなくなった例も紹介された。[*47] シュリーニヴァーサンは、村の隅々まで同法の内容を通達する必要があると主張したが、ラージャンは、問題なのは人々の無知ではなく法の存在を知りながらもなお差別を続ける人々の心であるとし、図らずも法の有効性を否定するような発言をしてしまった。

彼はすぐに続けて、寺院入場法案も準備中であり、寺院がハリジャンに開放されれば、あらゆる制約が自然に消滅するだろうと楽観的見解を示した。上院でも同法案は全会一致で可決された。

4 主体性を否定される――寺院入場をめぐって

(1) ラージャの寺院入場制約除去法案

M・C・ラージャは、社会的制約除去法案改め市民的制約除去法案に続けて、一九三八年八月一七日、寺院開放に関する法案を導入した。法案のタイトルは「いわゆる被抑圧階級のヒンドゥー寺院入場制約を除去するための法案 A Bill to Remove the Disabilities of the So-Called Depressed Classes in Regard to Entry into Hindu Temples」(以下、寺院入場制約除去法案)であった。しかし同法案はそのタイトルとは裏腹に、単に「不可触民」がヒンドゥー寺院に参詣するのを可能にするような単純なものではなかった。ラージャ自身は法案の意図を次のように説明した。

本法案は、被抑圧階級の寺院参詣を許可したいと人々が望んだときに、その希望を実行に移すことを可能にするものです。[略] 本法案は、参詣している人びと [カーストヒンドゥー] の意思を無視して寺院を被抑圧階級に開放するものではありません。これは改革を妨げる法律上の障害を除去するための法律なのです。これは地域選択法《ローカルオプション》のようなものであり、カーストヒンドゥーに強制するわけではありません。寺院をハリジャンに開放するかどうかの決定権を信徒に与えるものなのです。[*48]

ここで彼は、全寺院に「不可触民」への門戸開放を強制するものではないと強調している。賛否が分かれる問題について地域ごとに住民投票によって法適用の是非を決定できる地域選択法に類似し、寺院に参詣する資格を現在有している人々が「不可触民」への寺院開放を許してもよいと考えるようになったときに初めて法が効力を発揮するという。

　イギリス式の司法と法律が慣習を固定化して慣習法とし、ヒンドゥーの慣習が自然に成長し発展するのを妨害してきました。たとえ多数の人が改革を望んだとしても、一人が［改革に反対して］法廷に駆け込めば、改革は「違法」と判断され潰されてきたのです。本法案はこのような法的障害を除去することが目的です。法律は法律によって変えるしか方法がないからです。[*49]

ラージャはこのように、同法案は差別的慣習の禁止・廃絶ではなく、慣習を改革したいという人びとの意向を妨害する法的障壁を取り除くことを主眼にしていると強調する。彼が言うところの法的障害とは、一九二五年ヒンドゥー宗教慈善寄進財法の「寺院内の確立された慣習は保護され維持される」という条項である。この条文が、寺院に入場を試みた「不可触民」やその支援者が起訴された場合に有罪になる法的根拠であったため、寺院入場制約除去法案のターゲットになった。

M・C・ラージャは、基本的に「不可触民」のヒンドゥーコミュニティへの融解を志向して、アンベードカルやシュリーニヴァーサンとは一線を画してきた。ヒンドゥー大協会のムンジェーと交渉してプーナ協定の素地を作った人物であることを想起すれば、カーストヒンドゥーに対して宥和的であることは不思議ではない。とはいえ、「不可触民」に寺院入場権どころか入場を要求する権利すら与えず、カーストヒンドゥーが寺院を開放してあげてもいいと考えるようになるまで忍従を強いる同法案は、

「ガンディー的」過ぎるきらいがある。

(2) 法案を棄却される

しかしそれにもかかわらず、会議派長老で州首相のラージャゴーパーラーチャーリがこのラージャの法案に難色を示した。彼はまず、寺院開放は自分自身にとっても大義であり、必ず実現させる意思があると宣言する。しかし重要な大義であるからこそ、失敗は決して許されないという。こう発言したラージャゴーパーラーチャーリは、州政府の方針として、まず適用範囲をマラバール県に限定する別の法案を提出することを決定したとし、ラージャの法案を棄却した。

マラバール県に白羽の矢が立てられた理由は、マラバール県に隣接するトラヴァンコールの藩王がケーラッパンらによる寺院開放要求運動を受けて一九三六年に寺院開放を宣言したことにあった。ラージャゴーパーラーチャーリはこれを偉大なる革命と賞賛し、マラバール県はトラヴァンコール、コーチン両藩王国とともにケーララ地方を形成し、言語、慣習、宗教の面で共通性があるため、トラヴァンコールの革命が自動的に他のケーララ地方住民の宗教的心性に変化をもたらしたに違いないと推論を述べた。彼は、既にヒンドゥー教徒の藩王によって「不可触民」に寺院を開放する宣言が出されているトラヴァンコールの隣県ならば、人々の抵抗感も弱く比較的容易に不可触民の入場が実現するだろうと主張したのである。ラージャの極めて「穏健な」法案ですら却下し、地域をも限定するという念の入れようであった。

ラージャゴーパーラーチャーリは、このように慎重な態度をとる理由として、寺院開放は単なる経済上の問題ではなく信仰、心理上の問題だと説明した。経済上の問題として引き合いに出されたのは、前年の一九三七年に成立した禁酒法である。彼によると、同法をめぐって議会の内外で激しい反対意見が噴出したが、それは禁酒によって生じる経済的打撃を恐れたためであって、禁酒という行為そのものへの反対ではなかった。それでも慎重を期して住民投票を実施し、一県ずつ適用範囲を広げてきた。一方寺院開放は、人間の心理に深く根ざす問題であるために寺院開放という行為そのものへの抵抗が予想されるという。都市部では一定の理解が得られているが、村落部ではいまもなお不可触民排除の慣習が根強く蔓延しているとし、つい最近チングルプットで起きたという殺人事件を紹介する。火渡りの祭りで、一人の敬虔なハリジャンが他の人々に倣って火の上を歩いた。それに気づいた人々が聖なる火が穢されたと恐慌状態に陥り、その場で彼を殺害した。容疑者は証拠不十分で不起訴に終わった。ラージャゴーパーラーチャーリは「一人の人間が殺されたにもかかわらず何の証拠もないとは！ 白昼にもかかわらずですよ！」と訴え、この殺人が村人の「総意」によるものであり、村ぐるみで犯行が隠蔽されたことを示唆した。ちなみにこの事件が起きた村は、ラージャゴーパーラーチャーリ率いる会議派の一団が訪問し、ヒンドゥーコミュニティ全体が共同で神に祈ることによって一体感が生じると演説したことがある村だった。村人たちもその時は「ハリジャンも兄弟です。共通の神を敬うべきです。寺院も開放されなければなりません」と口をそろえたという。このような状況を踏まえて彼は、マドラス州全土に一挙に寺院開放立法（開放を強制するものではないにもかかわらず）を適用するほど機が熟していないと主張したのである。[*50]

ラージャゴーパーラーチャーリの反対は、ラージャにとっては到底受け入れられるものではなかった。

ラージャは不満を爆発させ、寺院入場制約除去法案提出の経緯を暴露した。

そもそも私はこの法案を提出したかったわけではありません。これとは別に、私自分が作成した法案があり、それを会議派案としてほしいと申し出ていました。しかしラージャゴーパーラーチャーリ氏はこう答えました。「あなたのコミュニティのために必要なことは全て私に任せてくれれば良い。あなたの法案は必要ない。私が法案を用意してあげよう」と。断っておきますが、私がこの法案を立法議会に提出したのは、州首相から依頼されたからです。しかし突然何をひらめいたのか、彼はこう言い始めました。「ラージャ氏は法案を取り下げなければならない」と。そしてあたかもヒトラーのように命令したのです。「『不可触民は』一切動くな」と。[*51]

つまりラージャは、独自に作成した法案の代わりにラージャゴーパーラーチャーリが起草した代替案を議会に提出する役割を担わされたあげくに、今度は事前の断りもなしに他ならぬラージャゴーパーラーチャーリ本人から法案引き下げを要求されたのである。もしマラバール県で試行する必要があるというのであれば、トラヴァンコールの寺院開放宣言は一九三六年に発出されているのだから、ラージャゴーパーラーチャーリも最初からマラバール県限定の法案をラージャから提出させればよかったはずである。[*52] 推察するに、ラージャゴーパーラーチャーリが変節したのは、宗教施設の開放については「不可触民」自身が法案を動議する行為自体が問題になるかもしれないと途中で思い至ったのであろう。

こうしてラージャら「不可触民」は、三重に主体性を否定されたことになる。第一に、自分たちの権利に関わる法律であるにもかかわらず、自分たちで法案を起草することを否定された。第二に、法案の取り下げについて、事前の相談もなくカーストヒンドゥーの州首相により一方的に決定された。第三に、寺院開放を決するのはカーストヒンドゥーとされ、「不可触民」自身には寺院入場を求める権利すら認められなかった。

ラージャゴーパーラーチャーリが「不可触民」の主体性を否定した理由は、「宗教不干渉」原則への抵触を避けるため、そしてそのために改革が「不可触民」の提唱によるもの（ガンディー的／会議派的に解釈すれば強制）であってはならなかったためである。M・C・ラージャは寺院入場制約除去法案の趣旨を説明する折に、「カーストヒンドゥーに決定権を付与するものだ」としながら、不可触民制は基本的人権の侵害であり、人権の侵害を抑止することは宗教への干渉という話ではない、と本音を吐露していた。[*53]「不可触民」指導者たちは、もはや公共施設へのアクセスを、それが世俗のものか宗教的なものかを問わず人権の一部と見なしていた。しかしこのような「不可触民」の本音を、カーストヒンドゥーは、自分たちの宗教的慣習への侵害と受け止めた。そのカーストヒンドゥーが、ヒンドゥー宗教慈善寄進財法の「寺院内で確立された慣習の保持」規定を振りかざして抵抗してくることを、ラージャゴーパーラーチャーリは警戒したのである。

ラージャゴーパーラーチャーリは己の行為を評して「心変わりしたように見えるでしょうか？　私は裏切り者なのでしょうか？　確かに私は裏切り者かもしれません。しかし人は自分が重視する大義には真摯であらねばなりません。この大義［寺院開放］は私にとってはヒンドゥー教そのものなのです。寺院開放の失敗は、我々の文明、我々の宗教の失敗になるでしょう」と訴えた。続けて、近年様々な改革運動を主導した人々が、民衆が無知で義務を果たさないから失敗したと責任を転嫁し、自分たちは精一杯努力したからもう十分といわんばかりに改革を放棄していると非難し、そのようなことがあってはならないと熱弁を振るった。[*54]「不可触民」議員で閣僚のV・I・ムニスワーミ・ピッライも、自分と同じカースト出身の人物がティルパティの丘（二四七頁参照）に登ろうとして暴行を受けた例を挙げて、ラージャゴーパーラーチャーリを援護した。一方、正義党議員のK・M・ムッタイヤ・チェッティは、ラージャゴーパーラーチャーリの変節が「不可触民」自身が差別撤廃を動議するのを避けるためだと見抜き、ラージャの法案に異議はないと発言した。

M・C・ラージャにとって、ラージャゴーパーラーチャーリの態度は、差別される側の人権より差別する側の感情に配慮したも同然だった。「我々の権利は、宗教的優越性を妄想する一部の人間の機嫌をとりたいという理由のために犠牲にされるのでしょうか？　カーストの傲慢を会議派は承認するのですか？　会議派政権は不可触民制を暗に奨励するのですか？　我々がプーナ協定を承認したのは、不可触民制が全面廃止されると考えたからです。協定は我々にそう約束していました。しかし今となっては、あの約束は単なる政治的策略だったと言わざるを得ません」と、無念と後悔を滲ませた。[*55]これに対してラージャゴーパーラーチャーリは、決定的な一言を発した。「これは基本的にカーストヒンドゥーの仕事であります。この改革によって犠牲を払い苦しむのはカーストヒンドゥーなのです」[*56]。つまり、カーストヒンドゥーは寺院が不可触民に穢されるのを我慢しなくてはいけないと失言したのである。ラージャが提出した寺院入場制約除去法案は、賛成二四、反対一三〇、棄権八で棄却された。

(3)「カーストヒンドゥーの仕事」——ラージャゴーパーラーチャーリの寺院入場法案

法案棄却から三か月後の一九三八年一二月一日、今度はラージャゴーパーラーチャーリ自身が「マラバール寺院入場法案The Malabar Temple Entry Bill」を州立法議会に提出した。同法案は、寺院を「被排除階級[※]」に開放する手続きに関する条項で構成される。規定された方法は複雑だが要約すると次のようになる。

（方法一） ある寺院を開放したいと考える投票権保有者［その寺院への参詣を許されており、州立法議会有権者であり、かつ当該寺院が存在する郡の有権者名簿に氏名が記載されている者］は、投票権保有者五〇名以上の署名を伴う寺院開放請願書を寺院管財人に提出→管財人は州政府に寺院開放を要求する→州政府は投票権保有者の投票を実施する→開放賛成が過半数の場合、当該寺院は開放される。

（方法二） ある寺院の管財人が寺院開放を公示する→一か月間以内に投票権保有者五〇名以上の署名を伴う反対請願書が出されなければ、寺院は開放される。反対請願書が提出された場合は、州政府が投票権保有者の投票を実施する→開放賛成が過半数の場合、当該寺院は開放される。

（方法三） 一、あるいは二の方法で開放された寺院と同じ郡内に存在する寺院は、管財人の動議もしくは投票権保有者五〇名以上の署名を伴う請願によって投票なしに寺院を開放できる。

※被排除階級Excluded Classとは、「ヒンドゥーコミュニティのカーストあるいは階級で、固定化された慣習法・慣行により寺院境内から排除されている者、あるいは境内に入れても大多数の参詣者が許可されている場所には入れない者」と定義されている（法案第二条二項）。「不可触民」や「被抑圧階級」の代わりにこの言葉を採択したのは、ナーダール（シャーナール）のように「不可触民」所属を否定しながらも寺院境内への入場を拒否されてきたカーストが存在することを考慮したためと推測される。

このように、寺院開放に向けてのルートは複数用意されているが、主導権を握るのはカーストヒンドゥーであり、いずれの方法でも「不可触民」の関与が排除されていた。

市民的制約除去法と比較すると、この法案の異常性が浮き彫りになる。市民的制約除去法は、「川や公共の井戸、貯水池、道路、厚生施設、交通手段、その他施設へのアクセスを妨害されてはならない」と明確に宣言し、事実上、「不可触民」にこれらの施設へのアクセス権を権利として認めていた。施設ごとに「不可触民」の使用を認めるか否かカーストヒンドゥーの意向を投票で確認するなどという煩雑な方法は設定されていない。つまり実質的に世俗的公共施設における差別を禁止するものであった。その「急進性」にもかかわらず、市民的制約除去法案は全会一致で成立したことは既に述べた。こうして世俗的施設への「不可触民」のアクセスが法的に保障されたとしても、相変わらず近づくことが許されない場所が残存していては、差別問題を根本的に解決したことにはならないと、M・C・ラージャはもちろんラージャゴーパーラーチャーリも十分認識していた。

寺院開放に関しては極めて慎重に事を進めようとしたラージャゴーパーラーチャーリであったが、T・T・クリシュナマーチャーリ（南インド商業会議所を代表する指名議員）が法案を審議すること自体に異議を呈した。新インド統治法が規定する州立法府の所管事項リストに「宗教施設」がないという理由であった。しかし議長が反論した。彼は、インド憲政改革委員会報告に、インド人の信教に関わる社会改革はインド人の責任で遂行されるのが望ましく、州自治が実現しインド人州内閣が成立すれば、宗教的慣習に影響を及ぼしうる法案の導入についてイギリス人州知事の事前裁可は不要になる、との一文があると指摘し、法案を受理した。[*57]

ラージャゴーパーラーチャーリは、法案の趣旨を説明する際に、改めてイギリス式の司法と立法こそがヒンドゥーの慣習を固定化し自然な成長と発展を妨害してきたと強調した。加えてヒンドゥー宗教慈善寄進財法第四〇条に言及し、寺院管財人が不可触民に寺院を開放したいと願い世論がそれを支持しても、同条に阻まれてきたと指摘した。

正統派は慣習を固持し、［人びとに慣習を］強制するに際して国家の助力を受けてきました。しかしそれは、多数の人びとがその慣習を支持しているという暗黙の前提があったからです。多数の意見が変化し始めたら国家は助力を止めるべきです。人は自分の見解を変える権利、生活を変え習慣を変える権利を生まれながらに持っています。この生得権の行使を妨害することは「不干渉」どころか深刻な「干渉」であります。[*58]

こうして彼は、インド人の政府が、インド人社会の、しかもカーストヒンドゥーの自己改革を支援することは宗教干渉には当たらないという言説を形成し、法案は改革に許可を与えるものであり強制ではないとして正当化したのである。

会議派の議員は、ヒンドゥー教を利己的な宗教だと批判する自尊運動と「不可触民」運動に対抗することには熱意を示し、ヒンドゥー教の擁護に努めた。彼らは、ヒンドゥー教は寛容と自己犠牲と奉仕を原理とし、不可触民差別はヒンドゥー教の原理からの逸脱、堕落、派生物であると位置づけ、宗教の根本原理と派生的慣習を切り離した。[*59] さらに、不可触民差別への批判の声は古来あったとして、ナンダナール、ティルッパナルワールなどの伝説の聖者やラーマーヌジャなど中世南インドの思想家を挙げて、不可触民の解放は西欧近代思想に負うものではなくインドの歴史にその起源があると誇示した。[*60]

マラバール寺院入場法案に反対意見を述べたのは数名だったが、いずれもラージャゴーパーラーチャーリの趣旨説明の矛盾を突いた。マラバール県の地主選挙区から当選した正義党員のR・M・パラトは、マラバール県を含むケーララ地方の寺院の公共性に疑問符を付けた。彼によると、マラバールでは寺院のほとんどが個人の建立によるもので私的性格が強い。一般信者が参詣を許される場合もあるが、その事実をもって公共の寺院と見なすことはできず、マラバール県は実験の場としてはむしろ不適切であるというのが、彼の見解であった。同様にマラバール県の妥当性に疑義を申し立てたのは、やはり正義党員で自尊運動にも参加していたクリスチャンのA・T・パンニールセルヴァンである。彼は、マドラス州で最も保守的でカースト差別が厳しいマラバール県を選んだ州政府の真意を測りかねる、とした。マラバールが選択された唯一の理由がトラヴァンコール藩王国での寺院開放宣言だが、統治権を有する藩王による命令であり民意を反映していない。実際トラヴァンコールでは「不可触民」が寺院入場を試みたものの、正統派ヒンドゥーに妨害されて諦めたという事例がある、隣接するコーチンの藩王が自国内では寺院開放は行わないと意思表明をした、マラバール県では社会的影響力のある人物から数多くの反対意見書が提出され、寺院開放への抵抗がある、などと畳みかけ、ラージャゴーパーラーチャーリがマラバール県を選択した根拠を突き崩した。[*61]

カーストヒンドゥーに決定権を委ねる問題性を指摘したのは、ムスリムの議員であった。K・アブドゥル・ラフマーンは、寺院開放の決定権をカーストヒンドゥーに委ねることで改革が進展しない恐れがある上に、何よりもハリジャンの権利の問題を「カーストヒンドゥーのお慈悲に任せる」ことに懸念を示した。しかしラージャゴーパーラーチャーリは、ハリジャンと同じぐらいカーストヒンドゥーにも配慮する必要があるとして、問題の本質を突くこの指摘を聞き流した。[*62]

ちなみに、M・C・ラージャも、マラバール県を実験場に選んだのは固い岩場に種を植えようとするようなものであると揶揄した。それでも「半分のパンでもないよりはまし」の例えもあり、半分どころか二五分の一［マドラス州には二五の県があった］だが、それでもラージャゴーパーラーチャーリに協力する、と渋々法案を支持した。E・カンナンは、コミュナル裁定をめぐる混乱時にカーストヒンドゥーが一丸となって「マハートマ［ガンディー］」が命を賭しているのだから分離選挙権を諦めて合同選挙に同意しろ」と脅迫してきたとき、今後はいかなる場合も「不可触民」の権利を妨害しないと宣言したにもかかわらず、その誓いが実現していないとこぼした。[*63]

会議派議員は、マラバール県への実験的導入を必死になって擁護した。マラバールで保守的なのは年寄りだけで何も考えずに寺院開放反対請願書に署名しているとか、マラバールは識字率が高いなどである。熱心な会議派活動家でマラバール女性選挙区から当選したA・V・クッティマル・アンマル※は、マラバールに「とにかく何でも古いものにこだわる人がいるのは確か」だが、その人数はごくごくわずかだとし、出身地が「ヒンドゥー教の浄化のために選ばれたことを誇りに思う」と発言し、拍手喝采を受けた。[*64]

※クッティマル・アンマル（一九〇五―没年不詳）は、一九三一―三二年の市民的不服従運動時には外国産布ボイコット運動に参加し逮捕され、生後二か月の赤子とともに二年間服役した。ケーララ会議派委員会、全インド会議派運営委員会のメンバーを務めた。[*65]

マラバール寺院入場法案は特別委員会に付託された。パラトの意見を踏まえて、私的性格の強い寺院については州政府がその除外を検討するという条項が追加され、マラバール県の寺院は私的寺院、氏族寺院、公的寺院に三分類されることになった。修正された法案は本会議で審議にかけられた。するとパラトが今度は正面から法案に反対した。この法案が「寺院入場法」ではなく「寺院排除法」だからだという。

排除された階級に寺院が開放されることにより、現在参詣している正統派の人々が二度と寺院に入れなくなります。州首相は正統派カーストヒンドゥーが寺院に入る権利を侵害し、被排除階級に寺院を与えようとしています。これは、ムスリムが触れた牛肉を飢えたバラモンの前に置いて、「さあ、食え」と言うようなものです。[*66]

つまり、不可触民が入場した寺院は穢れて不浄になり、浄なるカーストヒンドゥーが入場できなくなる（排除される）、というわけである。そもそもマラバール寺院入場法案は、住民投票で寺院開放の是非を決定するもので、反対意見が過半数を占めれば当該寺院は開放されないのだが、開放賛成が五一パーセントになったときに四九パーセントの反対意見が無視されることが問題だ、というのがパラトの言い分であった。G・クリシュナ・ラオは、住民投票参加資格が州立法議会の有権者資格と同じになっていることに注意を喚起し、無資格の大衆は信心深く宗教的志向性が強いが、有権者は政治志向で、参拝もせず寺院の安全性にも無関心かつ無責任なので、宗教問題については財産資格を取り払いカーストヒンドゥー全員に住民投票権を与えるべきだと要求した。二人の法案批判は、表向きは、少数意見や大衆の意見も傾聴するべきというものだが、実質的に寺院開放自体に反対していることは明らかであった。ある議員は特にパラトが正義党員であることを皮肉って「異端が突如正統派になったとは、驚きました」

と表現した。[*67]

パラトとラオの反対意見に接して、寺院開放の意義を強調する「不可触民」議員の発言が相次いだ。市民的制約除去法案で世俗施設と宗教施設が区別され後者が対象外になってことに疑義を呈していたサハジャーナンダンは、あえて内容には立ち入らずに、寺院開放法案を待ち望んでいたと歓迎の意を表した。B・S・ムールティは、「不可触民」は物質面での充足だけでなく宗教社会的にも劣等ではないと実感しなければならず、寺院が「不可触民」に開放されれば、実際に「不可触民」が入場するか否かは関係なく不可触民制が消滅したことの証明になると力説した。V・I・ムニスワーミ・ピッライは、犬でさえ寺院に入れるのに「不可触民」の影が寺院にかかるだけで汚染と見なすのは、神聖とされる寺院における非神聖な慣習だとし、政府がこの「伝統的汚点」を拭い去ろうというのに反対意見が出るとは驚愕だとした。続けて、パラトとラオを名指しして、聖ラーマーヌジャを敬愛するなら法案を支持するのが義務だと迫った。また彼は、苦労の末にチダムバラムのナタラージャ（シヴァ神の別名）寺院参拝を許されたという伝説の不可触民ナンダナールの逸話を持ち出し、「ハリジャンは本質的に宗教的です。ナンダナールがいかにしてチダムバラムの聖なる寺院の境内に入ったかを学べば、ハリジャンの宗教性には壮大な歴史があることがわかるでしょう」として、ハリジャンもヒンドゥーとして大伝統的な神々を祀る寺院に参詣したいという純粋に宗教的な動機を有してきたと強調した。寺院開放を、ムールティのように不可触民制廃止の手段・段階として位置づけるのではなく、ヒンドゥーコミュニティの一部としての信仰心に起因すると訴えて、共感・同情を引き出す戦略であった。[*68]

一方、シュリーニヴァーサンは『マドラスメイル』紙に投稿し、マラバール寺院入場法案はカーストヒンドゥーとアーディドラヴィダとの亀裂を深めるだけだと批判した。アーディドラヴィダにとっては、寺院入場という実態のない空虚なものより経済的向上の方が重要だとし、我々には自分たち自身の神を祀る寺があるので、カーストヒンドゥーの神を祀る寺院に興味はない、という見解を示した。ヒンドゥーコミュニティへの融解を志向しないシュリーニヴァーサンの立場が滲み出た記事であった。[*69] これに対してラージャゴーパーラーチャーリは、ハリジャン知識人は精神的なものよりパンや水を要求するきらいがあるが、ハリジャン大衆は寺院が開放されれば喜ぶに違いない、と反論した。彼によると、ハリジャン大衆も寺院開放を望んでいないという意見があるが、それは「要求する」という発想がハリジャン大衆にはないだけで、本当は寺院参拝を渇望しているという。「ハリジャンはあまりに餓えているため、パンを要求する声も出せないのです。だからといって彼らがパンを欲しくないわけではないでしょう[*70]」。

意見が出そろったところで、法案提出者のラージャゴーパーラーチャーリが発言し、まず反対したのが二人だけ、しかも両者とも特別選挙区代表（いずれも地主代表）で一般選挙民を代表しているわけではないので、ほぼ全会一致で法案は支持されたと総括した。その上で、インドはあまりに宗教的な国だと評したG・クリシュナ・ラオに同意し、だからこそハリジャンの宗教的地位を改善することなしに彼らの地位向上は望めず、単に学校や病院、寮、道路を与えるだけでは不十分だと強調した。またシュリーニヴァーサンが投稿で「アーディドラヴィダは寺院入場を望んでいない、寺院を開放するか否かはカーストヒンドゥーが考えればいい」と述べたことを引き取って、次のように発言した。

井戸の使用を主張するのは彼［シュリーニヴァーサン］の権利であり、学校での平等な扱いを主張するのは彼の権利であり、道路の使用、サービス提供を要求するのは彼の権利です。しかし宗教問題に関しては、彼は「カーストヒンドゥーが彼らの宗教をそのままにしておきたいというのならばそれは彼らの問題だ。もし寺院を開放するなら我々は受け入れる。開放しないなら文句は言わない」と発言しています。これこそが、排除されている人間の正しい態度であります。[*71]

ラージャゴーパーラーチャーリは、ヒンドゥー教の原理を自己犠牲、寛容性とし、「不可触民」に寺院を開放してあ﹅げ﹅る﹅カーストヒンドゥーの「自己犠牲」と「寛容」を美化してきた（彼は、しばしば病院や公道の使用権についても、「与える」という表現を使った）。その裏返しとして「不可触民」には、寺院が開放されなくても「自己犠牲」の精神をもって結果を甘受するよう強いたわけである。彼にとって寺院開放は、ヒンドゥー教批判の根を絶ち、かつ「不可触民」をヒンドゥーコミュニティに繋ぎ止める手段であった。その最終目的は、ヒンドゥーコミュニティの団結にあった。逆に言えば、寺院開放によってカーストヒンドゥーの方が離反しては本末転倒になる。それゆえ彼は、カーストヒンドゥーにも配慮し、大幅に譲歩する必要があったのである。

彼は、法案の適用対象となる寺院（年収五〇〇〇ルピー以上の「公的寺院」）は約五〇寺だが、数は問題ではなく、そのうち一つでも開放されれば改革の困難を解決するに十分であると予防線をはった。法案は大きな修正なしに、賛成一〇六、反対二、棄権一四で可決された。なお、反対票を投じたのは正義党のパラトとラオである。正義党議員のうち一人は賛成にまわり、一三人は棄権して賛否を明らかにするのを回避した。[*72]

立法参事会では、「不可触民」代表指名議員のM・ラーマンが、「不可触民」はヒンドゥー教徒でありながらヒンドゥー教の教義により基本的人権を奪われてきたと明言して、ヒンドゥー教の原理と慣習を腑分けしてヒンドゥー教を擁護する会議派を批判した。さらに、アヴァルナ［不可触民］に投票権がないのは、不公平であるのみならず我々の自尊心を傷つけ、寺院入場が基本的人権ではなくカーストヒンドゥーからの贈り物であると言っているも同然だと喝破した。彼は法案を総括して、正統派カーストヒンドゥーに譲歩しすぎの「やる気のないためらいがちな処置」「貧血気味で今にも死にそうな代物」と表現した。彼が要求したのは、「開放を認可・承認することではなく、寺院開放を強制すること」であった。正義党議員のB・ナーラーヤナスワーミ・ナーユドゥも、会議派の態度の矛盾を次のように指摘した。会議派がインド国民の統一を主張するならば、やるべきことはハリジャンの地位向上ではなくハリジャンの消滅である。会議派は政治の場でハリジャンはヒンドゥーに属するとして分離選挙を拒否したのだから、宗教の場でも区分するべきではなく、全寺院を即時開放すべきである、と。一方同じ正義党のN・R・サーミアッパ・ムダリヤールは「何もないよりは少しでもある方がまし」と、M・C・ラージャと同じ論理で法案に賛意を表明した。[*73]

ラージャゴーパーラーチャーリは、野党のサーミアッパ・ムダリヤールが賛意を示し、ナーラーヤナスワーミ・ナーユドゥに至ってはさらなる急進性を示したことは嬉しいとし、法案を州全土に拡大していく時もその情熱が残っているとよいのだが、と皮肉った。彼は、「アラビアンナイトのように「開け、ゴマ！」で寺院が開くわけではないのです」と発言し、全ての寺院を強制的に開けさせろという急進的な意見は非現実的で無責任な感情論だと逆に批判した。寺院開放は融和の手段であるから、強制的立法によって人びとを対立させ分裂させては本末転倒である、と繰り返した。単なる法律上の絵空事で終わるのではなく、実際に改革を達成する必要があるからこそ法案は穏健な内容でなければならなかった。彼は、改革にはカーストヒンドゥーによる自発性が不可欠とし、次のように発言した。

カーストヒンドゥーは自発的に［寺院開放に］同意しなくてはなりません。改革は強制してはならず、一か八かの賭けになってもならず、排除された階級を参加させてもいけません。包摂されている階級が自発的に賛成票を投じるようでなければ、真に寺院が解放されたとは言えません。寺院開放ではなく寺院占拠になってしまうのです。[*74]

マラバール寺院入場法案は一九三八年一二月一三日に上院でも可決され成立した。

(4) 幕引き――マドラス寺院入場公認免責法

これまで見てきたように、ラージャゴーパーラーチャーリは、ヒンドゥーコミュニティの分裂（カーストヒンドゥーの反発）を回避するために、穏健な手段による寺院開放に固執してきた。しかし同時に彼は、「不可触民」が会議派に見切りをつけて自尊運動と結びつくことも警戒した。実際一部の「不可触民」は、急進派と連携する用意があると仄めかすようになっていた。[*75] 結局、カーストヒンドゥーに大幅に譲歩して自発的改革を促すという方針ではカーストヒンドゥーが改悛することはなく、「不可触民」の不満を抑えるのは限界に達しつつあった。

一九三八年末の政治状況の変化が、ラージャゴーパーラーチャーリに方針転換を決意させた。政治状況の変化とは、正義党と自尊運動勢力の合同である。正義党は地方支部が貧弱で、着々と大衆政党として組織化を進める会議派の後塵を拝していた。危機感を抱いた正義党の一部メンバーは、頻繁に自尊運動活動家に接触するようになった。[*76] しかし自尊運動のヒンドゥー教批判や宗教否定、共産主義的主張に躊躇する党員も多く、これと連携するか否かをめぐり正義党内で激しい論争が展開された。この混乱期は、州立法議会でマラバール寺院入場法案が審議されていた時期と重複していた。しかし法案成立後、政治の争点は、会議派政権のもう一つの国民統合手段であるヒンディー語国語化政策に移った。自尊運動勢力は、宗教社会改革を棚上げし、激しい反ヒンディー語キャンペーンを展開するようになった。これは、正義党としては自尊運動勢力と協働する絶好の機会であった。正義党の再建方針をめぐる内部対立は、自尊運動との連携を求める勢力の勝利に終わり、三八年一二月二九日、E・V・ラーマスワーミが正義党党首に選出された。正義党と自尊運動勢力が合流し非バラモン運動が統合されたことは、マドラス州政治界の大きな変化であった。ラージャゴーパーラーチャーリが次に議会に提出した法案は、このような政治的変動を反映していた。

一九三九年八月、彼は「マドラス寺院入場公認免責法案 Madras Temple Entry Authorisation and Indemnity Bill」を議会に提出した。その名の通りマドラス州全域での寺院開放実現を目指すものであるが、内容はマラバール県で試験的に導入された寺院入場法とは異質であった。同法案は、寺院開放手続きを規定する条項（公認条項）と、寺院を開放した者・寺院に入場した者を罪に問うことを禁止する条項（免責条項）で構成される。要約すると次のようになる。

公認条項：州政府役人、地方自治体職員、寺院管財人、ヒンドゥー宗教慈善寄進財法その他法律で規定された寺院関係者および司祭は、カーストヒンドゥーの大部分が寺院開放に反対していないと感じれば、州政府の許可を得て寺院を開放できる。その後「被排除階級」は当該寺院に参詣する権利を持つ。
　免責条項：規定された方法で寺院を開放した者および当該寺院に参詣した「被排除階級」を、慣習に反するという理由で起訴してはならない。ヒンドゥー宗教慈善寄進財法の慣習保持条項は当法に従うものとする。

注目すべきは、マラバール寺院入場法で規定されていた住民投票などの煩雑な手続きが不要になったこと、「不可触民」に寺院に入場する権利があると明言したことである。ラージャゴーパーラーチャーリの従来の慎重な態度を考えると、同法案の内容は劇的に急進化していた。彼は、世論が寺院開放を求めていることは明白なのでもはや住民投票で確認する必要はなく、政府には世論を助けて寺院開放を行う義務があるとした。その上で、「寺院管財人が変化を起こしたいと望んだ時、状況の変化に気づいた時、そして行動する勇気を持った時に、その行動は認可されなければならず、民事・刑事訴訟から保護されなければならない」とし、自発的な寺院開放を公認し保障することが法案の趣旨であるとした。いまや彼は、寺院から「不可触民」を閉め出すのを打破すべき悪習とし、悪習を保護する法を悪法と明言して憚らず、正しい改革を推進するのに多数決に頼るのは不適切であると言い切った。[*77] 正義党員の態度も「好意的」になっていた。重鎮のK・ムッタイヤ・チェッティが[※]「党をあげて寺院開放法案に賛成する」と表明したことが状況の変化を象徴していた。[*78]

※ムッタイヤ・チェッティは、被抑圧階級の地位改善には各種団体や個人の数世代にわたる努力の蓄積が貢献しているとして、会議派が功績を独占しようと躍起になっているのを牽制した。しかし一方で、彼個人としてはもろ手を挙げて賛成ではなかったようで、被抑圧階級を助けようとする正義党の真摯な思いに偽りはないと断った上で、「正統派

ヒンドゥーはいまやすっかり人気を失っていますが、それでも長く古い伝統的習慣に裏打ちされた信念は尊重されなければなりません」[*79]と訴えた。

法案内容の急進化には、もう一つ切迫した理由があった。マラバール寺院入場法施行を契機に県外でも会議派や自尊運動活動家による開放要求運動が活発化し、マドゥライ県のミーナークシ寺院やタンジョール県のブリハデーシュワラ寺院など著名な大寺院が「不可触民」に門戸を開いた。※ ラージャゴーパーラーチャーリは、これらは最も正統派的な寺院だとし、その自発的開放を保守派の覚醒と改心の賜物、寺院開放運動の成功の証と評価していた。[*80] しかしそのミーナークシ寺院で一部の司祭が開放に反対して儀礼をボイコットし、開放に関与した寺院関係者を告訴するという事態が発生し、そのままでは寺院関係者が有罪になる恐れが出てきた。[*81] というのも、一九世紀末にマドラス高等裁判所判事のT・ムットゥスワーミ・アイヤルが、寺院に入場した「不可触民」にインド刑法の冒瀆罪を適用し、寺院汚辱の罪で有罪とした判決が判例として定着し、以来これを覆す判決が出ていなかったためである。そのためマドラス寺院入場公認免責法案は、その免責条項によって、寺院開放の実行者および支援者が起訴されるのを事前に防止し、アイヤルの判例法を無効にする役割も担っていた。

※門戸を開いたといっても、期間を限定した一時的開放が多かった。ある議員が、ミーナークシ寺院の一時開放について、会議派関係者が計画してハリジャンを数名連れていき、警察が周囲を警戒する中で、寺院管財人が「自発的に」門戸を開放するパフォーマンスを行ったに過ぎないと指摘した。[*82]

ラージャゴーパーラーチャーリは、少なくとも政治の世界においては公然と寺院開放反対を唱える雰囲気ではなくなってきた機会をとらえて、世論確認の手続きを省略した寺院開放を可能にした。ただし、あくまでもカーストヒンドゥーによる自発的な改革を政府が支援するという姿勢を維持し、政府による改革の強制という批判を受ける可能性は回避した。

とはいえ、やはりマドラス寺院入場公認免責法案はマラバール寺院入場法とはあまりに異質で、マラバールでの実験を州全土に拡大適用するという趣旨ではないと指摘する声が上がった。G・クリシュナ・ラオが今回も法案を批判した。理由は、政府が行政手段をもって宗教の世界に干渉するべきではない、という旧来通りのものだった。その上で、寺院開放に住民の投票による賛意が必要とするマラバール寺院入場法と、投票を不要とするマドラス寺院入場公認免責法が併存すれば相互背反になると指摘し、管財人は何を基準に寺院開放を判断するのか明記されていないが「人の心中が見える透視力を与えるつもりですか?」と揶揄した。[*83]

M・C・ラージャは「心からの支持」を表明した。宗教社会改革には必ず反対する人がいるが、重要なのは賛成者の数ではなく、改革が正当で公正で望ましい内容になっていることだとし、ようやくカーストヒンドゥーの寛容さに依拠せず「入り組んだ手続きなしにシンプルに」改革が実施される端緒についたことを喜んだ。彼は、寺院に入る第一義は寺院内で祈ることではなく差別が解消されたという魂の解放であると意味付けた。自分たちアーディドラヴィダは自分たちの寺で自分たちの神に祈り、基本的にカーストヒンドゥーの寺には行かないが、アーディドラヴィダをヒンドゥー人口に勘定するのであれば既存の寺院から排除するという差別は廃止されなければならないと念を押した。[*84]

一方、パンニールセルヴァンは、同法案に潜む問題の核心を衝いた。彼は、自分が望む神を自分が望む方法で礼拝することは文明社会では最も基本的な権利であり、それが出自を理由に制約されるのは最も野蛮な慣習だ、と評した。その上で、同法案はマラバール法案より革新的に見えるが本質は変わらないとし、「管財人は［寺院入場を］許可しなくてはならない」という文言が、アーディドラヴィダの基本権を認めるのではなく他の人びとにアーディドラヴィダの入場を許す権限を与えただけだと指摘した。「許可される、とは権利ではなく、与えられることを意味します。排斥されているカーストは他の人々の「自己抑制」「自己犠牲」により入場を許されるのであり、もし許可が取り下げられたら、排斥されている人々は元の地位に逆戻りしなくてはならない。この法案はそのように言っているのです」。彼は、今回の法案は過大評価されていると懸念を示し、簡潔に「ヒンドゥーに属する人なら誰でもその事実のみで寺に入る権利を有し、それを妨害して権利を侵害する人は罰せられる」と規定するべきであったと遺憾の意を表した。ちなみに彼はクリスチャンとして、キリスト教会組織の差別にも切り込んだ。カトリックの聖堂、プロテスタントの教会に入れたとしてもアーディドラヴィダは専用に仕切られた場所での礼拝を強いられていると指摘し、非ヒンドゥーの宗教施設にも同法を適用すべきだと主張した。[*85]

ラージャゴーパーラーチャーリは、「不可触民」を除く会議派メンバーの中では、不可触民制廃止、寺院開放に最も熱意を示してきた。例えば、市民的不服従運動が展開されていた最中にもかかわらず、不可触民制廃止法案を中央立法府に提出した。この行為は非協力方針に反すると会議派メンバーから非難された。ジャワーハルラール・ネルーは獄中から書簡を送りつけ、「些末な事柄」に拘泥していると抗議してきた。ガンディーでさえも、自分の指示に従って不可触民制廃止問題に取り組み始めたからには自分の指示に従うよう求めた。しかしラージャゴーパーラーチャーリは、「己が正しいと信じることを、誇りと確信を持って実行しているので、マハートマ［ガンディー］に私の言動を正当化してもらう必要はありません」と言い返した。[86] とはいえ、彼にとって不可触民制廃止は手段であって目的ではなかった。これまで指摘・強調してきたように、彼の目的はヒンドゥーの団結、ひいてはインド国民の統合であって、そのために「不可触民」とカーストヒンドゥーの双方の自己犠牲と寛容による融解を目指したのである。

5 闘いつづける「不可触民」――法と現実

(1) 市民的制約除去法の効果

市民的制約除去法は、マドラス州として初めて「不可触民」に世俗的公共施設を使用する権利があると宣言した法律であった。同法はいかなる結果をもたらしたのであろうか。

ある村で上位カースト居住区に面した公道を「不可触民」が堂々と通行するようになった。しかしその状況に耐えられなくなった上位カースト住民が反対側、すなわち各戸の裏口側に新道を建設し、公道を使わなくなったという例が州立法参事会で報告された。また別のある村で、県が管理する貯水池を「不可触民」が使用するのを妨害してはならないという通達が発せられたが、村のカーストヒンドゥーは「不可触民」の使用を許そうとしなかった。そこで「不可触民」は県長官に陳情し、警察を配置して妨害行為を取り締まるよう要求したが、県長官は、「あなた方が貯水池から水を汲むようになったら、村全体が抗議するだろう。公共の利益、すなわち秩序と安寧の維持という観点から、あなたがたの運動を保護することはできない」と回答した。[87] 県長官の回答は「公共の利益」として公序の維持を掲げて「不可触民」の権利を制限したものである。もはや従来のように「宗教不干渉」を名目として「不可触民」

が公共施設を使用するのを禁止し続けることは、政治的には正当化し難くなっていた。「公共の利益」

とは、この新しい状況に応じて登場した、新しい差別容認言説であった。

(2) 新しいシンボルを見いだす——祭りの創造と祭列のルート問題

市民的制約除去法の成立を受けて、タンジョール県の「不可触民」が法で保障された権利を行使しようとした。一九三八年六月一一日、ヴァッルヴァル・カースト出身のスワーミ・サダーナンダという人物が、ティルヴァッルヴァル生誕を記念してその人形を山車に仕立てて祭列を組み、地元ペーラーラムの街路を練り歩くことを計画した。彼は県長官に祭列実施を申告し、警察の出動警戒を依頼した。「悪意を抱く人間が行列を妨害する可能性がある」ための出動要請であった。[*88] 妨害が予想されたのは、「不可触民」が通行を禁止されていた通りが行列ルートに組み込まれていたためである。

ティルヴァッルヴァルとは古代の伝説的詩人、哲学者で、箴言集『ティルックラル』の著者である。その生年や出身コミュニティは定かではないが、ドラヴィダ・アイデンティティの高揚とともに、タミル古典文学の代表作品の著者、タミル／ドラヴィダ人の偉人として賞揚されるようになった。一九三五年一月一七日、マドラス市議会でティルヴァッルヴァル記念日を祝う決議が採択され、同年五月一八日と一九日に市内のパッチャイヤッパン大学で第一回ティルヴァッルヴァル記念集会が開催された。T・V・カルヤーナスンダラ・ムダリヤールをはじめとする著名なジャーナリストやタミル文学者が列席するなか、タミル純化運動（タミル語からサンスクリット語や英語などの借用語を除き純化を目指した）

の推進者で非バラモン運動活動家のマライマライ・アディガルが、ティルヴァッルヴァルはイエス・キリスト生誕より三〇年も前に生まれたと主張した。[*89] こうして極めて古い時代に優れた文学作品を生み出したことにされたティルヴァッルヴァルは、アーリヤ／ヒンドゥー文化のみならず西洋文明に比してもドラヴィダ文化の優越性を象徴する存在になり、ドラヴィダ民族意識をもつ非バラモンの誇りになっていた。

ティルヴァッルヴァルの記念日をなぜ「不可触民」が祝おうとしたかというと、この伝説的詩人は「不可触民」カーストのパライヤルのサブカースト、ヴァッルヴァルの出身と主張されたためである（パライヤルとヴァッルヴァルの関係については後述、一六六頁も参照）。キリスト教宣教師でタミル語やタミル語古典文学を研究したG・U・ポープらが、ティルックラルの著者はパライヤルであった、と主張していた。スワーミ・サダーナンダは、ティルヴァッルヴァルはヴァッルヴァル・カースト出身だとし、自分が同じコミュニティに属していることを誇りに思うと同時に、他の「指定カースト」もティルヴァッルヴァル記念日を喜んで祝うはずだ、と主張した。[*90] ティルヴァッルヴァルは、カーストヒンドゥーへの融解ではなく、「不可触民」とされてきた人びとの肯定的アイデンティティの新たなシンボルになっていった。

なお、それまで「不可触民」にとっての偉人は、タミル地方に七世紀頃から現れたシヴァ派の聖人たち（ナーヤナールと総称された）の一人で、唯一「不可触民」出身とされるナンダナールであった。ナンダナールの生涯を伝える文献として、一二世紀頃にまとめられたとされるペリヤプラーナムがある。それによると彼は、ヒンドゥーの大伝統の神であるシヴァ神を奉る格式高いチダムバラムのナタラージャ寺院に詣でることを切望していたが、「不可触民」であるために、参詣はおろか聖なる都に入ることすら許されなかった。しかしナンダナールは寺院参詣を諦めきれず、日夜チダムバラムの町の周りをぐるぐるとまわりつづけた。すると、夢枕にシヴァ神が立ち、「聖なる火を渡って寺院に入れ」と告げた。翌日、ナンダナールはお告げに従い、寺院の門前でバラモンが用意した聖なる火の中に入った。ナンダナールはシヴァ神の奇跡によってバラモンのような姿になって炎の中から現れ、本尊を門の外から拝礼することを許された。この奇跡譚が伝えるのは、「不可触民」だった彼が信仰の篤さゆえに浄化され、限りなくバラモンに近づいた、という教えである。つまり「不可触民」のまま拝礼が可能になったわけではない。ナンダナールの伝承は、信仰の篤さや良き言動をもってしても生まれは変えられないことを暗示しており、既存のヴァルナ秩序を侵害しないことから、バラモンにとって安全な逸話でもあった。[*91]
実際、ナンダナール伝承を主題とする歌謡劇が『ナーライポーヴァル』というタイトルで一九二〇年代末に盛んに上映された。ちなみにナーライポーヴァルとは「明日こそ行く人」という意味で、「明日こそはチダムバラムの寺院に行く」が口癖だったナンダナールにつけられたあだ名で、敬虔なヒンドゥー教徒としてのナンダナールを表象していた。そのため自尊運動活動家は「不可触民」に対して、わざわざ金を払ってナンダナール劇を見に行くな、バラモンの懐を温めるだけだ、と呼びかけた。[※*92]一方、ティルヴァッルヴァルは、その著作とされる『ティルックラル』にヒンドゥー教的要素がなく、身分の上下に関係なく人間としての生きる知恵・箴言が記されていたことから、「不可触民」に新たなシンボルとして受容されたのである。

※ナンダナールの伝承には様々なバージョンが生まれた。一九世紀にタミル語詩人で作曲家のゴーパーラクリシュナ・バーラティが発表した歌謡劇『ナンダナール伝』が、一躍ナンダナールを世に知らしめた。バーラティ自身はバラモンだが「不可触民」の境遇に同情的で、『ナンダナール伝』では、ナンダナールとパライヤルたちが上位カーストからいかに差別されていたか強調して描いている。例えば、ナンダナールを農奴(パンナイヤール)として虐待搾取するバラモンの地主が登場し、ナンダナールがカースト慣習や規範を破る(不可触民の神ではなくシヴァ神を崇敬し、シヴァ寺院に参拝しようとする)と、激しく折檻を加える。またチダムバラム行きを妨害して、一日で作物を種から育てて刈り取るという無理難題を押しつける。しかしシヴァ神の力により、一晩で作物が実り収穫も終わるという奇跡が起き、そこで悪徳バラモン地主も改心し、ナンダナールにチダムバラム行きを許可する、という話になっている。『ナンダナール伝』は各地で上演され、新しいナンダナール像も「不可触民」の差別廃止運動のシンボルになっていった。[*93]

ヴァッルヴァルは、既述のように位置づけが困難なカーストである。ヴァッルヴァルは、占星術と、パライヤルおよびパッラル専用の司祭を伝統的職業としてきた。カーストヒンドゥーは彼らをパライヤルのサブカースト、つまり「不可触民」カーストのパライヤルを構成するサブ集団の一つと見なしてきたが、ヴァッルヴァルの一部が、パライヤルより上位に位置する独立したカーストであると主張するようになった。一八九一年国勢調査報告書によると、ヴァッルヴァルに属する人々は、パライヤ、ターヴィダーリ、ヴァッルヴァルなど様々な自称を申告しており、パライヤルの一部と認識する人びとがいる一方で、サブカースト名を前面に出す人びともいたことがわかる。『南インドのカーストと部族』(一九〇九年)によると、ヴァッルヴァルは牛肉を食べない。パライヤルと交流はするものの共食はせず、またパライヤル居住区には決して住まないという。ヴァッルヴァルがパライヤルの一部か否かはともかく、「自分たち以外」を蔑視する傾向があったことがうかがえる。彼らは司祭としてパライヤルの結婚式や葬式を主催するが、葬式の執行を拒否し、ヴァッルヴァルの中でも不浄とされるパライヤ・タダというサブ区分の人々に丸投げする場合もあった。また中には、自分たちの本業は占星術で、吉祥あるいは不吉な日時について助言しホロスコープ（個人の生年月日時と場所から導き出される天体位置図。特に結婚相手候補との相性などを占う際に用いられる）を作ることを旨とし、パライヤルのために儀礼を執り行うのは「真のヴァッルヴァルではない」と主張する者もいた。

ヴァッルヴァルを構成するサブ区分の一つは、ティルヴァッルヴァルがヴェッラーラ・カーストの女性との間にもうけた男子の子孫であると主張し、別のサブ区分は、バラモン男性とパライヤル女性の婚姻の結果生まれた男子の子孫であると主張し、互いに優位性を競った。このようにヴァッルヴァルの中にも複数のサブ区分があり、共食はするが通婚はせず、複雑な内部構造を有していた。[*94]

ヴァッルヴァルはパライヤルから差別化することで「不可触民」からの脱却、地位向上を図ってきたが、インド統治法改正にともなって選挙資格検討委員会（ロジアン委員会）が作成した指定カースト（不可触民）リストには、ヴァッルヴァルが含まれていた。

(3) ティルヴァッルヴァル顕彰行列前史

ペーラーラム村では、スワーミ・サダーナンダの動きに先立つこと二年前に、ティルヴァッルヴァル顕彰の企画があった。一九三六年六月四日、アーディドラヴィダ（パライヤルか？）が、ティルヴァッルヴァルの像を掲げて行列を組み村の通りを行進しようと発案した。彼らは、村寺院の例大祭でカーストヒンドゥーが山車を曳く四本のメインストリート（寺院を囲う東西南北の山車通り）を通行することを希望し、アーディドラヴィダとカーストヒンドゥー住民との間に軋轢が生まれた。なお、このペーラーラム村近辺は地主と農業労働者の間で係争があり、その農業労働者の大半を「不可触民」が占めていた。[*95] 村のカーストヒンドゥーたちは、いかなる形であろうとも「不可触民」が地位を向上させれば自分たちの権益が脅かされると警戒していたという。ティルヴァッルヴァル顕彰行列は、一見すると公道を行進するという基本権、「不可触民」の尊厳の獲得のための象徴的行為に見えるが、その背後には、地主であるカーストヒンドゥーと、彼らに雇用され隷属的な立場に置かれてきた「不可触民」の対立が潜んでいた。

カーストヒンドゥーがマンニラムの治安判事補に公序妨害の恐れがあると訴えて、行列差止命令を発出させた。これが行列実行予定日のわずか二日前だったために、アーディドラヴィダたちは突然の命令に対応する暇もないまま、行列中止を余儀なくされた。

一九三七年六月二〇日に再び行列を企画したアーディドラヴィダたちは、前年の苦い経験を踏まえて、あらかじめペンニラム地区治安判事に警察の出動と行列警護を要請した。しかし地区治安判事は、警察から十分な人員を確保できず治安維持を保障できないと回答があったという口実で、逆に行列中止を指示してきた。アーディドラヴィダ側は、行列実行日を七月五日に再設定し、改めて警察の出動警戒を要請した、しかし地区治安判事は、ティルヴァッルヴァル記念日は既に過ぎたのだからもはや顕彰行列を実施する意味はなかろう、と却下した。その間に、村のカーストヒンドゥー住民を代表してバラモン二名とヴェッラーラ、ムダリヤール各一名がタンジョール地方裁判所に訴訟を起こし、刑事訴訟法一四四条に基づいて行列差止命令を勝ち取ってしまった（一九三七年九月二五日）。これを不服としたアーディドラヴィダ側が上訴したところ、逆転勝利した（一九三八年三月二八日）[*96]。この時のマドラス高等裁判所判決は次の通りである。

アーディドラヴィダは、全ての公道を他の市民と同様に行列する市民的権利を有する。この事実に疑いの余地はない。カースト［ヒンドゥー］住民が反対する権利は皆無である。市民は通常、法と秩序の観点から、警察と治安判事の保護を受ける権利がある。ただし治安上の観点から権利が制限されるケースもある。例えば、もしアーディドラヴィダが熱望する行列が、聖ティルヴァッルヴァルの顕彰ではなくカースト住民を挑発することを目的としている場合、治安判事が行列を制限することは正当化されうる。しかし、もしアーディドラヴィダたちが聖人に敬意を表するために行列を計画していることが確実であれば、治安判事は、秩序を維持する手段が皆無であるという確信がない限り、刑事訴訟法一四四条に基づく命令を出すべきではない。過去に［アーディドラヴィダが］権利を制限されていたという事実は、警察がアーディドラヴィダの保護を拒否する理由にはならない[*97]。

この高裁判決は、「不可触民」を様々な公共の場から排除するという宗教的慣習に市民的権利が優越すると明言した点、および「不可触民」の諸活動を妨害するために頻用された刑事訴訟法一四四条に基づく差止命令の発出に条件をつけた点で画期的であった。

(4) 基本権と公益

スワーミ・サダーナンダは、この判決を受けて、一九三八年六月一一日に行列を実施すると決定し、警察の出動を要請した。ところが今度は、カーストヒンドゥーが行列を妨害するつもりも治安を脅かすつもりもないと表明したために、警察による行列警護の必要はないと判断されてしまった。しかもその裏でカーストヒンドゥーが、またもや行列予定日直前に新たな訴訟を起こした。五月二八日、地区治安判事が再び、ティルヴァッルヴァル像を伴うアーディドラヴィダの行列が四本の山車通りを通行することを禁ずる差止命令を出した。

地区治安判事のM・K・ヴェヌゴーパーラ・アイヤル（バラモンである）は、差止命令を出した理由を次のように正当化している。

ペーラーラム村は、ティルヴァッルヴァルの生涯とは全く無関係——生誕地でもなければ死去地でもなく、生前訪れたこともない——であり、ティルヴァッルヴァルを祀る常設寺院もない。行列が予定されている通りには「ティルヴァッルヴァル信者」はおらず、行列が通過しても礼拝したいという人間はいない。それにもかかわらず、カーストヒンドゥーしか居住していない山車通りで行列を組もうとする不可触民の目的は、聖人を崇敬することではなく、カーストヒンドゥーに嫌がらせをすることである。

先のマドラス高裁大法廷の判決は、最優先されるべき権利［生命と財産の維持］と二義的権利を線引きし、政府は前者を保障するためには後者を放棄するべきであるとしている。この見地から同判決文は、「政府は、あるコミュニティのメンバーの必ずしも生命と財産の保護に不可欠ではない権利の行使を実現するために、他のコミュニティの成員から彼らの生命および財産を守るために不可欠な権利を奪うことはできない。それが両コミュニティを危険に陥れるならばなおさらである」

としている。今回のケースはこれに類似する。治安維持という公益と、一部の公民の通常の市民権行使とが対立すれば、公益が優先されるべきである。[*98]

地区治安判事はこのように、基本的人権の行使よりも「公益（治安維持）」が優先されると明言したのである。さらに彼は、「アーディドラヴィダは、何世紀も続いてきた差別の障壁を一気呵成に突破するのではなく、人を苛《いら》つかせたり迷惑をかけたり治安妨害を画策したりせずに、障害を一つ一つ突き崩していくべき」なのに聞く耳をもたない、と不快感を隠そうともしなかった。この意見は、差別する側と差別される側の対立に当たって、差別行為を処断するどころか、差別する側の態度改善を促そうという発想すら欠落している。つまり、被差別者がこれまで否定されてきた市民権を行使して差別者が逆上する可能性がある場合、差別する側の暴走を抑止する措置を講ずるのではなく、差別される側の市民権を制限するというもので、「不可触民」側からすれば到底受け入れられない論理であった。しかし、タンジョール県警察署長も地区治安判事に同調した。いわく、「アーディドラヴィダが法律上は行列を実施する権利を有するのは明らかだが、彼らは単に自分たちの権利を声高に主張しているだけだ。行列が許可されれば彼らにとっては大勝利になるのだろう。アーディドラヴィダは［市民的制約除去法という］利益を獲得して有頂天になっており、カーストヒンドゥーは傷ついている」と。さらに彼は、アーディドラヴィダとカーストヒンドゥーが緊張関係にあるなか行列が断行されれば、「私は責任を負う準備ができていない[*99]」として、治安維持のために対策を講じる義務を放棄した。ここに至ってヴァッルヴァルたちは、マドラス州政府に直接訴える手段に出た。ヴァッルヴァル・カーストに属し、マドラスに居住しながらペーラーラーラム村に不動産を持つルドラパティ・ナンダーランが陳情書を提出し、ヴェヌゴーパーラ・アイヤル地区治安判事は個人的に被抑圧階級を嫌悪しており被抑圧階級が地位を改善しようと努力していることへの不快感から高裁判決を無視している、と批判した。

州内務省は、「不可触民制を廃絶し従来不可触民と見なされてきたコミュニティの成員にあらゆる市民的自由を与えるという政府の方針」を踏まえ、この陳情を慎重に吟味する必要があると認めた。その上で、「偶像を掲げて練り歩きたいという陳情者には共感できないが、陳情者は行列の効果を信じており、また過去には禁止されてきたとはいえ行列を実施する法律上の権利があることは明白である」とし、タンジョール県長官は警察の出動を命じ、高位カーストの妨害を予防するよう手配するべきだ、との見解を示した。[*100] 州政府も同省の意見を支持した。[*101]

なお、かつて在野で会議派が不可触民制反対キャンペーンを展開していた時には、マドラス州政府は地方官吏に対して、「実用的な利便に関係ない抽象的な権利を主張するコミュニティや個人を保護しなくてはいけないと考える必要はない」と通達していた。これは会議派の活動を警戒するものであったが、結果としては「不可触民」が基本権を行使することを妨げてきた。しかし市民的制約除去法成立後は風向きが変わった。M・C・ラージャは、州立法議会で、カーストヒンドゥーの要請に応じて県長官が刑事訴訟法一四四条に基づき「不可触民」の祭列差止命令を頻繁に出していたことを批判し、法律で認められている基本権の行使が行政命令で妨害されるようなことがあってはならない、と強く抗議した。会議派の州政府も市民的制約除去法を成立させた手前、相次ぐ差止命令について、「安直で正当化し難い」と懸念を示すようになった。州政府は、一九三八年八月一日、各県長官に回状を発し、「法律上の権利の行使を差し止める命令を出す前に、とりわけそれが特定階級［不可触民］にかかわる場合は、権利を奪うのではなくその保護のためにできる限りの努力をするよう」指示した。[*102] これを受けてスワーミ・サダーナンダは、改めて一〇月八日に祭礼を実施すると決定し、タンジョール県警察署長に警察配備を要請した。[*103] ティルヴァッルヴァル記念日を祝う祭りは、警察による厳重警戒の中ついに実行された。サダーナンダが招待した「不可触民」出身の議員数名と一〇〇〇人ほどの群衆が集まった。

行列に同行した県長官によると、この参加者のうちアーディドラヴィダは三分の一から多くても二分の一で、集まった人びとは行列を歓迎しているようには見えなかった。一連の行事では「タンジョール音楽」[※]が流され、あたかもカーストヒンドゥーの行列のようだったという。さらには、肝心のペーラーラム村と近隣村のハリジャンがスワーミ・サダーナンダに不満を抱いて行列をボイコットし、村はずれで集会を開いて、サダーナンダは私利私欲のために自分たちを利用していると批判した、と新聞で報じられた。[*104] 一連の経緯を考慮すると、ペーラーラム村で一九三六年に始まったティルヴァッルヴァルを顕彰する試みは、「アーディドラヴィダ（パライヤル）」が主体であり、恐らくサダーナンダとは無関係であった。しかし市民的制約除去法の成立を受けて、会議派と繋がりがあったサダーナンダが便乗し、あたかも会議派の恩恵により「ハリジャン」に市民権がもたらされたかのような演出をしたのであろう。また、従来「不可触民」が使用することがなかったカーストヒンドゥー的な音楽を演奏することにより、「不可触民」とカーストヒンドゥーの融和を演出したものと想像される。ティルヴァッルヴァル顕彰行進は、「不可触民」がヒンドゥー教の名の下に奪われてきた基本権を行使し、かつヒンドゥー文化とは異なるタミル／ドラヴィダ文化の象徴を掲げて「アーディドラヴィダ」としての自尊心を高揚させることを目的としていたはずであった。しかし、ヒンドゥー文化への融解、ヒンドゥーコミュニティの連帯、インド国民創出のプロジェクトに乗っ取られてしまったのである。

※「タンジョール音楽」とは、南インドの古典音楽（カルナータカ音楽）を指すと思われる。神々の賛歌としての音楽は、サンスクリット語や宗教哲学などの素養を必要とするため、その担い手はほぼバラモンが占めた。また、この音楽のパトロンは、寺院に寄進した大商人や地主など非バラモンの中でも高位カーストであった。[*105] つまり、古典音楽は概ね、高位カーストによる高位カーストのためのものと認識されていたといえる。

(5) 新しい差別正当化言説と闘いつづける「不可触民」

「不可触民」は、イギリス植民地支配下でも、不可触民制という差別的慣行に異議を申し立てることが許されず、申し立てたとしても「宗教不干渉」原則により黙殺されてきた。不可触民制はヒンドゥー教に根拠を持つと解釈されたためである。カーストヒンドゥーは、不可触民制は伝統的慣行だとして公然と「不可触民」を差別し搾取し続けた。しかし「不可触民」は不断に抗議の声を上げ、生活の場で闘争しつづけた。政治の舞台にも登場し、その声はもはや無視できないものになった。政治勢力も「不可触民」の声を汲み上げることに政治的意義を見いだすに至った。とりわけマドラス州においては、非バラモン運動の伝統があったため、同運動（特に自尊運動）勢力と会議派は、どちらがより社会改革に貢献してきたかをめぐって鍔迫り合いを繰り広げた。「不可触民」の支持を獲得することが、その指標と見なされた。

「宗教不干渉」原則に抵触しないかたちでの差別撤廃法整備が進むと、「不可触民」は、ようやく認められた基本権（カーストヒンドゥーからすれば与えてやった恩恵）を行使し始めた。するとカーストヒンドゥー側は、「伝統的慣習の保持」に代わる新たな差別正当化言説を編み出してきた。公共の利益は個人の権利に優先すると主張し、「不可触民」の基本的権利の行使が治安を悪化させ公序を侵害するとして、「不可触民」の基本権の制限を要求した。しかし「不可触民」は、司法府に訴え行政府に陳情し、正面から対抗した。「不可触民」の闘いは新たな段階へと入っていったのである。

エピローグ　「インド国民」でもなく「タミル人」でもなく

――闘いつづける「不可触民」

インドは、第二次世界大戦最中の一九四二年から、完全独立に向けてイギリス政府との交渉を開始した。自尊運動は、ムスリムのパキスタン要求に刺激され、北インドのアーリヤ人の専制からドラヴィダ人の権利と文化を守ると称して、ドラヴィダスタン分離独立要求を開始した。ただし、ドラヴィダ系諸語の中でもタミル語話者以外はほとんど同調しなかったため、実質的にはタミル民族運動の様相を呈するようになっていた。一九四七年八月、ついにインドは独立を果たした。一九五〇年に施行されたインド憲法は、前文において、次のように高らかに宣言した。

われらインド国民は、インドを主権を有する民主主義共和国※となし、すべての市民に

正義JUSTICE：社会的、経済的、政治的正義

自由LIBERTY：思想、表現、信条、信仰、崇拝の自由

平等EQUALITY：地位および機会の平等

を確保し、かつすべての市民に

友愛FRATERNITYを、個人の尊厳と国民国家の統一及び統合をもたらすものとして促進することを厳粛に決意し、一九四九年一一月二六日憲法制定議会において、この憲法を採択し、制定し、

かつわれら自身に付与する。[*1]

※一九七六年の憲法改正で「主権を有する社会主義的・政教分離主義的・民主主義共和国」に変更された。

二二編三九五条からなる長大なインド憲法は、要所要所で平等権を保障し、かつ実現すると謳っている。例えば、第一五条は「国は、宗教、人種、カースト、性別、出生地又はそれらのいずれかのみを理由として、市民に対する差別を行ってはならない。市民は、宗教、人種、カースト、性別、出生地又はそれらのいずれかのみを理由として、次に掲げる事項に関し無資格とされ、負担を課され、制限を付され、又は条件を課されることはない。（a）店舗、公衆食堂、旅館及び公衆娯楽場への立ち入り（b）全部又は一部が国家資金により維持され、又は一般の用に供されている井戸、用水池、沐浴場、通路又は娯楽場の使用［以下略］」というように、極めて詳細かつ具体的に差別行為を禁じている。さらに加えて、「『不可触民制』は廃止され、いかなる形式におけるその慣行も禁止される。『不可触民制』より生ずる無資格を強制することは、法律により処罰される犯罪である」（第一七条）と宣言していた。

第一次円卓会議マイノリティ委員会報告書を作成する過程で、アンベードカルはマクドナルドに対し、単に「人種、宗教、性別、カーストにかかわらず平等である」とするだけでは不十分と訴え、「カーストで差別されてはならない」へと文言を変更させた。さらに「不可触民差別の禁止」を追加するよう求めたものの、マクドナルドから侮蔑的な言葉とともに却下された。しかしインド憲法はこのように、カースト差別禁止とは別に、独立した条項を設けて「不可触民制」の禁止を宣言し、「不可触民」差別を犯罪行為と明言した。インド憲法起草委員会委員長として草案作成に奮闘したのは、アンベードカルであった。彼はシュリーニヴァーサンとともに、「不可触民」差別は「カースト差別」の範疇に収まらない別次元の差別であると訴えてきた。インド憲法における差別の詳細な例示、差別を犯罪とする条項、「平等」を絵空事に終わらせず実現するために国家が採るべき具体策の規定（各種議会における留保枠の設定など）は、「不可触民」たちの闘いの成果であった。

しかし、インド憲法施行後も「不可触民」は差別されつづけた。日常生活における差別は茶飯事で、「不可触民」が殺害されても警察は捜査せず、容疑者は野放しのまま、政府もそれを黙認し、主要メディアも報道しないという状況が長らく続いた。[*2] それは、かつて非バラモン運動／自尊運動が展開され差別を糾弾する声が響いていたタミルナードゥ州（旧マドラス州の一部）でも同様であった。タミル民族主義が高揚しタミル人の団結が叫ばれるなかで、内部の差異を語ることは禁忌となり、「不可触民」はここでも不可視化され、「不可触民」差別は黙殺されたのである。

一九八〇年頃から「不可触民」は、様々な手段で再び差別状況を告発し始めた。すると「不可触民」は、またもや「非愛国的」と糾弾されることになった。例えば、二〇〇一年からニューデリーの主流ヒンディー語紙に掲載されたダリト（「不可触民」）のコラムニストによる連続エッセイ「ダリトの諸問題」に対して、「インド市民としての義務を忘れ、国家を分断する行為」だという非難が寄せられたという。あるバラモン男性は、このコラムニストに宛てて投稿し、「あなたはダリトと自認するのか、それともインド人と自認するのか教えていただきたい。その上でこの国をこれ以上物理的、精神的に分断しないようお願いしたい」と非難した。[*3] この種の批判は、差別を告発し是正を求める行為をインドという国自体への攻撃、ひいては否定と曲解し、差別する側ではなく差別される側だけを、「国民」意識が欠如し公序を乱していると糾弾する。差別告発によって傷つけられる精神／国民感情とは、「国民」の標準と

写真 10　壁に描かれたアンベードカル（チェンナイ市内、筆者撮影）
右にE・V・ラーマスワーミ、左にティルヴァッルヴァルも描かれている。

しての上位カーストヒンドゥー男性の精神／感情である。彼らがいう「インド国民」に「不可触民」（やマイノリティ、女性）は入っていない。「不可触民」が独立後の黙殺期間を経て再び声を上げるようになったのと並行して、インド各地で「不可触民」指導者の像や肖像壁画が公共の場に出現している（写真10・11）。

これらの銅像や肖像画を見ていると、「不可触民」指導者はほぼ例外なく洋装であることに気付かされる。切手の図像を見ると、シュリーニ

写真 11　切手に描かれたシュリーニヴァーサン（Wikipedia, https://en. wikipedia.org/wiki, accessed on 6 June 2024）
背後のめがねをかけた人物はアンベードカル。

写真 12　B・R・アンベードカル（Wikipedia, https://en.wikipedia.org/wiki, accessed on 6 June 2024）

写真 13　M・C・ラージャ（Tamil Wiki, https://tamil.wiki/wiki, accessed on 9 June 2024）

ヴァーサンとアンベードカルの洋装が背後の「インド民衆」とコントラストをなしエリート然としているようにも見える。写真を見ても「不可触民」指導者は概ね洋装である（写真12〜14）。

　一方、「インド独立の父」ガンディーは、死ぬまでカッダル（手紡手織布）の腰布一枚を貫き通した（写真15）。ガンディーにとってこの姿は、国産品愛用／反英にとどまらず、自己抑制・禁欲／反近代の思想を体現するものであった。さらに

写真 14　R・シュリーニヴァーサン（Wikipedia, https://ta.wikipedia.org/wiki, accessed on 6 June 2024）

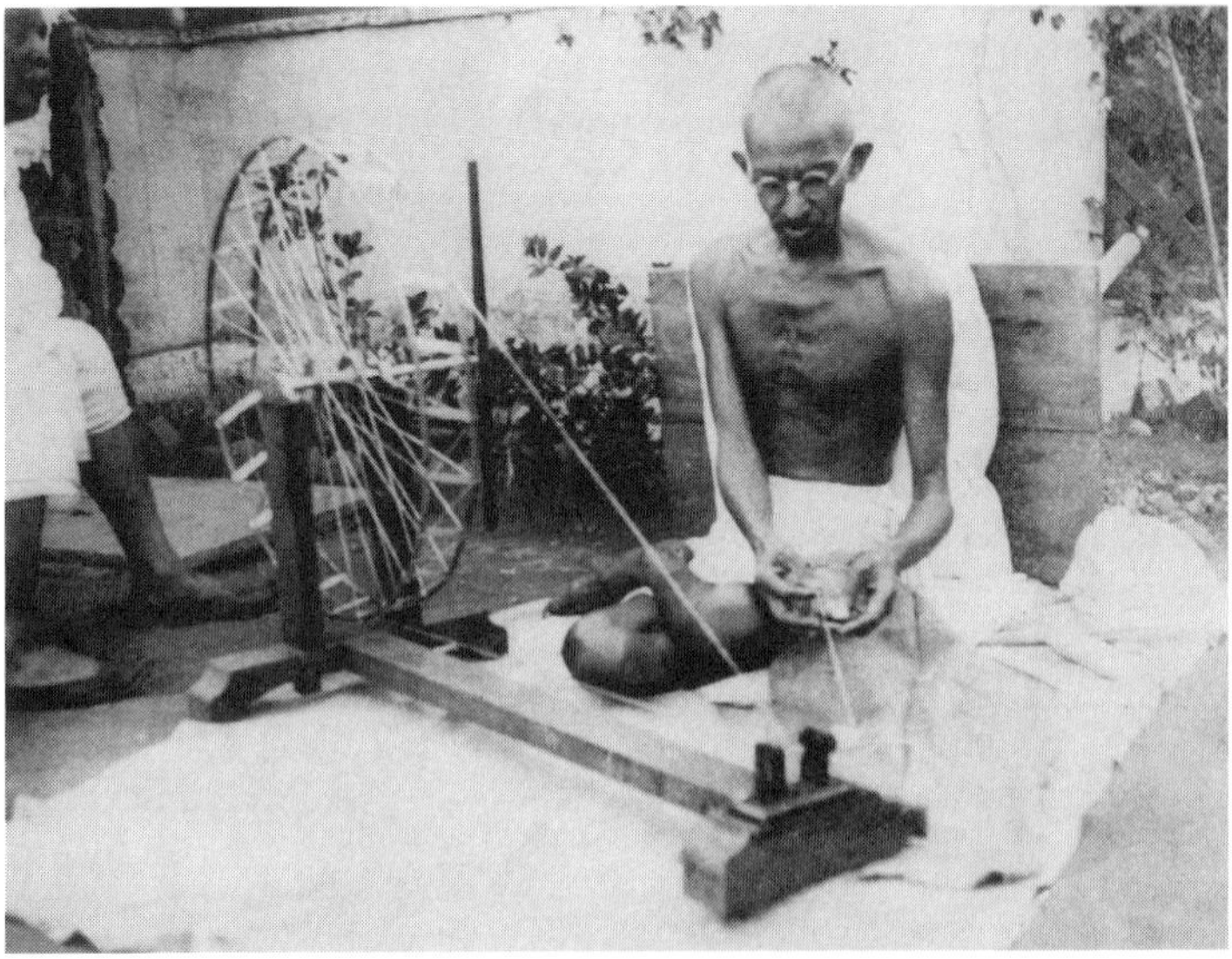

写真 15　腰布一枚で糸を紡ぐガンディー（Wikipedia, https://en.wikipedia.org/wiki, accessed on 6 June 2024）

は、インドの全ての宗教の伝統衣装を尊重しつつもそのどれにも縛られない、あらゆるインド人にとって平等なデザインとして考え抜かれたものであったという。[*4] つまり、腰布一枚は、新しい「インド国民の文化」という意味を与えられていた。

しかし果たして「不可触民」にとって、この新しい「インド国民の文化」は受容しうるものだったのか。「不可触民」は、慣習により上半身を覆うことを禁止され、身につけて良いのは腰布一枚だけと厳しく規制されてきた。「不可触民」が人間としての最低限の尊厳を求めて上半身を覆い始めると、上位カーストからの反発を招き、殺害されたり衝突が起きたりしたことは本論で述べてきた通りである。つまり、「腰布一枚の簡素な衣服」は「不可触民」にとっては、不浄視され差別されてきた「不可触民」という地位を象徴していた。粗末な腰布一枚でも差別されないのは、「不可触民」ではないカーストヒンドゥーの「特権」であった。「不可触民」の指導者たちはみな、ガンディーが捨て去った洋服を身につけた。「不可触民」にとって洋装は、「インドの文化」と称されるものの歴史的文脈、「伝統」とされる様々な規制から自由になり得る解放の手段であった。

　インドも、タミルナードゥ（タミル人の国の意味）も、「不可触民」を包摂していると公言しながら、インド国民、あるいはタミル人と同等の権利を「不可触民」が行使するのを否定し、宗教や伝統、文化、あるいは公益の名の下に、分をわきまえるよう強制してきた。周縁化された「不可触民」は、インド国民でもなくタミル人でもなく「人」として生きるために、差別されない人権の実現を目指して（差別する側の改悛を待つのではなく）闘いつづけている。

「不可触民」がダリトとしての団結を標榜するようになったことは、新たな闘争を招来した。パッラルやアルンダティヤなどの諸カースト、そして女性たちは、ダリトという新たな範疇に包摂されることによって「正しいダリト」、すなわちダリトの標準たる存在に代表・代弁され周縁に追いやられるのを拒否した。彼女ら彼らは、ダリト範疇内にも張りめぐらされた権力関係・差別の網の目を再可視化し、それぞれが人として生きるために闘い始めたのである。

注記

第一章

＊1 小谷汪之『不可触民とカースト制度の歴史』（明石書店、一九九六年）六七頁。

＊2 山崎元一「古代インドの差別と中世への展開」（小谷汪之編『インドの不可触民―その歴史と現在』明石書店、一九九七年）一一―二二頁。

＊3 辛島昇「南インドの史料に見る不可触民」（小谷汪之編『インドの不可触民―その歴史と現在』明石書店、一九九七年）三〇―三八頁。

＊4 柳澤悠「南インド水田地帯農村の経済構造とカースト―一九～二〇世紀」（小谷汪之編『インドの不可触民　その歴史と現在』明石書店、一九九七年）一八八―二〇四頁。

＊5 Werner F. Menski, *Hindu Law: Beyond Tradition and Modernity*, New Delhi, Oxford University Press, 2003, p. 161.

＊6 杉本良男「比較による真理の追求―マックス・ミュラーとマダム・ブラヴァツキー」（出口順・三尾稔編『人類学的比較再考』国立民族学博物館調査報告九〇、二〇一〇年）二〇四―二〇六頁。

＊7 藤井毅『歴史の中のカースト　近代インドの〈自画像〉』（岩波書店、二〇〇三年）九―八〇頁。

＊8 Ronald Inden, *Imaging India*, Delhi, Oxford University Press, 1990, pp. 56-65.

＊9 E. Thurston and K. Rangachari, *Castes and Tribes of Southern India*, 1909 (reprinted in 2010), Vol. I, pp. xiii-lxxiii.

＊10 M.N. Srinivas, *Caste in Modern India, and other essays*, Bombay, Asia Publishing House, 1962; M.N. Srinivas, *Social Change in Modern India*, Berkeley, University of California Press, 1963.

＊11 *Census of India 1901*, Vol. XV, Madras, Part I, Report, pp. 130-131.

＊12 柳澤悠「南インド水田地帯農村の経済構造とカースト―一九～二〇世紀」（一九九七年）一八八―二〇四頁。V. Geetha and S.V. Rajadurai, *Towards a Non-Brahmin Millennium: from Iyothee Thass to Periar*, Calcutta, Samya, 1998, p.82; Raj Sekhar Basu, *Nandanar's Children: The Paraiyans' Tryst with Destiny, Tamil Nadu 1850-1956*, New Delhi, Sage, 2011, pp. 111-154.

＊13 V. Geetha and S.V. Rajadurai, *Towards a Non-Brahmin Millennium*, 1998, p. 52.

＊14 Raj Sekhar Basu, *Nandanar's Children*, 2011, p. 166.

＊15 *The Hindu*, 20 May 2012.

＊16 P. Lakshmi Narasu, *A Study of Caste*, 1922 (Reprinted in 1988, New Delhi, Asian Educational Services), pp. 155-160.

＊17 G. Aloysius, *Dalit Subaltern Self-Identifications: Iyothee Thasar and Tamizhan,* New Delhi, Critical Quest, 2010, p. 15.

＊18 志賀美和子「タミル・ルネサンス―タミル人意識の源流」（辛島昇編『南アジア史３　南インド』山川出版社、二〇〇七年）二九九―三〇六頁。

＊19 Ayōttitācar (Alāiciyas ed.), *Ayōttitācar cintaṉaikaḷ*, Vol. I, The Christian Institute for the Study of Religion and Society, New Delhi, 1999, pp. 532-534, 698-699, etc.

＊20 G. Aloysius, *Dalit Subaltern Self-Identifications*, 2010, pp. 58-59.

＊21 G. Aloysius, *Dalit Subaltern Self-Identifications*, 2010, p. 15.

＊22 A Supplementary Memorandum submitted by Rao Sahib R. Srinivasan, E-Mad-514, Q/13/1/10, IOR.

＊23 Memorandum from the Registered Madras Adi-Dravida Mahajana Sabha and The Arundhateya Maha Sabha, E-Mad-123, Q/13/1/9, IOR.

＊24 Speech by M.C.Rajah, 20 January 1922, *Madras Legislative Council Proceedings*.

＊25 "The Pariyan", 1 September 1894, *Report of the Native Newspapers Report, Madras Presidency 1894*, No. 17.

＊26 D.A. Washbrook, *The Emergence of Provincial Politics: The Madras Presidency 1870-1920*, Cambridge, Cambridge University Press, 1975; C.J. Baker, *The Politics of South India 1920-1937*, New Delhi, Vikas Publishing House, 1976.

＊27 G.W. Spencer, "Religious Networks and Royal Influence in the 11th Century South India", *Journal of the Economic and Social History of Orient*, 1969, vol. 7, pp. 154-165; B. Stein, "Economic Function of a Medieval South Indian Temple", *Journal of Asian Studies*, 1960, vol. 19-2, pp.163-176; B. Stein, *South Indian Temples: An Analytical Reconsideration*, New Delhi, Vikas Publishing House, 1978; 小倉泰「王の神格化と大寺院の建立―チョーラ朝の試み」（辛島昇編『ドラヴィダの世界』東京大学出版会、一九九四年）一五四―一六五頁、辛島昇「ヴィジャヤナガル王国の封建支配」（前掲書）一六六―一七八頁、水島司『18－20世紀

南インド在地社会の研究』（東京外国語大学アジア・アフリカ言語文化研究所、一九九〇年）。

＊28 K.N. Arooran, *Tamil Renaissance and Dravidian Nationalism 1905-1944*, Madurai, Koodal Publishers, 1980, p.37; R.L. Hardgrave Jr., *The Dravidian Movement*, Bombay, Popular Publishers, 1965, p. 11.

＊29 D. Arnold, *The Congress in Tamilnad: Nationalist Politics in South India, 1919-1937*, New Delhi, Manohar, 1977, pp. 14-16.

＊30 *Madras Mail*, 1 May 1909.

＊31 K.N. Arooran, *Tamil Renaissance and Dravidian Nationalism 1905-1944*, 1980, p. 40.

＊32 R. Hardgrave Jr., *The Dravidian Movement*, 1965, p. 12.

＊33 V. Geetha and S.V. Rajadurai, *Towards a Non-Brahmin Millennium*, 1998, pp. 54-57.

第二章

＊1 杉本良男「比較による真理の追求―マックス・ミュラーとマダム・ブラヴァツキー」（出口順・三尾稔編『人類学的比較再考』国立民族学博物館調査報告九〇、二〇一〇年）一七三―二二六頁。

＊2 D. Arnold, *The Congress in Tamilnad: Nationalist Politics in South India, 1919-1937*, New Delhi, Manohar, 1977, p. 17.

＊3 "The Non-Brahmin Manifesto", Appendix 2, P. Venugopal, *Justice Party and Social Justice*, Madras, Periyar Self-Respect Propaganda Institution, 1992, p. 61; P. Rajaraman, *The Justice Party: A Historical Perspective 1916-37*, Madras, Poompozhil Publishers, 1988, p. 54.

＊4 "West Coast Spectator", 28 November 1916, *Madras Native Newspapers Report (MNNR) 1916*.

＊5 本田毅彦「一八八〇年代英領インドにおける植民地官僚制改革問題について」（『史林』七三巻一号、一九九〇年）一一頁。

＊6 Eugene F. Irschick, *Politics and Social Conflict in South India: The Non-Brahman Movement and Tamil Separatism, 1916-1929*, Bombay, Oxford University Press, 1969, pp. 87-88.

＊7 Eugene F. Irschick, *Politics and Social Conflict in South India*, 1969, pp. 174-176.

＊8 "The Non-Brahmin Manifesto", appendices, P. Rajaraman, *The Justice Party*, 1988, pp. 280-290.

＊9 "New India", 20 December 1916, *MNNR 1917*, p. 20.

＊10 "Justice", 22 June 1917, *MNNR 1917*, p. 1756.

＊11 "Malabar Herald", 24 March 1917, *MNNR 1917*, p. 858.

＊12 "Andra Patrika", 25 September 1917, *MNNR 1917*, p. 2493.

＊13 *Directory of the Madras Legislature*, Madras, Madras Legislature Congress Party, 1938, p. 216.

＊14 "Non-Brahmin", 14 October 1917, *MNNR 1917*, p. 2546.

＊15 "Non-Brahmin", 15 April 1917, *MNNR 1917*, p. 1091.

＊16 "Justice", 15 May 1917, *MNNR 1917*, p. 1384.

＊17 "Andra Patrika", 7 September, 11 September, 1917, *MNNR 1917*, pp. 2349, 2404.

＊18 "Dravidian", 30 July 1917, *MNNR 1918*, p.2102; "Tamilian", 8 August 1918, *MNNR 1918*, p. 2187.

＊19 Eugene F. Irschick, *Politics and Social Conflict in South India*, 1969, pp. 115-117, 165.

＊20 Eugene F. Irschick, *Politics and Social Conflict in South India*, 1969, p. 178.

＊21 D. Arnold, *The Congress in Tamilnad*,1977, pp. 42-49.

＊22 Antony Copley, *C. Rajagopalachari: Gandhi's Southern Commander*, Madras, Indo-British Historical Society, 1986; Rajmohan Gandhi, *Rajaji: A Life*, New Delhi, Penguin Books, 1997.

＊23 Eugene F. Irschick, *Politics and Social Conflict in South India*, 1969, p. 178.

＊24 Swaraj Basu ed., *An Unforgettable Dalit Voice: Life, Writings and Speeches of M.C. Rajah*, New Delhi, Manohar, 2012, p. 14.

＊25 Memorandum submitted by the Madura- Ramnad Indian Christian League, E-Mad-149, Q/13/1/9, IOR.

＊26 Public GO 613, 16 September 1921.

＊27 Public GO 658, 15 August 1922.

＊28 Education GO 2333, 27 November 1922.

＊29 Education GO 2015, 11 February 1924.

＊30 Local Self Government (Local and Municipality) GO 2333, 27 November, 1922.

＊31 Local Self Government (Local and Municipality) GO 2525, 18 December 1922.

＊32 *Administration Report of North Arcot, 1923-24.*

＊33 藤井毅「インド国制史における集団―その概念規定と包括範囲」（佐藤宏編『南アジア現代史と国民統合』アジア経済研究所、一九八八年）三五―四三頁。

＊34 志賀美和子『近代インドのエリートと民衆―民族主義・共産主義・非バラモン主義の競合』（有志舎、二〇一八年）四六―五六頁。

＊35 本節は特に注記がない限り次を参照。志賀美和子『近代インドのエリートと民衆』六二―六九頁。

＊36 Letter D.C.No.104, President, Corporation of Madras to the Secretary, Government of Madras, 27 Jan 1921, Public GO 82, 1921.

＊37 "The Hindu", 26 January 1921, History of Freedom Movement File 57, 1921.

＊38 "The Hindu", 26 January 1921, History of Freedom Movement File 57, 1921.

＊39 *Royal Commission on Labour in India*, Vol. VII, Part 2, Oral Evidence, 1931, pp. 176-179.

＊40 Fortnightly Report, from Chief Secretary to the Government of Madras, Public Department, to Secretary to the Government of India, Home Department (FNR), 1st half of Jul., 1921.

＊41 "The Hindu", 1 April 1921, History of Freedom Movement File 57, 1921.

＊42 V. Geetha and S.V. Rajadurai, *Towards a Non-Brahmin Millennium: From Iyothee Thass to Periyar*. Samya, Calcutta, 1998, p. 182.

＊43 FNR, 1st half of Apr.; 2nd half of Apr., 1921.

＊44 FNR, 1st half of Jul., 1921.

＊45 "Swadesamitran", 13 July 1921, *MNNR 1921*, pp. 863-864.

＊46 Statement by M.C. Rajah, *Madras Legislative Council Proceedings*, vol. VII, 1921, pp. 1011-13; E. Murphy, *Unions in Conflict: A Comparative Study of Four South Indian Textile Centres, 1918-1939*, Delhi, Manohar, 1981, p. 77.

＊47 FNR, 1st half of Jul.; 2nd half of Jul., 1921.

＊48 "The Hindu", 11 July 1921, History of Freedom Movement File 57, 1921.

＊49 FNR, 2nd half of Jul.; 2nd half of Aug., 1921.

＊50 "The Hindu", 31 August 1921, History of Freedom Movement File 57, 1921.

＊51 V. Geetha and S.V. Rajadurai, *Towards a Non-Brahmin Millennium*, 1998, p. 182.

＊52 *Royal Commission on Labour in India*, Vol.VII, Part 2, Oral Evidence, 1931, pp. 167-174, 230.

＊53 V. Geetha and S.V. Rajadurai, *Towards a Non-Brahmin Millennium*, 1998, pp. 183-186.

＊54 "Swadesamitran", 23 Jul., 1921, *MNNR 1921*, p. 896.

＊55 V. Geetha and S.V. Rajadurai, *Towards a Non-Brahmin Millennium*, 1998, p. 189.

＊56 *Royal Commission on Labour in India*, Vol. VII, Part 2, Oral Evidence, 1931, p. 250.

＊57 "Hindu Nesan", 9 July 1921, *MNNR 1921*, p. 864.

＊58 V. Geetha and S.V. Rajadurai, *Towards a Non-Brahmin Millennium*, 1998, p. 193.

＊59 *Madras Legislative Council Proceedings*, second session, from August 1921 to March 1922, pp. 2048-2052.

＊60 Law (Common) GO 217, 25 March 1922.

＊61 Law (Legislative) GO 272, 5 December 1922.

＊62 *Madras Legislative Council Proceedings*, 18 December 1922, pp. 928-931.

＊63 C.J. Baker, *The Politics of South India 1920-1937*, New Delhi, Vikas Publishing House, 1976, pp. 127-129; D.A. Washbrook, *The Emergence of Provincial Politics: The Madras Presidency*, New Delhi, Vikas Publishing House, 1976, pp. 324-326.

＊64 "Welcome Address and Resolutions", The First Confederation, Madras, 28 and 29 December 1917, *The Justice Movement 1917*, Madras, 1932, pp. 131-143, 151-165.

＊65 "Justice Golden Jubilee Souvenir Celebration Welcome" by P.T. Rajan, *Justice Party Golden Jubilee Souvenir*, Madras, 1969, p. 5.

＊66 Rupa Viswanath, *The Pariah Problem: Caste, Religion, and the Social in Modern India*, New York, Columbia University Press, 2014, pp. 220-225.

第三章

＊1 Memorandum in reply to the Questionnaire on the Organisation of the Services by M.C. Rajah, Honorary Secretary of the Madras Adi Dravida Mahajana Sabha, Nos. 788, Q/11/20, IOR.

＊2 "The Hindu", 10 January 1924, quoted in Raj Sekhar Basu, *Nandanar's Children: The Paraiyans' Tryst with Destiny, Tamil Nadu 1850-1956*, New Delhi, Sage, 2011, p. 265.

＊3 "Swarajya", 31 October 1925, quoted in Basu, *Nandanar's Children*, 2011, p. 265.

＊4 "Tamilnadu", 1 November, 1925, quoted in Basu, *Nandanar's Children*, 2011, p. 265.

＊5 Report 288c, Special Branch, Criminal Investigation Department, 12 February 1929, Under Secretary Secret Safe File (USSF) 896.

＊6 E. Thurston and K. Rangachari, *Caste and Tribes of Southern India*, 1909 (reprinted in 2010), Vol. I, pp. 134-136.

＊7 粟屋利江「ケーララにおけるティーヤルの「カースト運動」の諸相」（内藤雅雄編『解放の思想と運動』明石書店、一九九四年）二七四—二七六頁。

＊8 George G. Joseph, *George Joseph: The Life and Times of a Kerala Christian Nationalist*, Hyderabad, Orient Longman, 2003, p. 163.

＊9 粟屋利江「ケーララにおけるティーヤルの「カースト運動」の諸相」（一九九四年）二七六頁。

＊10 *Madras Legislative Assembly Debates* 1938, Vol. VII, p. 426.

＊11 Anita Diehl, *Periyar E.V. Ramaswamy: A Study of the Influence of Personality in Contemporary Southern India*, Delhi, B.I.Publications, 1978, pp.10-13. 山下博司「ドラヴィダ運動の狼煙—ヴァイッカム・サティヤーグラハとE・V・ラーマサーミ・ナーイッカル（ペリヤール）」（内藤雅雄編『解放の思想と運動』明石書店、一九九四年）三一五—三三六頁。

＊12 George G. Joseph, *George Joseph*, 2003, pp. 24, 166.

＊13 George G. Joseph, *George Joseph*, 2003, p. 168.

＊14 "An Admirer", *Periyar E.V. Ramasami: A Pen Portrait,* Madras, Periyar Self-Respect Propaganda Institution, 1962, p. 28.

＊15 Eugene F. Irschick, *Politics and Social Conflict in South India: The Non-Brahman Movement and Tamil Separatism, 1916-1929*, Bombay, Oxford University Press, 1969, p. 270.

＊16 L. Ravisankar, "Emergence of Non-Brahmin Awaking: E.V.R. and Seranmadevi Gurukulam Conflict in Tirunelveli", *Nilam International Research Journal of Arts and Culture,* vol. 1, issue 2, 2020, p. 107.

＊17 K. Nambi Arooran, *Tamil Renaissance and Dravidian Nationalism 1905-1944,* Madurai, Koodal Publishers, 1980, p. 155.

＊18 "The Hindu", 23 April 1925, quoted in Arooran, *Tamil Renaissance and Dravidian Nationalism 1905-1944,* 1980, p. 156.

＊19 *Kuti Aracu*, 27 December 1925; Raj Sekhar Basu, *Nandanar's Children*, 2011, p. 269.
＊20 *Kuti Aracu*, 6 December 1931.
＊21 *Kuti Aracu*, 6 December 1931.
＊22 *Kuti Aracu*, 13 December 1931.
＊23 Speech at the Self-Respect Conference, 22 November 1927, E. V. Ramaswami, *Religion and Society: Selections from Periyar's Speeches and Writings*, Madras, Emerald Publishers, 1991, pp. 32-37.
＊24 *Kuti Aracu*, 9 September 1928.
＊25 *Kuti Aracu*, 11 December 1927; "Resolutions passed at the Tirunelvelli District Self-Respect Conference", Appendix III, N.K. Mangalamurugesan, *Self-Respect Movement in Tamil Nadu 1920-1940*, Madurai, Koodal Publishers, 1977, pp. 168-172.
＊26 The Hindu Widows' Remarriage Act (India Act XV of 1856, 25 July). 吉村玲子「ヒンドゥー寡婦の再婚と権利」（小谷汪之編『西欧近代との出会い』明石書店、一九九四年）二四五―二五八頁。
＊27 *Kuti Aracu*, 18 December 1927.
＊28 *Kuti Aracu*, 7 October 1928.
＊29 *Kuti Aracu*, 26 August 1928.
＊30 *Kuti Aracu*, 13 May 1928.
＊31 *Kuti Aracu*, 23 September 1928.
＊32 *Kuti Aracu*, 4 November 1928.
＊33 *Kuti Aracu*, 7 October 1928.
＊34 A.V. Nathan, *Justice Year Book*, Madras, 1929, p. 110; Report 288c, Special Branch, Criminal Investigation Department, 12 February 1929, Under Secretary Secret Safe File (USSF) 896.
＊35 Report 1427c, Deputy Inspector-General of Police, 22 June 1934, USSF 896.
＊36 粟屋利江「デーヴァダースィー〔神の婢女〕と司法」（小谷汪之編『西欧近代との出会い』明石書店、一九九四年）三四九―三五一頁。井上貴子「南インドのデーヴァダーシー制度廃止運動―英領期の立法措置と社会革命を中心に」

（『史學雑誌』一〇七巻三号、一九九八年）三二一―三五四頁。田中雅一「女性への暴力、売春、デーヴァダーシー」（田中雅一他編『インド・剥き出しの世界』春風社、二〇二一年）一五一頁。

＊37　Gyanendra Pandey, *A History of Prejudice: Race, Caste, and Difference in India and the United States*, Cambridge, Cambridge University Press, 2013, pp. 207-208.

＊38　Dhananjay Keer, *Dr. Ambedkar: Life and Mission*, Mumbai, Popular Prakashan, 1971 (3rd edition, 1st edition publised in 1954), p. 14（ダナンジャイ・キール（山際素男訳）『アンベードカルの生涯』光文社、二〇〇五年、三〇頁）.

＊39　K. Nambi Arooran, *Tamil Renaissance and Dravidian Nationalism 1905-1944*, 1980, pp. 162-163.

＊40　"What the Supreme Court order on the validity of 'self-respect' marriages says", *Indian Express*, 29 August 2023.

＊41　K. Srilata ed., *The Other Half of the Coconut: Women Writing Self-Respect History*, New Delhi, Kali for Women, 2003, p. 194; *Kuṭi Aracu*, 19 January 1930.

＊42　S. Anandhi, "Women's Question in the Dravidian Movement c. 1925-1948", *Social Scientist*, vol. 9, nos. 5-6, 1991, pp. 25-26.

＊43　*Kuṭi Aracu*, 8 November 1928; Periyar E.V. Ramasami, *Women Enslaved*, New Delhi, Critical Quest, 2009 (compiled in 1934, published in 1942 in Tamil, translated into English by G. Aloysius in 2009), pp. 9-11.

＊44　Periyar E.V. Ramasami, *Women Enslaved*, 2009, pp. 21-28.

＊45　*Kuṭi Aracu*, 2, 9, 16, 30 September, 4 November 1928, 20 December 1931.

＊46　S. Anandhi, "Women's Question in the Dravidian Movement c. 1925-1948", 1991, pp. 28-30.

＊47　*Kuṭi Aracu*, 3, 17 January 1932.

＊48　*Kuṭi Aracu*, 14 October 1928, 9 April 1933.

第四章

＊1　E. Thurston and K. Rangachari, *Castes and Tribes of Southern India*, 1909 (reprint 2010), Vol. III, p. 263.

＊2　関根康正『ケガレの人類学―南インド・ハリジャンの生活世界』（東京大学出版会、一九九五年）七八―七九、二二九―二三三頁。

＊3 Fortnightly Report, from Chief Secretary to the Government of Madras, Public Department, to Secretary to the Government of India, Home Department (FNR), 1st half of June, 2nd half of June, 1921.

＊4 E. Thurston and K. Rangachari, *Castes and Tribes of Southern India*, 1909, Vol. V, p. 423.

＊5 Confidential Report, from U. Rama Rau, District Magistrate, Trichinopoly, to the Chief Secretary to the Government of Madras, Public Department, 7 July 1932, Public GO 502, 7 August 1921.

＊6 FNR, 1st half of July, 1921.

＊7 Confidential Report, from U. Rama Rau, District Magistrate, Trichinopoly, 7 July 1932.

＊8 *The Hindu*, 16 May 2013; Ravikumar and R. Azhagarasan eds, *The Oxford India Anthology of Tamil Dalit Writing*, New Delhi, Oxford University Press, 2012, p. 314.

＊9 Johann Philip Fabricius, *Tamil-English Dictionary*, Second Edition, 1910 (reprint 1992, Asian Educational Services), p. 651.

＊10 Confidential Report, from U. Rama Rau, District Magistrate, Trichinopoly, 7 July 1932.

＊11 Public GO 138, 14 February, 1922.

＊12 Raj Sekhar Basu, *Nandanar's Children: The Paraiyan's Tryst with Destiny, Tamil Nadu 1850-1956*, New Delhi, Sage, 2011, p.259.

＊13 Robert Caldwell, *Tinnevelly Shanars: A Sketch of their Religion, and their Moral Condition and Characteristics as a Caste, Madras*, Christian Knowledge Press, 1849, p. 4.

＊14 *Census of India 1891*, Vol. XIII, Madras, Report, p. 297.

＊15 H.R. Pate, *Madras District Gazetteers: Tinnevelly*, Vol.1, Madras, Government Press, 1917, pp. 125-131.

＊16 R.L. Hardgrave, Jr., *The Nadars of Tamilnad: The Political Culture of a Community in Change*, Berkeley, University of California Press, 1969, pp. 22-23, 95-109.

＊17 H.R. Pate, *Madras District Gazetteers: Tinnevelly*, Vol.1, 1917, pp. 125-131.

＊18 Statement of Village Munsiff of Chintamoni, 25-3-1931, Public (General) GO497A (S-7), 1931.

＊19 Letter from A. Muthia Mudaliar, Circle Inspector of Police, Sankarankoil, to the District Magistrate, Tinnevelly, 28 March 1931; Report dated 25-3-31 sent by District Superintendent of Police, Tinnevelly camp, Chintamoni, to the Inspector General of Police, Madras, the

Deputy Inspector General of Police, Southern Range, Madura, communicated to the District Magistrate, Tinnevelly; Letter, from the Stationary Sub Magistrate, Sankarankoil, to the Sub Divisional Magistrate, Koilpatti, 24 March 1931, Public (General) GO497A (S-7), 1931.

* 20 Report dated 25-3-31 sent by District Superintendent of Police, Tinnevelly camp, Chintamoni.

* 21 In the Court of the District Judge, Tinnevelly. Tuesday, the 10th day of March, 1931. C.M.A. No. 3 of 1931, Public (General) GO497A (S-7), 1931.

* 22 Report dated 25-3-31 sent by District Superintendent of Police, Tinnevelly camp, Chintamoni.

* 23 Letter from A. Muthia Mudaliar, Circle Inspector of Police, Sankarankoil, 28 March 1931.

* 24 Report dated 25-3-31 sent by District Superintendent of Police, Tinnevelly camp, Chintamoni.

* 25 Statement of Village Munsiff of Chintamoni, 25-3-1931, Public (General) GO497A (S-7), 1931.

* 26 Statement by C.J. Sastha Ayyar, 25-3-31, Public (General) GO497A (S-7), 1931.

* 27 Report dated 25-3-31 sent by District Superintendent of Police, Tinnevelly camp, Chintamoni.

* 28 Statement by C.J. Sastha Ayyar, 25-3-31, Public (General) GO497A (S-7), 1931.

* 29 Letter from A. Muthia Mudaliar, Circle Inspector of Police, Sankarankoil, 28 March 1931; Report dated 25-3-31 sent by District Superintendent of Police, Tinnevelly camp, Chintamoni.

* 30 In the Court of the District Judge, Tinnevelly. Tuesday, the 10th day of March, 1931. C.M.A. No. 3 of 1931, Public (General) GO497A (S-7), 1931.

* 31 Letter from A. Muthia Mudaliar, Circle Inspector of Police, Sankarankoil, 28 March 1931.

* 32 Statement of Rajagopal Naidu, Village Munsif, Puliangudi, 25-3-1931, Public (General) GO497A (S-7), 1931.

* 33 Report dated 25-3-31 sent by District Superintendent of Police, Tinnevelly camp, Chintamoni.

* 34 Letter from K.S. Seshiah, Stationary Sub Magistrate, Sankarankoil, to the District Magistrate, 26 March 1931, Public (General) GO497A (S-7), 1931.

* 35 Public (General) GO 497A (S-7), 2 May 1931.

＊36 Report dated 25-3-31 sent by District Superintendent of Police, Tinnevelly camp, Chintamoni.

＊37 Statement of Ramasami Moopan, 25-3-1931, Public (General) GO 497A (S-7), 1931.

＊38 Report by the Stationary Sub Magistrate, Sankarankoil, to the District Magistrate, Tinnevelly, 26 March 1931; Statement of R. Sankaranarayana Ayyar, Village Munsiff, Chintamoni, 25-3-1931, Public (General) GO497A (S-7), 1931.

＊39 Letter (No. not mentioned) dated 26 March 1931, from the Sub Divisional Magistrate, Koilpatti camp, Chintamoni to the District Magistrate, Tinnevely, Public (General) GO 497A (S-7), 1931.

＊40 Statement of Ramasami Moopan, 25-3-1931, Public (General) GO 497A(S-7), 1931.

＊41 Statement of Vythilinga Nadar, Public (General) GO497A (S-7), 1931.

＊42 Judgement in Calendar Case No. 23, 1931 on the file of the Joint Magistrate, Sermadevi, Public (General) GO497A (S-7), 1931.

＊43 Statement of C.J. Sastha Ayyar, 25-3-1931, Public (General) GO 497(A-7), 1931.

＊44 Statement of A. Rajagopal Naidu, Village Munsif, Puliangudi, 25-3-1931, Public (General) GO497A (S-7), 1931.

＊45 Statement of Sholaimalai Naicker, 25-3-1931, Public (General) GO 497A(S-7), 1931.

＊46 R.L. Hardgrave, Jr., *The Nadars of Tamilnad*, 1969, p. 23.

＊47 Statement of Village Munsiff Chintamoni, Public (General) GO497A (S-7), 1931.

＊48 Letter from A. Muthia Mudaliar, Circle Inspector of Police, Sankarankoil, to the District Magistrate, Tinnevelly, 28 March 1931, Public (General) GO497A (S-7), 1931.

＊49 Statement of A. Manickavasaga Nadan, 25-3-1931, Public (General) GO497A (S-7), 1931.

＊50 Statement of Village Munsiff Chintamoni, Public (General) GO497A (S-7), 1931.

＊51 Statement of Piramanayagam Mudaliar, 25-3-1931, Public (General) GO497A (S-7), 1931.

＊52 Statement of Sergeant Honour to the District Magistrate, Tinnevelly, 25-3-1931, Public (General) GO497A (S-7), 1931.

＊53 Statement of Subbayya Naicken, 25-3-1931, Public (General) GO497A (S-7), 1931.

＊54 Judgement in Calendar Case No.23, 1931 on the file of the Joint Magistrate, Semadevi, Public (General) GO497A (S-7), 1931.

＊55 Letter from Khan Bahadur Sharif Muhammad Ali, District Superintendent of Police, Tinnevelly, to the District Magistrate, Tinnevelly, 2

August 1931; Letter from A.C. Woodhouse, District Magistrate, Tinnevelly, to the Cief Secretary to the Government of Madras, Public (General) Department, Madras, 8 August 1931, Public (General) GO497A (S-7), 1931.

＊56 Letter from V. Ramakrishna, District Magistrate, Tinnevelly, to the Chief Secretary to Government, Public (General) Department, Madras, 29 September 1938, Public GO 1618, 27 September 1939.

＊57 太田信宏「ヴィジャヤナガル王国滅亡後の政治と社会」（辛島昇編『南アジア史３　南インド』山川出版社、二〇〇七年）一六九―一七三頁。山下博司「カッタボンマンの戦い」（辛島昇編『南アジア史３　南インド』山川出版社、二〇〇七年）二二三―二二四頁。

＊58 Proceedings of the District Superintendent of Police, Tinnevelly, to the Inspector-General of Police, Madras, 2 October 1938; Letter R.C. No.1306C/stat/38, from the Inspector-General of Police, 7 October 1938, Public GO 1618, 27 September 1939.

＊59 *The Hindu*, 18 April 1938.

＊60 Letter from V. Ramakrishna, District Magistrate, Tinnevelly, to the Chief Secretary to Government, Public (General) Department, Madras, 4 October 1938, Public GO 1618, 27 September 1939.

＊61 Letter, confidential, from C. Rajagopalachar, to Sayers, 12 October 1938, Public GO 1618, 27 September 1939.

＊62 Letter, confidential, from Inspector-General of Police, Madras, to C. Rajagoparachar, Prime Minister, 13 October 1938, Public GO 1618, 27 September 1939.

第五章

＊1 松井透「帝国支配の変遷と民族運動の発展」（山本達郎編『インド史』山川出版社、一九八八年）三九四頁。

＊2 Fortnightly Report, from Chief Secretary to the Government of Madras, Public Department, to Secretary to the Government of India, Home Department (FNR), 1st half of April, 1928, 2nd half of April, 1928, etc.

＊3 FNR, 2nd half of April, 1928.

＊4 *Kuṭi Aracu*, 16 September 1928.

＊5 *Kuṭi Aracu*, 9 September 1928.

＊6　Adi-Dravidas Tinnevelly, to the Rt. Honourable Sir. John Simon, Chairman, Royal Commission, E-Mad-38; Memorial of the South Indian Non-Caste Catholic Christian Association, Trichinopoly, to the Right Honourable Sir. John Simon, President of the Royal Commission on India, E-Mad-76, Q/13/1/9, IOR.

＊7　From the Representatives of the Adi-Dravidas, Trichinopoly, to the Right Hon'ble Sir John Simon and the Members of the Statutory Commission, Indian Statutory Commission, New Delhi Office, New Delhi, E-Mad-171, Q/13/1/9, IOR.

＊8　Memorandum from the Registered Madras Adi-Dravida Mahajana Sabha (established December 1892: incorporated under Act XXI, 1860) and The Arundhateya Maha Sabha (established 1920: incorporated under Act XXI, 1860), E-Mad-123, Q/13/1/9, IOR.

＊9　Madras Adi-Dravida Mahajana Sabha and Arundhateya Maha Sabha, E-Mad-123, Q/13/1/9, IOR.

＊10　Madras Adi-Dravida Mahajana Sabha and Arundhateya Maha Sabha, E-Mad-123, Q/13/1/9, IOR.

＊11　Adi-Dravidas, Trichinopoly, E-Mad-171, Q/13/1/9, IOR.

＊12　Adi-Dravidas, Trichinopoly, E-Mad-171, Q/13/1/9, IOR.

＊13　Adi-Dravidas Tinnevelly, to the Rt. Honourable Sir. John Simon, Chairman, Royal Commission, E-Mad-38; Memorandum from the Representatives of Devendra Kula Vellalar Community in the district of of Trichinopoly, South India, E-Mad-373, Q/13/1/9, IOR.

＊14　Adi-Dravidas Tinnevelly, E-Mad-38, Q/13/1/9, IOR.

＊15　Madras Adi-Dravida Mahajana Sabha and Arundhateya Maha Sabha, E-Mad-123, Q/13/1/9, IOR.

＊16　Madras Adi-Dravida Mahajana Sabha and Arundhateya Maha Sabha, E-Mad-123, Q/13/1/9, IOR.

＊17　Madras Adi-Dravida Mahajana Sabha and Arundhateya Maha Sabha, E-Mad-123, Q/13/1/9, IOR.

＊18　Indian Statutory Commission, Madras, 9th Meeting held at Madras on Tuesday, the 26th February, 1929, at 10:30 a.m., Mad-0-9, Q/13/1/35, IOR.

＊19　Supplementary Memorandum submitted by Rao Sahib R. Srinivasan, Member of the Madras Legislative Council and President of the Madras Depressed Classes Conference of 1928, E-Mad-514, Q/13/1/10, IOR.

＊20　Indian Statutory Commission, Madras, E-Mad-09, Q/13/1/35, IOR.

＊21　Memorandum on behalf of the Christian Depressed Classes of South India. E-Mad-471, Q/13/1/10, IOR.

＊22 *Census of India, 1901*, Vol. XV, Madras, Part I, Report, p. 131; *Census of India, 1921*, Vol. XIII, Madras, Part I, Report, p. 153.

＊23 *Census of India, 1901*, Vol. XV, Madras, Part I, Report, pp. 132, 172-173.

＊24 Local Self-Government Department (L&M) Government Order No. 2333, 27 November 1922; Indian Franchise Committee, Report, 1932, p. 116.

＊25 粟屋利江「ケーララにおけるティーヤルの「カースト運動」の諸相」(内藤雅雄編『解放の思想と運動』明石書店、一九九四年)二八六―二八七頁。

＊26 *Census of India, 1921*, Vol. XIII, Madras, Part I, Report, p. 158.

＊27 The Government of India (Scheduled Castes) Order, 1936, The Gazette of India, June 6, 1936.

＊28 *Census of India, 1961*, Vol. IX, Madras, Part V-A(i), Scheduled Castes and Scheduled Tribes, pp. 8-9.

＊29 Indian Statutory Commission, Madras, E-Mad-09, Q/13/1/35, IOR.

＊30 All-India Adi Dravida Mahajana Sabha and Arundhateya Maha Sabha, E-Mad-123, Q/13/1/9, IOR.

＊31 *Census of India, 1921*, Vol. XIII, Madras, Part II, Imperial and Provincial Tables, pp. 110-123.

＊32 *Census of India, 1921*, Vol. XIII, Madras, Part I, Report, p. 162. The population of the Paraiyars was 2,337,046 in 1921.

＊33 Report from the District Magistrate of Malabar, n.d., September, 1932, USSF 804.

＊34 E. Thurston and K. Rangachari, *Castes and Tribes of Southern India*, 1909 (reprinted in 2010), Vol. III, pp. 158-159.

＊35 E. Thurston and K. Rangachari, *Castes and Tribes of Southern India*, 1909, Vol. II, p. 2.

＊36 Memorandum of Written Evidence presented to the Rt. Hon'ble Sir John Simon, President and the Members of the Indian Statutory Commission, by the All-India Arundateya Central Sabha (Registered under the Indian Societies Registration Act XXI of 1860), Madras, 1928. E-Mad-475, Q/13/1/10, IOR.

＊37 Memorandum from the Tamil Nadu Depressed Classes Mahajana Sangam, Manaparai. E-Mad-723, Q/13/1/10, IOR.

＊38 Memorandum on behalf of the Devendra Community of Madras. E-Mad-784, Q/13/1/10, IOR.

＊39 From M. Vedanayagam, General Secretary, Depressed Classes Association. To The President, Indian Statutory Commission, (Camp) Madura. E-Mad-784 suppl., Q/13/1/10, IOR.

＊40　R. Srinivasan, E-Mad-514, Q/13/1/10, IOR.
＊41　Adi-Dravidas Tinnevelly, E-Mad-38, Q/13/1/9, IOR.
＊42　Memorial of the South Indian Non-Caste Catholic Christian Association, Trichinopoly, to the Right Honourable Sir. John Simon, President of the Royal Commission on Indian Reforms, E-Mad-76, Q/13/1/9, IOR.
＊43　South Indian Non-Caste Catholic Christian Association, Trichinopoly, E-Mad-76, Q/13/1/9, IOR.
＊44　Report of the Indian Statutory Commission, vol. II, Recommendations, May, 1930, London, His Majesty's Stationery Office, 1930.
＊45　Dhananjay Keer, *Dr. Ambedkar: Life and Mission*, Mumbai, Popular Prakashan, 1971 (3rd edition, 1st edition published in 1954), p. 143（ダナンジャイ・キール（山際素男訳）『アンベードカルの生涯』光文社、二〇〇五年、二二二頁）.

第六章

＊1　Dhananjay Keer, *Dr. Ambedkar: Life and Mission*, Mumbai, Popular Prakashan, 1971 (3rd edition, 1st edition publised in 1954), pp. 149-150（ダナンジャイ・キール（山際素男訳）『アンベードカルの生涯』光文社、二〇〇五年、二二五—二二六頁）.
＊2　Indian Round Table Conference (RTC), 1st Session, Stenographic Notes of the Meeting of the Sub-Committee (Note, Minorities Committee), December 23rd, 1930, Q/RTC/24, IOR.
＊3　RTC, 1st Session, Note, Minorities Committee, December 31st, 1930.
＊4　A Scheme of Political Safeguards for the Protection of the Depressed Classes in the Future Constitution of a self-governing India, submitted to the Indian Round Table Conference by Bhimrao R. Ambedkar, M.A., Ph.D., D.Sc., Barrister-at-Law, and Rao Bahadur R. Srinivasan, delegates representing the Depressed Classes, Q/RTC/24, IOR.
＊5　RTC, 1st Session, Note, Minorities Committee, January 1st, 1931.
＊6　Dhananjay Keer, *Dr. Ambedkar: Life and Mission*, 1971, pp. 117-118（キール『アンベードカルの生涯』二〇〇五年、一〇〇頁）.
＊7　RTC, 1st Session, Note, Minorities Committee, January 1st, 1931.

*8 RTC, 1st Session, Note, Minorities Committee, January 6th, 1931.

*9 RTC, 1st Session, Note, Minorities Committee, January 14th, 1931.

*10 Confidential, R.T.C.(P(N))6, Indian Round Table Conference. Sub-Committee No. III. (Minorities), Revised Draft Report, 15 January 1931, Q/RTC/24, IOR.

*11 Dhananjay Keer, *Dr. Ambedkar: Life and Mission*, 1971, pp. 166-168（キール『アンベードカルの生涯』二〇〇五年、一三五～一三八頁）.

*12 RTC, 2nd Session, Note, Minorities Committee, September 28th, 1931, Q/RTC/25, IOR.

*13 RTC, 2nd Session, Note, Minorities Committee, October 1st, 1931.

*14 RTC, 2nd Session, Note, Minorities Committee, October 8th, 1931.

*15 Minute by Mrs. P. Subbarayan, Report of the Indian Franchise Committee, May, 1932, p. 207.

*16 Provisions for a Settlement of the Communal Problem, put forward jointly by Muslims, Depressed Classes, Indian Christians, Anglo-Indians and Europeans, Second Report of Minorities Committee, November, 1931, Appendix Ⅲ, Q/RTC/2, IOR.

*17 RTC, 2nd Session, Note, Minorities Committee, November 13th, 1931, Q/RTC/25, IOR.

*18 B.R. Ambedkar, "What Congress and Gandhi have done to the Untouchables", 1945, reprinted in *Dr. Babasaheb Ambedkar Writings and Speeches*, Vol. 9, Education Department, Government of Maharashtra, 1991, p. 55; Dhananjay Keer, *Dr. Ambedkar: Life and Mission*, 1971, p. 185.

*19 The Congress Scheme for a Communal Settlement, Second Report of Minorities Committee, November, 1931, Appendix I, Q/RTC/2, IOR.

*20 Memorandum on the Congress Formula of Communal Settlement by Dr. B. S. Moonje, Second Report of Minorities Committee, November, 1931, Appendix Ⅱ, Q/RTC/2, IOR.

*21 Indian Round Table Conference (Second Session) Second Report of the Minorities Committee, 18th November, 1931, Q/RTC/2, IOR.

*22 *Kuṭi Aracu*, 6 December 1931.

*23 *Kuṭi Aracu*, 13 December 1931.

* 24 Communal Award, Under Secretary Secret Safe File (USSF) 803.
* 25 Report of the Indian Franchise Committee, May, 1932, pp. 112-115.
* 26 Note on the Depressed Classes by Dr. B.R. Ambedkar, M.L.C., Report of the Indian Franchise Committee, May, 1932, pp. 210-212.
* 27 Report of the Indian Franchise Committee, May, 1932, pp. 126-130.
* 28 Brief Summary of the Comments of the Vernacular Press on the Communal Award, USSF 803.
* 29 Newspaper Cutting, "The Hindu", 17 August 1932 and 16 September 1932, USSF 803.
* 30 Newspaper Cutting, "Justice", USSF 803.
* 31 Brief Summary of the Comments of the Vernacular Press on the Communal Award, USSF 803.
* 32 Telegram, R.No. 1874, 26 August 1932, from Viceroy, Home Department, Simla, to the Secretary of State for India, London, USSF 803.
* 33 Brief Summary of the Comments of the Vernacular Press on the Communal Award, USSF 803.
* 34 Telegram, R.No. 1850, 22 August 1932, from Viceroy, Home Department, Simla, to the Secretary of State for India, London, USSF 803.
* 35 Telegram, R.No. 1874, 26 August 1932, from Viceroy, Home Department, Simla, to the Secretary of State for India, London, USSF 803.
* 36 Report from the District Magistrate, South Arcot, 19 September, 1932, USSF 804.
* 37 Ravikumar and R. Azhagarasan eds., *The Oxford India Anthology of Tamil Dalit Writing*, New Delhi, Oxford University Press, 2012, p. 314.
* 38 Report from the District Magistrate of Tanjore, 19 September, 1932, USSF 804.
* 39 Resolution passed at a meeting of the Depressed Classes of Gudivada Taluk, 18 September, 1932, USSF 804.
* 40 Memorandum from the President of the Pallars Community, Trichinopoly District, to the Tahsildar, Trichinopoly, 17 September 1932, USSF 804.
* 41 Report from the District Magistrate of Malabar, 24 September 1932, USSF 804.

* 42 Report from the District Magistrate of West Godavari, 25 September 1932, USSF 804.
* 43 Gail Omvedt, *Dalit Visions: The Anti-caste Movement and the Construction of an Indian Identity*, Hyderabad, Orient Longman, 1995, p. 36.
* 44 Report from the District Magistrate of Tinnevelly, 18 September 1932, USSF 804.
* 45 Letter to Ramsay MacDonald, 18 August 1932, *The Selected Works of Mahatma Gandhi, Vol. IV, Selected Letters*, pp. 175-176; Pyarelal, *The Epic Fast*, 1932 (reprinted in 2016, Navajivan Publishing House, Ahmedabad), p.15; Letter DO692-s, Public Department, to All District Magistrates, 12 September 1932, USSF 804.
* 46 Report from the District Magistrate, Vellore, 18 September 1932, USSF 804.
* 47 Extract of the first batch of the weekly reports on the Depressed Class Situation, by D.H.E., 22 September 1932, USSF 804.
* 48 Newspaper Cutting, n.n., 19 September 1932, USSF 804.
* 49 Resolution passed at a meeting of the Depressed Classes of Gudivada Taluk, 18 September, 1932, USSF804.
* 50 Resolution passed at a meeting of the Depressed Classes of Kaikalur Taluk, 22 September 1932, USSF 804.
* 51 Report from the District Magistrate of Tanjore, 19 September 1932, USSF 804.
* 52 Report from the District Magistrate of West Godavari, 25 September 1932, USSF 804.
* 53 Anish K. Kunjukunju, "The (Im)possilibily of Winning the Untouchables: Ambedkar, Gandhi, E. Kannan, and the Depressed Classes Movement in Colonial Malabar", *International Journal for Indian Studies*, Vol. 8, issue 1, July 2023, p. 105.
* 54 Report from the District Magistrate of Tanjore, 19 September 1932, USSF 804.
* 55 Forward Youth League, Madras, A Telegram to Dr. Ambedkar, Madras, 21 September 1932, Newspaper Cuttings, USSF 804.
* 56 Tamil Pamphlet to Mr. Gandhi, USSF 804.
* 57 Letter No. 704-s, to the Secretary, GOI, Home Department, Simla, 23 September 1932, USSF 804.
* 58 "Adi-Dravida Meeting at Chidambaram", Newspaper Cutting, 19 September 1932, USSF 804.
* 59 "Guntur District Adi-Andhra Conference: Support to Rajah-Munjee Pact", Newspaper Cutting, 19 September 1932, USSF 804.
* 60 Report from the District Magistrate of Guntur, 26 September 1932, USSF 804.

＊61 Report from the District Magistrate of Kistna, 26 September 1932, USSF 804.
＊62 Report from the District Magistrate of Madura, 25 September 1932, USSF 804.
＊63 Report from the District Magistrate of Ramnad, 19 September 1932, USSF 804.
＊64 Report from the District Magistrate of Tanjore, 19 September 1932, USSF 804.
＊65 Report from the District Magistrate of Guntur, 26 September 1932, USSF 804.
＊66 Confidential Letter D.O. No.692-s, Public Department, to All District Magistrates, 12 September 1932, USSF 804.
＊67 Report from the District Magistrate of Ramnad, 19 September 1932, USSF 804.
＊68 Report from Collectors and other officers: Madras, No. 3010, 21 September 1932, USSF 804.
＊69 Extract of the first batch of the weekly reports on the Depressed Class situation, by D.H.E., 22 September 1932, USSF 804.
＊70 Report from the District Magistrate of Tanjore, 26 September 1932, USSF 804.
＊71 Report, Commissioner's Office, Madras City Police, Egmore, 19 September 1932, USSF 804.
＊72 Dhananjay Keer, *Dr. Ambedkar: Life and Mission*, 1971, p. 205.
＊73 Extract of the first batch of the weekly reports on the Depressed Class situation, by D.H.E., 22 September 1932, USSF 804.
＊74 Report from the District Magistrate of Tinnevelly, 24 September 1932, USSF 804.
＊75 Confidential Letter No. 288c, from the Special Branch, Criminal Investigation Department, 15 September 1932, USSF 804.
＊76 Dhananjay Keer, *Dr. Ambedkar: Life and Mission*, 1971, p. 209.
＊77 Dhananjay Keer, *Dr. Ambedkar: Life and Mission*, 1971, pp. 208-214.
＊78 Text of Agreement, Associated Press of India, Poona, September 24, 1932, USSF 804.
＊79 Letter D.O. No.723s, Strictly Confidential, Public Department, to Mr. Crombie, 1 October 1932, USSF 804.
＊80 Iraṭṭaimalai Srīṇivācaṇ, *Jīviya Carittira Curukka*m, Chennai, Tadagam, 2019 (1st publised in 1939), p.65.
＊81 B.R. Nanda, *Mahatma Gandhi: A Biography*, Delhi, Oxford University Press, 1996 (reprint, first printed in 1958), p. 348（ナンダ（森本達雄訳）『ガンディー　インド独立への道』第三文明社、二〇一一年、四八二頁）. 長崎暢子『ガンディー　反近代の実験』（岩波書店、一九九六年）一八三頁。

＊82 Report from the District Magistrate of Tinnevelly, 24 September 1932, USSF 804.

＊83 *Madras Legislative Assembly Debates* 1939, Vol. XIII, p.39.

第七章

＊1 *Kuṭi Aracu*, 30 October 1930; 27 December 1931; 2 January 1932; 22 January 1932; 20 November 1932.

＊2 *Kuṭi Aracu*, 6 May 1928; V. Geeta and S.V. Rajadurai, *Towards Non-Brahmin Millenium: From Iyothee Thass to Periyar*, Calcutta, Samya, 1998, p. 224.

＊3 *Kuṭi Aracu*, 19 January 1930.

＊4 *Kuṭi Aracu*, 27 December 1931.

＊5 以後本節は特に注記がない限り、志賀美和子『近代インドのエリートと民衆―民族主義・共産主義・非バラモン主義の競合』（有志舎、二〇一八年）一五六―一七八頁。

＊6 *Kuṭi Aracu*, 4 May 1930.

＊7 *Kuṭi Aracu*, 24 August 1930.

＊8 S. Viswanathan, "Cultural Warrior", *Frontline*, 24 August 2007; S. Gousalya, *Life and Work of Jeevanandan*, Madurai, unpublished M.Phil. thesis, Madurai Kamaraj University, 1981; *The Hindu*, 19 January 2014.

＊9 Report 1427c, 22 June 1934, Deputy Inspector-General of Police, Under Secretary Secret Safe File (USSF) 896.

＊10 Report from the District Magistrate of East Godavari, 3 October 1932, USSF 804.

＊11 Report from the District Magistrate of Guntur, 26 September 1932, USSF 804.

＊12 Report from the District Magistrate of East Godavari, 26 September 1932, USSF 804.

＊13 Report from the District Magistrate of East Godavari, 3 October 1932, USSF 804.

＊14 Letter from Janab Muhammad Amanulla Sahib Bahadur, District Labour Officer, Cocanada, to the District Magistrate, East Godavari, 30 September 1932, USSF 804.

＊15 Report from the District Magistrate of East Godavari, 3 October 1932, USSF 804.

*16 Letter from Janab Muhammad Amanulla, to the District Magistrate, East Godavari, 30 September 1932, USSF 804.
*17 Report from the District Magistrate of East Godavari, 3 October 1932, USSF 804.
*18 Report from the District Magistrate of Guntur, 26 September 1932, USSF 804.
*19 Report from the District Magistrate of Tanjore, 6 October 1932, USSF 804.
*20 Report, Commissioner's Office, Madras City Police, Egmore, 26 September 1932, USSF 804.
*21 Report from the District Magistrate of Tanjore, 6 October 1932, USSF 804.
*22 Letter D.O. No.723s, Public Department, to the Private Secretary to the Governor, 1 Oct. 1932, USSF 804.
*23 *Madras Legislative Assembly Debates* (*MLAD*)1938, Vol. VII, pp. 182-183.
*24 Speech at Ahmedabad, 2 August 1931, *The Collected Works of Mahatma Gandhi*, Vol. 47, Ministry of Information and Broadcasting, Government of India, 1971, p. 248（M・K・ガンディー（森本達雄・古瀬恒介・森本素世子訳）『不可触民解放の悲願』明石書店、一九九四年、三七頁）.
*25 Letter from Nehru to Gandhi, 13 September 1933, USSF 862.
*26 Express Letter No.D.7581/33-poll, from M.G. Hallet, Secretary to the Government of India, Home Department, to All Local Governments and Administrations, 14 November 1933; Memo No. 623s, 4 December 1933, Public Department, Government of Madras, USSF 862.
*27 Letter D.O.No.26-s, from Chief Secretary to the Government of Madras, to Secretary, Government of India, Home Department, 11 January 1934, USSF 862.
*28 Letter from Bracken, Chief Secretary to the Government of Madras, to the M.G. Hallet, Secretary to Government of India, Home Department, 5 January 1933, USSF 862.
*29 Letter D.O.No.55-s, from Chief Secretary to the Government of Madras, to Secretary to the Government of India, Home Department, 8 February 1934, USSF 862.
*30 Letter D.O.No.95-s, from Chief Secretary to the Government of Madras, to Secretary, Government of India, Home Department, 1 March 1934, USSF 862.
*31 Letter D.O.No.26-s, from Chief Secretary to the Government of Madras, to Secretary, Government of India, Home Department, 11

January 1934, USSF 862.

＊32 Statement on Untouchability III, 7 November 1932, *The Collected Works of Mahatma Gandhi,* Vol. 51, 1972, p. 367（ガンディー『不可触民解放の悲願』一九九四年、五五—五六頁）.

＊33 Letter D.O.No.723-s, Strictly Confidential, Public Department, to Crombie, 1 October 1932; Report from the District Magistrate of Malabar, n.d., USSF 804.

＊34 Letter demi-official No.95-s, from Chief Secretary to GOM to Secretary, GOI, Home Department, 1st March 1934, USSF 862.

＊35 Report from the District Magistrate of Kistna, 3 October 1932, USSF 804.

＊36 Report from the District Magistrate of Nellore, 2 October 1932, USSF 804.

＊37 Report from the District Magistrate of Malabar, 3 October 1932, USSF 804.

＊38 Letter D.O. No.722s, from Government of Madras, to the Secretary to the Government of India, Home Department, Simla, 1 October 1932, USSF 804.

＊39 *Justice Party Golden Jubilee Souvenir*, Madras, 1969, p. 338; *Directory of the Madras Legislature*, Madras, the Madras Legislature Congress Party, 1938, p. 216.

＊40 *MLAD* 1938, Vol. VI, pp. 1169-1173.

＊41 The Report of the Select Committee, *MLAD* 1938, Vol. VII, pp. 241-243.

＊42 *MLAD* 1938, Vol. VI, pp. 1175-1177.

＊43 *MLAD* 1938, Vol. VII, pp. 160-166.

＊44 *Madras Legislative Council Proceedings (MLCP)*, 12 December 1938, p. 48.

＊45 *MLCP*, 12 December 1938, pp. 53-55.

＊46 *MLCP*, 12 December 1938, p. 52.

＊47 *MLCP*, 12 December 1938, pp. 49-50.

＊48 *MLAD* 1938, Vol. VII, pp. 182-184.

＊49 *MLAD* 1938, Vol. VII, p. 184.

＊50 *MLAD* 1938, Vol. VII, pp. 186-191.
＊51 *MLAD* 1938, Vol. VII, p. 207.
＊52 *MLAD* 1938, Vol. VI, p. 188.
＊53 *MLAD* 1938, Vol. VII, p. 184.
＊54 *MLAD* 1938, Vol. VII, pp. 188-189.
＊55 *MLAD* 1938, Vol. VII, p. 209.
＊56 *MLAD* 1938, Vol. VII, p. 216.
＊57 *MLAD* 1938, Vol. VIII, pp. 361-363.
＊58 *MLAD* 1938, Vol. VIII, pp. 367-368.
＊59 *MLAD* 1938, Vol. VI, pp. 1177-1184; Vol. VIII, pp. 367, 653-657; 1939, Vol. XIII, p. 116.
＊60 *MLAD* 1938, Vol. VIII, p. 365.
＊61 *MLAD* 1938, Vol. VIII, pp. 425-428.
＊62 *MLAD* 1938, Vol. VIII, p. 431.
＊63 *MLAD* 1938, Vol. VIII, pp. 454, 463-465.
＊64 *MLAD* 1938, Vol. VIII, p. 445.
＊65 *Directory of the Madras Legislature*, 1938, p. 149.
＊66 *MLAD* 1938, Vol. VIII, p. 641.
＊67 *MLAD* 1938, Vol. VIII, pp. 644, 657.
＊68 *MLAD* 1938, Vol. VIII, pp. 649, 652-653.
＊69 *MLAD* 1938, Vol. VIII, p. 438.
＊70 *MLAD* 1938, Vol. VIII, pp. 469-470.
＊71 *MLAD* 1938, Vol. VIII, pp. 477-478.
＊72 *MLAD* 1938, Vol. VIII, pp. 477-478.

* 73 *MLCP*, 13 December 1938, pp. 143-146.
* 74 *MLCP*, 13 December 1938, pp. 149-152.
* 75 *MLAD* 1938, Vol. VII, pp. 182-185, 210-211.
* 76 *Madras Mail*, 16 May 1938; 12 August 1938.
* 77 *MLAD* 1939, Vol. XIII, pp. 34, 38-42.
* 78 *MLAD* 1939, Vol. XIII, pp. 75-76.
* 79 *MLAD* 1939, Vol. XIII, pp. 79-93.
* 80 *Madras Mail*, 9 and 10 July 1939.
* 81 C.J. Fuller, *Servants of the Goddess: The Priests of a South Indian Temple*, New Delhi, Cambridge University Press, 1984, pp. 116-128.
* 82 *MLAD* 1939 Vol. XIII, p. 49.
* 83 *MLAD* 1939, Vol. XIII, p. 56.
* 84 *MLAD* 1939, Vol. XIII, pp. 60-62.
* 85 *MLAD* 1939, Vol. XIII, pp. 75-78.
* 86 *MLAD* 1939, Vol XIII, pp. 119.
* 87 *MLCP*, 12 December 1938, p. 50-52.
* 88 Letter, from Brahmasri Rajarishi Swami Sadananda of Peralam, Tanjore, President, Loyal Party, President, Depressed Classes Service Party, to the Collector, Tanjore, 4 August 1938, Public (General) GO 1347.
* 89 "tiripē varalāṟāka? Tamiḻpputtāṇṭu carccai kuṟittu", *Tamiḻhintu*, 23 February 2012, https://tamilhindu.com/2012/02/thai-tamil-year-false-history-an-update, (accessed on 17 July 2023).
* 90 Letter, from Swami Sadananda, to the Collector, Tanjore, Public (General) GO 1347, 4 August 1938.
* 91 Mikael Aktor and Robert Deliège eds., *From Stigma to Assertion: Untouchability, Identity and Politics in Early and Modern India*, Copenhagen, Museum Tusculanum Press, 2010; Wendy Doniger, *The Hindus: An Alternative History*, New Delhi, Penguin India, 2010, pp. 359-360.
* 92 *Kuṭi Aracu*, 7 November 1928; 19 January 1930.

＊93　E. Zelliot, "The Early Voices of Untouchables: The Bhakti Saints", in Aktor and Deliège eds., *From Stigma to Assertion*, Copenhagen, Museum Tusculanum Press, 2010, pp. 73-75. 小尾淳『近現代南インドのバラモンと賛歌―バクティから芸術、そして「文化資源」へ』（青弓社、二〇二〇年）二三七頁。

＊94　E. Thurston and K. Rangachari, *Castes and Tribes of Southern India*, 1909, Vol.VII p.304.

＊95　Home Department, Urgent, 19/5/38; To the Hon'ble Ministers with the Government of Madras. The Humble Memorial of Rudhrapaty Pandaram, Public (General) GO 1347, 4 August 1938.

＊96　The Humble Memorial of Rudhrapaty Pandaram, Public (General) GO 1347, 4 August 1938.

＊97　In the High Court of Judicature at Madras. Monday the twenty-eighth day of March, one thousand nine hundred and thirty-eight, Public (General) GO 1347, 4 August 1938.

＊98　In the Court of the Stationary 2nd Class Magistrate, Nannilam, M.C.4 of 1938 dated 28-5-1938, Public (General) GO 1347, 4 August 1938.

＊99　Letter from the District Superintendent of Police, Tanjore, to the District Magistrate, Tanjore, 1 June 1938, Public (General) GO 1347, 4 August 1938.

＊100　Home Department, Urgent, 19/5/38, Public (General) GO1347, 4 August 1938.

＊101　D.O. No. 15916-1, Public (General) Department dated 27 May 1938, Public (General) Department GO1347, 4 August 1938.

＊102　D.O. No. 15916-24, 1st August 1938, Government of Madras, Public (General) Department, GO 1347, 4 August 1938.

＊103　Letter, from Swami Sadananda, to the District Superintendent of Police, Tanjore, 29th August 1938, Public (General) GO 1347, 4 August 1938.

＊104　Newspaper cuttings,（紙名部分欠損）, Public (General) GO 1347, 4 August 1938.

＊105　小尾淳『近現代南インドのバラモンと賛歌』（二〇二〇年）二二七―二四四頁。

エピローグ

＊1　*The Constitution of India*, Delhi, Universal Law Publishing, 1996 (third edition), p. 1. 孝忠延夫・浅野宜之『インドの憲法〔新

版〕「国民国家」の困難性と可能性』（関西大学出版部、二〇一八年）七九頁。

＊2　二〇一〇年一〇月実施のダリト（「不可触民」）活動家へのインタビューなど。

＊3　Gyanendra Pandey, *A History of Prejudice: Race, Caste, and Difference in India and the United States*, Cambridge, Cambridge University Press, 2013, pp. 211-213.

＊4　間永次郎『ガンディーの真実—非暴力思想とは何か』（筑摩書房、二〇二三年）九八—一一三頁。

あとがき

本書は、「新しい民衆史」研究会で発表し、議論し、メンバーの仕事に刺激を受けて軌道を修正し、また研究し、を繰り返してきた九年間の成果である。同時に、十数年関わってきた様々な研究プロジェクトでの活動蓄積も本書の基盤になっている。まずは、この場を借りてその概略を記し、貴重な機会を与えて下さった先生方および同世代の研究仲間に謝意を表明していきたい。

インドに初めて足を踏み入れてからまもなく三〇年がたとうとしている。植民地支配が現地社会に与える影響を探究したいという願望からインドをフィールドに選び、「国民」形成過程において「主流」に適合せず周縁化される存在への関心（個人的に「日本人」としての感情共有、とりわけ「愛国」の強要に違和を感じてきたことが通底にある）から、切り口は変えつつも一貫して、非バラモン運動を研究対象にしてきた。卒業論文ではマドラス州とボンベイ州の非バラモン運動を比較し、修士課程では政教関係を軸に非バラモン運動とナショナリズムの特質を考察した。このとき、非バラモン運動においても周縁化された「不可触民」たちの運動の重要性に気づいたものの、博士課程では労働運動と非バラモン運動、民族運動の相関分析に傾注し、「不可触民」問題に正面から取り組む契機が得られないまま年月が過ぎた。

その機会が訪れたのは、人間文化研究機構の「南アジア地域研究推進事業」で設置された研究拠点の一つ、龍谷大学現代インド研究センターの研究員に着任した時で、ようやく「不可触民」が直面してきた諸問題と彼ら彼女らの運動を近現代インド政治の展開に位置づけるという課題に向き合うことになった。龍谷大学拠点は「現代政治に活きるインド思想の伝統」を研究テーマに掲げており、同大でインド哲学や仏教研究に接し、現代インドにおける「不可触民」の仏教への改宗の背景、いわゆる「新仏教」の特徴、アンベードカルの著作『ブッダとそのダンマ』への理解を深めることができた。また、「元不可触民」の仏教僧で差別と闘うボーディ・ダンマ師の活動に長年寄り添ってきた同大教授の佐藤智水先生と榎木美樹氏のご厚意で、「元不可触民」の活動の現場に同行したことは、研究者の立ち位置と存在意義について自省を迫り、深く心に刻まれた。得がたい経験を与えて下さった方々に心からの謝意を表したい。プロジェクト第一期の現代インド研究センター長の長崎暢子先生、第二期センター長の嵩満也先生、および龍谷大学の先生方に厚く御礼申し上げる。

同大教員で北インドの「不可触民」チャマールの研究をご専門とする舟橋健太氏には、日本学術振興会科学研究費助成（科研費）プロジェクト「ローカル・リーダーの登場と下層民の台頭にみる現代インド社会の変容」（二〇一五～二〇一八年度）に誘っていただき、氏のご研究はもちろん文化人類学の膨大な「不可触民」研究について知識を授けていただいた。また、北インドの清掃カーストであるバールミーキを研究されている社会学者の鈴木真弥氏や、清掃カーストを含む諸カーストの社会流動性についてご業績を蓄積されてきた篠田隆先生の議論から大いに刺激を受けた。舟橋氏や鈴木氏とは、石坂晋哉氏を代表とする科研費プロジェクト「ポストコロニアル・インドにおける社会運動と民主主義」（二〇一一～二〇一三年度）でもご一緒させていただいた。このプロジェクトでは、同時期にインドに留学したり現地調査を行ったりした同世代の研究者一一名が集結した。社会学や文化人類学、政治学など学問分野の枠を超えて忌憚のない活発な議論を交わしたことが、直接間接に本書に繋がっている。政治学者の吉田修先生には、「南アジア地域研究推進事業」でご一緒したご縁で、二〇一二年から現在まで、現代インドの連邦制と州政治の連関を様々な局面から分析する大規模かつ長期的な科研費プロジェクトに誘っていただいた。インド各地の政治状況、「不可触民」を含むマイノリティや経済社会的弱者の運動実態を比較考察し、政治学や経済学の視点に触れる機会に恵まれ、今も刺激を受け続けている。各プロジェクトでお世話になった先生方、研究仲間に改めて謝意を表したい。

そして、二〇一六年初頭から参加したのが「新しい民衆史」研究会である。二〇一五年の暮れに、面識のあった浅田進史氏から、ご自身が参加されている「新しい民衆史」研究会での報告のご依頼があり、今時珍しい名の奇特な研究会だなどと感じつつ（同時に同志を見つけたようで嬉しくもあった）発表を行った。年が明けて、有志舎の永滝稔氏から、民衆史の意義を改めて問い直そうとしている研究者が集まって議論を重ね、最終的に一人一冊執筆する「新しい民衆史」プロジェクトに誘っていただいた。愼蒼宇氏と藤野裕子氏の二人でスタートし、少しずつメンバーを増やしてきた（最後に加わったのが私だった）同プロジェクトでは、「民衆史」を問うことの現代的意義、そもそも「民衆」とは何か、などをめぐって、一〇年にもわたって口角泡を飛ばして「激論」を交わしてきた。各地域の研究動向や、「民衆」研究の特徴、現実の政治社会状況も絡む学術論争などについて情報と意見を交換し、時に自分の思考の浅さを自覚させられ愕然としつつも、仲間の発表に刺激され奮起してきた。一〇人のメンバー一人一人に、謝意を表したい。

有志舎の永滝稔氏は、ご多忙にもかかわらず一〇年間、毎回欠かさず研究会に同席し、歴史書編集のプロフェッショナルとして貴重なご意見を下さった。研究会前後の隙間時間や、飲み会の席などでお話をうかがっていると、歴史書の出版を通じて現代世界が直面しながら看過している諸問題について世の自覚を促そうとする使命感のようなものをひしひしと感じ、この人の期待を裏切ってはいけないと襟を正す日々であった。新型コロナ禍で、予定していた史料収集ができなくなるという思いがけない事態に見舞われたが、研究の軌道を修正してなんとか脱稿することができ（内容はこれから批評にさらされるが）、ひとまず安堵している。ともすれば自信を失いがちな筆者を叱咤せず激励し続けて下さった永滝稔氏に、厚く御礼申し上げる。

二〇二五年一月

志賀美和子

著者紹介
志賀美和子（しが　みわこ）
東京大学文学部卒業
東京大学大学院人文社会系研究科博士課程修了・博士（文学）
現在、専修大学文学部教授

〔主要著作〕
「インド社会変動とヒンドゥー・ナショナリズム」（長崎暢子・堀本武功・近藤則夫編『現代インド 3—深化するデモクラシー』東京大学出版会、2015 年）
「「不可触民」のジレンマ—非バラモン運動における包摂と排除」（石坂晋哉編『インドの社会運動と民主主義—変革を求める人びと』昭和堂、2015 年）
『近代インドのエリートと民衆—民族主義・共産主義・非バラモン主義の競合—』（有志舎、2018 年）

【問いつづける民衆史　2】

闘う「不可触民」
周縁から読み直すインド独立運動

2025 年 3 月 30 日　第 1 刷発行

著　者　志賀美和子
発行者　永 滝　 稔
発行所　有限会社　有　志　舎
〒 166-0003　東京都杉並区高円寺南 4-19-2
クラブハウスビル 1 階
電話　03 (5929) 7350　FAX　03 (5929) 7352
http://yushisha.webnode.jp
D T P　言 海 書 房
装　幀　奥 定 泰 之
印　刷　モリモト印刷株式会社
製　本　モリモト印刷株式会社

ISBN978-4-908672-82-8

索　引

あ　行

か　行

さ　行

た　行

な 行

ナーイドゥ，サロージニ〔Sarojini Naidu〕 201, 203, 205
ナーダール 109, 110, 120-134, 136-147, 166, 167, 235, 267
ナーヤル，T・M〔T.M. Nair〕 43, 44, 51, 73
ナーヤル（ナイル） 44, 48, 251, 252
ナーラーヤナスワーミ・ナーユドゥ, B〔B. Narayanaswami Nayudu〕 276
ナデーサ・ムダリヤール，C〔C. Natesa Mudaliar〕 39, 43
ナンダナール〔Nandanar〕 117, 269, 273, 285-287
ニーラヴァティ〔Neelavathi Ramasubramaniam〕 107
ネルー報告 150, 151, 181
農業労働者 15, 16, 27, 60, 99, 113, 118, 187, 247, 253, 289
農奴→パンナイヤール

は 行

バクタヴァトサラム, M〔M. Bhaktavatsalam〕 88, 90
パッラル（パッラ，パッラン） 14, 15, 32, 59, 99, 104, 119-121, 123, 128, 129, 133, 134, 137, 146, 154, 166, 167, 171, 172, 215, 287
パトロ，A・P〔A.P. Patro〕 43, 56, 183, 184, 204
パライヤル（パライヤ，パライヤン） 13-15, 29-32, 34-36, 59, 73, 99, 104, 105, 109, 112-121, 123, 129, 133, 134, 146, 166, 167, 170-173, 215, 220, 233, 285, 287, 288, 294
パライヤ人民協会（アーディドラヴィダ人民協会も見よ）〔Paraiya Mahajana Sabha〕 34, 35
パラト，R・M〔R.M. Palat〕 270-273, 275
バリジャ 47, 83, 103, 112, 123, 240
パンナイヤール（農奴） 14, 15, 28, 287
パンニールセルヴァン，A・T〔A.T. Panneerselvan〕 202, 270, 281
非協力 53, 54, 61-64, 66, 81-83, 151, 181, 254, 282
非バラモン運動 26, 27, 37, 40, 44, 47-49, 58, 59, 66, 74, 78, 80, 82, 83, 89, 96, 97, 106, 111, 146, 164, 176, 214, 234, 257, 278, 285, 295, 299
非バラモン宣言 44, 45, 47, 50
被抑圧階級会議（1930年，ナグプール） 179, 185
ヒンドゥー宗教慈善寄進財法 77, 78, 89, 247, 261, 265, 269, 278, 279
ヒンドゥー大協会〔Hindu Maha Sabha〕 185, 186, 201, 202, 208-210, 225, 226, 231, 253, 256, 261
プーナ協定 228-232, 246, 261, 266
分割統治 26, 45, 189, 210, 212
分離選挙（——権，——区） 46, 47, 50, 51, 70, 152, 158, 160, 161, 163, 164, 172, 175, 176, 178, 184, 185, 188-193, 196, 199, 204, 206, 207, 209-225, 229, 230, 232, 271, 276
ベサント，アニ〔Annie Besant〕 41, 42, 45, 52, 64
ポンナムバラム，A〔A. Ponnambalam〕 233

ま 行

マーダヴァン，T・K〔T.K. Madhavan〕 84
マーディガ 59, 166, 216
マーラ 59, 166, 216, 253
マーラヴィーヤ，マーダン・モーハン〔Madan Mohan Malaviya〕 201, 225, 229, 231, 256
マドゥライ・ピッライ，M・C〔M.C. Madurai Pillai〕 77, 153
マドラス・アーディドラヴィダ人民中央協会〔Madras Adi Dravida Mahajana Central Sabha〕 153, 171
マドラス・アルンダティヤ人民協会〔Madras Arundhathi Maha Jana Sabha〕 152
マドラス管区協会〔Madras Presidency Association〕 49-52, 83
マドラス寺院入場公認免責法（——案） 277-282
マドラス州被抑圧階級連合〔Madras Provincial Depressed Classes Federation〕

161-163, 225
マドラス被抑圧階級会議（1928年）161
マラバール寺院入場法（――案） 266-282
マラワル 128, 129, 141-145
南インド人協会〔South Indian People's Association〕 43-45
南インド自由連合〔South India Liberal Federation〕→正義党
南インド非カーストカトリック協会〔South Indian Non-Caste Catholic Christian Association〕 174
ムールティ，B・S〔B.S. Murti〕 273
ムッタイヤ・チェッティ，K〔K. Muttiah Chetty〕 279
ムニスワーミ・ピッライ，V・I〔V.I. Muniswami Pillay〕 105, 154, 219, 255, 266, 273
ムンジェー，B・S〔Balakrishna Shivram Moonje〕 186, 193-195, 202, 208, 209, 220, 225, 261
模倣（サンスクリタイゼーションも見よ）90, 121

ら　行

ラージャ，M・C〔M.C. Rajah〕 35, 48, 55, 65, 67, 71, 73, 74, 77, 80, 168-170, 172, 209, 214, 219, 220, 225, 226, 229, 255-257, 260-266, 268, 271, 276, 281, 293, 301
ラージャゴーパーラーチャーリ，C〔C. Rajagopalachari〕 54, 68, 86, 87, 145, 225, 226, 229, 249, 255-258, 262-266, 268-271 274-280, 282
ラージャ・ムンジェー協定 209, 220
ラーマスワーミ，E・V〔E.V. Ramaswami〕 49, 53, 83, 86-91, 94-96, 98, 101-110, 151, 213, 232, 234-239, 278, 300
ラーマナータン，S〔S. Ramanathan〕 235
ラーマン，M〔M. Raman〕 275
ラクシュミ・ナラス，P〔P. Rakshmi Narasu〕 31
リー委員会 80
留保 2, 46, 51, 52, 89, 152, 158, 160, 163, 165, 167, 172, 175, 176, 178, 185, 188, 189, 191, 192, 196, 199, 204, 206, 207, 209, 210, 214-216, 218-220, 225-230, 244, 299
レッディ 9, 59, 104, 113, 147
レッディ・ヴァルマ，B〔B. Reddi Varma〕 216
労働局 62, 64, 72, 73, 174, 240, 241, 247
ロジアン委員会→選挙資格検討委員会

研究案内

インド独立後、「不可触民」研究は、主に人類学と社会学が牽引した。「不可触民」（行政用語では指定カースト）を対象に議席、教育、公的雇用における留保制度が実施されたこと、「不可触民」の指導者たちが切望していた成人普通選挙が実現したことから、本質主義的ではない「不可触民」の生活実態と社会経済的流動性への関心が集まったためである。一方歴史学においては、「不可触民」は社会構造変動の分析対象に含まれることはあっても、「不可触民」による諸運動の歴史は等閑視された。ナショナリズム運動、植民地支配への抵抗の歴史を「正史」と見なす風潮の中で、それに該当しない諸運動は「不可触民」のそれを含めて周縁化された。

タミル・ナショナリズムの台頭とその源流への関心

独立を主導したとされるインド国民会議派（以下、会議派）は、中央（連邦政府）のみならず多くの地方（州）でも政権を担い、インド政治の主軸であり続けた。しかし1960年代も後半になると、地域などを基盤とするサブ・ナショナリズムが生じ、会議派による「インド国民」統一計画に綻びが見え始める。会議派が再びヒンディー語の「国語」化をめざし、タミル地方を中心とする反ヒンディー語闘争を招いたことは、その象徴的事象であった。Hardgrave Jr.（1965）はいち早く、タミル民族主義の背景としてドラヴィダ／非バラモン運動の歴史を紹介した。Irschick（1969）は、非バラモン運動の担い手を分析することにより、1910年代に同運動が開始された社会経済的背景を提示した。

植民地時代の地方政治に着目したケンブリッジ学派のBaker（1976）、Washbrooke（1975）、Baker and Washbrook（1975）は、インド統治体制の改編が在地インド人の権力構造、さらにはナショナリズム運動の展開に与えた影響を考察した。各地方政治の特質、とりわけ派閥概念によってカースト縦断的な権力関係を明らかにした点で意義があったが、ナショナリズム運動も非バラモン運動も思想なき権力争いと断じ、諸運動への民衆の参加も派閥を通じた動員に過ぎないとする解釈に批判が集まった。例えばIrschick（1986, 1994）は、非バラモン運動の文化的背景を探り、その文化ナショナリズム的側面を強調した。Mangalamurugesan（1979）やArooran（1980）は、自尊運動とその指導者E・V・ラーマスワーミの思想の変遷を解明した。なお、Hardgraveに始まる一連のドラヴィダ／非バラモン運動研究においても、「不可触民」は周縁に追いやられていた。言及されるとしてもせいぜい、「不可触民」は非バラモン運動に刺激

され、そのドラヴィダ民族史観にインスピレーションを受けて「アーディドラヴィダ」意識を育んだとされるにとどまった。

サバルタン研究

1982年に刊行開始された論文集『サバルタン研究』シリーズは、マルクス主義歴史学もナショナリズム歴史学もエリートによるエリート中心の歴史叙述であるとし、「サバルタン」すなわち非エリートで従属的な諸集団の歴史を掘り起こそうと試みた。その初期研究の成果の一つであるSarkar（1983b）は日本語にも訳され、「下からの歴史の試み」という副題を付されて出版された。なお、「サバルタン」はその属性ゆえに史料に現われるのは「騒擾」を起こした時にほぼ限定されるため、単発の反乱などが分析対象となり、長期スパンでの動静は扱われなかった。

このような『サバルタン研究』に対し、主に2つの問題点が指摘された。第一に、Spivak（1985）が本質主義的でサバルタンを実体化していると批判した。さらにSpivak（1988）は、サバルタンは語ることができるようになった時点でもはやサバルタンではない、つまりサバルタンは語ることができない、と主張した。この「スピヴァクの介入」により、「サバルタン」は相対的概念、すなわち権力構造の網の中で相対的に下位にあり抑圧される存在、ポジショナリティの問題として扱われるようになった。第二の問題は、「不可触民」を含む下位カースト、宗教マイノリティ、女性などを取り上げなかったことである。これらの存在は、明らかに初期『サバルタン研究』グループのサバルタン理解に該当するにもかかわらず、等閑視されてきたという事実は、グループを構成するメンバーの多くが高位カーストのヒンドゥー男性エリートであったこととと無関係ではあるまい。批判を受けて『サバルタン研究』もようやくカーストやジェンダー、宗教マイノリティとしてのムスリムなどを扱う論文を掲載するようになるが、「不可触民」に焦点を当てた論文は2点のみである。下位カースト出身のIlaiah（1996a）はバラモン的価値観を否定し、ダリト（「不可触民」の自称の一つ）とその他の下位カーストをあわせた「ダリトバフジャン（ダリト多数派）」の世界を描いた。Prashad（1999）は清掃カーストの一つであるバールミーキの闘争を長期スパンで描き、二重の意味で『サバルタン研究』の中で際立っている。なお、初期『サバルタン研究』グループは、サバルタンにはエリートとは異なる価値観や行動原理があると主張していたが、後期はエリートの言説分析、植民地近代性批判などに重点を移していった。

日本では1990年代にインド研究者が学問分野を超えて結集し、様々な切り口から被差別民（「不可触民」、女性、少数部族など）の歴史、政治、社会経

済的動態を洞察した。その集大成である叢書『カースト制度と被差別民』全5巻（1994-1995）は、『サバルタン研究』が結局看過した「従属的で抑圧された人々」への視角と学際性において画期的であった（同叢書の歴史関連論文は小谷編（1997）に再掲された）。同叢書所収の水島（1995）、柳沢（1995）は、18世紀から20世紀のタミル地方（前者はチングルプット県の乾地農村、後者はティルチラパッリ県の水田地帯農村）における重層的で複雑な土地権利関係の変動を分析し、農業技術の発展や村外での非農業就労機会の拡大を契機に村落での「不可触民」の雇用状況および他カーストとの関係が変化することを明らかにした。詳細は、水島（2008）と柳沢（1991）が、それぞれ膨大なデータを駆使してその変化を実証している。

「不可触民」固有の価値観への注目

人類学や社会学では、「不可触民」独自の価値観を解明しようとする試みが生じた。かつてSrinivas（1966）やDumont（1980）はカースト制度をバラモン的価値に基づく「浄不浄」原理で貫かれた制度として描き、Moffat（1979）は「不可触民」も上位カーストの慣習を模倣して地位上昇を試みている点でバラモン的「浄不浄」観を内面化していると分析した。これに対しDeliège (1992) は、模倣が必ずしも合意を意味するわけではないと反論し、「不可触民」独自の価値観が存在すると示唆した。しかし関根（1995）は、Deliègeが結局「不可触民」独自の価値観の剔出に失敗したとし、ハリジャン（「不可触民」を指すガンディーの造語）にはバラモン的「浄不浄」観とは異なる「ケガレ」概念があると指摘、浄不浄が排除によって成り立つ「支配の論理」であるのに対し、「ケガレ」は全ての人間に共通の生産・生命に価値をおく「生活の論理」であると主張した。Arun（2007）は、タミル地方の「不可触民」カーストの一つ、パライヤルが自分達に刻印されてきた負のイメージやシンボルを逆に読み替えて活用し、肯定的アイディティティの構成要素へと転換する様（太鼓叩きという伝統的役務の意味を隷従から芸術へ変換し、牛肉食を不浄の象徴ではなく社会慣習・食文化であると主張するなど）を活写した。

非バラモン運動への新たな視角

「インド民族」主義への対抗軸として分析されてきた非バラモン／ドラヴィダ運動研究にも新たな視角が加わるようになった。Anandhi（1991a）は、自尊運動指導者Ｅ・Ｖ・ラーマスワーミのジェンダー観を分析し、カースト制の維持に女性抑圧や家父長的思考が不可分に結びついていることを喝破したラーマスワーミの見解が植民地期の社会改革運動（高位カースト女性の地位向上が

中心課題であった）において革新的であったと指摘した。Srilata 編（2003）は、自尊運動に参加した女性たちの演説や投稿記事を集めた資料集である。男性活動家の口からは語られない女性たちの訴え、とりわけ表向きは革新的な男性活動家の家庭内での家父長的保守性／女性抑圧や「不可触民」問題への無関心を告発する声には鬼気迫るものがある。Geetha and Rajadurai（1998）は、知識階級やダリト指導者の間で非バラモン運動の意義を疑問視する傾向があると指摘した上で、改めて運動の背景、経緯、意義を分析した。従来の非バラモン運動研究とは異なり、同運動を「不可触民」の動静と絡めながら描き、「不可触民」の運動こそが非バラモンのドラヴィダ民族意識生成を促したと結論づけた。なお同書で紹介されるのは「不可触民」指導者の活動で、「不可触民」民衆の日常生活の中での闘いは扱われていない。また「アーディドラヴィダ」を「不可触民」と同一視し一枚岩的に著述している点に疑問が残る。

「不可触民」主体の歴史学へ

1980 年代から各地でダリト／「不可触民」による様々な運動が顕在化し、自伝や小説が出版されて「ダリト文学」として注目されるようになった。1980 年代から 90 年代は、会議派が地方政治のみならず中央政界でも凋落し、その穴を埋めるように各地でカーストを支持基盤とするカースト政党が急成長した時代でもあった。その中には「不可触民」の政党も含まれ、カーストや「不可触民」への関心を促進した。Omvedt（1976）は、マハーラーシュトラ地方（英領期はボンベイ州の一部）の非バラモン運動及びカーストヒンドゥー主導による不可触民地位向上運動を紹介したが、次第に「不可触民」を主軸にすえるようになった。Omvedt（1994, 1995）がその主な例である。Zelliot（2001（1992, 1996））も、アンベードカルが主導するマハーラーシュトラ地方の「不可触民」の運動について様々な媒体で発表、それらの論考を集成した。

Aloysius（1998, 2010）は、19 世紀から 20 世紀のタミル地方における「不可触民」の肯定的アイデンティティ形成と仏教復興の相関性を、その中心人物であるアヨーディ・ダーサルの思想と共に描き出した。Basu（2011）は、タミル地方のパライヤルを取り巻く経済、社会、政治状況と、それらへのパライヤルの対応を 100 年という長期スパンで整理した。パライヤルの運動が個人的不和や派閥に左右され、状況に応じて反会議派勢力（ドラヴィダ主義諸政党や共産党）と同盟することを選択し、会議派のナショナリズムに対抗しうる代替イデオロギーの確立に失敗したと分析した。また、パライヤルへの差別は「浄不浄」観に基づくわけではなく、上位カーストがパライヤルを経済的に搾取し続けるために浄不浄イデオロギーを利用したのであり、それらが今もなお差別が

続く原因だと喝破している。Viswanath（2014）は、インド人エリートとイギリス人が共にパライヤル抑圧体制の受益者であり、パライヤル差別問題の解決を回避しようと共同努力した様を抉り出し、ナショナリズム史観に異義を呈した。Berg（2020）は、独立後のインドの法律が、市民権を保障する「市民権アプローチ」から市民権侵害行為を厳罰化する「刑法アプローチ」に移行しつつあるとし、「不可触民」が自己主張しはじめたことへのカーストヒンドゥーの反発、差別、暴力がこの変化の背景にあると指摘した。

Avdeeff（2012）は、カースト（ジャーティ）単位の集団アイデンティティ構築と「ダリト」という包括的アイデンティティとの関係を、パライヤルの一部とされるヴァッルヴァル・コミュニティを例に分析した。粟屋（2017）は、ダリトの諸カーストが肯定的な集団アイデンティティを確立するべく戦略的に「神話的歴史」を創造する様を事例と共に紹介した。コミュニティの誇りの核となる「歴史的英雄」としてのダリト女性が国と夫に殉じた存在として称揚され、ナショナリズムとヒンドゥー教的（バラモン的）観点から理想とされる女性像が加味されているという指摘は、「「不可触民」独自の価値観や行動原理」を考察する上で重要である。

ダリト運動の現場では、ダリト女性の問題が扱われることはなく、ダリト／「不可触民」研究においても長らくダリト／「不可触民」の女性は不在であった。女性運動の現場でも研究でも、ダリト／「不可触民」女性が直面する固有の問題が扱われることは稀であった。このような状況に風穴を開けたのがAnandi（1995）で、チェンナイ市内のスラムに住むダリト女性に焦点を当て、その生活、活動、国際的連携を解明した。「ダリト運動では女性は不在、女性運動ではダリトは不在である」と指摘したKapadia（1996）は、タミル地方をフィールドとする人類学は高位カーストの視点か、あるいは「不可触民」も含む下位カーストの男性の視点でしか著述されてこなかったとし、ジェンダーやカースト、労働や文化をめぐるコミュニティ別の言説を、「不可触民」カーストのパッラルの女性の視点から比較分析した。Rege（2006）やPawar and Moon（2008）は、マハーラーシュトラ地方でアンベードカル率いる運動に参加した「不可触民」女性の声を紹介、分析している。

ヒンドゥーナショナリズムと「不可触民」

会議派に代替しうる政党として、ヒンドゥーナショナリズムを掲げるインド人民党の存在感が強まったのも1990年代である。インド独立から何十年経過しても変わらぬ抑圧状況に失望した「不可触民」の中から、ヒンドゥーナショナリズムに一縷の望みをかける動きも生じた。このような状況に危機感を感じ

た Ilaiah（1996b, 2004）は、「ヒンドゥー」を宗教ではなく道徳、文化と定義しインドを「ヒンドゥーの国」と強弁するヒンドゥーナショナリズムに、被抑圧カーストの視点から反論を加えた。パライヤル出身の政治家 Thirumaavalavam（2004）も同様に、ヒンドゥーナショナリストが掲げる「包摂」言説は欺瞞であると警鐘を鳴らした。Omvedt（1995）は、ヒンドゥーナショナリストの台頭、とりわけ 1992 年末のバーブルモスク破壊行為への危機感から執筆された。インドの社会、文化においてバラモン的ヒンドゥー教がヘゲモニーを維持していることに対し、文化への関心が欠如しているインドの左翼は対抗措置を講じず、結果、ダリトの運動のみがバラモン的ヒンドゥー教に対抗してきたと評価している。なお Omvedt（2011）は、ヒンドゥーナショナリズムのさらなる浸透を受けて 1995 年の著作を加筆補強したものである。Pandey（2013）は、「不可触民」が被差別コミュニティとして保護措置を要求すると、カースト主義、あるいはコミュナリズムのレッテルを貼られ「インド人であること」を疑問視されるが、「あなたはインド人なのか、それとも○○なのか」という問いは、そもそも主流集団として「インド国民／民族」であることが所与の前提とされてきた上位カーストのヒンドゥー男性に投げかけられることは決してないと喝破した。実際、バラモン的価値観を賞揚しようと、留保制度を上位カーストへの逆差別だと不平を述べようと、インド人なのか、それともバラモンなのかと糾弾されることはない。同書は、ダリト／「不可触民」が独自の集団アイデンティティを構築する様を描く研究が多くを占めるようになっている中、「インド国民」主流に入ろうとする（ダリト性を消そうとする／ダリトの「特権」を拒否する）個人の苦悩にも目配りしている。

ナショナリズムの問い直しとアンベードカル・「不可触民」

会議派によるナショナリズム運動は宗教中立的であるという解釈に疑義が呈され、そのメンバーが少なからずヒンドゥー大協会と重複していたこと、ガンディーの運動プログラムでさえもバラモン的価値観に裏打ちされていたことなどが指摘されるようになった。ナショナリズムに包摂されなかった運動や思想、立場を分析し、ナショナリズムが抱える諸問題を析出する研究が生み出される一方で、Chandra 他（1988）は、ナショナリズム運動をインド人とイギリス植民地支配との絶対的な利害対立として描いた。会議派が「インド国民」の団結統一を目指してあらゆる運動潮流を組織内に取り込んだため、植民地期インドで展開された政治運動は「インド民族運動のみであった」という。「コミュナリズム」や「カースト主義」に基づく活動は、インド民族運動に対して不満と欲望をぶつけるだけで政治運動とはいえず、むしろ植民地支配に利をもたらし

たと断じた。「不可触民」問題は「インド国民」統合を目的とするガンディーの個人的営為として扱われ、アンベードカルはガンディーを批判した人物として描写されるにとどまった。

ヒンドゥーナショナリストの政治家でジャーナリストのShourie（1997）は、政治的にも存在感を強めたダリトたちがアンベードカルを旗印に揚げたことに反応し、アンベードカルを、ムスリム同様にイギリスの分割統治策に乗せられた「親英家（売国奴）」として描いた。Omvedt（1994）は、「不可触民」の自律性を最優先したアンベードカルが、ヒンドゥーナショナリズムと親和性が強くブルジョア的なナショナリズム運動と、マルクス主義に基づく（カースト問題を無視する）階級闘争の間で適宜共闘を図りつつ、これらに吸収され周縁化されることを拒否したと解釈した。Omvedt（2004）は、より明確にナショナリズムとヒンドゥー教との不可分な関係を指摘、アンベードカルもまたナショナリストであるにもかかわらずガンディーとの対立を余儀なくされたのは、宗教中立的と見なされてきたガンディーの運動がヒンドゥー教的伝統に裏打ちされており、アンベードカルがそのヒンドゥー教的伝統に挑戦したためであるとの見解を示した。ただし、ガンディーの非暴力主義を支える基本思想（自己抑制や禁欲）自体が「不可触民」を圧迫したことは指摘されていない。また、「ナショナリズム」の内容を明示しないまま「ナショナリストであること」に肯定的価値を付加している点（Omvedtに限らないが）にも疑問が残る。政治学者のJaffrelot（2005）も、ガンディーの正統派ヒンドゥーとしての姿勢（かつ老獪な政治家としての手腕）が、アンベードカルとの対立を不可避にしたとの見解を示した。ボンベイ州におけるアンベードカルと他の「不可触民」指導者との対立を描いたことは、「不可触民」内部の多様性を解明したという点で重要であるが、アンベードカルを含む指導者たちの立場の変化を指導権争いに還元している点が問題である。政治状況の変化や他コミュニティの指導者たちの態度などが及ぼした影響を考慮するべきであろう。

主要参考文献一覧

【一次資料】

(1) Government Records and Official Publications

Unpublished

［1］ India Office Records (IOR), British Library

L/Q/11 Files: Royal Commission on the Superior Civil Services in India (Lee Commission)

L/Q/13 Files: Indian Statutory Commission (Simon Commission), Additional Files of Evidence and Memoranda

L/Q/IFC Files: Indian Franchise Committee (Lothian Committee)

L/Q/RTC Files: Round Table Conference

［2］ Government of Madras, Tamil Nadu Archives

Fortnightly Reports (FNR)

History of Freedom Movement Files (HFM)

Law Department Government Orders (Law GO)

Local Self Government Department Government Orders (LSG GO)

Public Department Government Orders (Public GO)

Under Secretary Secret Safe Files (USSF)

Published

Census of India, 1872, 1881, 1891, 1901, 1911, 1921, 1931, 1941, 1951, 1961.

The Constitution of India, Delhi, Universal Law Publishing, 1996 (third edition).

Hemingway, F. R., *Madras District Gazetteers: Tanjore*, Madras, Government Press, 1906.

——, *Madras District Gazetteers: Trichinopoly*, Madras, Government Press, 1907.

MacLean, C. D., *Manual of the Administration of the Madras Presidency*, 3 vols., 1885 (reprinted in 1988, New Delhi, Asian Educational Services).

Madras Legislative Assembly Debates (MLAD), 1937-1939.

Madras Legislative Council Proceedings (MLCP), 1922-1939.

Madras Native Newspapers Reports (MNNR) 1894, 1916, 1917, 1918, 1921.

Nicholson, F. A., *Manual of Coimbatore District in the Presidency of Madras*, Madras, Government Press, 1887.

Pate, H. R., *Madras District Gazetteers*: Tinnevelly, Madras, Government Press, 1917.

Royal Commission on Labour in India, *Report of the Royal Commission on Labour in India*, London, His Majesty's Stationery Office, 1931.

——, *Written Evidence Vol. VII-Part 1, Madras*, London, His Majesty's Stationery Office,

1931.

——, *Oral Evidence Vol. VII-Part 2, Madras Presidency and Coorg*, London, His Majesty's Stationery Office, 1931.

Stuart, A. J., *A Manual of the Tinnevelly District in the Presidency of Madras*, Madras, Government Press, 1879.

Thurston, E. and K. Rangachari, *Castes and Tribes of Southern India*, 7 vols., 1909 (reprinted in 2010, Delhi, Low Price Publications).

(2) Papers of Organizations, Manuscript Division, Nehru Memorial Museum and Library

All India Congress Committee Papers

Tamil Nadu Congress Committee Papers

(3) Newspapers and Periodicals

Frontline

The Hindu

Kuṭiaracu (in Tamil)

Madras Mail

(4) Autobiography, Selected Works and Documents and Other Primary Sources

Alāyciyas, Ñāṉa ed., *Ayōttitācar Cintaṉaikaḷ*, 3 vols. (in Tamil), New Delhi, Christian Institute for the Study of Religion and Society, 2019 (third edition, first edition published in 1999).

Āṉaimuttu, Ve. ed., *Periyār E. Ve. Ra. Cintaṉaikaḷ*, 3 vols. (in Tamil), Tiruchirappalli, Thinkers' Forum, 1974.

Basu, S. ed., *An Unforgettable Dalit Voice: Life, Writings and Speeches of M. C. Rajah*, New Delhi, Manohar, 2012.

Caldwell, R., *Tinnevelly Shanars: A Sketch of their Religion, and their Moral Condition and Characteristics as a Caste*, Madras, Christian Knowledge Press, 1849.

The Collected Works of Mahatma Gandhi, 100 vols., New Delhi, Publications Division, Ministry of Information and Broadcasting, Government of India, 1971 (digitalized in 2005).

Directory of the Madras Legislature, Madras, The Madras Legislature Congress Party, 1938.

Dr. Babasaheb Ambedkar Writings and Speeches, 20 vols., Bombay, Education Department, Government of Maharashtra, 1989-2004.

Justice Party Golden Jubilee Souvenir, Justice Party, 1968.

Lakshmi Narasu, P., *A Study of Caste*, 1922 (reprinted in 2003, New Delhi, Asian Educational Services).

Mudaliar, A. R., *Mirror of the Year: A Collection of Sir A. Ramaswami Mudaliar's Editorials in JUSTICE*, 1928 (reprinted in 1987, Madras, Dravida Kazhagam).

Naidu, T. V., *The Justice Movement 1917*, 1932 (reprinted in 1991, Madras, Dravidar Kazhagam).

Nathan, A.V., *Justice Year Book*, Madras, 1929.

Pyarelal, *The Epic Fast*, Ahmedabad, 1932.

Ramasami, Periyar E. V., *Women Enslaved*, New Delhi, Critical Quest, 2009 (compiled in 1934, published in 1942 in Tamil, translated into English by G. Aloysius in 2009).

——, *Social Reform or Social Revolution?*, Chennai, Viduthalai Offset Printers, 1965.

——, *Untouchability: History of Vaikom Agitation*, Chennai, Viduthalai Offset Printers, 1999 (sixth edition, first edition published in 1980).

Slater, G., *The Dravidian Element in Indian Culture*, 1924 (reprinted in 1982, New Delhi, Asian Educational Services).

——, *Southern India, Its Political and Economic Problems*, 1936.

Srīṉivācaṉ, Iraṭṭaimalai, *Jīviya Carittira Curukkam* (in Tamil), Chennai, Thadagam, 2019 (first published in 1939, Madras, Payen & Co.).

Vīramaṇi, Pā. and Mu. Kuṇacēkaraṉ eds., *Ma. Ciṅkāravēlariṉ Cintaṉaikaḷañciyam*, 3 vols. (in Tamil), Chennai, Paval Printers, 2006.

【二次資料】

Aktor, M. and R. Deliège eds., *From Stigma to Assertion: Untouchability, Identity and Politics in Early Modern India*, Copenhagen, Museum Tusculanum Press, 2010.

Aloysius, G., *Religion as Emancipatory Identity: A Buddhist Movement among the Tamils under Colonialism*, Delhi, New Age International, 1998.

——, *Dalit Subaltern Self-Identifications: Iyothee Thasar and Tamizhan*, New Delhi, Critical Quest, 2010.

"An Admirer", *Periyar E. V. Ramasami: A Pen Portrait*, Madras, The Periyar Self-Respect Propaganda Institution, 1962.

Anandhi, S., "Women's Question in the Dravidian Movement c. 1925-1948", *Social Scientist*, Vol. 19, Nos. 5-6, 1991a.

——, "Collective Identity and Secularism: Discourse of the Dravidian Movement in Tamilnadu", *Social Action*, Vol. 44, 1991b.

——, *Contending Identities: Dalits and Secular Politics in Madras Slums*, New Delhi, Indian

Social Institute, 1995.

——, *Land to the Dalits: Panchami Land Struggle in Tamilnadu*, Bangalore, Indian Social Institute, 2000.

Anna, A., *Periyar: An Anthology*, Madras, Periyar Self-Respect Propaganda Institution, 1992.

Arnold, D., *The Congress in Tamilnad: Nationalist Politics in South India, 1919-1937*, New Delhi, Manohar, 1977.

Arooran, K. N., *Tamil Renaissance and Dravidian Nationalism 1905-1944*, Madurai, Koodal Publishers, 1980.

Arun, J. C., *Constructing Dalit Identity*, Jaipur, Rawat Publications, 2007.

Avdeeff, A., "'Brâhmins of the Pariahs': Peripheries in Quest of Identity", in M. Carrin and L. Guzy eds., *Voices from the Periphery: Subalternity and Empowerment in India*, London, Routledge, 2012.

Baker, C. J., *The Politics of South India 1920-1937*, New Delhi, Vikas Publishing House, 1976.

Baker, C. J. and D.A. Washbrook, *South India: Political Institutions and Political Change 1880-1940*, New Delhi, Macmillan, 1975.

Barnett, M. R., *The Politics of Cultural Nationalism in South India*, Princeton, Princeton University Press, 1976.

Basu, R. S., *Nandanar's Children: The Paraiyans' Tryst with Destiny, Tamil Nadu 1850-1956*, New Delhi, Sage, 2011.

Berg, D. E., *Dynamics of Caste and Law: Dalits, Oppression and Constitutional Democracy in India*, Cambridge, Cambridge University Press (CUP), 2020.

Beteille, A., *Caste, Class and Power: Changing Patterns of Stratification in a Tanjore Village*, New Delhi, Oxford University Press (OUP), 1996.

Brown, J. M., "Gandhi: Guru for the 1990's?", in U. Baxi and B. Parekh eds., *Crisis and Change in Contemporary India*, New Delhi, Sage, 1995.

Bugge, H., *Mission and Tamil Society: Social and Religious Change in South India 1840-1900*, Richmond, Curzon Press, 1994.

Cederlöf, G., *Bonds Lost: Subordination, Conflict and Mobilisation in Rural South India c.1900-1970*, Delhi, Manohar, 1997.

Chandra, B., M. Mukherjee, A. Mukherjee, K. N. Panikkar and S. Mahajan, *India's Struggle for Independence*, New Delhi, Viking, 1988.

Chandrashekar, S., *Colonialism, Conflict, and Nationalism: South India. 1857-1947*, New Delhi, Wisha Prakashan, 1995.

Char, K. T. N., *C. Rajagopalachari: His Life and Mind*, New Delhi, Heritage Publishers, 1978.

Charsley, S., "Untouchable Identity and Its Reconstruction", in M. Aktor and R. Deliège eds., *From Stigma to Assertion*, Copenhagen, Museum Tusculanum Press, 2010.

Clarke, S., *Dalits and Christianity: Subaltern Religion and Liberation Theology in India*, Oxford, OUP, 1998.

Copley, A., *C. Rajagopalachari: Gandhi's Southern Commander*, Madras, Indo-British Historical Society, 1986.

Dalton, D., *Gandhi's Power: Nonviolence in Action*, New York, Columbia University Press, 1993.

Das, S., *Indian Nationalism: Study in Evolution*, New Delhi, Har-Anand Publications, 1999.

Deliège, R.,"Replication and Consensus: Untouchability, Caste and Ideology in India", *Man*, Vol. 27, No. 1, 1992.

——, *The World of the "Untouchables": Paraiyars of Tamil Nadu*, Delhi, OUP, 1997.

——, *The Untouchables of India*, Oxford, Berg, 1999.

Diel, A., *Periyar E. V. Ramasamy: A Study of the Influence of Personality in Contemporary India*, Delhi, BI, 1978.

Dirks, N. B., *Castes of Mind*, New Jersey, Princeton University Press, 2001.

Doniger, W., *The Hindus: An Alternative History*, New York, Penguin Books, 2009.

Dumont, L., *Homo Hierarchicus: The Caste System and Its Implication*, Chicago, University of Chicago Press, 1980. ルイ・デュモン（田中雅一・渡辺公三訳）『ホモ・ヒエラルキクス―カースト体系とその意味』みすず書房、2001 年

Freeman, J. M., *Untouchable: An Indian Life History*, London, George Allen and Unwin, 1979.

Fuller, C. J., *Servants of the Goddess: The Priests of a South Indian Temple*, New Delhi, CUP, 1984.

—— ed., *Caste Today*, New Delhi, OUP, 1996.

Galanter, M., "The Abolition of Disabilities: Untouchability and the Law", in J. M. Mahar ed., *The Untouchables in Contemporary India*, Tucson, University of Arizona Press, 1972.

——, *Competing Equalities: Law and the Backward Classes in India*, Berkeley, University of California Press, 1984.

Gandhi, R., *Rajaji: A Life*, London, Penguin Books, 1997.

Geetha, V. and S. V. Rajadurai, "Non-Brahminism: An Intentional Fallacy?", *Economic and Political Weekly (EPW)*, 16-23 Jan. 1993.

——, *Towards A Non-Brahmin Millenium: From Iyothee Thass to Periyar*, Calcutta, Samya, 1998.

Gorringe, H., *Untouchable Citizens: Dalit Movements and Democratisation in Tamil Nadu*,

New Delhi, Sage, 2005.

Gough, K., "Class and Economic Structure in Thanjavur", in D. Gupta ed., *Social Stratification*, Delhi, OUP, 1991.

Gousalya, S., *Life and Work of Jeevanandan*, Madurai, Unpublished M. Phil thesis, Madurai Kamaraj University, 1981.

Guha, Ramachandra, *Gandhi: The Years That Changed the World 1914-1948*, New Dehi, Penguin Books India, 2019.

Guha, Ranajit, *Dominance without Hegemony: History and Power in Colonial India*, Delhi, OUP, 1998.

Gupta, C., *The Gender of Caste: Representing Dalits in Print*, Seatle, University of Washington Press, 2016.

Hardgrave Jr., R. L., *The Dravidian Movement*, Bombay, Popular Prakashan, 1965.

——, *The Nadars of Tamilnadu; The Political Culture of a Community in Change*, Barkley, University of California Press, 1969.

Hardiman, D., "The Indian 'Faction': A Political Theory Examined", in Ranajit Guha ed., *Subaltern Studies I*, New Delhi, OUP, 1982.

Ilaiah, K., "Productive Labour, Consciousness and History: The Dalitbahjan Alternative", in S. Amin and D. Chakrabarty eds., *Subaltern Studies IX*, Delhi, OUP, 1996a.

——, *Why I am not a Hindu: A Sudra Critique of Hindutva Philosophy, Culture and Political Economy*, Calcutta, Samya, 1996b (second edition published in 2005).

——, *Buffalo Nationalism: A Critique of Spiritual Fascism*, Calcutta, Samya, 2004.

Inden, R., *Imaging India*, Delhi, OUP, 1990.

Irschick, E. F., *Politics and Social Conflict in South India: The Non-Brahman Movement and Tamil Separatism,1916-1929*, Berkeley, University of California Press, 1969.

——, *Tamil Revivalism in the 1930's*, Madras, Cre-A, 1986.

——, *Dialogue and History: Constructing South India,1795-1895*, Delhi, OUP, 1994.

Jaffrelot, C., *Ambedkar: Leader of the Untouchables, Architect of the Indian Constitution*, London, Hurst & Co., 2001.

——, *Dr. Ambedkar and Untouchability: Analysing and Fighting Caste*, London, Hurst & Co., 2005.

Jeffrey, R., *The Decline of Nayar Dominance: Society and Politics in Travancore, 1847-1908*, New Delhi, Vikas Publishing House, 1976.

Joseph, G. G., *George Joseph: The Life and Times of a Kerala Christian Nationalist*, Hyderabad, Orient Longman, 2003.

Juergensmeyer, M., *Religion as Social Vision: The Movement against Untouchability in 20th-*

Century Punjab, Berkeley, University of California Press, 1982.

Kapadia, K., *Siva and Her Sisters; Gender, Caste, and Class in Rural South India*, Delhi, OUP, 1996.

Keer, D., *Dr. Ambedkar: Live and Mission*, Mumbai, Popular Prakashan, 1971 (third edition, first edition published in 1954). ダナンジャイ・キール（山際素男訳）『アンベードカルの生涯』光文社、2005年

Kumar, D., *Land and Caste in South India: Agricultural Labour in the Madras Presidency during the Nineteenth Century*, Delhi, Manohar, 1992.

Krishna, C. S., *Labour Movement in Tamil Nadu*, New Delhi, K P Bagchi and Company, 1989.

Krishnaswamy, S., *The Role of Madras Legislature in the Freedom Struggle 1861-1947*, New Delhi, Indian Council of Historical Research, 1989.

Kunjukunju, A.K., "The (Im)possibility of Winning the Untouchables: Ambedkar, Gandhi, E. Kannan, and the Depressed Classes Movement in Colonial Malabar", *Nidān: International Journal for Indian Studies*, Vol. 8, Issue 1, 2023.

Ludden, D., *Making India Hindu: Religion, Community, and the Politics of Democracy in India*, Delhi, OUP, 1996.

Lynch, O., "Dr. B. R. Ambedkar: Myth and Charisma", in J. M. Mahar ed., *The Untouchables in Contemporary India*, Tucson, University of Arizona Press, 1972.

Mahajan, G., "Cultural Embodiment and Histories: Towards Construction of Self", in U. Baxi and B. Parekh eds., *Crisis and Change in Contemporary India*, New Delhi, Sage, 1995.

Malhotra, R. and A. Neelakandan, *Breaking India: Western Interventions in Dravidian and Dalit Faultlines*, New Delhi, Amaryllis, 2011.

Mangalamurugesan, N. K., *Self-Respect Movement in Tamil Nadu 1920-1940*, Madurai, Koodal Publishers, 1979.

Mani, B. R., *Debrahmanising History: Dominance and Resistance in Indian Society*, New Delhi, Manohar, 2005.

Menski, W. F., *Hindu Law: Beyond Tradition and Modernity*, New Delhi, OUP, 2003.

Mines, M., *Public Faces, Private Voices: Community and Individuality in South India*, Berkeley, University of California Press, 1994.

Moffat, M., *An Untouchable Community in South India: Structure and Consensus*, Princeton, Princeton University Press, 1979.

Murphy, E., *Unions in Conflict: A Comparative Study of Four South Indian Textile Centres, 1918-1939*, Delhi, Manohar, 1981.

Murukēsan, K. and C. E. Cuppiramaniyam, *Ciṅkāravēlu: Teṉṉintiyāviṉ Mutal Kamyūṉisṭ* (in

Tamil), Chennai, New Century Publishing House, 1991.

Nanda, B. R., *Mahatma Gandhi: A Biography*, Delhi, OUP, 1996 (reprint, first printed in 1958). ナンダ（森本達雄訳）『ガンディー—インド独立への道』第三文明社、2011 年

Narayan, B., *Documenting Dissent: Contesting Fables, Contested Memories and Dalit Political Discourse*, Simla, Indian Institute of Advanced Study, 2001.

——, *Women Heroes and Dalit Assertion in North India: Culture, Identity and Politics*, New Delhi, Sage, 2006.

Narayan, B. and A. R. Misra eds., *Multiple Marginalities: An Anthology of Identified Dalit Writings*, New Delhi, Manohar, 2004.

Omvedt, G., *Cultural Revolt in a Colonial Society: The Non-Brahman Movement in Western India 1873-1930*, Bombay, Scientific Socialist Education Trust, 1976.

——, *Dalits and the Democratic Revolution: Dr. Ambedkar and the Dalit Movement in Colonial India*, New Delhi, Sage, 1994.

——, *Dalit Visions: The Anti-Caste Movement and the Construction of an Indian Identity*, New Delhi, Orient Longman, 1995.

——, *Ambedkar: Towards an Enlightened India*, New Delhi, Viking, 2004.

——, *Understanding Caste: From Buddha to Ambedkar and Beyond*, New Delhi, Orient Longman, 2011.

Pandey, G., *A History of Prejudice: Race, Caste, and Difference in India and The United States*, Cambridge, CUP, 2013.

Pandian, M. S. S., "Beyond Colonial Crumbs: Cambridge School, Identity Politics and Dravidian Movement(s)", *EPW*, 18-25 Feb. 1995.

——, "'Denationalising' the Past: 'Nation' in E. V. Ramasamy's Political Discourse", *EPW*, 16-23 Oct. 1993.

——, *Brahmin and Non-Brahmin: Genealogies of the Tamil Political Present*, Delhi, Permanent Black, 2018.

Pawar, U. and M. Moon, *We Also Made History: Women in the Ambedkarite Movement*, New Delhi, Zubaan, 2008.

Periyar: An Anthology, Madras, The Periyar Self-Respect Propaganda Institution, 1992.

Prakash, G. *Bonded Histories: Genealogies of Labor Servitude in Colonial India*, Cambridge, CUP, 1990.

Prashad, V., "Untouchable Freedom: A Critique of the Bourgeois-Landlord Indian State", in G. Bhadra, G. Prakash and S. Tharu eds., *Subaltern Studies X*, New Delhi, OUP, 1999.

——, *Untouchable Freedom: A Social History of a Dalit Community*, New Delhi, OUP, 2000.

Rajaraman, P., *The Justice Party: A Historical Perspective 1916-1937*, Madras, Poompozhil Publishers, 1988.

Rajendran, N., *The National Movement in Tamil Nadu, 1905-14: Agitational Politics and State Coercion*, Madras, OUP, 1994.

Rajshekar, V. T., *Caste: A Nation within the Nation*, Bangalore, Books for Change, 2004.

Ramamurti, P., *The Freedom Struggle and the Dravidian Movement*, Madras, Orient Longman,1987.

Ramaswamy, S., *Passons of the Tongue: Language Devotion in Tamil India, 1891-1970*, Berkeley, University of California Press, 1997.

Rani, P., "The Women's Indian Association and the Self-Respect Movement in Madras 1925-1936: Perceptions on Women", in L. Kasturi and V. Mazumdar eds., *Women and Indian Nationalism*, New Delhi, Vikas Publishing House, 1994.

Ravikumar and R. Azhagarasam eds., *The Oxford India Anthology of Tamil Dalit Writing*, New Delhi, OUP, 2012.

Ravisankar, L., "Emergence of Non-Brahmin Awaking: E. V. R. and Seranmadevi Gurukulam Conflict in Tirunelveli", *Nilam International Research Journal of Arts and Culture*, Vol. 1, Issue 2, 2020.

Ray, B. ed., *Gandhi's Campaign against Untouchability, 1933-34: An Account from the Raj's Secret Official Reports*, New Delhi, Gandhi Peace Foundation, 1996.

Rege, S., *Writing Caste/Writing Gender: Narrating Dalit Women's Testimonios*, New Delhi, Zubaan, 2006.

——, *Against the Madness of Manu*, New Delhi, Navayana, 2013.

Ryerson, C. A., *Regionalism and Religion: The Tamil Renaissance and Popular Hinduism*, Madras, Christian literature Society, 1988.

Saraswathi, S., *Minorities in Madras State: Group Interests in Modern Politics*, Delhi, Impex India, 1974.

Sarkar, S., *'Popular' Movement and 'Middle Class' Leadership in Late Colonial India: Perspective and Problems of a 'History From Bilow'*, Calcutta, K. P. Bagchi, 1983a.

——, *Modern India 1885-1947*, Delhi, Macmillan, 1983b. スミット・サルカール（長崎暢子、臼田雅之、中里成章、粟屋利江訳）『新しいインド近代史―下からの歴史の試み』全２巻、研文出版、1993年

——, *Writing Social History*, Delhi, OUP, 1997.

——, "The Decline of the Subaltern Studies", in V. Chaturvedi ed., *Mapping Subaltern Studies and the Postcolonial*, London, Verso, 2000.

Sinha, R. K., *Gandhi, Ambedkar and Dalit*, Jaipur, Aadi Publications, 2010.

Sivagnanam, M. P., *History of Freedom Movement in Tamil Nadu,* Thanjavur, Tamil University Press, 1988.

Shourie, A., *Worshipping False Gods: Ambedkar, and the facts which have been erased*, New Delhi, ASA Publications, 1997.

Spivak, G. C., "Subaltern Studies: Deconstructing Historiography", in R. Guha ed., *Subaltern Studies IV*, Delhi, OUP, 1985.

——, "Can the Subaltern Speak?", in S. Nelson and L. Grossberg eds., *Marxism and the Interpretation of Culture*, Urbana, University of Illinois Press, 1988.

——, "The New Subaltern: A Silent Interview", in V. Chaturvedi ed., *Mapping Subaltern Studies and the Postcolonial*, London, Verso, 2000.

Srilata, K. ed., *The Other Half of the Coconut: Women Writing Self-Respect History: An Anthology of Self-Respect Literature (1928-1936)*, New Delhi, Kali for Women, 2003.

Srinivas, M. N., *Caste in Modern India, and Other Essays*, Bombay, Asia Publishing House, 1962.

——, *Social Change in Modern India*, New Delhi, Orient Longman, 1966.

——, *The Dominant Caste*, Delhi, OUP, 1987.

—— ed., Caste: *Its Twentieth Century Avatar,* Delhi, Penguin Books India, 1996.

Subrahmanian, N., *The Brahmin in the Tamil Country*, Madurai, Ennes Publications, 1989.

Sundararajan, S., *S. Satyamurti: A Political Biography*, New Delhi, Satvahan Publications, 1985.

——, *March to Freedom in Madras Presidency 1916-1947*, Madras, Lalitha, 1989.

Templeman, D., *The Northern Nadars of Tamil Nadu: An Indian Caste in the Process of Change*, Delhi, OUP, 1996.

Thirumaavalavan, *Talisman: Extreme Emotions of Dalit Liberation*, Calcutta, Samya, 2003.

——, *Uproot Hindutva: The Fiery Voice of the Liberation Panthers*, Calcutta, Samya, 2004.

Thomas, *M., Barrister George Joseph: A Memoir*, Trivandrum, published by the author, 1987.

Vaitheespara, R., "Beyond the Politics of Identity: The Left and the Politics of Caste and Identity in Tamil Nadu, 1920-63", *South Asia: Journal of South Asian Studies*, Vol. 38, No. 4, 2015.

Veeramani, K., *The History of the Struggle for Social Justice in Tamil Nadu*, Madras, Dravidar Kazhagam Publications, 1981.

Venugopal, P., *Justice Party and Social Justice*, Madras, Periyar Self-Respect Propaganda Institution, 1992.

Vermani, R. C., *Colonialism and Nationalism in India*, New Delhi, Gitanjali Publishing House, 2000.

Viswanath, R., *The Pariah Problem: Caste, Religion, and the Social in Modern India*, New York, Columbia University Press, 2014.

Viswanathan, S., *Dalits in Dravidian Land: Frontline Reports on Anti-Dalit Violence in Tamil Nadu, 1995-2004*, Pondicherry, Navayana, 2005.

Washbrook, D. A., *The Emergence of Provincial Politics: The Madras Presidency 1870-1920*, Cambridge, CUP, 1975.

Yanagisawa, H., *A Century of Change: Caste and Irrigated Lands in Tamilnadu 1860s-1970s*, New Delhi, Manohar, 1996.

Zelliot, E., *From Untouchable to Dalit: Essays on the Ambedkar Movement*, Delhi, Manohar, 2001 (first published in 1992, second revised edition in 1996).

——, "The Early Voices of Untouchables: The Bhakti Saints", in M. Aktor and R. Deliège eds., *From Stigma to Assertion*, Copenhagen, Museum Tusculanum Press, 2020.

荒松雄『三人のインド人―ガンジー、ネール、アンベドカル』柏樹社、1972年

粟屋利江「ケーララにおけるティーヤルの「カースト」運動の諸相」（内藤雅雄編『解放の思想と運動』（叢書カースト制度と被差別民 3）明石書店、1994年）（小谷汪之編『インドの不可触民』明石書店、1997年に再掲）

――「デーヴァダースィー〔神の婢女〕と司法」（小谷汪之編『西欧近代との出会い』（叢書カースト制度と被差別民 2）明石書店、1994年）

――「「サバルタン・スタディーズ」の軌跡とスピヴァクの〈介入〉」（『現代思想』27巻8号、1999年）

――「歴史研究／叙述に賭けられるもの―実証と表象の隘路を超えて」（『南アジア研究』22号、2010年）

――「フェミニズムとカーストとの不幸な関係？―ダリト・フェミニズムからの提起」（粟屋利江、井坂理穂、井上貴子編『現代インド 5　周縁からの声』東京大学出版会、2015年）

――「神話的歴史（mytho-history）―インドのダリトの事例を中心に」（『歴史学研究』959号、2017年）

アンベードカル、B・R（山崎元一、吉村玲子訳）『カーストの絶滅』明石書店、1994年

石井一也『身の丈の経済論―ガンディー思想とその系譜』法政大学出版局、2014年

伊藤正二「近代ケーララにおける宗教・社会改革運動―イーラワー・カーストを中心に」（『思想』651号、1978年）

井上貴子「南インドのデーヴァダーシー制度廃止運動―英領期の立法措置と社

会革命を中心に」(『史學雜誌』107編3号、1998年)
臼田雅之「サバルタンとは誰か—関係的カテゴリーを目指して」(『創文』388号、1997年)
榎木美樹『インドの「闘う」仏教徒たち—改宗不可触民と亡命チベット人の苦難と現在』風響社、2010年
太田信宏「ヴィジャヤナガル王国滅亡後の政治と社会」(辛島昇編『南アジア史3　南インド』山川出版社、2007年)
小尾淳『近現代南インドのバラモンと賛歌—バクティから芸術、そして「文化資源」へ』青弓社、2020年
辛島昇編『インド世界の歴史像』山川出版社、1985年
——「南インドの史料に見る不可触民—タミル語刻文を中心に」(山崎元一、佐藤正哲編『歴史・思想・構造』(叢書カースト制度と被差別民1) 明石書店、1994年)(小谷汪之編『インドの不可触民—その歴史と現在』明石書店、1997年に再掲)
——編『南アジア史』山川出版社、2004年
——編『南アジア史3　南インド』山川出版社、2007年
ガンディー、M・K(森本達雄、古瀬恒介、森本素世子訳)『不可触民解放の悲願』明石書店、1994年
グハ、R、G・パーンデー、P・チャタジー、G・スピヴァック(竹中千春訳)『サバルタンの歴史—インド史の脱構築』岩波書店、1998年
孝忠延夫、浅野宜之『インドの憲法〔新版〕「国民国家」の困難性と可能性』関西大学出版部、2018年
小谷汪之『大地の子　ブーミ・プトラ—インドの近代における抵抗と背理』東京大学出版会、1986年
——『不可触民とカースト制度の歴史』明石書店、1996年
——編『インドの不可触民—その歴史と現在』明石書店、1997年
——「ポストコロニアル・アジア史研究の視界」(『思想』949号、2003年)
コリンズ、パトリシア・ヒル、スルマ・ビルゲ(小原理乃訳)『インターセクショナリティ』人文書院、2021年
志賀美和子「1925年マドラス・ヒンドゥー寄進法の性格—「政教分離」理念の分析を手がかりに」(『南アジア研究』10号、1998年)
——「寺院開放諸立法と「政教分離」概念—1930年代マドラス州の場合」(『史学雑誌』110編1号、2001年)
——「タミル・ルネサンス—タミル人意識の源流」(辛島昇編『南アジア史3　南インド』山川出版社、2007年)

――「「不可触民」のジレンマ―非バラモン運動における包摂と排除」(石坂晋哉編『インドの社会運動と民主主義―変革を求める人びと』昭和堂、2015年)
――『近代インドのエリートと民衆―民族主義・共産主義・非バラモン主義の競合』有志舎、2018年
篠田隆『インドの清掃人カースト研究』春秋社、1995年
杉本良男「比較による真理の追究―マックス・ミュラーとマダム・ブラヴァツキー」(出口順、三尾稔編『人類学的比較再考』国立民族学博物館調査報告90、2010年)
鈴木真弥『現代インドのカーストと不可触民―都市下層民のエスノグラフィー』慶應義塾大学出版会、2015年
――『カーストとは何か―インド「不可触民」の実像』中央公論新社、2024年
スピヴァク、ガヤトリ・C(清水和子、崎谷若菜訳)『ポスト植民地主義の思想』彩流社、1992年
――(上村忠男訳)『サバルタンは語ることが出来るか』みすず書房、1998年
関根康正『ケガレの人類学―南インド・ハリジャンの生活世界』東京大学出版会、1995年
――「「独立インド」をめぐるポストコロニアリズムについての一考察―非植民地化の「運動主体」としてのサバルタン/「ダリト」」(泉水英計編著『近代国家と植民地性』お茶の水書房、2022年)
関根康正、根本達、志賀浄邦、鈴木晋介『社会苦に挑む南アジアの仏教―B・R・アンベードカルと佐々井秀嶺による不可触民解放闘争』関西学院大学出版会、2016年
髙橋孝信「南インドのアーリヤ化とカースト的再編」(山崎元一、佐藤正哲編『歴史・思想・構造』(叢書カースト制度と被差別民1)明石書店、1994年)
嵩満也編『変貌と伝統の現代インド―アンベードカルと再定義されるダルマ』法藏館、2018年
竹中千春『ガンディー―平和を紡ぐ人』岩波書店、2018年
田中雅一「女性への暴力、売春、デーヴァダーシー」(田中雅一他編『インド・剥き出しの世界』春風社、2021年)
田辺明生『カーストと平等性―インド社会の歴史人類学』東京大学出版会、2010年
内藤雅雄『ガンディーをめぐる青年群像』三省堂、1987年
――『ガンディー―現代インド社会との対話』明石書店、2017年

長崎暢子『ガンディー―反近代の実験』岩波書店、1996年
――編『南アジア史4　近代・現代』山川出版社、2019年
根本達『ポスト・アンベードカルの民族誌―現代インドの仏教徒と不可触民解放運動』法藏館、2018年
間永次郎『ガンディーの真実―非暴力思想とは何か』筑摩書房、2023年
弘中和彦「インド国民教育運動におけるマハートマー・ガーンディーの役割」（『アジア教育』2巻、2008年）
藤井毅「インド国制史における集団―その概念規定と包括範囲」（佐藤宏編『南アジア現代史と国民統合』アジア経済研究所、1988年）
――『歴史の中のカースト―近代インドの〈自画像〉』岩波書店、2003年
本田毅彦「一八八〇年代英領インドにおける植民地官僚制改革問題について」（『史林』73巻1号、1990年）
水島司「南インド乾地農村の変化と不可触民」（柳沢悠編『暮らしと経済』（叢書カースト制度と被差別民4）明石書店、1995年）
――『前近代南インドの社会構造と社会空間』東京大学出版会、2008年
柳沢（澤）悠『南インド社会経済史研究―下層民の自立化と農村社会の変容』東京大学出版会、1991年
――「南インド水田地帯農村の経済構造とカースト――一九～二〇世紀」（柳沢悠編『暮らしと経済』（叢書カースト制度と被差別民4）明石書店、1995年）（小谷汪之編『インドの不可触民』明石書店、1997年に加筆再掲）
山崎元一『インド社会と新仏教―アンベードカルの人と思想』刀水書房、1979年
――『古代インド社会の研究―社会の構造と庶民・下層民』刀水書房、1986年
――「カースト制度と不可触民制」（山崎元一、佐藤正哲編『歴史・思想・構造』（叢書カースト制度と被差別民1）明石書店、1994年）
――「古代インドの差別と中世への展開」（山崎元一、佐藤正哲編『歴史・思想・構造』（叢書カースト制度と被差別民1）明石書店、1994年）（小谷汪之編『インドの不可触民』明石書店、1997年に再掲）
山下博司「ドラヴィダ運動の狼煙―ヴィッカム・サティヤーグラハとE・V・ラーマサーミ・ナーイッカル（ペリヤール）」（内藤雅雄編『解放の思想と運動』（叢書カースト制度と被差別民3）明石書店、1994年）
――「カッタボンマンの戦い」（辛島昇編『南アジア史3　南インド』山川出版社、2007年）
山本達郎編『インド史』山川出版社、1988年（第3版、第1版1960年）
吉村玲子「ヒンドゥー寡婦の再婚と権利」（小谷汪之編『西欧近代との出会い』

（叢書カースト制度と被差別民 2）明石書店、1994 年）
ラーガヴァン、V（井上貴子、田中多佳子訳）『楽聖たちの肖像―インド音楽史を彩る 11 人』穂高書店、2001 年
ラージシェーカル、V・T（いいだもも編訳）『ガンディーはなぜ暗殺されたか―ヒンドゥー・インドをゆるがす不可触民の声』社会評論社、1984 年